"十二五"国家重点图书出版规划项目·新编法学核心课程系列教材

行政法与行政诉讼法
——理论·实务·案例
（第三版）

- 主 编 关保英
- 副主编 孙 波
- 撰稿人（以姓氏笔画为序）

任 峰　关保英　刘凡义
孙 波　张继红　张婧飞
陈海萍　陈珺珺　居 桐
郭 睿　黄 辉

中国政法大学出版社

2018·北京

声　明	1. 版权所有，侵权必究。
	2. 如有缺页、倒装问题，由出版社负责退换。

图书在版编目（CIP）数据

行政法与行政诉讼法：理论·实务·案例/关保英主编.—3版.—北京：中国政法大学出版社，2018.12
ISBN 978-7-5620-8666-6

Ⅰ.①行… Ⅱ.①关… Ⅲ.①行政法—中国②行政诉讼法—中国 Ⅳ.①D922.1②D925.3

中国版本图书馆CIP数据核字(2018)第257039号

出 版 者	中国政法大学出版社
地　　址	北京市海淀区西土城路25号
邮　　箱	fadapress@163.com
网　　址	http://www.cuplpress.com（网络实名：中国政法大学出版社）
电　　话	010-58908435（第一编辑部）58908334（邮购部）
承　　印	固安华明印业有限公司
开　　本	720mm×960mm 1/16
印　　张	25
字　　数	476千字
版　　次	2018年12月第3版
印　　次	2018年12月第1次印刷
印　　数	1～5000册
定　　价	69.00元

出版说明

"十二五"国家重点图书出版规划项目是由国家新闻出版总署组织出版的国家级重点图书。列入该规划项目的各类选题，是经严格审查选定的，代表了当今中国图书出版的最高水平。

中国政法大学出版社作为国家良好出版社，有幸入选承担规划项目中系列法学教材的出版，这是一项光荣而艰巨的时代任务。

本系列教材的出版，凝结了众多知名法学家多年来的理论研究成果，全面而系统地反映了现今法学教学研究的最高水准。它以法学"基本概念、基本原理、基本知识"为主要内容，既注重本学科领域的基础理论和发展动态，又注重理论联系实际以满足读者对象的多层次需要；既追求教材的理论深度与学术价值，又追求教材在体系、风格、逻辑上的一致性。它以灵活多样的体例形式阐释教材内容，既推动了法学教材的多样化发展，又加强了教材对读者学习方法与兴趣的正确引导。它的出版也是中国政法大学出版社多年来对法学教材深入研究与探索的职业体现。

中国政法大学出版社长期以来始终以法学教材的品质建设为首任，我们坚信，"十二五"国家重点图书出版规划项目定能以其独具特色的高文化含量与创新性意识，成为集权威性和品牌价值于一身的优秀法学教材。

中国政法大学出版社

总　序

长期以来，由于大陆法系和英美法系法律渊源不同，法学教育模式迥异。大陆法系的典型特征是法律规范的成文化和法典化；而英美法系则以不成文法即判例法为其显著特征。从法律渊源来看，大陆法系以制定法为其主要法律渊源，判例一般不被作为正式法律渊源，对法院审判亦无约束力；而英美法系则以判例法作为其正式法律渊源，即上级法院的判例对下级法院在审理类似案件时有约束力。两大法系法律渊源的不同，导致归属于两大法系的法学教学存在较大差异。大陆法系的法学教育采用的是演绎法，教师多以法学基本概念和原理的讲解为主，即使部分采用了案例教学，也重在通过案例分析法律规定；而英美法系采用的是归纳法，判例就是法源，通过学习判例来学习法学原理。

在我国，制定法为法律规范的主要渊源，长期以来，沿用大陆法系的演绎法教学模式。众所周知，法学是一门实践性、应用性很强的学科，法学教育的目标之一就是培养学生运用法学知识分析和解决实际问题的能力。为此，改变传统教学模式，引入理论和实践相结合的案例教学法成为必需。多年来，我校在这方面进行了有益的尝试和探索，总结了一套行之有效的理论和实务案例相结合的教学模式，深受学生欢迎。这套教学模式，根据大陆法系成文法的教学要求，借鉴英美法系的案例教学模式，将两大法系的教学方法有机地融为一体，既能使学生系统地掌握法学原理，又培养了学生分析和解决实际问题的能力。

为了及时反映我校法学教育改革的新成果，更好地满足法学教育的需要，我校组织编写了这套《新编法学核心课程系列教材》。这套教材具有如下特点：①覆盖面广。涵盖了现今主要的法学核心课程。②体例格式新颖。本套教材各章均按本章概要、学习目标、学术视野、理论与实务、参考文献的体例格式安排，这种体例兼顾了系统掌握法学理论和应用法学理论分析、解决实际问题能力的双重教学目标。③案例选择科学合理。主要表现为：一是案例大多选自司法实践，具有新颖性和真实性；二是根据法学知识点的系统要求选择案例，具有全面性和典型性；三是反映理论和实务的密切联系，以案说法，以法解释法学知识和原理，理论与实务高度融合，相得益彰。④内容简洁。本套教材力争以简洁的语言阐述法学理论和相关问题，解析实例，说明法理，做到深入浅出，通俗易懂。⑤具有启发性。本套教材所列学术视野，多为本学科的焦点和热点问题，可帮助学生了解学术动态，激发其学术兴趣；理论思考题可引导学生思考温习所学知识，启迪其心志。

《新编法学核心课程系列教材》吸收了国内外优秀学术成果，在理论与实践相结合的基础上，达到了理论性、实践性和应用性相统一。在理论上具有较强的系统性和概括性，在应用上具有针对性和实用性，在内容上则反映了法学各学科的新发展和时代特征。总之，我真诚地希望这套教材能成为广大学生和读者学习法学知识的新窗口，并愿这套教材在广大读者和同行的关心与帮助下越编越好。

金国华
2010 年 10 月 28 日

第三版说明

《行政法与行政诉讼法——理论·实务·案例》是我们于2010年编写的"'十一五'国家重点图书出版规划项目"教材。自出版以来，该教材以其独特的"理论—实务—案例"构成体系和理论创新，获得了国内许多高等院校以及诸多法律实践部门的喜爱，并成为法学教材中的畅销书之一。

在该教材出版后的五年中，我国行政法学理论研究不断地深化和提高，行政法治的实践探索也日新月异，许多法律法规不断被颁布或修订，如全国人大常委会于2011年6月30日通过并于2012年1月1日起施行的《中华人民共和国行政强制法》、2012年6月30日通过的《中华人民共和国出境入境管理法》、2014年11月1日修正并自2015年5月1日起施行的《中华人民共和国行政诉讼法》、2015年3月15日修正的《中华人民共和国立法法》，等等。所以，我们于2015年对该教材进行了修订，并出版了《行政法与行政诉讼法——理论·实务·案例》（第二版）。因为该版教材结构体系合理、难度适中、内容更新及时，所以，继续得到了国内高等院校法学教学的普遍欢迎。

如今，从第二版教材修订出版到现在，又是三年时间过去了。在这三年里，许多法律法规被修订，如《行政法规制定程序条例》《规章制定程序条例》；也有新的司法解释出台，如《最高人民法院关于适用〈中华人民共和国行政诉讼法〉的解释》（本书简称为《行政诉讼法解释》）。2014年11月1日，第十二届全国人大常委会第十一次会议通过了新修改的《行政诉讼法》；2015年4月20日，最高人民法院通过了《关于适用〈中华人民共和国行政诉讼法〉若干问题的解释》（法释〔2015〕9号，本书简称为《适用行政诉讼法解释》）。由于《适用行政诉讼法解释》是针对新法的部分新制度、新条款的择要式、配套式规定，条文内容较少，因此，没有规定的部分仍然适用1999年11月24日最高人民法院通过的《关于执行〈中华人民共和国行政诉讼法〉若干问题的解释》（法释〔2000〕8号，本书简称为《执行行政诉讼法解释》）。这就造成了新旧司法解释不能衔接甚至冲突条款并存的局面。从2016年开始，最高人民法院正式启动行政诉讼法司法解释的起草工作，并于2017年11月13日通过了《行政诉讼法解释》。该解释共计163条，对《行政诉讼法》作出了详尽的说明和解释，同时，该司法解释同时废止了《执行行政诉讼法解释》和《适用行政诉讼法解释》。因为本教材总体上包括了行政法和行政诉讼法两部分内容，而行政诉讼法部分司法解释的较大变动，使得本教材原有的内容与新司法解释不一致，所以必须对其进行修订。

我们衷心希望修订后的《行政法与行政诉讼法——理论·实务·案例》以全新的形式和内容、全新的精神气质展现在使用者面前，并得到你们的喜爱。

本书的具体编写和修订分工如下（以撰写章节先后为序）：

陈海萍（上海政法学院）：第一章、第五章；

张继红（河北工业大学）：第二章；

黄辉（上海政法学院）：第三章、第十三章第三节；

孙波（上海政法学院）、郭睿（辽宁省经济管理干部学院）：第四章，第八章第二、三、四节，第九章，第十一章；

陈珺珺（上海政法学院）：第六章；

张婧飞（大连海事大学）、刘凡义（郑州升达经贸管理学院）：第七章；

关保英（上海政法学院）：第八章第一节，第十三章第一、四节；

居桐（上海政法学院）：第十章；

张婧飞（大连海事大学）、任峰（大连民族大学）：第十二章、第十三章第二节、第十四章。

编 者

2018年11月

第二版说明

《行政法与行政诉讼法——理论·实务·案例》是我们于2010年编写的"'十一五'国家重点图书出版规划项目"教材。自出版以来，该教材以其独特的"理论—实务—案例"构成体系和理论创新，获得了国内许多高等院校以及诸多法律实践部门的喜爱，并成为法学教材中的畅销书之一。

但是，在该教材出版至今的五年时间里，我国行政法学理论研究不断地深化和提高，行政法治的实践探索也日新月异，许多法律法规不断被颁布或修订，如全国人大常委会于2011年6月30日通过并于2012年1月1日起施行的《中华人民共和国行政强制法》、2012年6月30日通过的《中华人民共和国出境入境管理法》、2014年11月1日修正并自2015年5月1日起施行的《中华人民共和国行政诉讼法》、2015年3月15日修正的《中华人民共和国立法法》，等等。作为奠定于前述基础上的行政法学教科书不能不作出回应。基于上述考虑，我们决定对该教材进行修订再版。

在本教材的修订过程中，我们尽可能吸收五年来中外行政法学研究的理论精华，并尽量与国家最新的法律法规保持一致。在我们基本结束教材修订之时，最高人民法院于2015年4月20日通过了《关于适用〈中华人民共和国行政诉讼法〉若干问题的解释》（本书简称为《适用行政诉讼法解释》，对于最高人民法院于1999年通过的《关于执行〈中华人民共和国行政诉讼法〉若干问题的解释》，本书简称为《执行行政诉讼法解释》，以示区别），我们也及时地对已经修订完毕的教材内容进行再修订，以保证与最新的理论和实践一致。

我们衷心希望修订后的《行政法与行政诉讼法——理论·实务·案例》以全新的形式和内容、全新的精神气质展现在使用者面前，并得到你们的喜爱。

本书的具体编写分工如下（以撰写章节先后为序）：

陈海萍（上海政法学院）：第一章、第五章；

张继红（河北工业大学）：第二章；

黄辉（上海政法学院）：第三章、第十三章第三节；

孙波（上海政法学院）、郭睿（吉林省经济管理干部学院）：第四章，第八章第二、三、四节，第九章，第十一章；

陈珺珺（上海政法学院）：第六章；

张婧飞（大连海事大学）、刘凡义（郑州升达经贸管理学院）：第七章；

关保英（上海政法学院）：第八章第一节，第十三章第一、四节；

居桐（上海政法学院）：第十章；

张婧飞（大连海事大学）、任峰（大连民族大学）：第十二章、第十三章第二节、第十四章。

编 者

2015 年 5 月

编写说明

20世纪中叶以来，国家政权体系的积极理念日趋明显，服务行政已经成为行政职能的基本价值选择，与之顺应的是政府职能从传统的干预行政领域向给付行政领域扩张。国家就此开始发挥"从摇篮到坟墓"的积极职能，不仅要保障社会安全，还必须承担组织社会生存和发展的一系列职责，如水、电、气供应，污水和垃圾处理，教育、人口老龄化、医疗保险等的保障，政府能动地为公民提供福利的行政迅速成为公共行政的主流。政府行政权的积极扩张，最容易引起人们的关注、警惕，这是因为行政权不仅能够积极主动地为社会提供服务，同时，作为一种带有支配、命令和强制等特性的权力，其潜在的扩张性和任意性也使得"滥用"和"为非"成为行政权不能被忽略的本质。这也是法治国家必须面对的主要问题之一。在法治行政观念的统摄之下，凡属于政府行政系统的法律地位、组织模式、行为过程等，都无一不要求依法行事，以构建法治格局，避免行政权的误用和滥用，最终保障一国政治文明化和人民权利免遭无端的非法侵害。就此，一系列有关行政组织、公务员、行政救济的法律制度因应时势而相继问世。

在我国，从20世纪80年代开始，行政法制得到快速发展。1989年，《中华人民共和国行政诉讼法》的出台，标志着我国行政法治进程的开始；20世纪90年代，一系列重要的规制政府行政的法律规范相继出台，如《中华人民共和国国家赔偿法》《中华人民共和国行政处罚法》《中华人民共和国行政复议法》等；进入21世纪，又有《中华人民共和国公务员法》《中华人民共和国行政许可法》问世，《中华人民共和国行政强制法》也已经处于立法部门的最后审议通过阶段。可以说，经过改革开放以来三十多年中几代人的不懈努力，我国的行政法制建设已经初具规模。

法制建设与法学研究相辅相成、不可分割。与快速的法制变迁相适应，我国行政法学的理论研究也日趋繁荣。介绍行政法基础理论、公共行政主体多元化、非强制行政行为方式、行政资讯公开等前沿理论的论文和著作不断涌现，拓宽了我国行政法学的研究领域。基于此，本书在编写过程中，注意吸收中外行政法学的研究成果，关注中国行政法律实践，积极探讨前沿性问题。不足之处，恳请读者不吝批评、指正，同时，对所援引论著的作者们表示感谢。

本书的具体编写分工如下（以撰写章节先后为序）：

陈海萍（上海政法学院法律系）：第一章、第五章；

张继红（河北工业大学人文与法律学院）：第二章；

黄辉（上海政法学院法律系）：第三章、第十三章第三节；

孙波（上海政法学院法律系）：第四章，第八章第二、三、四节，第九章，第十一章；

陈珺珺（上海政法学院法律系）：第六章；

张婧飞（大连海事大学法学院）：第七章、第十二章、第十三章第二节、第十四章；

关保英（上海政法学院）：第八章第一节，第十三章第一、四节；

居桐（上海政法学院法律系）：第十章。

编　者

2010 年 10 月

目 录

第一章　行政法概述 ……………………………………………………… 1
　第一节　行政法的基本概念 ……………………………………………… 1
　第二节　行政法的渊源 …………………………………………………… 8
　第三节　行政法的基本原则 ……………………………………………… 12
　第四节　行政法律关系 …………………………………………………… 21

第二章　行政主体 ………………………………………………………… 35
　第一节　行政主体概述 …………………………………………………… 35
　第二节　行政机关 ………………………………………………………… 41
　第三节　被授权组织 ……………………………………………………… 45
　第四节　国家公务员 ……………………………………………………… 49

第三章　行政行为概述 …………………………………………………… 68
　第一节　行政行为的概念与特征 ………………………………………… 68
　第二节　行政行为的分类 ………………………………………………… 70
　第三节　行政行为的成立与生效 ………………………………………… 73
　第四节　行政程序 ………………………………………………………… 82

第四章　行政立法 ………………………………………………………… 94
　第一节　行政立法概述 …………………………………………………… 94
　第二节　行政立法的制定权限和程序 …………………………………… 100
　第三节　行政立法的效力和监督 ………………………………………… 110

第五章　行政许可 ………………………………………………………… 119
　第一节　行政许可的基本理论 …………………………………………… 119
　第二节　行政许可的设定 ………………………………………………… 126
　第三节　行政许可的实施主体 …………………………………………… 131

第四节　行政许可的实施程序 …………………………………… 134
　　第五节　行政许可的监督检查和法律责任 ……………………… 138

第六章　行政处罚 ………………………………………………………… 157
　　第一节　行政处罚概述 …………………………………………… 157
　　第二节　行政处罚的种类和设定 ………………………………… 160
　　第三节　行政处罚的实施机关 …………………………………… 164
　　第四节　行政处罚的管辖和适用 ………………………………… 165
　　第五节　行政处罚的程序 ………………………………………… 168

第七章　行政强制 ………………………………………………………… 184
　　第一节　行政强制概述 …………………………………………… 184
　　第二节　行政强制措施 …………………………………………… 191
　　第三节　行政强制执行 …………………………………………… 195

第八章　其他具体行政行为 ……………………………………………… 206
　　第一节　行政合同 ………………………………………………… 206
　　第二节　行政征收与行政征用 …………………………………… 212
　　第三节　行政给付与行政奖励 …………………………………… 215
　　第四节　行政裁决与行政调解 …………………………………… 219

第九章　行政复议 ………………………………………………………… 228
　　第一节　行政复议概述 …………………………………………… 228
　　第二节　行政复议参加人 ………………………………………… 231
　　第三节　行政复议的范围与管辖 ………………………………… 234
　　第四节　行政复议程序 …………………………………………… 240

第十章　行政诉讼法概述 ………………………………………………… 253
　　第一节　行政诉讼 ………………………………………………… 253
　　第二节　行政诉讼基本原则 ……………………………………… 255

第十一章　行政诉讼受案范围与管辖 …………………………………… 262
　　第一节　行政诉讼受案范围 ……………………………………… 262
　　第二节　行政诉讼管辖 …………………………………………… 272

第十二章　行政诉讼参加人 … 285
第一节　行政诉讼参加人概述 … 285
第二节　行政诉讼的原告、被告和共同诉讼人 … 286
第三节　行政诉讼的第三人和诉讼代理人 … 296

第十三章　行政诉讼程序 … 306
第一节　起诉与立案受理 … 306
第二节　行政诉讼审理与执行程序 … 311
第三节　行政诉讼证据和法律适用 … 324
第四节　行政诉讼的判决、裁定与决定 … 338

第十四章　行政赔偿 … 359
第一节　行政赔偿概述 … 359
第二节　行政赔偿范围 … 364
第三节　行政赔偿请求人和行政赔偿义务机关 … 367
第四节　行政赔偿程序 … 368
第五节　行政赔偿的方式和计算标准 … 374

第一章
行政法概述

【本章概要】 本章介绍了公共行政与一般行政的区别，有助于初学者正确理解行政法指向的对象；提出了行政权的性质及其特征，明确了行政法学的研究基础；详细解析了两大法系不同学者对行政法概念的定义，指出行政法概念与各国的宪政基础有关，分析了我国行政法的概念、特征和作用，着重从成文法渊源和不成文法渊源两方面阐释行政法的表现形式；结合行政法学界的通说，本章解析了包括行政合法性原则、行政合理性原则在内的七项行政法基本原则，让学生充分了解行政法上丰富多彩的理论性指导思想；最后对行政法的基本理论问题——行政法律关系作了概念、特征、种类、构成要素和变动等方面的简述，为学生进一步掌握行政法学核心观念以及深入学习做好准备。

【学习目标】 掌握并理解行政、行政权、行政法、行政法基本原则以及行政法律关系等概念，了解公共行政和一般行政、行政权与行政职权的区别，掌握行政法在不同国家的定位和涵义，理解平衡论、控权论等行政法理论基础，领会行政法的核心问题是行政权力和公民权利之间的关系，掌握行政法的渊源，理解并能运用行政合法性原则和行政合理性原则等行政法基本原则，掌握并理解行政法律关系何以成为行政法学的基本理论问题。

第一节 行政法的基本概念

一、行政

（一）公共行政与一般行政的区别

行政是指组织的执行、管理职能。行政素有公共行政与一般行政之分。公共行政是指国家行政机关和法律、法规授权组织的执行、管理职能，具有国家意志性、法律性等特征。一般行政又称私行政，是指企事业单位的自我管理职能。公共行政与一般行政既有联系又有区别。其联系表现为二者具有相同的原理和科学规律，可以互相借鉴。其区别表现为：

1. 从行为主体来看，公共行政的主体是行政主体，包括行政机关以及基于公共利益对国家事务和公共事务进行组织、管理或者提供服务的非国家机关的组织；而一般行政的主体是一般的组织和企业，如高校或公司等。

2. 从管理对象来看，公共行政管理的对象是国家事务和公共事务，体现的是国家和社会公共秩序；而一般行政则是对自身事务的管理，例如，某写字楼值班室的来客来访登记，体现的是该组织自身的管理秩序。从另一个角度来说，公共行政体现了明显的非营利性。

3. 从保障手段来看，公共行政以国家的强制力为保障；而一般行政以非强制力为保障。因此两者的救济方式和程序也不同。

4. 从与法律的关系来看，公共行政要依法进行，要有法律依据，并且要遵循法律所规定的条件、程序、方式和形式，否则就是违法的行政，因此可以说公共行政的主体既是执法的主体，更是守法的主体；而一般行政则往往依据本部门的内部制度进行，如员工制度守则等。

5. 从性质来看，公共行政是以国家名义进行的，具体表现为执行国家的法律，而国家的法律是国家意志的体现，因而公共行政就是体现和实现国家意志、履行国家职能的行为；而一般行政则是一般的组织活动。

行政法所调整的行政是指公共行政，主要是国家行政，既包括行政主体进行的执行、管理活动，也包括行政主体进行的准立法和准司法活动。

（二）行政的种类

按照不同标准，行政至少可以分为以下三类：

1. 内部行政与外部行政。内部行政主要表现为行政主体对隶属于自己的人财物的管理，如国家对公务员的管理、上级行政机关对下级行政机关的管理等。外部行政主要为行政主体代表国家对社会上的人财物的管理，它是对社会秩序的维护与监督，如公安机关对社会治安、交通部门对社会交通秩序的管理等。如果说内部行政体现了国家自身的管理，那么外部行政则体现了国家对社会的管理。[1] 这种分类的意义在于明确诸多外部行政法制度不适用内部行政领域。

2. 积极行政与消极行政。消极行政是指政府管理社会时处于被动状态，重在维持社会秩序，少干预社会、经济和私人生活；相反，积极行政是指政府管理社会时处于主动状态，主动干预社会、经济和私人生活。[2] 这种分类以行政受法律制约的程度为标准，其意义在于行政主体不能保守消极行政，而同时积极行政也有范围和限度。

3. 秩序行政与给付行政。秩序行政的特点在于国家行政以维持社会秩序为主要任务，国家担任警察的角色，故亦称警察行政。给付行政的特点是体现国家的福利功能，主张国家行政不仅要维持社会秩序，更应解决人民的温饱问题，提

---

[1] 胡建淼：《行政法学》，法律出版社2015年版，第5页。
[2] 胡建淼主编：《行政法与行政诉讼法》，中国民主法制出版社2017年版，第5~6页。

高人民的福祉。国家从秩序行政走向给付行政，与国家从警察国家向福利国家转型直接相关，这种分类的意义在于行政类型的转换会直接影响甚至决定行政行为模式的转换。[1]

当然上述分类并非能够涵盖所有行政的分类，例如还可以根据国家行政管理的领域，将行政分为组织行政、人事行政、公安行政、司法行政、民政行政、经济行政、科技行政、教育行政、军事行政和外事行政等，这种分类的意义在于拓展行政领域的视野。

二、行政权

（一）行政权的概念

行政的核心或实质是行政权，几乎行政法的每条原理都可以从行政权的研究中得到阐释。可以说，行政权是行政法的"起因和归宿"，是"全部行政法理论的基点和中心范畴"。[2]我国学者们往往从管理角度对行政权作出定义。例如，有学者认为"行政权是指国家行政主体为执行国家意志，谋求社会公益，进行行政管理与服务而依法行使的公共权力"。[3]或认为"行政权是国家行政机关执行法律、管理国家行政事务的权力，是国家权力的组成部分"。[4]而西方学者则往往从分权角度论述行政权，基于与立法权、司法权的分离，西方在制度层面上认为行政权是一种从属性的执行权，在操作层面上认为行政权是一种"被控性"的权力。例如，英国戴西强调行政法是控制政府权力的法。

我们认为，行政权是国家行政主体依法实施公共管理活动的权力，是国家权力的组成部分。

（二）行政权的特征

行政权与其他国家权力和社会组织、公民个人的权利不同，相对于其他国家权力而言，它具有自由裁量性、主动性和广泛性等特征；相对于社会组织、公民个人的权利而言，它则具有强制性、单方性和优益性等特征。

（三）行政职权

行政权与行政职权具有很大差别。前者是行政机关和法律、法规授权的组织依法管理国家行政事务的权力；后者则是具体行政机关、法律法规授权的组织及其工作人员所拥有的，与其行政目标、职务和职位相适应的管理资格和权能，是行政权的具体配置和转化形式。换言之，行政职权是定位到具体组织机构和职位

---

[1] 胡建淼：《行政法学》，法律出版社2015年版，第6页。
[2] 胡建淼主编：《行政法学》，法律出版社1996年版，第7页。
[3] 郭道晖："行政权的性质与依法行政原则"，载《河北法学》1999年第3期。
[4] 张树义主编：《行政法学》，中国政法大学出版社1995年版，第8页。

上的行政权力，是通过立法将行政权力与一定的行政主体、行政事务联系起来加以规范的结果。

根据宪法和组织法的有关规定，行政主体的主要行政职权有：

1. 行政立法权。指行政机关制定行政法规和规章的权力。立法权本来是国家立法机关的权力，行政机关只享有执行权而无立法权。但在现代社会，单靠立法机关的立法远远满足不了行政机关履行其职责对法律的需要。于是，法律赋予行政机关准立法权，允许行政机关根据法律的原则、精神和有关规定，制定相应的实施规范、解释性规范或创制性与补充性规范，用以调整各种行政关系，规范行政相对人的行为。

2. 行政命令权。指行政机关向行政相对人发布命令，要求行政相对人作出某种行为或不作出某种行为的权力。行政命令的形式是多种多样的，如通告、通令、布告、规定、通知和对特定相对人发出的各种责令等。

3. 行政处理权。指行政机关实施行政管理，对涉及特定行政相对人权利、义务的事项作出处理的权利。行政处理的范围很大，包括行政处罚、行政许可、行政征收、行政给付等。

4. 行政监督权。指行政机关为保证行政管理目标的实现而对行政相对人遵守法律、法规，履行义务等情况进行检查监督的权力。

5. 行政裁决权。又称行政司法权，指行政机关裁决争议、处理纠纷的权力。由于现代社会经济的发展和科技的进步，行政管理涉及的问题越来越专门化，越来越具有专业技术性的因素。法律赋予具有处理专业纠纷的专门知识、经验和技能的行政机关准司法权，有利于相应行政管理目标的实现。

6. 行政强制权。指行政机关在实施行政管理的过程中，对不依法履行行政义务的行政相对人采取人身的或财产的强制措施，迫使其履行相应义务的权力。

三、行政法

（一）行政法的概念

1. 两大法系有关行政法的概念。行政法是近代启蒙思想和资产阶级革命的产物，是在国家权力分立的基础上，对封建集权制的颠覆。其思想渊源是自由主义、法治主义、分权思想；其存在基础是分权学说和法治国家观念在现实中的实现；其发展的动力是新兴阶级的政治、经济要求。[1]

（1）大陆法系国家的行政法概念。大陆法系国家严格区分公法和私法，一般将行政法列入公法范畴，部分国家设有行政法院，故大陆法系的行政法概念有其显著特点。传统行政法主要由三部分内容构成：①行政组织法，即有关行政组

---

[1] 李婧："大陆法系近代行政法理念及其实践"，载《南通大学学报（社会科学版）》2008年第4期。

织、行政机关、行政主体作为行政权的载体而存在的法律；②行政作用法或行政行为法，即有关行政权运作的表现形式和具体内容的法律；③行政救济法，即有关行政机关为其权力的行使承担责任，并提供赔偿（补偿）的法律。一般而言，历史上大陆法系国家强调以行政法为工具来保障行政权的有效行使，强调行政效率和公共利益。

法国有"行政法母国"之称，其行政法理论也最为完备。学者们定义行政法时一般倾向于从公法角度去阐述，"行政法是调整行政活动的国内公法"，[1]"从某种程度上说，行政法是公法的一支，它以国家行政体制为立法对象"[2]。学者术·瓦林认为："行政法不仅包括行政权及其行使的程序和原则，公民在受到行政行为侵害时的救济措施，还包括行政机关的组织形式、行政机关颁布规章的权力及程序、文官制度、政府对财产的征用和管理、公共事业、行政责任。"[3]

德国行政法在19世纪前期受法国影响比较深，德国的公法理论"基本上和法国所代表的主流思想无太大差异"。德国行政法学者毛雷尔认为，"行政法是指以特有的方式调整行政——行政行为、行政程序和行政组织——的（成文或者不成文）法律规范的总称，是为行政所特有的法。但是，这并不意味着行政法只是行政组织及其活动的标准。更准确地说，行政法是并且正是调整行政与公民之间的关系、确立公民权利和义务的规范，只是其范围限于行政上的关系而已"[4]。

（2）英美法系国家的行政法概念。在英美法系国家，公法和私法一般不作严格区分，也不另设行政法院，行政案件同民事案件一样由普通法院审理。英美传统行政法理论体系由委任立法、行政程序和司法审查三部分内容构成。这三个部分内容体现的中心原则是以权力制约权力。委任立法是通过立法权对行政权进行制约，行政程序是事中控制行政权，司法审查是司法权对行政权进行制约。可以看出，这种理论体系还是以行政权为核心来构建，强调控权。

英国号称"宪政母国"，但其行政法概念从产生到发展经历了一个漫长的过程。英国学者威廉·韦德爵士认为行政法概念应包括两个含义，一个含义是"它是关于控制政府权力的法"，另外一个含义是"管理公共当局行使权力、履行义务的一系列普遍原则"[5]而且，他还指出："实际上，整个行政法学可以视为宪法学的一个分支，因为它直接来源于法治下的宪法原理、议会主权和司法独立。"

---

[1] 王名扬：《法国行政法》，中国政法大学出版社1997年版，第13页。
[2] [法] 莫里斯·奥里乌：《行政法与公法精要》（上册），龚觅等译，辽海出版社、春风文艺出版社1999年版，第143页。
[3] 转引自应松年、朱维究主编：《行政法与行政诉讼法教程》，中国政法大学出版社1989年版，第8页。
[4] [德] 哈特穆特·毛雷尔：《行政法学总论》，高家伟译，法律出版社2000年版，第33页。
[5] [英] 韦德：《行政法》，徐炳等译，中国大百科全书出版社1997年版，第5~6页。

对行政法与宪法关系独具慧眼的韦德的观点在英国很具有代表性。英国"行政法"概念的确定源于英国宪政历史、宪政原则、宪政实践。[1]

美国一直被认为是典型的三权分立国家。美国学者 K. C. 戴维斯认为，"行政法是关于行政机关权力和程序的法律，尤其是包括规范对行政行为的司法审查的法律"。[2]另一位著名学者伯纳德·施瓦茨则认为，"行政法是控制政府活动的法律，它规定行政机关的权力、权力行使的原则，和人民受到行政活动侵害时的救济手段"。[3]从上述定义可以看出美国学者的行政法理念基本集中体现在权力分立、制衡原则与有限政府原则中。

除此之外，日本行政法以德国行政法为蓝本，又积极学习法国行政法的判例政策、国家责任和无过失损害赔偿等内容，第二次世界大战后又深受美国行政法的行政程序、司法审查等制度的影响，所以具有吸取各家之长的特色，且因我国国内译介较多，加上文化传统相近，所以对中国行政法的影响特别大。

2. 有代表性的国内行政法概念。我国行政法学界对行政法概念的界定存有不同观点，但一般认为，行政法既调整行政关系，又调整监督行政关系；既规范行政权力的组织分工和行使、运作，又规范对行政权力的监督和行政救济（或补救）。因此，本书将行政法定义为：所谓行政法，是指对行政活动过程特别是行政权力运行过程加以规范、监督与补救，调整行政与监督行政的主体及其行为所形成的社会关系的有关法律规范和原则的总称。具体地说，是关于调整国家行政主体的组织、职权和行使职权的方式、程序以及对行使行政职权的法制监督的法律规范的总称。行政法的具体内容有行政组织法、行政行为法、行政程序法和行政法制监督与救济法。

（二）行政法的调整对象

行政法的调整对象是行政关系。行政关系是指行政权取得、行使和接受监督过程中所产生的各种社会关系。具体包括：

1. 行政权配置过程中的社会关系。此部分主要由行政组织法调整，具体表现为行政主体与权力机关之间的关系，以及行政权内部配置过程中形成的行政主体之间的关系等。

2. 行政活动过程中的社会关系。此部分由行政行为法（如行政处罚法、行政强制法、行政许可法等）来调整。具体表现为行政主体在对外进行管理过程中与相对人之间的各种关系，该关系是行政权运行过程中最主要且数量最多的社会关系。

---

[1] 朱维究、梁凤云："西方宪政背景下行政法概念的比较研究"，载《比较法研究》2000 年第 1 期。
[2] Kenneth, Culp Davis, *Administrative Law*, West Publishing, 1977, p. 1.
[3] [美]伯纳德·施瓦茨：《行政法》，徐炳译，群众出版社 1986 年版，第 1 页。

3. 行政活动监督过程中的社会关系。此部分由行政监督法如监察法、信访法、审计法等来调整，是保证行政权依法运行的关键环节。

4. 行政救济过程中的社会关系。此部分主要由行政复议法、行政诉讼法和国家赔偿法来调整。

从广义上讲，行政法还调整内部行政关系。内部行政关系是指行政主体内部发生的各种关系，包括上下级行政机关之间的关系、行政机关与公务员之间的关系等。该部分主要由公务员法调整。

（三）行政法的特征

1. 行政法在形式上的特征。

（1）行政法没有统一、完整的法典。由于行政法涉及的社会生活领域十分广泛，内容纷繁复杂，某些领域又具有较强的专业性、技术性，再加上行政关系变动较快，要制定一部如同刑法典、民法典那样系统、完整的行政法典几乎是不可能的。

（2）行政法数量多。不仅最高权力机关和地方权力机关可以制定行政法，而且有权行政机关也可以依法制定。这就使得行政法规范的表现形式繁多、种类不一，呈现出多种法律渊源并存的局面。可以说行政法规范是以多种多样的法律形式表现出来的，是由多种不同效力等级的行为规范组成的统一体。

2. 行政法在内容上的特征。

（1）行政法内容广泛。行政法的内容从行政组织、行政管理到行政救济，从税务行政、公安行政、民政行政到卫生行政、教育文化行政，包罗万象，这些广泛的内容是由现代行政发展的特点所决定的。现代行政已不限于治安、国防、税收、财政、外交等领域，而且还扩展到工商、卫生保健、劳动保护、妇女、儿童保障、社会福利等在内的几乎所有的社会生活领域。因此，行政法在其内容上呈现出广泛性。

（2）行政法易于变动。一般来说，法律规范都具有一定的稳定性。在行政法规范中，以行政法规、规章形式表现的具体规范的稳定性相对于法律的稳定性要差得多。

（3）行政法中往往包含实体与程序两种规范。行政实体法和行政程序法是行政法的两个组成部分。行政实体法主要体现为行政主体和行政相对人之间实体的职权与职责、权利与义务关系的法律规范；行政程序法主要体现为保障行政实体的职权与职责、权利与义务得以实现的法律规范，侧重体现为行政主体为实施行政管理目标而作出行政行为所遵循的方式、步骤、顺序和时限的法律规范。行政法的实体规范和程序规范在具体的行政法律规范中并没有明确的划分，两者通常交织在一起，共存于同一个法律文件中。

(四) 行政法的作用

行政法具有广泛的作用，其作用也有层次之分。概括而言，其作用是：规范政府行为，保护公民权利。具体有四个方面的内容：[1]

1. 维护秩序（社会秩序与行政权力运行秩序）的作用。
2. 保护公益实现和保障私益的作用。
3. 为行政主体提供行为规范与行动指南的作用。
4. 预防和解决行政纷争的作用。

第二节 行政法的渊源

美国著名法哲学家 E. 博登海默在其名著《法理学：法律哲学与法律方法》一书中把法律渊源分为正式渊源和非正式渊源两大类。所谓正式渊源，是指那些可以从体现权威性法律文件的明确文本形式中得到的渊源。主要有宪法与法律、行政法规、规章、自主或半自主机构和组织的章程、条约与某些其他协议，以及司法先例。所谓非正式渊源，是指那些具有法律意义的资料和值得考虑的材料，而这些资料和值得考虑的材料尚未在正式法律文件中得到权威性的或至少是明文的阐述和体现。包括正义标准、推理和思考事物本质的原则、衡平法、公共政策、道德信念、社会倾向和习惯法。[2] 行政法的渊源也不例外，凡载有行政法规范的各种法律文件或其他行政法的形式均为行政法的渊源。就整个行政法的渊源结构而言，可以分为成文渊源与不成文渊源两大部分。

一、我国行政法的成文法渊源

成文法，也称制定法，是以成文形式出现的法律规定。一般说来，在实行成文法主义的大陆法系国家，成文法占据其法律体系的中心地位，在行政法领域，成文法的比重更大。根据制定主体、效力等级以及制定程序的区别，行政法的成文法渊源可以分为以下几种形式：

（一）宪法

宪法是国家的根本法，不仅具有最高的法律效力，而且是国家机关日常活动的根据与基础。作为行政法的根本成文法渊源，宪法包含的行政法规范主要有：

1. 关于行政权力的来源和行使权力的基本原则之规定，如规定政府由本级

---

[1] 应松年主编：《行政法与行政诉讼法学》，高等教育出版社 2017 年版，第 14~16 页。
[2] 参见 [美] E. 博登海默：《法理学：法律哲学与法律方法》，邓正来译，中国政法大学出版社 2004 年版，第 429~430 页。

人大产生、对它负责并报告工作，行政机关实行和贯彻民主集中制原则等。

2. 关于行政机关的法律地位和行政体制之规定，如规定地方各级人民政府既是地方各级国家权力机关的执行机关，又是地方各级国家行政机关。

3. 关于行政组织及权限之规定，如规定各级政府的设立程序、职责权限等制度。

4. 关于公民权利与行政权力的关系及处理原则之规定，如公民受到行政机关侵害时有权获得赔偿，等等。

5. 有关国有经济组织、集体经济组织、外资或合资经济组织以及个体劳动者在行政法律关系中的权利、义务的规范，等等。

（二）法律

全国人民代表大会及其常委会制定的法律是行政法的基本成文法渊源。法律中凡涉及行政权力的设定及其权限、行使及其运用、对行政权力加以监督和公民在受到行政权力侵害时予以补救的规范，均属行政法规范。作为行政法渊源的法律可以分为两种情况：①某一项法律的全部法律规范均属行政法规范。如《国务院组织法》《地方各级人民代表大会和地方各级人民政府组织法》《行政诉讼法》《行政处罚法》等。②某一项法律的一部分或某一条款属于行政法规范，其他部分或条款属于其他性质的法律规范。如《公司法》《外资企业法》等。《外资企业法》第5条规定在特殊情况下，根据社会公共利益的需要，对外资企业可以依照法律程序实行征收，并给予相应的补偿的内容就属于行政征收的内容；而第12条规定的外资企业雇用中国职工应当依法签订合同，以及第15条规定的外资企业可以在国内或者国际市场购买原材料和燃料等，就属于劳动法和合同法的内容。

（三）行政法规

行政法规是国务院制定的一类规范性文件的总称，它是对比较原则的法律规定加以具体化的主要形式之一，数量较大。其效力仅次于法律，高于地方性法规、部门规章和地方政府规章。相对而言行政法规更集中地规定和表现了行政法规范的内容，例如，国务院制定的《突发公共卫生事件应急条例》就是对具体行政管理活动的直接规范。

（四）地方性法规

地方性法规是指享有地方性法规制定权的地方国家权力机关依照法定权限，在不同宪法、法律和行政法规相抵触的前提下，制定的在本行政区域内实施的规范性文件。众多地方性法规中有相当一部分涉及行政权力的取得、行使以及对行政权力进行监督等问题，成为地方行政机关行使行政权力的重要依据之一。

（五）自治条例和单行条例

自治条例和单行条例是民族自治地方权力机关按照法定权限并依照当地民族

的政治、经济和文化的特点所制定的只限于民族自治地方适用的一类规范性文件。其制定程序中有明确的按级报批和备案的规定。它与地方性法规一样，所包含的法律规范多数是行政法规范，因而也是行政法的重要渊源。

（六）行政规章

行政规章分为部门规章和地方政府规章，前者是由国务院组成部门依法制定的，后者是由享有地方政府规章制定权的地方国家行政机关依法制定的。在实践中，行政规章的面广、量大、使用频率高，这是其他形式的行政法渊源无法相比的。但需要指出的是，行政规章的效力不及前述法律渊源，目前在我国的司法审查中不能作为审判"依据"，而是"参照"适用。

（七）国际条约

国家间的条约和政府间的协定时常会涉及一国国内的行政管理，成为调解该国行政机关与本国公民、组织及外国人、外国组织之间行政关系的行为准则，因此我国参加和批准的国际条约和协定（但保留条款除外）中的某些条款涉及行政法的也是行政法的渊源。随着国际交往范围的扩展、频率的加大，此类渊源将会越来越多，但一般需要转化适用。

（八）法律解释

法律解释指有权机关对法律规范的含义以及所使用的概念、术语、定义所作的阐释，包括立法解释、司法解释、行政解释和地方解释，凡涉及行政管理领域的解释都属于行政法规范，往往成为行政法的渊源之一。

二、我国行政法的不成文法渊源

不成文法，并不是指没有文字记载，而是指未组织化、法典化或形式化的规范。不成文法源在行政法领域实质上早已存在，但要使其具有统一适用性，还需满足三个条件：①构成成文的行政法规范的实质性因素；②具有现实的可依据性；③具有相对固定的形态。[1]不成文法源对于立法者来说是"立法理由"；对解释者来说是"客观标准"；对于法官来说是"参照依据"。[2]"作为部门法学的渊源应该着重于它的规范效力，只有那些可以为法官统一适用、明白表达、直接引用的规范，才属于渊源的范畴。"[3]行政法上的不成文法源主要指：习惯法（特别是行政惯例）、法院的裁判、一般原理与法理、学说以及国家政策[4]。

---

[1] 参见浙江大学精品课程系列——行政法学教学内容，载http：//jpkc.zju.edu.cn/k/401/index2.htm，访问日期：2010年9月24日。
[2] 参见朱新力："论行政法的不成文法源"，载《行政法学研究》2002年第1期。
[3] 朱新力："论行政法的不成文法源"，载《行政法学研究》2002年第1期。
[4] "学说以及国家政策"均因欠缺"为法官统一适用、明白表达、直接引用的规范"条件而暂且不列入本教材梳理的内容内。

(一) 行政惯例

行政惯例,又称行政先例,是指行政机关长期以来处理行政事务所形成的惯行,在一般国民中被信以为法的部分。构成一个行政惯例的要件为：在客观上,必须有在合理时间内始终被行政机关遵守的习惯做法存在；在主观上,公众知晓并对该习惯做法产生法的确信心,即认可其具有法律规范的拘束力性质；在形式上,该习惯做法有作为法律规范的现实可能性,亦即其内容具体明确,具有可操作性。如当前学术界比较肯定,重大行政问题需开新闻发布会是一项行政惯例。

(二) 指导性案例

按照2010年11月26日最高人民法院发布的《关于案例指导工作的规定》第2条的规定,指导性案例指的是"裁判已经发生法律效力,并符合以下条件的案例：①社会广泛关注的；②法律规定比较原则的；③具有典型性的；④疑难复杂或者新类型的；⑤其他具有指导作用的案例"。并明确"最高人民法院发布的指导性案例,各级人民法院审判类似案例时应当参照"。[1]2015年6月2日最高人民法院公布的《〈最高人民法院关于案例指导工作的规定〉实施细则》对"应当参照"又作了细化规定。[2]截至2018年6月27日,最高人民法院累计发布了18批96个指导性案例,其中行政案例19个。[3]指导性案例虽只对个案有强制力,但基于法的平等性及安定性,对于此后案件的审理将产生法源性约束力,这

---

[1] 2010年11月26日实施的《最高人民法院关于案例指导工作的规定》(法发〔2010〕51号),第7条。
[2] 2015年5月13日实施的《〈最高人民法院关于案例指导工作的规定〉实施细则》第9条、第10条和第11条。
[3] 指导案例5号(鲁潍(福建)盐业进出口有限公司苏州分公司诉江苏省苏州市盐务管理局盐业行政处罚案)；指导案例6号(黄泽富、何伯琼、何熠诉四川省成都市金堂工商行政管理局行政处罚案)；指导案例21号(内蒙古秋实房地产开发有限责任公司诉呼和浩特市人民防空办公室人防行政征收案)；指导案例22号(魏永高、陈守志诉来安县人民政府收回土地使用权批复案)；指导案例26号(李健雄诉广东省交通运输厅政府信息公开案)；指导案例38号(田永诉北京科技大学拒绝颁发毕业证、学位证案)；指导案例39号(何小强诉华中科技大学拒绝授予学位案)；指导案例40号(孙立兴诉天津新技术产业园区劳动人事局工伤认定案)；指导案例41号(宣懿成等诉浙江省衢州市国土资源局收回国有土地使用权案)；指导案例59号(戴世华诉济南市公安消防支队消防验收纠纷案)；指导案例60号(盐城市奥康食品有限公司东台分公司诉盐城市东台工商行政管理局工商行政处罚案)；指导案例69号(王明德诉乐山市人力资源和社会保障局工伤认定案)；指导案例76号(萍乡市亚鹏房地产开发有限公司诉萍乡市国土资源局不履行行政协议案)；指导案例77号(罗镕荣诉吉安市物价局物价行政处理案)；指导案例88号(张道文、陶仁等诉四川省简阳市人民政府侵犯客运人力三轮车经营权案)；指导案例89号("北雁云依"诉济南市公安局历下区分局燕山派出所公安行政登记案)；指导案例90号(贝汇丰诉海宁市公安局交通警察大队道路交通管理行政处罚案)；指导案例91号(沙明保等诉马鞍山市花山区人民政府房屋强制拆除行政赔偿案)；指导案例94号(重庆市涪陵志大物业管理有限公司诉重庆市涪陵区人力资源和社会保障局劳动和社会保障行政确认案)。

(三) 法理与行政法的一般原则

行政法不成文法源中最基本的表现形式是法理和行政法的一般原则。法理作为一种不成文法源时，它"是一种能反映一国社会规律的、体现本国传统的、在法治实践中被社会公认了的正当的法律原理"[1]。行政法的一般法律原则是指适用于行政法所有领域的法律原则。就我国大陆而言，通说上接受行政合法性原则与行政合理性原则为行政法的两大基本原则，但也存在比例原则、正当程序原则、信赖保护原则以及行政应急性原则等其他法律原则的适用空间。

另外，实践中还存在着其他形式的行政法渊源，如行政机关与党派、与群众团体等联合发布的法规、规章等文件。此类渊源的产生有特殊的国情和时代背景，今后将会逐步减少。

上述各层次法律文件中的大量行政法律规范在运行中难免发生冲突，解决冲突的基本原则或者说行政法律规范的冲突解决机制一般是：①宪法中的行政法律规范具有最高效力。②下位法服从上位法（含同级行政立法服从同级人大立法）。③如系同一机关制定的法律规范，则特别法优于一般法，新法优于旧法，难以判断的冲突则由制定机关（或其常设机构）裁决。④如系"效力等级相同"的法律规范，则规章之间的冲突由国务院裁决。⑤部门规章与地方性法规之间发生冲突不能确定如何适用时，由国务院裁决适用地方性法规，或因国务院认为应当适用部门规章而由国务院提请全国人大常委会裁决；省级政府规章与省内设区的市的地方性法规之间的冲突，由该省级人大常委会裁决。

第三节 行政法的基本原则

行政法的基本原则是行政法特有的，贯穿在行政法关系之中，并指导行政法制定和实施以及行政争议的处理的基本准则。需要指出的是，随着人们对行政法基本原则认识的不断深化，学界对其有不同的理解和分类。有些原则不仅具有鲜明的国家特色和世界影响，而且还具有强大的普遍适用功能（如英国行政法的越权无效原则、美国行政法的正当法律程序原则、德国行政法的比例原则），一些原则之间存在交叉重叠等复杂关系，一些原则从国外引入后尚未形成广泛共识或未得到制定法大量采纳，上述情形都给学习行政法学带来不小困难。依据确立行

---

[1] 朱新力："论行政法的不成文法源"，载《行政法学研究》2002年第1期。

政法基本原则的考量因素：具备行政法这一部门法特有的特殊性、适用于行政管理整个过程和所有领域的普遍性、具备指导和规范意义的法律性以及规范性，一般可以把我国行政法的基本原则概括为：行政合法性原则、行政合理性原则、行政公正原则、行政公开原则、行政效率原则、合法预期保护原则、行政应急性原则。其中的核心是行政合法性原则、行政合理性原则。下面一一分述之。

一、行政合法性原则

行政合法性原则是行政法基本原则中最重要的一个原则，是指行政主体行使行政权必须依据法律，符合法律，不得与法律相抵触。行政合法性原则要求行政主体必须严格遵守行政法律规范的要求，不得享有行政法律规范以外的特权，超越法定权限的行为无效；行政违法行为依法应受到法律制裁，行政主体应对其行政违法行为承担相应的法律责任。国外行政法学常用的法律优先原则、法律保留原则、越权无效原则的内容与此相近。行政合法性原则的主要内容包括：行政主体合法、行政职权法定、行政行为实体合法、行政行为程序合法、行政行为形式合法等。

（一）行政主体的设立必须合法

行政主体是能以自己的名义拥有和行使行政职权，并能以自己的名义对行使行政职权的行为所产生的后果承担法律责任的机关或组织。行政主体必须是依法成立的享有行政管理权的行政机关和经法律法规授权的组织。若受委托的其他组织行使行政职权，则其也只能以委托行政机关的名义行使职权，且其法律效果也直接归属于委托行政机关。

（二）行政职权的拥有应当合法

一切行政行为都以行政职权为基础，无职权便无行政。行政主体拥有行政职权，是其进行行政管理的先决条件。行政机关的职权，必须由法律规定且在法律规定的范围内活动。凡法律没有授予的，行政机关就不得为之。若违反，则越权无效。

行政机关的法定职权，一般有两种形式：①由行政机关组织法规定，大都以概括之语言，划定各机关的职责范围。例如，《国务院组织法》第 10 条规定："各部、各委员会工作中的方针、政策、计划和重大行政措施，应向国务院请示报告，由国务院决定。根据法律和国务院的决定，主管部、委员会可以在本部门的权限内发布命令、指示和规章。"②由单行的实体法规定某一具体事项由哪一行政机关管辖。例如，依据《税收征收管理法》的规定，税务机关取得具体征税的权能。

（三）行政行为实体合法

行政机关作出的具体行政行为必须以事实为根据，以法律为准绳。行政行为必须依照法律规定的范围、手段、方式进行，任何一个行政行为必须以法律规定的事实要件为基础，而每一个事实要件必须由相应的事实佐证，每一个事实佐证必须经得起审查和行政相对人的反驳与质证。

同时行政机关援引的规范性文件必须是合法有效的文件，不得与更高层次的规范性文件相抵触；行政机关行使职权必须具有法律的明确授权；行政行为的各个方面（如处罚的种类、幅度等）都要在法律所规定的范围之内，对行政相对人的认定和对事件性质的判断应符合法律所确定的要件等。

（四）行政行为程序合法

行政主体必须依照法定程序实施行政行为，如法定的方式、步骤、顺序以及时限等。

（五）行政行为形式合法

形式合法是指行政行为的表现形式必须符合法律规范的要求。行政行为形式合法是指作为的行政行为在形式上应当合法，不作为的行政行为没有直观的外在的表现形式，因而一般不纳入行政行为形式合法的范畴。

作为的行政行为形式合法主要包括：表现为语言文字的行为形式合法和表现为动作的行为形式合法。例如，关于行政决定的作出，其形式合法的主要要求包括：①法律要求或管理工作需要作出书面决定的，应以机关或首长的名义签署书面决定；②法律要求或管理工作需要在一定范围公开行政决定内容的，应以有效的方式在该范围内公布决定内容；③行政决定必须准确、真实表达行政机关或行政首长的意志，否则无效；④以行政机关名义作出的行政决定正本，应当加盖机关公章，以行政首长名义作出的书面决定，应当由该首长签名或盖章，口头决定应由行政首长亲自宣布或委托有关人员代其宣布。行政行为的表现形式必须合法，这是一个总体的原则要求，至于行政行为形式上符合哪些法律的哪些具体要求，需因行政行为的不同和法律规范的不同而作具体分析，不能一概而论。

二、行政合理性原则

（一）行政合理性原则的含义

行政合理性原则是指行政权的行使，特别是行政自由裁量权的行使必须客观、适度，符合公平正义等理性。所谓客观，是指行政行为必须以客观事实为依据，杜绝凭个人好恶、恩怨作出行政行为；所谓公正，是指所有当事人在适用法律上一律平等，无论其地位、社会关系、社会背景如何；所谓适度，是指行政行为内容应以法律为准绳，在法律规定的范围内，根据实际情况选择适当的行为种类和形式。行政合理性原则要求行政机关不仅应当按照法律、法规规定的条件、种类和幅度范围作出行政决定，而且要求这种决定应符合法律的意图和精神，符合公平正义等法律理性，符合全社会共同行为准则的社会公理。行政合理性原则中的"理",实际上是指体现全社会共同遵守的行为准则的法理。行政主体即便在自由裁量范围内作出行政行为,也应受此法理约束。国外行政法学常用的比例原则与此相近。

（二）行政合理性原则的存在基础

行政合理性原则之所以存在,是因为实际行政活动的需要。理由是:①法律不可能规范全部行政活动。社会活动的复杂多变,使国家行政活动也呈现出多变性与复杂性,法律不可能对全部行政活动作出细密无疏的规定,在许多情况下行政机关只能在法律原则的指导下,运用自由裁量权,根据客观情况采取适当的措施或作出合适的决定。②法律对行政活动的规范,应留出一定的余地,以便使行政机关根据具体情况灵活处理。如果法律对行政活动规定得面面俱到,毫无裁量余地,则最终可能导致行政机关束手无策,无法适应行政管理的客观要求。

由此,在理解行政合理性原则时必须首先了解何谓行政自由裁量权。所谓自由裁量权,是指行政机关在法律规范明示或默示的范围内,基于行政目的,在合理判断的基础上决定作为或不作为,以及如何作为的权力。行政机关拥有自由裁量权,并不意味着行政机关可以为所欲为,它同样要受到一定的约束。自由裁量行为要根据客观情况,在适度的范围内,符合社会大多数人的公平正义观念而实施。

（三）行政合理性原则的具体内容

1. 行政行为的动因应符合立法目的,应与法律追求的价值取向和国家行政管理的根本目的相一致。任何行政法律规范的制定都是基于一定的社会需要,为达到某种社会目的。而行政法律规范授予行政主体某种行政权力就是为了实现该项立法目的。即使没有成文法的规定,行政主体在运用行政权力时也必须要符合立法目的。特别是在行政主体被赋予自由裁量权时,尤其要特别考虑立法目的。凡是有悖于立法目的的行为都是不合理的行为。

2. 行政行为应建立在正当考虑的基础上,不得考虑不相关因素。所谓正当考虑,是指行政主体在作出某一行政行为时,在其最初的出发点和动机上,不得违背社会公平观念或法律精神,必须客观、实事求是,而不是主观臆断、脱离实际或存在法律动机以外的目的追求。如行政机关进行罚款的动机不是制裁相对人违法行为,而是增加财政收入,改善工作人员的福利待遇,这就属于不正当考虑。正当考虑要求行政主体不能以执行法律的名义,将自己的偏见、歧视、恶意等强加于公民或组织,同时要求其在实施行政活动时必须出于公心,不抱成见、偏见。

3. 行政行为的内容和程序应当合乎理性。行政权特别是行政自由裁量权的行使应符合人之常情,包括符合事物的客观规律,符合日常生活中的常识,符合人们普遍遵守的准则，符合一般人的正常理智判断。具体来讲行政行为应满足必要性、适当性和比例性的要求。必要性要求行政主体在若干个实现法律目的的手段中，只能够选择使用那些对个人和社会造成最小损害的措施；适当性要求手段能够达到行政目的，如果手段根本无法达到目的或过激，就有失妥当性；比例性要求适当地平衡一种行政措施对个人造成的损害与社会获得的利益之间的关系，禁止那些对个人的损害超过了社会获益的措施。

（四）行政合法性原则与行政合理性原则的关系

行政法上的行政合法性原则与行政合理性原则是既相互联系又相互区别的两大基本原则，掌握它们之间的关系，对于全面理解和贯彻我国行政法有极为重要的意义。从它们在我国行政法律体系中的地位与作用来看，二者主要有以下两个方面的关系：①二者并存于行政法之中，缺一不可。行政合法性原则与行政合理性原则是现代法治社会对行政主体制定、实施行政法律规范提出的基本要求。②二者互为前提，互为补充，共同为完善行政法治发挥作用。行政合法性原则主要解决行政合法与非法问题，行政合理性原则解决行政是否适当的问题；行政合法性原则适用于一切领域，而行政合理性原则主要适用于自由裁量领域。行政机关的一个行为如果违反了行政合法性原则就无需再考虑其是否合理的问题了，而自由裁量行为则应重点考虑其是否存在合理性问题。

当然，行政合法性问题与行政合理性问题的界线也不是绝对的，二者有可能相互转化。随着社会生活的发展与行政法治化进程的加快，原先属于行政合理性范畴的问题有可能转变为行政合法性问题，原先属于行政合法性范围的问题基于行政效率的考虑也可能转化为行政合理性问题。

三、行政公正原则

行政公正原则是指行政机关必须平等、无偏私地行使行政权力，包括实体公正和程序公正两方面。行政公正原则的主要内容包括：

（一）行政实体公正

行政实体公正可分为：

1. 公正地分配行政主体与行政相对人的权利和义务。行政主体在行政管理活动中处于管理者的地位，代表国家行使行政权力，是行政权力的支配者，居于强势地位；而行政相对人则处于被管理者的地位，是行政权力的受支配者，居于弱势地位。为防止强势主体对弱势主体行使不公正的权力，首先应对双方的权利和义务的分配量予以有差别地设定，使行政相对人一方具有更多的保障自身利益不受行政主体非法侵犯的权利，而对行政主体则应课以更多的为公益、为公民服务的义务，从而体现一种有差别的但却是平等公正的正义分配。

2. 公正地对待一切事件和行政相对人。行政公正原则不承认任何人有法律之外或法律之上的特权，即行使行政权力时，不应考虑行政相对人的地位高低、权势大小、"关系"深浅、"反弹力"强弱等，而应对一切相同的情况和对象采取同样的、平等的对待和处理；对一切不相同的情况和对象采取不相同的对待和处理。

（二）行政程序公正

行政程序的公正是行政结果公正的必要前提和保证，它要求行政主体行使行政权力或作出行政行为，在过程上必须依照法定程序进行，即行政主体实施任何行政行为都必须采取一定的方式，具备一定的形式，履行一定的手续，遵循一定的步骤和在一定的时限内完成。主要内容包括：

1. 在处理与自己或自己近亲属有利害关系的事务时应予回避，不得自己做自己案件的法官。

2. 在处理涉及两个或两个以上相对人利害关系的事务时，不得在一方当事人不在场的情况下单独与另一方当事人接触。

3. 不在事先未通知相对人和听取相对人申辩意见的情况下作出对其不利的行政行为。

四、行政公开原则

行政公开原则，是指行政主体应当向行政相对人和社会公开其行政行为。2008年5月1日起实施的《政府信息公开条例》确保了该原则的实现。行政公开原则的主要内容包括：

1. 行政法规、规章以及其他规范性文件的制定应采取一定方式让公众参与，听取公众的意见，必要时公开举行听证会，听取有关利害关系人的意见、建议。

2. 已制定的行政法规、规章及其他规范性文件应通过公开的政府刊物公布，让公众知晓。

3. 行政机关收集、保存的涉及相对人有关信息的文件、资料，除法律、法规规定应予保密的以外，应允许相对人查阅、复制。

4. 有关行政执法行为的条件、标准、手续等应通过一定方式公布，使相对人事先知悉。

5. 对行政机关及其工作人员遵纪守法、廉政、勤政的情况，应允许新闻媒介在真实、准确的前提下予以公开报道，使其接受人民群众和舆论的监督。

五、行政效率原则

行政效率原则，是指行政机关在履行行政职责时应力争以尽可能快的时间、尽可能少的人员、尽可能低的经济耗费办成尽可能多的事情、取得尽可能大的社会效益和经济效益。行政效率原则的内容主要包括：行政成本应是廉价的，即政府的行政成本支出不应超过履行行政职责之所需，公民支付的行政成本不应高于所得到的公共服务；行政职能应是效能的，即政府行政的领域应严格限定在法律规定的对社会公益事务的管理范围以内；行政行为应是高效便民的，即行政活动必须严格遵守法定的行政程序和行政期限；行政组织机构的设置必须精干等。

六、合法预期保护原则
（一）合法预期的概念

因社会周围环境的改变以及政府相关决策的调整，行政主体有必要也必须变更过去自己的意思表示，以符合公共利益的需要或促进行政实际目标的完成。然而，行政主体决定的随意变更，非常容易造成公民因信赖先前决定而有所为或有所不为却招致无法预见的损害的不利结果。在我国行政法实践中，因行政主体决定朝令夕改、出尔反尔导致公民合法权益受损的现象和案例很多；而确因公共利益需要而变更原行政意思表示的，却又没有给公民提供相应的程序和实体机会或途径，使得公民与行政主体之间的关系变得越发僵硬。长此以往，若没有法律予以调节的话，容易在政府和公民之间形成隔阂，破坏依法治国方略的推进，非常不利于责任政府诚信形象的塑造和权威的树立。基于此，在法治行政过程中，为了保护公民对行政活动的信任（或合理信赖），行政机关的行为不得随意改变，若基于维护公共利益的需要必须改变由此所形成的法律状态，则应对公民、法人或者其他组织正当的信赖加以保护，否则行政机关应承担相应的法律责任。

基于"公民对行政活动的信任（或合理信赖）应受到保护"的观念，分别形成了英美法系（主要指英国）的"合法预期（Legitimate Expectation）保护原则"，大陆法系（主要指德国）的"行政信赖（Vertrauensschutz）保护原则"[1]以解决上述问题。我国大陆行政法学界对此并不陌生。就今后借鉴他国法律原则、更便利解决本国问题的实际考虑而言，笔者倾向于学习合法预期保护原则。主要理由是合法预期保护原则的适用范围往往立足于行政裁量权行使领域，而大陆法系的行政信赖保护原则更多的是立足于行政合法性原则所延伸的范畴。当然，两大法系所构造的这两个原则都建立在保护公民对政府信任的法律基础上，其所塑造的法的空间都具有共同特征，两者并非截然对立，实践中应经学者的解释并与我国实践相结合的途径，将大陆法与英美法的概念、原理和技术，纳入我国既有法律体系，使之与我国法律规定和精神相契合，并设法使其与整个国内法律体系相调和，才能实现最佳规范功能。无论适用哪一种法律原则，首先必须界定公民的"合法预期"概念。行政法上的合法预期，是指相对人基于对行政法律活动的信任而产生的可取得未来可得利益的一种具备值得法律保护资格的期望。抑或界定为，相对人基于对行政法律活动的信任而产生的行政机关将来必然

---

[1] 参见［德］哈特穆特·毛雷尔：《行政法学总论》，高家伟译，法律出版社2000年版，第280页。

以特定程序作出行为或者作出特定行为从而自己获得某种利益的正当合理的期望。根据相对人预期内容的不同，可以区分为程序性质合法预期和实体性质合法预期。

（二）合法预期保护原则的构成要件

简要而言，合法预期保护原则的构成要件由两大关键内核所组成，一是预期是否合法；二是若该预期具备合法性，则提供何种保护。下文对此予以分析。

1. 预期合法性的构成要件。预期合法性的构成要件，是指如何认定相对人的预期具备了值得保护的条件。该要件至少需要从产生具体法律权利义务关系的双方——行政机关和相对人来构建。

（1）行政机关表达的行政意思表示必须是清晰的、无歧义的且没有任何限制条件。若行政意思表示具有重大明显违反法律规定和精神的，或有意思模糊之处的，或有明显瑕疵的，或有限制条件致使行政行为相对化而减少预期值得保护情形的，则相对人的合法预期很难确立。

（2）理性相对人在接受上述意思表示时能够证明自己知晓并信赖该意思表示。法律要关注的不是相对人主观心理上预期了什么，而是法律层面上相对人有资格去预期什么。在实践中，则需要结合具体案件的各个因素来进行判定。重要的是相对人必须证明自己知晓该意思表示，从而来确立自己的"信任"表现，但因信赖而遭受的损害不一定是充分条件。

2. 若预期具备合法性，则可以提供的保护方式和结果。根据相对人的合法预期内容，至少有三种可能的保护方式和结果：

（1）只要求行政机关在决定是否变更先前意思表示之前，牢记该意思表示，并对那些行政机关自己所认定的考量因素予以恰当考量即可。

（2）要求行政机关在变更先前意思表示之前，给予相对人听取意见或协商的机会，除非存在着可以落空该合法预期的正当公益理由（即程序保护）。

（3）行政机关的意思表示引发了相对人实体合法预期，此时行政机关必须对保护合法预期的公平要求与支持行政意思表示变更的公益理由之间进行权衡，除非存在着高于一切的公益，否则行政机关不应该落空相对人的合法预期（即实体保护）。

（三）合法预期保护原则的适用范围

合法预期保护原则有其适用范围和界限。基于对合法预期保护原则的独特性考虑，笔者不主张在能够运用现有行政合法性原则解决问题的领域适用合法预期保护原则。在成文法没有规定的领域以及实践中行政机关运用组织法上管辖权而采用自由裁量决定的领域，则有合法预期保护原则的适用空间。例如，地方政府为了实现本地招商引资目标，决定采用行政奖励手段以通知的形式向社会发布信息。现行法律没有明确规定地方政府必须采用行政奖励手段来实现招商引资目标，换言之，地方政府采用还是不采用行政奖励手段都不影响招商引资目标的实现，采用行政奖励手段完全属于地方政府行使自由裁量的领域，在这样的情境中，如果地方政府没有正当理由却落空某个信任该政府意思表示的相对人的合法预期，则合法预期保护原则应该适用并给予相对人保护。

从案例调查来看，合法预期适用范围主要发生在下列情形：行政机关通过承诺来发布某一意思表示；在长期实践中行政机关一直采用某一做法，久而久之形成了某一固有惯例；行政机关发布政策或作出决策（包括对政策或决策作出解释）。上述情形在不同个案中有可能以非常明确的词语表达出来，也有可能以隐含或需推敲的词语表达出来。这些意思表示的形式往往呈现多样化的形态，例如通过信件、传真、协议书、通知（通告）、报告、通讯、行为准则（行为规范）、会议发言以及信息服务等形式来表现。这就给我们一个启示，在是否适用合法预期保护原则时，若仅以某行政法律活动的行为方式（例如行政指导、行政合同）作为适用范围指导思想，则很可能会被表面现象所迷惑，失去对其他大量合法预期保护原则适用范围的研究和实践。

七、行政应急性原则

（一）行政应急性原则的含义

行政应急性原则是指在某些特殊的紧急情况下，出于国家安全、社会秩序或公共利益的需要，行政机关可以采取没有法律依据的或与法律相抵触的措施。这些措施既包括有行政作用法上的具体规定的行为，也包括一些没有具体法律规范甚至停止某些宪法权利和法律权利、中断某些宪法和法律条款实施，或突破一般行政程序规范的行为。应急性原则同时也为常态下的各种应急准备工作（如应急工作机构的建设，应急队伍的日常建设，应急物资的储备更替等）提供指导和依据。对于一些可能威胁国家的安全和独立、破坏社会秩序、严重损害公共利益的紧急情况，如战争、分裂活动、动乱、暴力犯罪失控、自然灾害等，在正常的宪政、法律体制难以运转的情况下，行政主体采取的必要的应急措施，即使该措施没有法律依据或与法律相抵触，也应视为有效。

（二）行政应急性原则的适用条件

行政应急性原则是合法性原则的例外，但是应急性原则并非排斥任何法律控制，不受任何限制的行政应急权力同样是行政合法原则所不能容忍的。一般而言，行政应急权力的行使应符合以下五个条件：①存在明确无误的紧急危险；②非法定机关行使了紧急权力，事后应由有权机关予以确认；③行政主体作出应急行为应受有权机关的监督；④应急权力的行使应该适当，应将负面损害控制在最小的程度和范围内；⑤当紧急状况发生的时候，应急性措施所带来的利益远远大于恪守正常法治秩序所带来的利益。从广义上讲，行政应急原则是合法性原则、合理性原则的非常原则。

第四节 行政法律关系

一、行政法律关系的概念

行政法律关系是指为行政法所调整和规定的，具有行政法上权利与义务内容的各种社会关系，最主要的是行政机关与行政相对人之间的权利义务关系。也有把行政法律关系定义为行政法上的法律关系，是指基于行政法律规范的确认和调整而在行政关系以及监督行政关系的当事人之间形成的权利义务关系。对于这样的定义我们需要把握以下三点：

1. 行政法律关系的产生以行政法律规范的存在为前提。未经相应的法律规范调整之前，组织和个人之间因行使行政职权而形成的关系只能是一般的社会关系。能够纳入行政法律关系范畴之内进行探讨的，一般需有相应法律规范的存在。

2. 行政法律关系的产生是由于行政权的取得和行使。行政机关作为一个机关法人，可以有多重身份，包括民事主体、刑事主体和行政主体，而行政法律关系仅仅在该机关作为行政主体取得或者实施行政权的时候才会形成。

3. 行政法律关系是权利义务关系。所谓权利，简言之，就是法律规定的可以做或者不做某事或者要求他人做或者不做某事的资格、利益或者可能性；义务则是指法律规定的不得做或必须做某事的必要性或负担。例如，国家知识产权局专利复审委员会对某申请人作出无效宣告的决定，专利复审委员会和该申请人之间就形成了行政法律关系。因为，该法律关系是经相关知识产权法调整的结果。专利复审委员会行使了知识产权法赋予其的行政职权，而相对人有接受并承认专利复审委员会宣告的义务，双方之间形成的是权利义务关系。

"行政法律关系"与"行政关系"是既有联系又有区别的概念。

第一，行政法律关系以行政关系为基础，但不等同于行政关系。只有当行政关系为行政法所调整，且具有行政法上的权利义务时才转化为行政法律关系。行政法律关系在范围上要小于行政关系，只有那些经过行政法调整的行政关系才能上升为行政法律关系，而现实生活中有可能会出现立法滞后的情况，因此有部分行政关系若无相应的法律规范调整只能作为一般的社会关系出现，因而相比行政法律关系，行政关系是随意的、无序的。

第二，两者与行政法的关系也不同。行政法律关系是行政法调整的结果，是一种法律关系，以国家强制力为保障。而行政关系是行政法调整的对象，是一种社会关系。

二、行政法律关系的特征

1. 在行政法律关系双方当事人中，必有一方是行政主体。行政主体的存在，是发生行政法律关系的先决条件。

2. 行政法律关系当事人的权利义务由行政法律规范预先规定。当事人的权利义务不能由当事人双方相互协商约定。当事人既不能自由选择权利、义务，也不能随意放弃权利、转让义务，只能依据法律规范的规定享有权利或承担义务。但行政协议的出现，是这一特征的例外，因为行政协议双方当事人可进行一定程度的协商让步和权利义务约定。

3. 行政法律关系具有不对等性。首先，行政法律关系双方主体的地位不平等。行政主体一方往往处于支配地位，以国家强制力保证其职权的行使。其次，行政法律关系的产生、变更不以双方主体意见一致为必要条件，行政主体可以单方面设立或变更行政法律关系。

4. 行政法律关系中行政主体的权力与义务具有统一性。行政主体在行政法律关系中的权力与义务总是交叉重叠的，权力与义务很难分开，从这方面看是其职权或权力，从那方面看则是职责或义务。

5. 行政法律关系引起的争议，在解决方式及程序上有其特殊性。行政争议往往实行行政主体先行裁决制度，即大都由行政机关或行政裁判机关依照行政程序或行政司法程序加以解决，只有在法律明文规定的情况下才通过司法程序解决。这是由于此类争议往往涉及专业性、技术性较强的领域，由专业性强的行政机关或行政裁判机关来解决争议比较合适。

6. 行政法律关系具有单方面性。即法律关系的形成常常是以行政主体单方面的意思表示为根据，无需征得相对人的同意。

7. 行政法律关系具有强制性。即作为行政法律关系一方的行政主体，有时可以直接运用国家力量强制相对人履行义务，或者对其实施制裁。

三、行政法律关系的种类

行政法律关系从不同角度可进行不同分类，目前主要的分类包括：

1. 以内部行政和外部行政为标准，可以将行政法律关系划分为内部行政法律关系与外部行政法律关系。这是我国行政法学界和实务界普遍认同的一种主要划分方法，尽管这种划分方法存在某些缺陷，已受到诸多批评。外部行政法律关系，是指行政主体在行政活动中与相对人一方所发生的法律关系，是最主要的行政法律关系。内部行政法律关系，是指发生于行政主体内部的法律关系。它包括行政主体之间的行政法律关系和行政主体与公务员之间的行政法律关系。

2. 以调整行政法律关系的法律规范的性质为标准，可以将行政法律关系划分为行政实体法律关系与行政程序法律关系。

3. 以行政法律关系的动态过程为标准，可以将行政法律关系划分为行政立法关系、行政执法关系、行政复议关系、行政诉讼关系。

4. 以行政法律关系的内容和性质为标准，可以将行政法律关系划分为行政管理法律关系、行政法制监督关系。

5. 以行政权的运作阶段为标准，可以将行政法律关系划分为以下三种：

（1）行政权取得过程中形成的行政主体与权力机关之间的关系，以及行政权内部配置过程中形成的行政主体之间的关系。

（2）行政权行使过程中所发生的关系。包括：行政主体在对外进行管理过程中与相对人之间所发生的各种关系；行政主体内部发生的各种关系，包括上下级行政机关之间、同级行政机关之间、行政机关与国家公务员之间、行政机关与法律、法规授权的公共组织之间的关系等。

（3）行政法制监督与救济关系。包括人民法院与行政主体之间发生的关系，上一级行政机关与行政主体之间所发生的关系，等等。

四、行政法律关系的构成要素

行政法律关系由行政法律关系主体、客体和内容三大要素构成。

（一）行政法律关系主体

行政法律关系主体，又称行政法主体，是行政法权利（权力）、义务（职责）的承担者。行政法律关系的主体由行政主体和行政相对人构成。行政主体是依法行使行政职权并对其后果承担责任的国家行政机关和法律法规授权的组织。与行政主体对应的行政相对人可以是我国公民、法人和其他组织，也可以是在我国境内的外国组织、外国人及无国籍人。

（二）行政法律关系客体

行政法律关系客体，是指行政法律关系主体的权利、义务所指向的对象。行政法律关系客体的范围十分广泛，但可概括为如下三种：①物。指一定的物质财富，如土地、房屋、森林、交通工具等。②行为。包括作为和不作为，指行政法律关系主体为一定目的的有意识的活动，如纳税、征地、交通肇事、打架斗殴等。③智力成果。指一定形式的智力成果，如著作、专利、发明等。

（三）行政法律关系的内容

行政法律关系的内容是指行政法律关系主体各方以及利害相关人所享有或者行使的权利（或权力）和所承担的义务的总和。行政法律关系的主体各方，既有一定的权利又有一定的义务。[1]

行政主体有着与其地位相适应的行政上的权利义务，称为职权与职责。因维护公共利益的需要，行政主体的权利义务内容具有职权职责共存的特点。概括地说，如上文所述，行政主体的主要行政职权有：行政立法权、行政命令权、行政处理权、行政监督权、行政裁决权、行政强制权。行政主体的义务主要有执行法律、依法行使职权、履行法定职责、遵守法定程序、纠正违法或不当、对侵权损害予以赔偿或补偿等。

行政相对人的行政法权利主要有自由权、平等权、参加国家管理权、知情权、隐私权、请求权、建议权、举报权、控告权、批评权、申诉权等；主要义务则有遵守宪法、法律、法规，服从行政公权力，协助行政管理等。

五、行政法律关系的变动

行政法律关系经常处于动态变化之中，包含了产生、变更和消灭的过程。

（一）行政法律关系的产生

行政法律关系的产生，是指行政法律关系当事人之间形成了行政法上的权利义务关系。行政法律关系的产生，除必须存在行政法律关系的主体和客体外，还必须具有两个基本条件：

1. 有相应的行政法律关系赖以发生的法律依据。
2. 有导致行政法律关系发生的法律事实。法律事实包括事件和行为两大类，前者是不以当事人的意志为转移的客观现象，后者是当事人有意识的能够产生法律效果的行为，是主要的法律事实。

（二）行政法律关系的变更

行政法律关系的变更，是指行政法律关系在存续期间发生的变化。它涉及行政法律关系的主体和内容相互交织而发生的增减更替等变化，情形多种多样：

1. 行政法律关系主体的变更。如主体的增加、减少或改变。
2. 行政法律关系客体的变更。如物、行为或精神财富的变更。
3. 行政法律关系内容的变更。即权利义务发生变化。

（三）行政法律关系的消灭

行政法律关系的消灭，是指行政法律关系的终止或不复存在。主要有两种情形：①一方或双方当事人消失或终止，例如，被处罚人死亡的，那么他（她）和行政处罚机关的行政法律关系就归于消灭；②行政法律关系中的权利（力）义务全部消灭，包括已经履行完毕、被撤销或者是因为客观形势的变化而自动废止。

---

[1] 应松年主编：《行政法与行政诉讼法学》，高等教育出版社2017年版，第30页。

> 学术视野

一、何为国家的行政职能？

行政往往被定义为国家的一类职能。比较具有代表性的观点有：

1. 国家目的实现说。这种观点认为行政就是实现国家目的的活动。相类似的说法还有国家事务管理说。这种观点把行政说成对国家事务的管理，所有对国家事务管理的行为都是行政。例如，法国17世纪太阳王路易十四派遣一批传教士到中国来洽谈贸易和传教，这都是行政，战争当然也是。这显然没有把权力分工意义上的行政表达清楚，因而太过宽泛。

2. 国家意志执行说。这种观点把国家的活动分为两大部分：一部分是国家意志的体现，如制定法律和政策等；另一部分是执行国家意志的活动，执行国家意志的行为就是行政。随着行政机关制定规范性文件现象的日益普遍，这种观点便不能解释行政的实质，况且司法机关也可以认为是在执行国家意志。

3. 行政机关或行政主体职能说。这种观点认为行政就是行政主体依法对国家事务和社会事务进行组织和管理的活动。这样的表述将行政等同于合法的行政行为，而且组织和管理也不能涵盖所有的行政行为的形式，另外行政活动的主体并不限于行政机关，因而这种观点也不可取。

二、从行政法的角度看，学者多是基于三权分立来界定行政

比如德国学者耶林纳克在其《行政法》一书中认为，"行政是包含立法、司法以外的一切国家作用"；日本学者美浓部达吉在其所著《行政法撮要》中强调，"行政即行于法律之下的国家行为中除去司法行为部分"；美国行政法学家古德诺主张国家职能两分法，他对孟德斯鸠的三权划分不以为然，甚至认为，"如果孟德斯鸠作进一步的研究的话，他本应发现，政府的这第三种功能即司法功能的存在，不能仅由法官是独立的这一事实作出断言"。古德诺在《政治与行政》一书中指出："在所有的政府体制中都存在着两种主要的或基本的政府功能，即国家意志的表达功能和国家意志的执行功能。……这两种功能分别就是：政治与行政。"[1] 理解行政是行政法研究的基础，多方位地观察和分析行政，将行政看作一类权力或（和）法律行为、法律权力；将行政看作是法律过程或者法律现象，会方便行政法若干基本问题的研究。

---

[1] [美] F. J. 古德诺：《政治与行政》，王元译，华夏出版社1987年版，第7、13页。

三、行政权的自我控制[1]

大多数学者在探讨行政权的控制理论时，基本上都是从行政权外部控制的角度出发的。外在性的他律控制虽是必要的，但它是被动的、高成本的。对行政权的控制，内在化的控制才是主动的、低成本的控制。而行政法学界对于这一重大的行政权控制模式却鲜有进行系统研究者。我国行政法学者关保英教授对行政权自我控制问题进行了系统研究。主要观点是：

1. 行政权自我控制的概念。所谓行政权的自我控制，是指行政权在运行过程中通过其内部的各种机制进行调节，使内部的各种关系得到合理搭配、和谐共处，并在发生阻滞的情况下通过内部的救济机制便可排除运行障碍的行政权控制形式。

2. 行政权自我控制的特征。首先，行政权自我控制是一种自律性控制，即行政权通过自身的调节机制和符合自身运行规律的规则使自己的运行不通过外在力量就可以实现良性化，即使非理性的状态出现也可以通过内部的运行准则予以校正。其次，行政权的自我控制是一种主动性控制，就是在控制过程中行政系统本身可以认识运行中的偏差，判定运行中的不足以及需要何种规则进行自我约束。最后，行政权的自我控制是一种机制化的控制。行政权的外部控制在绝大多数情况下是一种属于制度范畴的控制，这种控制既具有多元性又是较为分散的，而自我控制则是一个相对完整的控制过程，是在各种内部力量配合下综合作用的结果。

3. 行政权的自我控制是一种多样性、整体性、动态性的机制化控制。这种多形式的控制，包括了若干不同的具体控制形式，如单一主体对自身行为的控制，上位机构对下位机构的控制，下位机构对上位机构的制约，不同行政职能的平衡控制等。上述各形式构成了一个统一的整体，而不断变化的具体内部控制形式又使行政权自我控制的内涵不断向更深层次发展。

四、"法的一般原则"在两大法系行政法上的渊源地位[2]

与大陆法系以缜密的逻辑推理解释成文法规则，并从这些规则的精神和法理（或称条理）中总结出法的一般原则不同，英国人强调遵循先例，他们以先前的判决为前提，由分析案件事实归纳出法的一般原则，所以，法的一般原则当然是行政法的法源。不同于大陆法系国家的是，这些法的一般原则通常包含在判例法的法源形式之中，它没有被独立划分的必要。在美国，作为行政法法源的法的一般原则，无论来自普通法的理念，来自宪法的精神，还是来自其他部门法，它们

---

[1] 参见关保英："论行政权的自我控制"，载《华东师范大学学报（哲学社会科学版）》2003年第1期。
[2] 该内容来自朱新力："论行政法的不成文法源"，载《行政法学研究》2002年第1期。

通常都是通过法院的判例产生的。

在法国，法的一般原则的概念，在 20 世纪 40 年代中期由最高行政法院提出，指具有法律效力的不成文法规则，既有实体的，又有程序的；既有宪法规范效力的，又有法律规范效力的；既可能存在于制定法中，也可能存在于非行政法领域中。最常引用的法的一般原则有：公民的基本自由权，公民的各种平等权，包括法律面前、租税面前、公务面前、公共负担面前及其他方面的平等在内，以及为自己辩护权，不溯及既往原则等。

德国行政法的一般原则主要是通过司法判决和学理发展起来的，至今它们还不是一种独立的法律渊源，可以作为其效力基础的根据主要有：①习惯法为昔日之重要法源，不成习惯法一旦被采用，通常以法的一般原则对待。②许多原则都是从宪法的规定和原则中延伸而来，是具体化了的宪法。③通过对现行各类行政法律规范进行系统的分析、研究、比较而获得的行政法的一般原则。行政法的一般原则甚至还可能从私法规范中适用类推或对比方式获得。④从法律原则中推论出一般行政法原则。

在日本，作为合乎正义的普遍原理而得到承认的诸原则，称为一般法原则，或称为条理，具体包括依法律行政原理、平等对待原则、比例原则、禁止翻供原则、诚实信义原则、信赖保护原则等。

理论思考与实务应用

一、理论思考

（一）名词解释

公共行政　行政权　行政职权　行政法　行政法律关系

（二）简答题

1. 公共行政与一般行政的区别是什么？
2. 简述行政权的特征。
3. 简述行政法的特征。
4. 我国行政法成文法渊源有哪些？

（三）论述题

1. 论述我国行政法的两大基本原则。
2. 论述行政法律关系的特征，以及其与民事法律关系和刑事法律关系的不同。

二、实务应用

(一) 案例分析示范

案例一[1]

2005年5月23日,安徽来北京务工人员杜宝良查询得知自己于2004年7月20日~2005年5月23日在北京市西城区真武庙头条西口同一地点被"电子眼"记录105次违章,被交管部门扣罚210分、处以10 500元罚款。杜宝良以交管部门设立的禁行标志属无效标志,没有履行法定的"书面告知"义务,执法行为违反法定程序等为由向法院提起行政诉讼,诉讼要求为:撤销错误的行政处罚决定书;返回已缴纳的10 500元罚金;依据"国家赔偿"的相关规定,交管部门应承担错误处罚后果,赔偿因此造成的损失3000余元。

问:试运用行政合法性原则评析本案。

【评析】本案中,北京公安机关交通管理部门是能以自己的名义拥有和行使交通行政管理职权,包括行政处罚职权,并能以自己的名义为行使该职权的行为所产生的后果承担法律责任的行政机关,因此北京公安机关交通管理部门拥有行政主体身份,其主体资格是合法的,其行政职权也是合法的。

然而下列两点明显违反行政合法性原则:

1. 行政行为实体不合法。行政处罚的实施必须有法律、法规或者规章依据。法无明文规定不处罚。凡法律、法规或者规章未规定予以行政处罚的行为,均不受行政处罚。《行政处罚法》第3条规定:"公民、法人或者其他组织违反行政管理秩序的行为,应当给予行政处罚的,依照本法由法律、法规或者规章规定,并由行政机关依照本法规定的程序实施。没有法定依据或者不遵守法定程序的,行政处罚无效。"《道路交通安全法》第25条明确规定:"全国实行统一的道路交通信号……交通信号灯、交通标志、交通标线的设置应当符合道路交通安全、畅通的要求和国家标准,并保持清晰、醒目、准确、完好……增设、调换、更新限制性的道路交通信号,应当提前向社会公告,广泛进行宣传。"西单交通队对杜宝良实施行政处罚所依据的交通标志并不是国家标准规定的禁行标志,因此该标志属无效标志;依据这一标志而作出的行政处罚也应是错误的。

2. 行政行为程序不合法。没有法定依据或者不遵守法定程序的,行政处罚无效。我国的行政处罚决定程序包括简易程序和一般程序。适用简易程序必须符合一定的条件:违法事实确凿;有法定依据;较小数额的罚款(对公民处以50元以下、对法人或者其他组织处以1000元以下罚款)或警告。可见该案应适用

---

[1] 参见毛磊:"杜宝良'违章105次'的警示:执法者莫忘告知义务",载人民网,http://legal.people.com.cn/GB/42732/3504382.html,访问日期:2018年6月13日,经笔者编排。

一般程序。在一般程序中，行政机关在决定实施行政处罚时需要向当事人说明理由并告知权利、听取当事人陈述和申辩、送达行政处罚决定书。《行政处罚法》第 31 条规定，行政机关在作出行政处罚决定之前，应当告知当事人作出行政处罚决定的事实、理由及依据，并告知当事人依法享有的权利。在作出行政处罚决定之前，未依法告知给予行政处罚的事实、理由和依据，或者拒绝听取当事人的陈述、申辩，行政处罚决定不能成立。《北京市实施〈中华人民共和国道路交通安全法〉办法》第 107 条第 2 款也规定，公安机关交通管理部门及其交通警察发现机动车有未处理的违法行为记录的，应当书面告知机动车所有人或者驾驶人，机动车所有人或者驾驶人应当按照告知的时间、地点接受处理。308 天，105 次违章，违章者却毫不知情，这本身就是交管部门在行政处罚中没有遵守法定程序的体现。西单交通队对杜宝良的 105 次处罚中有 81 次处罚没有出具书面处罚决定，同样没有履行法定"书面告知"义务，违反法定程序。《行政处罚法》第 40 条规定，行政处罚决定书应当在宣告后当场交付当事人；当事人不在场的，行政机关应当在 7 日内依照民事诉讼法的有关规定，将行政处罚决定书送达当事人。在该案中，交管部门 105 次处罚中没有一次将行政处罚决定书送达当事人，这明显违反了行政处罚的法定程序。

行政处罚的目的在于有效实施行政管理，维护公共利益和社会秩序，保护公民、法人或者其他组织的合法权益，同时也是为了对违法者予以惩戒和教育，使其以后不再犯。违法 100 多次却没有得到纠正，根本谈不上有效实施行政管理，维护交通秩序；违法者违法 100 多次却不知执法机关已经对自己作出的行政处罚决定，很难说能对违法者起到惩戒、教育作用。所以，105 次的行政处罚，很难说其体现了行政处罚的目的。即行政机关行使行政职权完全没有为完成行政管理任务而服务，目的的异化让该行政处罚行为成为行政违法行为。

案例二[1]

自 2008 年 9 月山西省政府推行"煤矿兼并重组"以来，2000 多座煤矿被挂上了"国字号"的牌子。这场被誉为"国进民退"的改革，成为近 30 年来山西煤炭领域最大的一场变革。这意味着，这些煤老板如果不接受被兼并，他们的煤矿将会被强制关闭。

国家有关文件要求，整合后矿井规模不低于 30 万吨/年，新建矿井规模原则上不低于 60 万吨/年，回采率不低于国家规定。而山西省政府 2008 年 9 月的

---

[1] 由笔者依据相关新闻报道编撰。详细分析可参见陈海萍：《行政相对人合法预期保护之研究——以行政规范性文件的变更为视角》，法律出版社 2012 年版，第 237~262 页。

《关于加快推进煤矿企业兼并重组的实施意见》和 2009 年 4 月的《关于进一步加快推进煤矿企业兼并重组整合有关问题的通知》提出,到 2010 年底,兼并重组整合后煤矿企业规模,原则上不低于 300 万吨/年,矿井生产规模原则上不低于 90 万吨/年。文件中规定的煤矿生产规模,超过了国务院批准的山西省在 2006 年确定的合理规模。山西省这一做法的后果是,包括浙商资本在内的一大批原来受到鼓励的外来民间资本投资的,符合国家文件要求、有合法证件的、规模在 30 万吨以上 300 万吨以下的煤矿,面临被强制收购兼并局面。

问:如何运用合法预期保护原则来评析该事件?

【评析】随着经济体制改革的启动,煤矿这一公共资源转手给民营的行为不仅被允许,甚至被地方政府摆在了突出位置,其中最典型的就是通过招商引资作出承诺,以签订行政契约的方式允许民营资本进入。基于对这些历史发展延续性的本能感观,和对行政协议行为的信任以及地方政府官员承诺言论的信任,相关煤矿生产企业就会作出如下预期:自己若按照政府的承诺去做,那么自己的投入就会获得收益。就此,笔者提出,行政法上的合法预期是,相对人基于对行政法律活动的信赖而产生的可取得未来可得利益的一种受法律保护的期望。这种期望的特性会在国家和公民之间形成一个基本的利益诉求,即"公民以国家的规定和措施为准的期待和安排不会因为快速的、也许甚至是倒退的改变而受到破坏和剥夺"。[1]

在该事件中,一系列以行政规范性文件形式表现的有关煤炭资源整合和有偿使用的意见、办法和实施方案,作为相关煤矿生产企业建立信任的法律基础,既没有重大且明显违反上位法的情形,也没有意思表示不明确的情形,更没发现存在立法漏洞的情形。更重要的是,无论是国家层次还是山西省地方层次的依据,均把煤炭资源有偿使用作为一项长期适用的法律制度,因此通过使行政行为相对化而减少合法预期产生的情形在该事件中也不存在。就此,就上述行政规范性文件自身品质的情形而言,相关煤矿生产企业预期的合法性能够恰当建立。

而且该事件中有关采矿权有偿出让的规范依据没有被发现体现"临时性"特点的措词,相反,则是"进一步完善矿业权有偿取得制度"等体现采矿权有偿出让这一措施继续适用之措词,山西省政府进行的煤矿资源有偿使用制度不是权宜措施,且与上位法保持一致,同时是在经过先行试点后才推广运作的,因此是已充分认清事实的基础上作出的改革措施,由此相关煤矿生产企业对行政协议的预期具备合法性条件。相关煤矿生产企业缴纳采矿权价款、购买采矿设备以

---

[1] [德]埃贝哈德·施密特-阿斯曼等:《德国行政法读本》,于安等译,高等教育出版社 2006 年版,第 78 页。

及招募工人等一系列旨在开启和维持煤矿生产的行为,不仅符合有关法律法规和行政协议的内容,而且与上述内容具有实质因果关联,因此这些行为均可认作是相关煤矿生产企业对未来获取预期利益的信任行为表现,在此基础上相关煤矿生产企业即可主张合法预期具有保护价值。若煤矿生产企业明知私下交易采矿权的行为违法或因重大过失而不知私下交易采矿权的行为违法,则预期不值得保护。

对于实现"提高煤矿安全保障程度,提升煤矿整体开发水平"这一目标所面对的不同立法裁量事实,山西省政府选择了"兼并重组"以达到上述目标,虽然从短期来看,好处立竿见影[1],但却产生了相关煤矿生产企业合法预期被落空的法律后果。对此,山西省政府除了提供事前的程序保护外,还应在变更上述行政规范性文件时设立"完整实体保护条款""过渡条款"或"损害补偿条款"等实体保护方式。

（二）案例分析实训

案例一

2005年10月15日,某市甲区乙街道办事处城管科、执法中队执法人员对辖区内市容市貌进行检查和整治。下午2时左右,7名执法人员到某街13号一家店铺进行执法检查,发现该店占道经营蔬菜和肉类。执法人员随即责成其立即纠正违规行为。半小时后,执法人员再次来到该店铺,发现该商家依旧占道经营,便依法向当事人开具《某市城市管理行政机关暂扣决定书》。该店妇女陈某拒不接受处理,声称:"随便你们哪个,谁敢抢我的东西我就泼尿。"乙街道办事处城管科科长李某等人依然耐心地向该妇女宣讲城市管理相关法律法规。约5分钟后,因说服不起作用,几名执法人员开始依法暂扣有关货品。一老年男子（事后查明为陈某之父）端起一盆污水,向正在执法的执法人员泼去,紧接着,陈某提起一桶尿,劈头盖脸地泼向站在执法车旁的李某,李某来不及躲闪,全身被尿水泼湿。随后,陈某还扬言:"拿刀来,哪个动我就砍哪个!"店里一名青年男子（事后查明系陈某丈夫）从屋内拿出一把菜刀,威胁几名手无寸铁的执法人员。

执法中队唐某、顾某等人将其制服,抢下菜刀。110巡警、派出所民警迅速赶到现场,将当事人带到了派出所调查处理。受伤的执法人员被送往医院。此后,公安机关依法对涉嫌妨害公务罪的肇事者陈某进行刑事拘留,对妨碍执法的陈某之父、陈某丈夫处以警告处罚。

---

[1] 山西省相关官员认为,"煤矿安全生产形势稳定好转,煤矿事故起数和死亡人数同比分别下降40%和32%"。参见齐作权:"我省煤矿企业兼并重组整合取得阶段性重大成果",载《山西日报》2010年1月6日。

问：以上众多主体的活动中，谁的活动属于行政法意义上的行政？

案例二[1]

从 2002 年 8 月始，一批在一定意义上绝对突出个性化色彩的被媒体称之为"最具创意"的车牌号码被注册为合法化。同时，天津、杭州、深圳三座城市也开始试用个性化号牌。然而好景不长，在个性化车牌发放了 10 天时间之后，北京市车管所贴出告示暂停个性化车牌的发放，随后，深圳、天津、杭州也称接到有关通知，停止新车牌的发放。究竟什么原因导致个性化车牌"来去匆匆"？对此，车管所的解释是技术原因。

事实上，在个性化车牌发放期间，许多"另类"的车牌号出现了：有伤风化之嫌的 SEX 号牌；有借驰名商标和注册名称影响的 IBM、163－COM、BMW；有 CHN、NSA、FBI 和 WTO；有 USA－911；有 001 号牌。根据公安部（2002）85 号《关于开展启用"二〇〇二"式机动车号牌试点工作的通知》（现已失效）的规定，上述现象均不被禁止。上述这些非常"个性化"的车牌，严重违反了善良风俗，这成为主管部门对"个性化车牌"紧急叫停的主要原因。

问：这种对善良风俗的遵守，是否意味着善良风俗本身可以成为行政法的不成文法源？

案例三[2]

2009 年 1 月，云南玉溪北城镇男子李某某因盗伐林木被刑事拘留，进入晋宁县看守所，2 月 8 日受伤住院，2 月 12 日死于"重度颅脑损伤"。对于死因，晋宁县公安机关称，李某某受伤是由于其与同监室狱友在看守所天井里玩"躲猫猫"游戏时不小心撞到墙壁所致。结论一出，舆论哗然，"躲猫猫"一词迅速走红网络。2 月 27 日，云南省检察机关、公安机关公布"躲猫猫"事件调查结论：李某某系因被同监室在押人员殴打、拳击头部后撞击墙面致死。4～9 月，最高人民检察院与公安部联合开展专项检查活动，集中解决看守所监管及看守所法律监督中存在的突出问题。11 月 9 日，国务院法制办公布《拘留所条例（征求意见稿）》，规定执行拘留活动应当接受检察院的法律监督。

问：试运用行政公开原则评析该案。

---

[1] 参见"个性化车牌复出引发的立法思考"，载世界法律网，http：//law.icxo.com/htmlnews/2005/11/22/723710.htm，访问日期：2018 年 6 月 12 日。

[2] 参见"'躲猫猫'事件追踪"，载新浪网，http：//news.sina.com.cn/c/2009－02－26/12011729 3938.shtml，访问日期：2018 年 6 月 12 日。

案例四[1]

下面这则是著名法学家德沃金教授所大肆赞扬的判例，该判例尽管不属于行政法上的案例，但可以让我们清晰地感受到法律原则的某些重要功能：Elmar 的祖父在遗嘱中决定将财产赠予他，但是后来当 Elmar 的祖父要再婚时，Elmar 却担心祖父以后会变更遗嘱，因此下手谋杀了祖父。本来，依照法律"规则"，Elmar 无可争议地可以继承祖父的财产，但他的姑姑却提起了诉讼，认为 Elmar 不该获得财产，Elmar 的律师则强调遗嘱的法律效力不容置疑。法庭最后不理会法律"规则"的明确规定，判决 Elmar 无权继承遗产，其理由是：在美国的司法实践传统中，一直遵循、实践"无人应由其罪行中获得利润"这个原则，这已成为法律原则。在这里，我们看到了原则对于规则的统帅功能。但是正如一位学者后来在抨击德沃金时所说的那样，如果按照德沃金的观点，每一位法官只要碰上了用一条法规会导致他不喜欢的价值结果时，都可以想办法找借口说这个法规的使用将和某条法律原则相冲突。例如，当一名不想被征召去打越战的逃兵被送上法庭时，依法无疑是有罪的，但如果主审这个案子的法官是一名坚定的反战者，就大可宣称在美国的司法传统中有着哪一条"原则"一直默默地被实践，依照这条原则，逃兵是不犯法的，尽管他明显违反法律"规则"。[2]

问：请思考，面对这样一种两难，法律原则对规则的统帅功能究竟应当限定在怎样的范围之内？

主要参考文献

1. 王名扬：《英国行政法》，中国政法大学出版社 1987 年版。
2. 王名扬：《法国行政法》，中国政法大学出版社 1989 年版。
3. 王名扬：《美国行政法》（上、下），中国法制出版社 1995 年版。
4. 罗豪才主编：《行政法学》，北京大学出版社 2001 年版。
5. 应松年主编：《行政法学新论》，中国方正出版社 1998 年版。
6. 关保英主编：《行政法与行政诉讼法》，中国政法大学出版社 2004 年版。
7. 关保英：《比较行政法学》，法律出版社 2008 年版。
8. 关保英主编：《行政法与行政诉讼法》，清华大学出版社 2008 年版。
9. 杨建顺：《日本行政法通论》，中国法制出版社 1998 年版。
10. 于安编著：《德国行政法》，清华大学出版社 1999 年版。

---

[1] 参见浙江大学精品课程系列——行政法学教学内容，载新浪网，http：//jpkc.zju.edu.cn/k/401/index6.htm。

[2] 参见林立：《法学方法论与德沃金》，中国政法大学出版社 2002 年版，第 15 页。

11. 胡建淼：《行政法学》，法律出版社 2015 年版。

12. ［英］彼得·莱兰、戈登·安东尼：《英国行政法教科书》，杨伟东译，北京大学出版社 2007 年版。

13. ［德］哈特穆特·毛雷尔：《行政法学总论》，高家伟译，法律出版社 2000 年版。

14. 翁岳生编：《行政法（2000）》（上、下册），中国法制出版社 2002 年版。

第二章 行政主体

【本章概要】本章主要阐述了我国行政主体的概念及种类，行政机关的概念，我国国家行政机关的种类，被授权组织的概念、种类及关系，我国公务员的概念及种类，以及我国《公务员法》规定的公务员基本制度。

【学习目标】通过本章的学习，学生应当掌握行政主体的基本理论，主要包括行政主体的概念及种类。掌握行政机关的概念、我国国家行政机关的种类与范围，掌握其他行政主体即被授权组织的范围以及各类行政主体之间的关系。掌握行政职权和行政职责的概念及二者的关系。掌握公务员的概念及其种类，熟悉我国公务员基本制度。

第一节 行政主体概述

一、行政主体的概念

行政主体是极为重要的概念，意为"行政所由出的主体"。[1] 行政主体理论在行政法学中亦占显著地位。该概念属舶来品，其早已在法国、德国、日本等国广泛使用。在德国，行政主体是指享有权力，对下属机关或工作人员的职务行为承担最终法律后果，享有一定范围的权利能力的公法人。[2] 法国行政法学将行政主体定义为"行政主体是实施行政职能的组织，即享有实施行政职务的权力，并负担由于实施行政职务而产生的权利、义务和责任的主体"。[3] 在日本，行政主体被界定为"以从事行政活动为成立目的，具有独立法律人格的团体（也被称为行政体）"。[4]

在我国，行政主体指享有国家行政权，能以自己的名义行使行政权，并能独立地承担由此而产生的相应法律责任的组织。

行政主体是理论上的概念，来自大陆法系的传统，是行政法学理论对有权实

---

[1] 黄异：《行政法总论》，台湾三民书局1996年版，第17页。
[2] 应松年主编：《四国行政法》，中国政法大学出版社2005年版，第180页。
[3] 王名扬：《法国行政法》，中国政法大学出版社1988年版，第39页。
[4] 应松年主编：《四国行政法》，中国政法大学出版社2005年版，第243页。

施行政权能并能独立承担法律责任的组织的归纳与概括。尽管至今我国现行法律规范中尚未直接使用该术语,然而"行政主体"这一概念在行政组织法、行政行为法、行政救济法中承担着十分重要的作用和角色。

行政主体的概念,主要包括以下几层含义:

1. 行政主体是组织而非个人。行政主体是组织而不是个人。尽管具体的管理行为是由国家公务员来实施,但他们是以组织名义而不是以个人名义实施的。组织在一定条件下可以成为行政主体,但个人不能成为行政主体。

2. 行政主体是依法拥有国家行政权的组织。并非所有的组织都能成为行政主体。是否依法享有国家行政权,是决定某组织能否成为行政主体的决定性条件。所谓依法享有国家行政权,指依据我国宪法、行政组织法的规定,或依据专门法律、法规的授权而拥有国家行政权。在国家机关中,只是行政机关享有并行使国家的行政权。当然,除行政机关外,一定的行政机构、企事业单位和社会组织(统称被授权组织),依照法律、法规的授权,也可以成为行政主体。

3. 行政主体是能够以自己的名义行使行政权的组织。能否以自己的名义行使行政权,反映它是否具有独立的法律人格,是判断行政主体的主要标准。所谓"以自己的名义行使行政权",是指在法律法规规定的范围内,依照自己的判断作出决定、发布命令,并以自己的职责保障这些决定和命令的实施,独立采取行政行为等。

4. 行政主体是能独立承担法律责任的组织。能否独立承担法律责任是判断该组织是否是行政主体的关键。要成为行政主体,除了享有行政权,能以自己的名义去实施行政权,还必须能够独立参加行政复议和行政诉讼活动,独立承担因实施行政权而产生的法律责任。这一特征使行政主体同受它委托行使某些行政权的组织或个人区别开来。国家行政权通过行政机关依法委托给某些组织或个人时,被委托的组织或个人虽然也行使国家行政权,但不仅该权力的行使须以委托机关的名义,其所为的一切行为的法律后果,也属于委托机关。故接受委托的组织或个人便不具有行政主体资格。例如,我国《税收征收管理法实施细则》第44条规定,税务机关根据有利于税收控管和方便纳税的原则,可以按照国家有关规定委托有关单位和人员代征零星分散和异地缴纳的税收,并发给委托代征证书。受托单位和人员按照代征证书的要求,以税务机关的名义依法征收税款,纳税人不得拒绝;纳税人拒绝的,受托代征单位和人员应当及时报告税务机关。在此情况下,受托单位和人员都不是征税行为的行政主体,该行政行为的行政主体仍是税务机关。

二、行政主体与相关概念的关系

为了进一步弄清行政主体的概念,有必要分析行政主体与相关概念的区别:

（一）行政主体与行政法主体

行政法主体即行政法律关系主体，指行政法律关系中的所有参加者，包括组织和个人，具体包括：行政主体、行政相对人、公务员、受委托组织、被授权组织、行政法制监督主体（如人大）、行政救济主体（如人民法院），等等。其中，行政法律关系主体中的组织包括国家机关、企事业单位、社会团体和其他组织。个人包括国家公务员，以及作为行政相对方的公民、外国人、无国籍人等。由此可见，行政主体只是行政法律关系主体的一部分，是行政法律关系中的一方当事人而不是全部。行政主体一定是行政法律关系主体，但行政法律关系主体未必就是行政主体。

（二）行政主体与行政机关

行政机关是最主要的行政主体，但行政机关并不等同于行政主体。首先，行政主体是个法学概念，或理论上的概念，属于对行政法律关系一方参加人进行一般研究而创制的抽象概念，与行政相对方（人）概念相对应。行政机关则属于事实概念，指实际单个、具体存在享有某些行政职权的机关。当然，行政机关同时也是一种具有法律意义的称谓。例如，与公民法人等相提并论，作为行政法律关系的当事人之一。其次，行政主体不仅包括行政机关，还包括被法律法规授权的组织。最后，行政机关并非在任何时候都是行政主体，行政机关还可以是民事主体，甚至在某些情况下行政机关还可能成为行政相对方。例如，公安局要建新区办公大楼，需要建设用地，根据我国《土地管理法》第 54 条的规定，需要经过县级以上人民政府批准获得划拨土地，此时公安局成了行政相对方，真正的行政主体是县级以上人民政府。

（三）行政主体与公务员

行政法上的公务员是行政机关内部承担公务的工勤人员以外的工作人员，即国家行政机关的工作人员。行政主体只能是组织，公务员是个人，因而公务员不能成为行政主体。行政主体中的行政机关是公务员的集合体，但公务员并不是行政机关，也不是行政主体。行政管理是由公务员代表行政主体具体实施的，故行政主体与公务员联系紧密、不可分割，但两者又不等同。公务员与行政机关是一种职务委托关系，主要依靠内部行政组织法来调整。公务员职务行为的一切法律后果归属于所属的行政机关，公务员并不直接承担因此而产生的法律后果，这点与行政主体明显不同。

三、行政主体的范围和种类

（一）行政主体的范围

在我国，行政主体的范围包括国家行政机关及法律、法规授权的组织。具体来讲，行政主体包含：①国务院；②国务院组成部门；③国务院直属机构；④国务院直属特设机构；⑤国务院部委管理的国家局；⑥地方各级人民政府；⑦地方各级人民政府职能部门；⑧地方人民政府的派出机关；⑨经法律、法规授权的行政机构、企事业组织、社会组织。

从比较法的角度看，各国或地区的行政法中有关行政主体的范围并不一致。

在法国，行政法中的行政主体主要包括国家、大区、省、市镇、公务法人等。[1]

德国的行政主体主要有三类：①国家（包括联邦和州，其中州行政机关可分为州政府、大区政府、县长三级）；②自治行政主体，包括地方自治团体、公法行会（指在一定地域范围之内从事同一职业或经济活动的自然人、法人或其他组织为了自助、自律，在国家主管行政机关的监督之下，作为平等成员依法组成的行业自治团体）、公法社团（指具有相同社会或文化特征的人员以义务性成员组成公益性的社会团体）、学术自治团体和公法设施（指邮政局、银行、铁路、学校、医院、军队、看守所、感化院、监狱等体现人与物结合的为社会服务的事业组织）；③其他行政团体（即法律法规授权进行特定行政任务的私法组织或业主，学理上谓之"私法组织形式的行政主体"）。[2]

日本的行政主体包括国家、地方自治体和地方自治体以外的其他公共团体。其中，地方自治体又分两种：普通地方公共团体（都、道、府、县、市、町、村）和特别地方公共团体（都的特别区）。其他公共团体包括特殊法人（如日本道路公团）、社团法人的公共组合（指以实施某种行政为存在目的，由具有一定资格的组成人员构成的公共社团法人，如国家公务员共济组合）和独立行政法人（是由国家或地方公共团体出资设立的公共财团法人，如国立博物馆、大学入学考试中心）。[3]

我国台湾地区将行政主体划分为公法人和私人两大类。公法人包括公法财团、公共机构、公法社团等。私人成为行政主体，应明确其权源来自权力机关授权和委托。

（二）行政主体的种类

1. 职权行政主体与授权行政主体。根据取得行政主体资格的不同法律依据，可将行政主体分为职权行政主体和授权行政主体。

职权行政主体是指依据宪法和行政组织法的规定，在机关依法成立时就拥有相应职权并同时获得行政主体资格的行政组织。职权行政主体只能是国家行政机

---

[1] 王名扬：《法国行政法》，中国政法大学出版社1988年版，第38~41页。
[2] 应松年主编：《四国行政法》，中国政法大学出版社2005年版，第179~188页。
[3] 应松年主编：《四国行政法》，中国政法大学出版社2005年版，第243页。

关，包括各级人民政府及其职能部门及县级以上地方人民政府的派出机关。职权行政主体从设立时就取得行政主体资格。授权行政主体是指依据宪法和行政组织法以外的单行法律和法规的授权而获得行政主体资格的组织。授权行政主体包括行政机构、公务组织和社会组织。授权行政主体的行政主体资格从单行法律、法规授权之日起才获得。

2. 中央行政主体和地方行政主体。根据行政主体管辖范围的不同，可将行政主体划分为中央行政主体和地方行政主体。中央行政主体是指其行使职权的范围及于全国的组织。如国务院、国务院组成部门等。地方行政主体是指行使职权的范围及于本行政区域的组织。如地方各级人民政府、地方各级政府的职能部门等。区分中央行政主体和地方行政主体的意义在于，能够明确行政主体的职权管辖范围，从而明确行政行为的有效性；有助于明确中央和地方行政主体的职权范围及相互关系，明确行政管理的模糊地带；有利于帮助行政相对方寻求主管行政主体。如在某些行政管理中出现的新情况、新问题上，可能会出现中央和地方行政主体职权分工不明确而互相推诿，最终导致损害行政相对方权益的情形，明确二者职权有助于为行政相对方提供救助。

四、行政主体之间的关系

行政主体之间的关系属于内部行政关系。这种关系可以分为行政机关之间的关系、行政机关与其他行政主体之间的关系、其他行政主体之间的关系。

（一）行政机关之间的关系

行政机关之间的关系可分为：行政机关之间的隶属关系；行政机关之间的公务协助关系。

1. 行政机关之间的隶属关系。行政机关之间的隶属关系即纵向关系，是指以隶属关系为基础的行政主体之间的关系。简单地说，就是上下级行政主体之间的关系。纵向关系按性质划分，又有两种：

（1）领导关系。在领导关系中，作为领导方的行政主体对被领导方的行政主体享有命令权、指挥权和监督权，前者可以直接改变或者撤销后者的行为。反过来说，被领导方必须服从领导方的命令，听从后者的指挥。领导关系有两种：一种是单一领导关系，另一种是双重领导关系。前者如上、下级人民政府之间的关系；后者如公安机关，它既受本级人民政府的领导，同时又须服从上级公安机关的命令。

（2）指导关系。在指导关系中，作为指导方的行政主体对作为被指导方的行政主体享有指导权，但没有指挥命令权。前者无权直接改变和撤销后者的行为，后者拒绝服从前者的命令一般不引起法律责任的问题。例如，国家体育运动委员会与省、市体育运动委员会之间就是这种关系。在指导关系中，指导方可以采取建议、劝告、权利影响等方式，促使被指导方接受指导。

领导关系与指导关系的最根本区别在于：在领导关系中，领导方行政主体可以直接改变或者撤销被领导方行政主体的行为；在指导关系中，指导方行政主体不能直接改变或撤销被指导方行政主体的行为。

2. 行政机关之间的公务协助关系。行政机关之间的公务协助关系属于横向关系，指无隶属关系的行政主体之间的关系。两个主体不管是否处于同一级别，只要它们之间无隶属关系，即属横向关系。例如，上海市政府与天津市政府之间的关系，上海市公安局与上海市工商局之间的关系。在横向关系中一般存在的是公务协助关系。所谓公务协助关系，是指当一方行政主体执行公务时需要另一方协助时，另一方有义务无条件协助。无正当理由不得拒绝，否则，将承担违法责任。这种公务协助关系在不少国家的行政程序中有明确规定。例如，1976 年制定的联邦德国《行政程序法》第 4 条第 1 款规定，经其他行政机关要求，任何行政机关都有为其他行政机关提供补充必要协助的义务。我国尚未有法律明文规定主体之间的公务协助关系，但从理论上看，这种关系规则是成立的，在实践中也被普遍遵循。

有学者[1]结合我国实际，对可以请求公务协助和不得予以公务协助的事项作了如下建议：

可以请求公务协助的事项：由于缺乏执行公务所必需的机构、人员或其他条件，行政主体无法自行执行公务的；行政主体执行公务需要一定的事实材料，而该事实材料不能由其自行调查取得的；行政主体自行执行公务付出的费用显然要比请求其他行政主体协助执行付出的费用高的；其他法律规定行政主体可以请求行政协助的事项。

不得予以公务协助的事项：协助执行将导致国家或公共利益受损的事项；根据法律规定应当保密的事项；根据法律无权作出的事项等。

(二) 行政机关与其他行政主体之间的关系

行政机关与其他行政主体之间的关系，主要是指行政机关与被法律、法规授权而取得行政主体资格的行政机构、公务组织、社会组织之间的关系。

这些被授权组织根据单行法律、法规的授权而获得行政主体资格，而这些被授权组织所被授予的行政业务，都涉及或归属一定的行政管理领域。如律师协会所从事的律师自律及监督工作归属于司法行政主管部门。由于某些原因，国家往往将某部分行政职权从行政机关手中分离出来，通过专门法律、法规的授权而授予被授权组织行使，同时，相关的行政机关则行使监督权。因此，被授权组织往

---

[1] 张正钊主编：《行政法与行政诉讼法》，中国人民大学出版社 2000 年版，第 18 页。

往接受有关行政机关的领导或指导。如中华全国体育总会受国家体育总局的领导。

(三) 其他行政主体之间的关系

一般情况下，其他行政主体即被授权组织之间不存在领导关系，但被授权组织之间有时存在业务上的指导关系或行政复议与监督关系。此外，其他行政主体即被授权组织之间还可能存在公务协助关系。

第二节　行政机关

一、行政机关的含义及特征

(一) 行政机关的含义

行政机关，指依照宪法和有关组织法的规定设立的，依法享有并运用国家行政权，负责对国家各项行政事务进行组织、管理、监督和指挥的国家机关。

行政机关与其他国家机关共同构成了国家机构整体，都是实施国家职能、行使国家权力的机关。行政机关是最主要的行政主体，行政机关是国家专设的行使行政管理职能的国家机关，行政管理活动主要由行政机关实施和完成。

我国是社会主义国家，一切权力属于人民，行政机关由权力机关产生，是国家权力机关的执行机关，其从属于国家权力机关，对国家权力机关负责并报告工作。行政机关在行使国家行政管理职能的过程中，须严格依据宪法和法律，不得违背权力机关的意志。

行政机关与行政组织的区别在于，后者指一切行政机关与行政机构的综合体，包括各机关和机构相互间的横向联系和纵向结构。行政机关与行政机构的区别是，行政机构指构成行政机关的内部各单位，对外一般不以自己的名义发布决定和命令，其行为的一切法律后果，皆归属于其所属的行政机关。行政机关是联结各行政机构的综合体。

(二) 行政机关的主要特征

1. 行政机关是为完成一定行政职能而专门设立的国家机关。因而，行政机关既区别于被授权组织等行政主体，也不同于其他国家机关。

2. 行政机关的设立依据是宪法和行政组织法。不同于授权行政主体，行政机关（职权行政主体）是由有权国家机关依据宪法或行政组织法而决定或批准设立的。而授权行政主体是依据单行法律、法规的授权而获得行政主体资格的。例如，国务院各部委是由国务院根据《国务院组织法》第8条的规定，报全国人大或全国人大常委会批准而设立的。授权行政主体中的社会团体的设立是根据

《社会团体登记管理条例》的相关规定经过批准登记成立的。

3. 行政机关在成立时就获得行政主体资格。而授权行政主体资格的取得以法律、法规的特别授权为依据，与其组织机构的设立时间并不一致。

4. 行政机关具有一定的行政组织机构及公务员编制，并且行政机关具备相应的办公设备条件和行政经费预算，这是取得独立执法主体资格和完成法定行政职能的基本要素。

5. 行政机关实行组织体系上的从属制和决策体制上的首长负责制。不同于其他国家机关决策上的合议制。

行政机关因其行使的是组织管理职能，特别要求速度和效率，故在组织体系上实行从属制。即上级行政机关领导下级行政机关，下级行政机关从属于上级行政机关。这一特征是其他种类的国家机关所不具备的。例如，省级国家权力机关不能对市级国家权力机关发号施令，上级人民法院对下级人民法院作出的错误判决、裁定，也只能通过二审程序或审判监督程序予以纠正。又由于对各级、各类行政机关有权限清晰、责任明确、具有效率的要求，故在决策体制上一般实行首长负责制，不同于立法机关或司法机关行使职能时通常所采取的合议制形式。

二、我国国家行政机关的体系

我国现行行政机关体系分为中央行政机关与地方行政机关两大部分。根据我国《宪法》《国务院组织法》《地方各级人民代表大会和地方各级人民政府组织法》《国务院行政机构设置和编制管理条例》《地方各级人民政府机构设置和编制管理条例》和其他法律、法规等规范性文件的规定，可以将我国行政机关的体系归纳如下：

（一）中央行政机关

1. 国务院。即中央人民政府，是最高国家权力机关的执行机关，是最高国家行政机关。其组织原则、组织机构、活动准则等均由宪法和国务院组织法规定。国务院由总理、副总理、国务委员、各部部长、各委员会主任、审计长、秘书长组成。实行总理负责制。国务院设有全体会议和常务会议两种会议。全体会议由国务院全体成员组成，常务会议由总理、副总理、国务委员、秘书长组成。全体会议和常务会议由总理召集和主持。国务院是行政主体。

2. 国务院组成部门。国务院各部、委是国务院的工作部门，对国务院所管辖的某一类行政事务享有全国范围的管理权限。部、委的设立经总理提出，由全国人民代表大会决定。在全国人大闭会期间，由全国人大常委会决定。部、委实行部长、主任负责制。部长、主任领导本部门的工作，召集、主持部务会议、委务会议和委员会会议。国务院各部、委是行政主体。根据国发〔2018〕6号和国发〔2018〕7号文件，国务院组成部门包括：外交部、国防部、国家发展和改革委员会、教育部、科学技术部、工业和信息化部、国家民族事务委员会、公安部、国家安全部、民政部、司法部、财政部、人力资源和社会保障部、自然资源部、生态环境部、住房和城乡建设部、交通运输部、水利部、农业农村部、商务部、文化和旅游部、国家卫生健康委员会、退役军人事务部、应急管理部、中国人民银行、审计署等26个部委。教育部对外保留国家语言文字工作委员会牌子。科学技术部对外保留国家外国专家局牌子。工业和信息化部对外保留国家航天局、国家原子能机构牌子。自然资源部对外保留国家海洋局牌子。生态环境部对外保留国家核安全局牌子。

2018年3月，第十三届全国人民代表大会第一次会议审议通过了宪法修正案，根据修正案第37条、第46条，设立中华人民共和国国家监察委员会，不再保留监察部，并入国家监察委员会。

中国人民银行、审计署也是国务院的组成部门，与各部、委具有同样的法律地位和行政主体资格。

3. 国务院直属机构。国务院直属机构是国务院主管各项专门业务的机构。目前国务院设立的直属机构包括：海关总署、国家税务总局、国家市场监督管理总局、国家广播电视总局、国家体育总局、国家医疗保障局、国家统计局、国家国际发展合作署、国务院参事室、国务院机关事务管理局。国务院直属机构由国务院根据工作需要和精简的原则自行设立、撤销、合并，无需全国人大或人大常委会批准，而且直属机构的行政首长不是国务院组成人员。而国务院各部委的设立、撤销或合并及其行政首长的任免由全国人大或全国人大常委会决定。因此，直属机构的行政地位低于国务院部、委，对外行使职能的独立性也不及部、委。国务院直属机构是独立的职能部门，主管各项专门业务，依法具有独立职权和专门职责，是行政主体。

4. 国务院直属特设机构。国务院直属特设机构为国务院国有资产监督管理委员会。国务院直属特设机构指国务院设立的主管各项专门业务的行政管理部门。按照2003年通过的国务院直属特设机构设置方案，国务院设置国有资产管理委员会，代表国家履行出资人职责。国务院《企业国有资产监督管理暂行条例》第6条第1款明确规定："国务院，省、自治区、直辖市人民政府，设区的市、自治州级人民政府，分别设立国有资产监督管理机构。国有资产监督管理机构根据授权，依法履行出资人职责，依法对企业国有资产进行监督管理。"据此，国资委是代表国务院履行出资人职责的直属特设机构，根据该暂行条例第29条第2款的规定，国有资产监督管理机构负责协调其所出资企业之间的企业国有资产产权纠纷。

5. 国务院各部委管理的国家局。国务院各部委管理的国家局，是指由主管部委管理的负责国家某方面工作中的重大方针政策、工作部署等事项的实施管理的机构。目前主要有：国家信访局、国家粮食和物资储备局、国家能源局、国家国防科技工业局、国家烟草专卖局、国家移民管理局、国家林业和草原局、国家铁路局、中国民用航空局、国家邮政局、国家文物局、国家中医药管理局、国家知识产权局、国家药品监督管理局、国家外汇管理局、国家煤矿安全监察局等。

国务院各部、委管理的国家局在成立时就具有独立的法律地位，依法行使某项行政事务的管理权和裁决争议权，具有行政主体资格。

6. 国务院直属事业单位。目前国务院直属事业单位包括，新华通讯社、中国科学院、中国社会科学院、中国工程院、国务院发展研究中心、中央广播电视总台、中国气象局、中国银行保险监督管理委员会、中国证券监督管理委员会。国家行政学院与中央党校一个机构两块牌子，作为党中央直属事业单位。

7. 国务院办事机构。国务院办事机构是指协助总理办理专门事项的机构。目前主要有国务院港澳事务办公室及国务院研究室。国务院侨务办公室在中央统战部加挂牌子，由中央统战部承担相关职责。国务院台湾事务办公室与中共中央台湾工作办公室、国家互联网信息办公室与中央网络安全和信息化委员会办公室，一个机构两块牌子，列入中共中央直属机构序列。国务院新闻办公室在中央宣传部加挂牌子。国务院办事机构属于国务院的内部机构，通常由国务院根据工作需要和精简的原则自行决定。国务院办事机构对外行使职能的独立性不仅不及部、委，也不及直属机构，不具有行政主体资格。

8. 国务院的议事协调机构和临时机构。国务院议事协调机构承担跨国务院行政机关的重要业务工作的组织、协调任务。国务院议事协调机构议定的事项，经国务院同意，由有关的行政机构按照各自的职责负责办理。在特殊或紧急的情况下，经国务院同意，国务院议事协调机构可以规定暂时性的行政管理措施。国务院的议事协调机构和临时机构一般也不具有行政主体资格，只在法律、法规专门授权时才能取得行政主体资格。国务院的议事协调机构和临时机构可分为以下三类：①国务院为指导某些专门性工作而设立的办事机构，如国务院扶贫开发领导小组等；②协调或调节性的机构，如国务院残疾人工作委员会等；③邀请有关专家或部门负责人组成的咨询性机构，如国务院学位委员会等。

（二）地方行政机关

地方行政机关包括地方各级人民政府、地方人民政府的派出机关、县级以上地方人民政府的职能部门。

1. 地方各级人民政府。地方各级人民政府是地方各级人民代表大会的执行机关，同时也是地方各级国家行政机关。在我国，地方各级人民政府由四级组成。即：省、自治区、直辖市；设区（县）的市、自治州；县、自治县、市辖区及不设区的市；乡、民族乡和镇。地方各级人民政府由正副职政府首长和政府各工作部门负责人组成，省级人民政府组成人员包括秘书长；乡镇人民政府则设乡长、副乡长、镇长、副镇长，而不再设专门工作部门。地方各级人民政府均实行首长负责制。政府正职首长主持本级人民政府的全体会议和常务会议。

2. 地方人民政府的派出机关。地方人民政府的派出机关是指县级以上地方人民政府经有权机关批准，在一定区域内设立的行政机关。根据我国《地方各级人民代表大会和地方各级人民政府组织法》第 68 条的规定，省、自治区的人民政府在必要的时候，经国务院批准，可以设立若干派出机关。县、自治县的人民政府在必要的时候，经省、自治区、直辖市的人民政府批准，可以设立若干区公所，作为它的派出机关。市辖区、不设区的市的人民政府，经上一级人民政府批准，可以设立若干街道办事处，作为它的派出机关。

派出机关不是一级人民政府，但依照有关组织法行使一定区域内所有行政事务的组织与管理权，并能以自己名义作出行政行为和对行为后果独立承担法律责任。派出机关具有行政主体资格。

3. 县级以上地方人民政府的职能部门。地方县级以上各级人民政府根据工作需要，设立若干职能部门，承担某一方面行政事务的组织与管理职能。职能部门是行使专门权限和管理专门行政事务的行政机关，依照有关法律、法规的规定，享有独立的行政职权，能以自己的名义行使职权，并承担相应的法律责任。因此，县级以上地方人民政府职能部门具有行政主体资格。

根据我国《地方各级人民代表大会和地方各级人民政府组织法》第 64 条的规定，地方各级人民政府根据工作需要和精干的原则，设立必要的工作部门。地方人民政府工作部门的设立、增加、减少或合并，由本级人民政府报上一级人民政府批准，并报本级人民代表大会常委会备案。各工作部门既受本级人民政府统一领导，同时又受上级人民政府工作部门的领导或业务指导。

省、自治区人民政府的派出机关即行政公署下辖的职能部门，也应是行政主体，与地方人民政府职能部门具有同等的法律资格和法律地位。

第三节 被授权组织

一、被授权组织的含义

（一）被授权组织的含义及特点

被授权组织，是指行政机关以外的依照法律、法规的具体授权规定而获得行政主体资格的组织。

被授权组织有如下特点：

1. 被授权组织是指行政机关以外的组织。其中包括行政组织系统外的社会组织和行政组织系统内的行政机构。前者如注册会计师协会，后者如公安机关的派出所。

2. 被授权组织依照单行法律、法规的授权规定而取得行政主体资格。例如，公安派出所的行政主体资格是根据我国《治安管理处罚法》第91条规定确定的，治安管理处罚由县级以上人民政府公安机关决定；其中警告、500元以下的罚款可以由公安派出所决定。而行政机关是根据宪法和行政组织法的规定取得行政主体资格。

3. 被授权组织的行政主体资格的取得与其组织机构的设立可能是同步的，也可能并不一致，即组织设立在前，行政主体资格取得在后。而行政机关的行政主体资格的取得与其设立是同步的。

（二）行政授权与行政委托

1. 行政授权的概念及特征。所谓行政授权，是指法律、法规将某项或某一方面的行政职权，通过法定方式授予除行政机关外的组织的法律行为，被授权方以自己的名义实施行政管理活动并行使行政职权，且独立对外承担法律责任。

行政授权具有如下特征：

（1）行政授权必须有法律、法规的明文规定。行政授权意味着使原来没有行政主体资格的组织取得行政主体资格，或者使原有的行政主体的职权范围扩大、职权内容增加，这是法律、法规才具有并能够赋予的权力。

（2）被授权组织是指对行政机关以外的组织的授权，如对行政机构或社会组织的授权。因为，行政机关不是通过行政授权才取得行政主体资格的，而是依照组织法在其成立时就取得了行政主体资格。在某些情况下，行政机关的内部机构也可以得到法定授权而成为行政主体。

（3）行政授权导致职权、职责及主体资格的转移。即行政授权的结果，使得被授权组织取得了以自己名义独立行使行政职权和承担法律责任的能力，即相应地取得了行政主体资格。

（4）行政授权的方式主要有两种：①法律、法规直接授予职权。例如，我国《植物检疫条例》第3条第1款规定，县级以上地方各级农业、林业主管部门所属的植物检疫机构，负责执行国家的植物检疫任务。②法律、法规规定由特定的行政机关授予职权。例如，《保守国家秘密法实施条例》第24条第1款规定："涉密信息系统应当由国家保密行政管理部门设立或者授权的保密测评机构进行检测评估，并经设区的市、自治州级以上保密行政管理部门审查合格，方可投入使用。"

2. 行政授权与行政委托。所谓行政委托，是指行政机关在其职权、职责范围内依法将其行政职权或行政事项，委托给有关行政机关、社会组织或个人来行使的法律行为，受委托方以委托行政机关的名义实施管理行为和行使职权，并由委托机关承担法律责任。

行政委托与行政授权的主要区别在于：

（1）行政委托不同于行政授权，行政委托不发生职权、职责、法律后果及行政主体资格的转移。行政职权的转移意味着创设了新的行政主体，而行政委托并不创设新的行政主体。受委托方不能以自己的名义行使行政职权，由此而产生的法律责任，也只能由委托者承担。

（2）行政委托也须依法进行。尽管这里的"依法"，不如行政授权那样要求严格。但是，也应当有法律关于委托的明确规定或者上级主管机关的批示。

（3）行政委托的接受对象，不仅可以是组织，也可以是个人；而行政授权的被授权对象只能是组织。例如，《行政许可法》第24条规定，行政机关在其法定职权范围内，依照法律、法规、规章的规定，可以委托其他行政机关实施行政许可。委托机关应当将受委托行政机关和受委托实施行政许可的内容予以公告。委托行政机关对受委托行政机关实施行政许可的行为应当负责监督，并对该行为的后果承担法律责任。受委托行政机关在委托范围内，以委托行政机关名义实施行政许可；不得再委托其他组织或者个人实施行政许可。

二、被授权组织的范围

（一）行政机构

行政机构是依行政事务需要而设置和存在的，是行政组织系统中的构成单位，也可以成为行政主体。行政机构成为行政主体的具体情形如下：

1. 依照法律、法规的规定直接设立的专门行政机构，具有行政主体的资格。例如，我国《专利法》第41条规定，国务院专利行政部门设立专利复审委员会，作为行使专利复审权的专门机构，审查对国务院专利行政部门驳回申请的决定不服的案件。我国《商标法》第2条第2款规定，国务院工商行政管理部门设立商标评审委员会，负责处理商标争议事宜。商标评审委员会便是负责处理商标争议、行使对商标争议行政复议权的专门行政机构。

2. 行政机关的内部机构在得到法定授权的情况下可以成为行政主体。行政机关的内部机构目前主要分为两种，一种是各级人民政府直属的内部机构，另一种是政府职能部门的内部机构。得到授权而成为行政主体的主要指后者。例如，1987年国务院发布的《价格管理条例》规定，各级物价部门的物价检查机构，依法行使价格监督检查和处理价格违法行为的职权，对同级人民政府业务主管部门、下级人民政府以及本地区内的企业、事业单位和个体工商户执行价格法规、政策进行监督检查。作为物价管理部门的内部机构的物价检查机构，依法获得施行价格监督检查行为和处理价格违法行为的权力，因而具有行政主体资格。

3. 政府职能部门的派出机构。政府中的职能部门根据需要在一定区域内设立的工作机构，代表该职能部门从事一定范围内的某些行政管理工作，原则上其自身没有独立的法律地位。目前，职能部门设立的派出机构种类较多，例如，审计署驻省、直辖市和自治区的办事处，以及公安派出所、税务所、工商所等。派出机构获得法定授权，便可以以自己的名义行使行政权，实施具体行政行为，因而取得行政主体资格。

（二）公务组织

公务组织是指国家依法设立的专门从事某项管理公共事务职能的组织。国家往往针对某项具有技术性或社会性的行政事务，由行政机关设置一些具有公共事务管理职能的非行政机关、非行政机构的组织，即公务组织。这些公务组织通过单行法律、法规的授权享有一定的职权并履行职责，行使公共事务管理职能，并对其行为后果独立承担法律责任，成为授权行政主体。例如，根据我国《体育法》第五章体育社会团体第36条的规定，各级体育总会是联系、团结运动员和体育工作者的群众性体育组织，应当在发展体育事业中发挥作用。中华全国体育总会及其活动，接受其业务主管单位国家体育总局及社团登记管理机关中华人民共和国民政部的业务指导和监督管理。

（三）社会组织

某些事业单位、企业单位、社会团体等社会组织，经过单行法律、法规的特别授权规定，也可取得某方面行政职权而成为行政主体。该类社会组织在获得法定授权之前，只是普通的法人组织，只在获得授权之后，才取得一定领域的行政主体资格。而且该类社会组织在并非在任何情形下都具有行政主体资格，仅在法律、法规授权的某方面行政事务上享有行政主体资格。

1. 被授权行使特定行政职权的事业单位。例如，高等学校是事业单位，根据我国《学位条例》第4条，高等学校本科毕业生，成绩优良，达到下述学术水平者，授予学士学位：①较好地掌握本门学科的基础理论、专门知识和基本技能；②具有从事科学研究工作或担负专门技术工作的初步能力。从而使得高等学校获得了授予学士学位的行政管理权限，成为行政主体。

2. 被授权行使特定行政职权的企业单位。指以公司的形式成立或由原来的行政机关改变成企业单位，通过行政授权使之符合公司的构成要件而有权从事经济活动，同时还承担某方面或一部分行政职能。例如，我国《烟草专卖法》授权全国烟草总公司获得烟草专卖方面的行政管理权限，从而使其获得行政主体资格。同样获得行政授权的企业还有：自来水公司、煤炭公司、煤气公司、电力公司等。

3. 被授权行使特定行政职权的社会团体。例如，我国《律师法》第43条第1款规定，律师协会是社会团体法人，是律师的自律性组织。第46条规定，律师协会履行保障律师依法执业、维护律师的合法权益，进行律师职业道德和执业纪律的教育、检查和监督等职责；律师协会按照章程对律师给予奖励或者给予处分。从而使得律师协会获得该领域的行政主体资格。

第四节 国家公务员

一、公务员的概念

我国于2005年颁布的《公务员法》取代了1993年颁布的《国家公务员暂行条例》。根据《公务员法》的规定，公务员是指依法履行公职、纳入国家行政编制、由国家财政负担工资福利的工作人员。

英国是西方国家文官制度的发源地，因此，"公务员"的词源可从英文中寻找。英语中有"civil servant or public officers"一词，中文译法略有区别。有的译为"文官"，也有的译为"公务员"，还有的译为"文职公务人员"和"一般公职人员"。但被翻译英文所代表的客体内容是一样的。

（一）西方国家公务员

在西方国家，公务员范围和种类有所不同。

英国的文官——公务员（civil servant），是指中央政府行政部门中经公开考试择优录用，由议会通过的财政预算直接支付俸禄，不与内阁共进退的文职人员。经选举或政治任命产生的议员、首相、大臣、政务次官、政治秘书、法官和军人不在其列。

美国的政府雇员（government employee），包括职类公务员和非职类公务员。前者主要指参加公开竞争经考试择优录用的中下级职业文官以及依法不经过竞争考试由政府录用的律师、牧师、医生等专家技术人员、邮政系统人员等；后者包括政府系统中的民选官员、政治任命的文职人员和经过人事管理部门决定不经竞争考试而录用的机要人员、工作重而待遇低的劳务人员和临时人员等例外人员。美国公务员法不适用于非职类公务员，即政务官，只适用于事务官，即职类公务员。

法国国家机关工作人员通称为公务员，但只有一部分适用公务员法管理。法国公务员法上的公务员实际上指通过任命以全面时间正式担任行政机关和公立公益组织中正式职位的特定公民。另一部分是不适用公务员法的公务员，包括议会工作人员、法官、军事人员、工商性质的公营机构的人员、市镇公职人员和依合同服务的公职人员等。

德国的公务员分为特别职公务员和一般职公务员。特别职公务员是由民选或政治任命产生的，包括联邦总理、各部部长、国务秘书等。特别职公务员不适用公务员法。一般职公务员是经公开竞争考试择优录用，不与内阁共进退，适用联邦公务员法的公务员。

对西方国家公务员的范围，可作如下的大致概括：适用公务员法的公务员主要是指通过公开竞争考试择优录用，实行职务常任，不与内阁共进退的职业文官。而不适用公务员法的公务员，基本上是经选举产生或通过政治任命的官员。这样，西方国家的公务员大致可分为政务类公务员和事务类公务员两大类。政务类公务员服从执政党的意志，维护执政党的利益，随执政党的更迭而进退。事务类公务员超然于党派利益而存在，以全体人民的利益为其基本出发点和行为准则，在政治中立的原则下，形成各国稳定统治的坚定基础。

（二）我国国家公务员

根据我国《公务员法》第2条的规定，本法所称公务员，是指依法履行公职、纳入国家行政编制、由国家财政负担工资福利的工作人员。因而该法所指国家公务员包括下列七类人员：中国共产党机关的工作人员、政协机关的工作人员、民主党派机关的工作人员、人大机关的工作人员、行政机关的工作人员、审判机关的工作人员、检察机关的工作人员。需要特别指出的是，行政法所研究的国家公务员，范围仅限于行政机关的工作人员。因而本教材所指国家公务员即指国家行政机关的公务员。

据此，我国行政法上所研究的公务员的特征如下：

1. 是指在中央和地方国家行政机关中任职的工作人员。行政机关以外的其他公务员类别，如权力机关、司法机关的人员等，均不属于行政法的研究范围。我国是单一制国家，从中央到地方，形成一个自上而下的统一的行政系统。因此，地方各级行政机关的工作人员都是公务员，这不同于实行地方自治的西方国家，即我国没有国家公务员和地方公务员之分。

2. 是行使行政权力，执行国家公务的人员。在行政机关中工作的工勤人员，如清洁工、修理工等不属于公务员。另外，接受行政机关委托执行公务的行政机关以外的人员也不在公务员序列。

3. 是指依照法定方式和程序任用的工作人员。根据《公务员法》的规定，公务员的任用方式有四种，即考任、选任、委任和聘任，每种任用方式都有其法定程序。

4. 不存在政务类和事务类公务员之分。我国是共产党领导的社会主义国家，不实行多党执政的政治制度，无论是政府组成人员，还是非政府组成人员，所有公务员一律适用包括《公务员法》在内的公务员法律法规。

我国《公务员法》规定，按照公务员职位的性质、特点和管理需要，将我国国家公务员职位类别划分为：综合管理类、专业技术类和行政执法类。国家根据公务员职位类别设置公务员职务序列。公务员职务可分为领导职务和非领导职务。领导职务层次分为：国家级正职、国家级副职、省部级正职、省部级副职、厅局级正职、厅局级副职、县处级正职、县处级副职、乡科级正职、乡科级副职。非领导职务层次在厅局级以下设置。综合管理类的领导职务根据宪法、有关法律、职务层次和机构规格设置确定。综合管理类的非领导职务分为：巡视员、副巡视员、调研员、副调研员、主任科员、副主任科员、科员、办事员。

二、公务员行政职务关系的概念及其产生、变更和消灭

公务员行政职务关系，是指一般公民经过一定的法律程序成为公务员，由于其所担任的行政职务而与国家之间构成的权利义务关系。公务员行政职务关系归属于行政职务关系这个大概念，行政职务关系指行政公务人员基于行政职务而在任职期间与行政主体（代表国家）之间形成的权利、义务关系。行政职务关系包括公务员行政职务关系和其他行政公务人员行政职务关系两大类。

由于公务员行政职务关系是指行政机关的公务员与其所任职的行政机关之间的法律关系，因而，从行政法律关系的种类来分析，公务员行政职务关系属于内部行政法律关系应有的内容。

（一）公务员行政职务关系的特征

1. 公务员行政职务关系本质上是一种国家委托关系。公务员根据自己担任的职务，在职责范围内代表国家履行公共行政管理职责并与国家构成委托关系，公务员行使行政职权、履行职责的法律效果归于国家。

2. 公务员行政职务关系是内部行政法律关系。因而，此特点被作为解决公务员与行政机关之间的纠纷时适用内部特别程序的理由。即我国《行政诉讼法》第13条第3项将行政职务关系界定为内部行政法律关系，并规定公务员有关奖惩、任免等纠纷不得提起行政诉讼。

3. 公务员行政职务关系内容是行政职务方面的权利与义务。既然公务员行政职务关系作为内部行政法律关系的一种，其内容当然是行政法上的权利与义务，并表现为行政职务及与行政职务有关的权利与义务，即拥有与所承担行政职务相对应的行政职权与职责。

4. 公务员行政职务关系的双方当事人的法律地位不对等。行政机关处于优势地位，而公务员处于更加从属的地位，这表现为，行政机关享有对公务员行政职务关系的产生、变化和消灭的单方决定权和对公务员进行奖惩、任免、管理的

单方权力，这一特点成为公务员行政职务关系被界定为特别权力关系的理由。表现为，公务员不享有行政诉讼救济权，而只能通过申诉途径解决公务员行政职务方面的奖惩、任免等纠纷。

5. 公务员行政职务关系具有劳动关系因素，可以说是一种特殊的劳动法律关系。从事行政管理和实施国家公务，其本身也是一种劳动。

(二) 公务员行政职务关系的范围

1. 公务员和国家行政机关的关系。行政机关的职权、职责、权限和优先权涉及公务员。即行政机关的职权成为公务员的职权，行政机关的优先权同时成为公务员的当然权利，行政机关的职责和权限同样拘束公务员。

公务员在分享行政机关的职权、优先权和分担行政机关的职责、权限时，行政机关有权对分享和分担物进行"再分配"。例如，行政机关对公务员的职责、权限作进一步划分。公务员不仅不能超越其所属行政机关的权限，而且同样不能超越本机关内部公务员之间的权限。

公务员实施行政管理活动，必须以行政机关的名义，按行政机关的意志进行。在符合形式要件和实质要件的前提下，公务员的行为所引起的一切法律后果，都归属于行政机关。行政机关对公务员的过错行为承担责任，支付行政赔偿费用后，再根据公务员的故意或过错程度，决定是否行使求偿权，是否追究公务员的个人责任。

为保障公务员以行政机关的名义并按照行政机关的意志从事公务活动，行政机关可以在法律范围内规定公务员的纪律，并实施监督权和奖惩权。

2. 公务员资格的取得并未使其丧失公民身份，因而公务员的权利和义务并不能代替和包含其作为公民的基本权利和义务（宪法上的权利和义务）。但由于公务员身处行政职务关系中，其作为公民的权利和义务在一定范围和条件下会受到影响、限制或增加。例如，增加了服从上级命令的义务、保守国家秘密和工作秘密的义务，同时获得了履行职责应当具有的工作条件、培训等权利。因而，《公务员法》先在第12条规定公务员的义务，后在第13条规定公务员的权利，即先为国家尽义务，再享有权利。这区别于我国《宪法》先规定公民的基本权利，后规定公民的基本义务的模式，显示了公务员的"特别"之处，因而其享有权利履行义务和普通公民有所不同。

(三) 公务员行政职务关系的产生

我国公务员行政职务关系的产生有以下五种情形：

1. 考任。指公民经国家行政机关公开考试，择优录用的方式担任公务员。该方法适用于行政机关录用担任主任科员以下非领导职务的公务员。

2. 选任。即由权力机关通过选举任命公务员。例如，我国《宪法》第101

条第 1 款规定，地方各级人民代表大会分别选举并有权罢免本级人民政府的省长和副省长、市长和副市长、县长和副县长、区长和副区长、乡长和副乡长、镇长和副镇长。

3. 委任。即有权机关不通过选举方式而直接任命公民担任行政公职。委任可以由权力机关委任，也可以由行政机关委任。例如，根据我国《宪法》第 62 条第 5 项的规定，全国人民代表大会根据中华人民共和国主席的提名，决定国务院总理的人选。根据国务院总理的提名，决定国务院副总理、国务委员、各部部长、各委员会主任、审计长、秘书长的人选。

4. 调任。根据我国《公务员法》第 64 条的规定，调任包括国有企事业单位、人民团体、群众团体中从事公务的人员（行政机关以外的工作人员）调入行政机关担任领导职务或者副调研员以上非领导职务。其中调入行政机关任职，导致公务员法律关系的发生，必须经过严格考核，考核合格并到培训机构接受培训才能正式任职。

选任、委任、调任方式适用于担任领导职务的公务员行政职务关系的发生。

5. 聘任。指行政机关通过合同选拔、任用公务员的一种人事管理制度。自聘任合同签订之日起，被聘任者取得公务员资格而与国家形成行政职务关系。《公务员法》第 95 条规定，某些专业性较强的职位和辅助性职位，可以采取聘任制。专业性较强的职务如金融、法律、财会、信息技术方面的人才，辅助性职位如普通文秘、书记员、资料管理、数据录入等方面的职位。

（四）公务员行政职务关系的变更

公务员行政职务关系的变更包括四种情形：

1. 晋升。指公务员由低层级职位转移到高层级职位。晋升是以公务员的工作成绩和贡献大小为主要依据的，即功绩制是这种变更发生的主要基础。

2. 降职。指公务员由高层级职位转移到低层级职位。这种变更不是惩戒，而是由于公务员的能力等原因引起的。我国《公务员法》第 47 条规定，公务员在定期考核中被确定为不称职的，按照规定程序降低一个职务层次任职。

3. 交流。交流包括调任、转任和挂职锻炼三种情形。能引起公务员行政职务关系变更的，只有转任。

转任，指公务员因工作需要或者其他正当理由在行政机关内部进行平级调动，包括跨地区、跨部门调动。转任的基本原则是量才适用，以利于公务员业务能力的锻炼和发挥，并兼顾公务员的生活需要。《公务员法》把《国家公务员暂行条例》中的轮换并入转任中。轮换指行政机关对担任领导职务和某些工作性质特殊的非领导职务的公务员，有计划地实行职位轮换。

4. 撤职。指取消公务员现任职务和责任关系，但仍保留其作为公务员的基本的权利和义务的法律关系。撤职主要是由公务员不认真履行义务引起的，是一种惩戒和处分。受撤职处分的，同时还降低级别和职务工资。

（五）公务员行政职务关系的消灭

公务员行政职务关系消灭，指由于发生某些事实或行为，致使公务员职务关系不能继续存在的情形。导致公务员行政职务关系消灭的原因有法定原因和事实原因两种：

1. 法定原因。

（1）开除。因严重违法失职、违反纪律而受到的最为严厉的行政处分是开除公职。受开除处分者，其职务关系也随之消灭。

（2）辞职。指公务员因主观或客观原因而辞去公职，自愿解除公务员行政职务关系。但是，未满最低服务年限，以及在涉及国家安全、重要机密等特殊职位上任职的公务员，不得辞职。

（3）辞退。指由于公务员不履行应尽的职责，经教育不改的，由所在行政机关提出建议，按管理权限报任免机关审批，强行解除公务员行政职务关系。

（4）退休。指由于公务员年龄或身体方面的原因而消灭公务员行政职务关系的行为。公务员退休后，仍享受国家规定的保险金和其他各项待遇，但其与国家之间构成的公务员行政职务关系则随之而消灭。

（5）离休。即离职休养。指新中国成立前参加中国共产党所领导的革命战争以及脱产享受供给制待遇和从事地下革命工作的老干部，达到一定年龄的，可以离职休养。根据1982年发布的《国务院关于老干部离职休养制度的几项规定》的规定，老干部离休后，其政治待遇保留不变，生活待遇从优。但其与国家之间的公务员行政职务关系则随离休而消灭。

（6）被判刑罚。公务员若触犯了刑法，被人民法院判处刑罚，则公务员行政职务关系消灭。

2. 事实原因。包括死亡、丧失国籍。公务员生命终结，其职务与责任关系自然消灭。丧失国籍，标志着其公民资格的丧失，其公务员行政职务关系也必然消失。

三、公务员的双重身份及其划分

（一）公务员的双重身份

公务员的"原身"是公民，公民经法律程序进入国家公务员队伍以后，其原来的公民身份并不因此而丧失。公务员无论担任多高的行政职务，他仍然不失为一个公民。可见，每个公务员均具有双重身份，即都属于担任国家公职的公民。与公务员的双重身份相适应，公务员具有双重行为。公务员以个人名义进行的活动属于个人行为，当他以国家代表人的身份实施行政管理时，其活动属于公务行为（行政行为）。反过来可以说，公务员的双重身份取决于他的双重行为。

（二）公务员身份的划分

对公务员在具体活动中的具体身份的划分和确定，一般遵循的原则是：当他从事个人行为时，其身份是公民；当他从事行政行为时，其身份为公务员。即是说，对公务员双重身份的划分取决于其行为性质。

关于划分公务员个人行为与行政行为（公务行为）的标准，各国并不统一：

1. 时间要素。英国早期的行政法理论按活动时间划分公务员的个人行为与公务行为。例如，一位邮递员（在英国属于公务员）骑自行车，在上班期间撞伤人属于公务行为，发生行政赔偿；在下班后撞伤人属于个人行为，构成民事赔偿。这种划分有明显的不足，它无法解释两种情况：公务员在上班期间从事个人行为；公务员在下班后继续执行公务。

2. 职权与职责要素。即是说，公务员行为属于其职责范围者视为执行公务的行为，不属于其职责范围者视为非执行公务的行为。这种划分虽有道理，但无意中将公务员实施职责范围之外的所有越权行为均推定为个人行为，从而免除了行政机关应承担的责任。其实，在许多场合下公务员的越权也是执行行政机关的命令，体现了行政机关的意志。在这种情况下行政机关不负责显然是不合理的。

3. 公益要素。即是说，公务员的行为涉及公共利益的，视为执行公务的行为，不涉及公共利益而涉及其个人利益的，视为非执行公务的行为。

4. 目的、意志要素。即是说，出于私人目的的行为属于个人活动，相反则属于公务活动。反映个人意志的行为属于个人行为，相反属于公务行为。

以上标准都是从相关的要素和不同的角度来考虑的，各自都有一定的道理。

在我国，有的学者则进一步指出，公务员的行为首先可以划分为个人行为和单位行为。个人行为不可能是行政行为，因为行政行为不能以个人名义，而只能以行政机关的名义作出。但单位行为有两种可能：单位以机关法人身份出现时，公务员的行为属于单位民事行为；单位以行政机关身份出现时，公务员行为则属行政行为。因此，对公务员行为性质的确认，需要在两个层次上作两种划分：首先区别个人行为和单位行为，如果属于单位行为，则还需区别民事行为和行政行为。

划分个人行为与单位行为的标准主要有三个：

1. 名义要素。公务员的行为以所属单位名义作出的属单位行为，以自己名义作出的属个人行为。

2. 职责要素。公务员的行为是在他的职责范围内作出的，属于单位行政行为。如果超出职责范围，必须结合第一标准和第二标准作综合认定。

3. 命令要素。公务员的行为是执行单位的命令或委托，不管单位的命令或委托是否超越权限，概属单位行为。单位的民事行为与行政行为可以根据各自行为的特征来确认，如具有纵向管理性质的行为属于行政行为，具有平等有偿特点的行为一般是民事行为。

（三）公务标志

对公务员身份的辨别还可以通过他的外表，即从其具有的公务标志来判定。公务标志是公务员在实施行政行为时设置的一种外形标记。例如，警察穿戴的制服，治安人员佩戴的印有"执勤"字样的袖章，市场、价格、卫生员佩戴的表明其身份的胸章以及海关人员、商检人员、动植物检疫人员、税收人员穿戴的其他标志等。公务标志必须在执行公务时佩带，佩带公务标志的公务员或器具不得用于非公务目的。

设置公务标志的目的在于：①利于公务员迅速向行政相对方表明身份，便于实施管理；②便于行政相对方迅速识别公务员身份，以要求公务员为其提供帮助服务；③借此区分公务员执行公务的行为和非执行公务的行为，以确定行为的效力和责任归属；④帮助社会外界对公务员执行公务的行为实施法律监督。

我国自1979年以来，越来越多的法律、法规规定公务员在执行公务时需设置相应的公务标志。例如，《植物检疫条例实施细则》（林业部分）第3条第3款规定："森检员执行森检任务时，必须穿着森检制服、佩带森检标志和出示《森林植物检疫员证》。"

四、公务员的权利和义务

（一）公务员的权利

我国《公务员法》第13条规定，公务员享有下列权利：①获得履行职责应当具有的工作条件；②非因法定事由、非经法定程序，不被免职、降职、辞退或者处分；③获得工资报酬，享受福利、保险待遇；④参加培训；⑤对机关工作和领导人员提出批评和建议；⑥提出申诉和控告；⑦申请辞职；⑧法律规定的其他权利。

1. 依法执行公务权。公务员履行公职行为的权利必须得到法律的确认和保障，国家有为公务员提供执行公务条件的义务。例如，允许公务员为执行公务而使用公款公物、了解国家机密等。任何有碍于公务员执行公务的活动或者行为都是违法的，必须受到法律的制裁。

2. 身份保障权。身份保障权亦称职业保障权，即实行职业常任制。其基本含义是公务员一经任用，非因重大过失，不受免职或开除等处分。各国公务员法均规定公务员非因法定事由和非经法定程序，不受免职、停职处分，不受降职、撤职及其他不利于执行职务的处分。

3. 获得劳动报酬、福利待遇的权利。公务员有权要求国家提供与其地位和作用相称的经济保障。包括因任职而应享有的工资、福利、保险、休息、休假待遇等，并须以法律的形式固定下来。

4. 参加培训的权利。根据我国《公务员法》第 62 条第 3 款的规定，公务员培训情况、学习成绩作为公务员考核的内容和任职、晋升的依据之一。由于培训和任职、晋升是相互联系的，因而参加培训属于公务员所享有的不可缺少的一项权利。

5. 提出批评和建议的权利。我国《宪法》第 41 条第 1 款规定，公民对任何国家机关和国家工作人员有提出批评和建议的权利。我国《公务员法》第 13 条第 5 项规定，公务员有权对国家行政机关及其领导人员的工作提出批评建议。据此，任何机关和个人都不得压制公务员的批评和建议，更不得乘机或变相打击报复。否则，将追究打击报复者的法律责任。

6. 提出申诉和控告的权利。公务员有权对侵犯其合法权益的行为向有关国家机关提出申诉，有权对任何机关、任何个人的违法违纪行为，向监察部门或者司法部门提出控告。申诉和控告权是维护公务员自身利益的有力手段，也是同不法行为进行斗争的武器。

7. 辞职的权利。公务员由于主观或客观原因不愿意继续担任公职，有权要求重新选择职业。公务员和国家之间的关系并非人身依附关系，故公务员有权决定自己是否继续在行政机关工作，这是公务员的权利，任何机关或个人不可予以剥夺。但是，由于公务员职务的特殊性，国家可以规定最低服务年限。例如，我国公务员的最低服务年限是 2 年。未满最低服务年限的不得辞职。还可以剥夺某些特殊岗位人员辞职的权利，例如，在涉及国家安全、重要机密等特殊岗位上任职的公务员，依照《公务员法》第 81 条第 2 项的规定，不具有自愿辞职的权利。公务员辞职也有法定程序限制，即应当向任免机关提出书面申请。审批期间申请人不得擅自离职，否则要追究法律责任等。

8. 宪法、法律规定的其他权利。例如，集会、结社、出版等权利。

（二）公务员的义务

《公务员法》第 12 条规定，公务员应当履行下列义务：①模范遵守宪法和法律；②按照规定的权限和程序认真履行职责，努力提高工作效率；③全心全意为人民服务，接受人民监督；④维护国家的安全、荣誉和利益；⑤忠于职守，勤勉尽责，服从和执行上级依法作出的决定和命令；⑥保守国家秘密和工作秘密；⑦遵守纪律，恪守职业道德，模范遵守社会公德；⑧清正廉洁，公道正派；⑨法律规定的其他义务。

1. 遵守宪法、法律和法规。遵守宪法、维护宪法，是担任我国公务员最基本的条件，最重要的义务。我国不实行两党或多党轮流执政制，故公务员也不实行西方国家公务员实行的对于政治的"中立"原则。

2. 依法执行公务。依法执行公务的"法",包括法律、法规、规章等。以上"法"的效力等级以法律最高,如法规、规章与法律相抵触、违背,公务员应执行法律。

3. 忠于职守、尽职尽责。即要求公务员勤恳、努力、很好地完成各项工作任务,全心全意为人民服务,不得擅离、玩忽职守或贻误工作。密切联系群众,倾听群众意见和建议,接受监督,为了维护国家和人民的利益,勇于同一切违法乱纪的行为作斗争。

4. 服从命令。指公务员在执行公务时,依照《公务员法》第12条第5项的规定,应服从上级、领导人的指示、命令,不得对抗上级决议和命令。否则,将受到行政处分甚至被追究法律责任。但是,《公务员法》第54条规定,公务员执行公务时,认为上级的决定或者命令有错误的,可以向上级提出改正或者撤销该决定或者命令的意见;上级不改变该决定或者命令,或者要求立即执行的,公务员应当执行该决定或者命令,执行的后果由上级负责,公务员不承担责任;但是,公务员执行明显违法的决定或者命令的,应当依法承担相应的责任。

5. 维护国家的安全、荣誉和利益,保守国家和工作秘密。公务员的特殊身份和职责决定了其言行必须始终保持与其所代表的国家意志一致,维护国家的安全、荣誉和利益。根据《公务员法》第53条的规定,公务员不得散布有损国家声誉的言论;不得组织或参加非法组织;不得组织或参加旨在反对国家的集会、游行、示威等活动;不得组织或参加罢工;不得泄露国家秘密或者工作秘密;在对外交往中不得有损国家荣誉和利益。

6. 克己奉公,遵守职业道德。即公务员必须公正廉洁、克己奉公,不得贪污、盗窃、行贿、受贿或者利用职权为自己和他人谋取私利;不得挥霍公款、浪费国家资源;不得经商、办企业以及参与其他营利性的经营活动;通常不得兼职,因工作特别需要兼职者,需经过批准,且兼职不得取双薪;公务员在履行公务时,还必须坚持实事求是,不得弄虚作假,歪曲事实真相。

五、公务员的奖惩

(一)公务员奖励制度

公务员奖励制度是由公务员法确认的,由奖励原则、条件、种类、机构及权限等内容组成的公务员奖励规范的总称。

1. 奖励对象及原则。《公务员法》第48条第1款规定,对工作表现突出,有显著成绩和贡献,或有其他突出事迹的公务员或公务员集体,给予奖励。奖励坚持精神奖励与物质奖励相结合、以精神奖励为主的原则。

2. 奖励条件。《公务员法》第49条规定了十项符合奖励条件的情形:①忠于职守，积极工作，成绩显著的；②遵守纪律，廉洁奉公，作风正派，办事公道，模范作用突出的；③在工作中有发明创造或者提出合理化建议，取得显著经济效益或者社会效益的；④为增进民族团结、维护社会稳定作出突出贡献的；⑤爱护公共财产，节约国家资财有突出成绩的；⑥防止或者消除事故有功，使国家和人民群众利益免受或者减少损失的；⑦在抢险、救灾等特定环境中奋不顾身，作出贡献的；⑧同违法违纪行为作斗争有功绩的；⑨在对外交往中为国家争得荣誉和利益的；⑩有其他突出功绩的。

3. 奖励种类。《公务员法》规定的奖励种类有：嘉奖、记三等功、记二等功、记一等功、授予荣誉称号。对受奖励的公务员或公务员集体予以表彰，并给予一次性奖金或其他待遇。

（二）公务员惩戒制度

国家为保障公务执行的合法高效，对公务员的行为予以规范，这种行为规范的表现之一就是公务员纪律。公务员的纪律应当由纪律责任加以保障，这种纪律责任就是惩戒，也就是对公务员的行政处分，是公务员承担行政法律责任的最主要方式。

1. 公务员纪律。《公务员法》规定的公务员纪律可分为以下五个方面的内容：①政治纪律。即公务员不得散布有损国家声誉的言论，不得组织或参加旨在反对国家的集会、游行、示威等活动，不得组织或参加非法组织，不得组织或参加罢工。②工作纪律。即公务员不得玩忽职守、贻误工作，不得拒绝执行上级依法作出的决定和命令等。③廉政纪律。即不得贪污、行贿、受贿或利用职务之便为自己或他人谋取私利，不得从事或参与营利性活动、在企业或其他营利性组织中兼任职务等。④职业道德与社会公德纪律。即不得滥用职权，侵害公民、法人或其他组织的合法权益，不得泄露国家秘密或工作秘密等，不得旷工或因公外出、请假期满无正当理由逾期不归等。⑤公务员不得有违反纪律的其他行为。

2. 公务员处分。公务员因违法违纪应当承担纪律责任的，依照公务员法给予处分，违纪行为情节轻微，经批评教育后改正的，可以免予处分。我国《公务员法》规定的处分种类有以下六种：警告、记过、记大过、降级、撤职、开除。

对公务员实施处分，包括以下程序：调查；告知、陈述与申辩；作出处分决定；书面通知。其中的告知、陈述与申辩程序及书面通知程序都体现了自然公正原则，对公务员合法权益的保障具有十分重要的开创性意义。

六、公务员的权利救济

谈到公务员的权利救济，由于其异于行政相对方的权利救济渠道和方式，就不得不提到特别权力关系理论。

（一）特别权力关系理论

该理论起源于德国，最初用于描述公务员担任公职时对国家所具有的忠实服从关系。德国行政法学家奥托·迈耶认为，特别权力关系是指基于契约等特别的法律原因，当事人一方（国家）对他方（公务员等）有强制、命令等权力，而他方则有特别之服从与忍受的义务。[1] 其具体范围包括，公务员与国家的关系，军人与国家的关系，学生与学校的关系，受刑人与监狱的关系。本书主要关注公务员与行政主体（国家）的特别权力关系。

特别权力关系本质上属于内部行政法律关系，具有更加明显的双方主体地位不对等的特性。与行政相对人和行政主体之间的一般权力关系相比，特别权力关系中的公务员处于比相对人更加附属的地位，而且主张个人权利的空间更小。

公务员与行政主体所形成的特别权力关系具有以下特征：①行政主体可以制定特别规则约束其公务员；②公务员的义务具有不确定性；③行政主体对公务员有惩戒权；④不适用一般权利保护，即公务员即使寻求权利救济，也不得提起行政诉讼。

然而，第二次世界大战以后，特别权力关系理论发生了很大变化。随着世界各国致力于实践依法治国原则，限制特别权力关系已是大势所趋。即不再承认国家有超越法律的权力，尽管特别权力关系基于维持行政秩序、提高行政效率的目的而存在，但是仍然要把保护公民基本权利、依法行政作为该理论应当考虑的一些基本条件。

（二）对公务员权利的救济

公务员权利救济的内容和范围涉及对本人的人事处理决定，行政机关及其行政领导人员的侵权行为及所造成的损害。不同于行政相对人，公务员寻求权利救济不能提起行政诉讼，只有申诉和控告两种途径。救济的主体如下：①原处理机关和上级行政机关；②县级以上人民政府的人事部门；③行政监察机关。至于聘任制公务员与所在行政机关因履行聘任合同发生争议的，可以向人事争议仲裁委员会申请裁决。

1. 公务员的申诉权。公务员申诉是指公务员对涉及本人的人事处理决定不服，而向有权机关要求重新处理的救济途径。一般包括三个程序，即复核程序、申诉程序和再申诉程序。

复核程序是指公务员对涉及本人的人事处理决定不服，向原处理机关陈述理由，并请求重新处理的行为。复核期限为自公务员知道该人事处理之日起30

---

[1] 翁岳生：“行政法院对特别权力关系之审查权”，载翁岳生：《法治国家之行政法与司法》，月旦出版公司1994年版，第60~61页。

日内。

申诉程序是指公务员向原处理机关的同级公务员主管部门或作出该人事处理的机关的上一级机关或行政监察机关提出申诉的程序。申诉期限为，经过复核的，对复核结果不服，自接到复核结果之日起 15 日内；不经复核直接提起申诉的，自知道该人事处理之日起 30 日内可直接提出申诉。

再申诉程序是指公务员对第一次申诉的结果不服，还可以再向上一级机关提出再申诉，再申诉决定为终局决定。但是，如果公务员对省级机关如省政府、国务院组成部门等机关的申诉决定不服的，不能再申诉。

复核、申诉期间不停止人事处理的执行。

2. 公务员的控告权。指当公务员的合法权益受到行政机关及其行政领导人员的侵害时，向有关国家机关指控、告发、请求保护、要求惩处违法者的一种行为。控告权是我国宪法赋予公民的一项基本权利。公务员的控告权是这一宪法权利的具体化。我国《公务员法》第 93 条规定，公务员认为机关及其领导人员侵犯其合法权益的，可以依法向上级机关或有关的专门机关提出控告。上级机关或专门机关对公务员的控告的处理程序可分为三个步骤，即受理控告、立案调查、案件处理。

学术视野

一、责任政府理论指导下，行政主体的义务范畴

以往在行政法学研究范畴中，更多关注的是如何让行政权力依法行使，而对行政主体的义务关注相对较少。事实上，行政主体的义务范畴是一个非常重要的行政法学理论问题。在现代法治政府理念之下政府的责任越来越突出，"责任政府"概念也成了行政学及行政法学解释相关问题的基本概念。在责任政府这一现代理论的指导下，行政主体对公民、社会、国家应承担的义务就成了行政法治及行政法学研究的核心问题。

二、我国行政授权如何实现法制化进程

行政权力社会化、公共服务民营化改革迫切需要加强行政授权的立法和研究。行政授权的本质是行政职权的再分配。行政机关授出自身职权的前提是行政职权来源机关的同意和许可，具体表现形式是法律规范的规定。但不能认为行政机关在有法律法规、规章规定的情况下，就可以授出职权，行政授权能否成立更取决于授权法律规范是否合法。

三、我国公务员权利救济制度存在的问题及完善

我国公务员法规定的公务员权利救济途径只有内部救济，即排除了司法救济的可能性。"有权利必有救济"以及"司法是保护权利的最后一道大门"都决定了司法机关应成为公务员权利救济机关。尽管特别权力关系理论对我国有重要影响，认为公务员权利救济只能通过内部救济即行政系统内的救济来解决，如《行政诉讼法》第13条第3项明确规定，对公务员的奖惩、任免决定不可诉。但是，随着各国法治进程的推进，限制或否认特别权力关系已是大势所趋。何况我国的聘任制公务员已经可以通过诉讼来获得最终的救济。因而，关乎公务员身份的取得与丧失等重大权利方面，也应当赋予其司法救济权。此处的重大权利主要指公务员身份的取得和丧失。在这方面上涉及进出两端，在进口方面，严格讲还是一个普通公民与特定的公务员录入的行政机关间的关系，其重点应在试用期公务员身份权利的研究上；在出口方面，主要涉及公务员的辞职、辞退和开除处分。因为这类权利直接关系到公务员身份的取得与丧失，是公务员其他各项权利享有与救济的基础，公务员对该类权利如何获得司法救济途径，受到众多争议。

理论思考与实务应用

一、理论思考

（一）名词解释

行政主体　行政机关　公务员　行政授权　行政委托

（二）简答题

1. 简述行政主体与行政法主体的关系。
2. 简述我国国家行政机关的体系。
3. 简述行政授权的特征。

（三）论述题

1. 论行政授权与行政委托的区别。
2. 论公务员的奖惩制度。

二、实务应用

（一）案例分析示范

案例一

2005年3月，原告林某某报名参加被告厦门大学2005年国际法学专业博士生入学考试，报考导师为厦门大学法学院廖某某教授。经初试，原告的单科成绩和总分成绩均超过被告划定的复试分数线。同年5月，原告参加了复试，原告的复试成绩在报考廖某某教授的学生中总成绩排名第三，在报考国际法专业国际经济法研究方向的19位参加复试的考生中最终成绩排名为最后一名。2005年5月

24 日，厦门大学法学院网站公布了拟录取名单，廖某某教授名下录取的人分别为黄某某、付某某和丁某某，原告未在名单之内。2005 年 6 月 6 日，原告为此分别向厦门大学法学院和招生办公室提出异议。招生办表示无法录取原告。

原告认为被告在上述招生过程中存在违法行为，遂向思明区人民法院提起行政诉讼。

原告诉称：原告经过初试、复试，最终成绩在报考廖某某教授的学生中总成绩排名第三。随后，厦门大学法学院网站上公布了录取名单，却无原告的名字，前两位是总成绩排名第一、第二的学生，第三位是报考廖某某教授的丁某某。根据《厦门大学 2005 年博士研究生复试录取工作意见》规定的精神，每位博士生导师招生数不超过三名，原告初试和复试的成绩均符合规定的要求，原告应当被录取为廖某某名下的位列第三的博士研究生，而非被廖某某名下成绩排第五的丁某某替代。被告的行为，实际上剥夺了原告被录取为博士生的资格，侵犯了原告的合法权益。原告认为被告在招生过程中存在暗箱操作、滥用招生权力、违反行政程序公开的违法行为，请求法院：①撤销被告作出的 2005 年国际经济法方向博士生录取名单；②判令被告按公布确定的录取规则录取原告。

问：因招生行为而被诉的厦门大学是否是行政主体？厦门大学的招生行为是否属于可诉行政行为？请说明理由。

【评析】本案涉及的主要问题是，高校的招生录取权力与司法审查之间的关系。博士研究生的招生权属于教育行政管理职权，厦门大学作为公立高等学校，系法律授权的组织，有权行使法律规定的行政管理职权。2005 年厦门大学博士研究生国际法学专业拟录取 18 名考生，按总成绩从高到低依次录取，该做法并无不当，也未违反规定。林某某的总成绩排在第 19 名是不争的事实，厦门大学未录取林某某为博士研究生的行为并未违背招收博士研究生所确定的基本原则。总之，考生与博士招生单位之间形成了公法上的关系，可以通过行政诉讼解决争议。导师有选择优秀考生的权力，优秀考生亦有获得录取的机会。无论采取哪种取向，法院都不得干涉，这是学校的招生自主权。但是，对学校是否按照规则进行招录，对相关规则的理解出现分歧如何评判，则属于司法审查范畴。

本案的最大价值是在实务中将公立高等学校博士生招生录取行为纳入行政诉讼受案范围，肯定公立高校在招生行为中的行政主体资格。一旦高等学校意识到其招生行为也要接受司法审查，那么在招生过程中就会更加注意完善录取规则、规范录取程序，相应地，招考争议也就会减少。当然，法院在行政审判中，也要注意把握司法审查和大学自治的关系，避免不当干预大学自主权。在公立高等学校对学生的管理权中，只有招生权、开除学生学籍的处分权、退学决定权、毕业证书发放权和学位证书授予权才是国家行政权力。

注：经过修正，《行政诉讼法》第2条规定，公民、法人或者其他组织认为行政机关和行政机关工作人员的行政行为侵犯其合法权益，有权依照本法向人民法院提起诉讼。前款所称行政行为，包括法律、法规、规章授权的组织作出的行政行为。高校属于法律、法规授权的组织，具有行政主体资格，其行使招生录取行为属于行政行为，因而可诉。

案例二

2001年10月16日，中国足球协会纪律委员会下发《关于对四川绵阳、成都五牛、长春亚泰、江苏舜天和浙江绿城俱乐部足球队处理的决定》（以下简称"14号处理决定"），内容如下：在中国国家足球队冲击世界杯决赛圈的关键时刻，四川绵阳、成都五牛、长春亚泰、江苏舜天和浙江绿城俱乐部队却在甲B联赛最后两轮的三场比赛中，严重违反体育公平竞争精神、严重损害中国足球职业联赛形象，在社会上造成了极其恶劣的影响。为了保护广大俱乐部的利益，严肃赛风赛纪，净化中国足球环境，推动中国职业足球联赛健康发展，中国足球协会纪律委员会根据事情发生的真相和在中国足球事业中造成的严重后果，研究并经中国足球协会批准，决定作出如下处罚：取消亚泰队本年度升入甲A联赛的资格；取消亚泰队在以上三场比赛中国内上场球员2002年和2003年转会资格。10月19日和11月10日，亚泰足球俱乐部称，自己两次向中国足协提出申诉，但中国足协未答复。2002年1月7日，亚泰足球俱乐部以中国足协为被告，向北京市第二中级人民法院提起行政诉讼，请求法院判令中国足球协会撤销作出的14号处理决定；中国足球协会赔偿因上述处罚而给原告造成的直接经济损失300万元；诉讼费由中国足球协会承担。1月23日，北京市第二中级人民法院作出裁定，以长春亚泰及其教练员、球员对中国足协提起的行政诉讼"不符合《中华人民共和国行政诉讼法》规定的受理条件"为由，裁定不予受理。

问：（1）中国足协是否具有行政主体资格？为什么？
（2）中国足协在该案中的行为是否属于可诉行政行为？

【评析】本案的关键在于中国足协的被授权组织行政主体法律地位的确定。因为行政诉讼能否成立的要件之一便是被告是否具有行政主体资格。根据我国《体育法》第31条第3款关于"全国单项体育竞赛由该项运动的全国性协会负责管理"的规定，中国足协是法律授权的管理全国足球竞赛的组织，获得授权行政主体资格。根据我国《行政诉讼法》第2条第2款"前款所称行政行为，包括法律、法规、规章授权的组织作出的行政行为"的规定，以及根据《执行行政诉讼法解释》（现已失效）第20条第3款关于"法律、法规或者规章授权行使行政职权的行政机关内设机构、派出机构或者其他组织，超出法定授权范围实施行政行为，当事人不服提起诉讼的，应当以实施该行为的机构或者组织为被告"的规定，中国足协可以被授权成为行政主体而作为行政诉讼的被告。我国《体育法》第32条规定："在竞技体育活动中发生纠纷，由体育仲裁机构负责调解、仲裁。体育仲裁机构的设立办法和仲裁范围由国务院另行规定。"这一规定是说竞技体育活动中的纠纷由调解和仲裁解决，并未说体育管理的纠纷由仲裁解决，由于本案纠纷属于行政纠纷而不属于竞技体育纠纷，因此不属该规定中应仲裁解决的范围。

案例三

原告尹某诉称：2002年6月26日夜，我在卢氏县东门开办的"工艺礼花渔具门市部"被盗。小偷行窃时惊动了门市部对面"劳动就业培训中心招待所"的店主和旅客。他们即向卢氏县公安局"110指挥中心"报案，但接到报警的值班人员拒不处理。20多分钟后，小偷将所盗物品装上摩托车拉走。被盗货物价值24 546.5元，被毁坏物品折价455元，共计25 001.5元。被告卢氏县公安局接到报警后不出警，事后，我虽多次交涉，要求被告赔偿损失，但其一直推脱不赔。请求法院根据国家赔偿法的规定，责令被告赔偿其全部损失。

问：（1）被告卢氏县公安局接到报警拒不出警的行为是否属于怠于履行行政职责，即行政不作为？

（2）被告是否应当承担相应的国家赔偿责任，为什么？

【评析】本案的关键问题在于确定公安局的行政职责并进而确定是否构成行政不作为的违法。《人民警察法》第2条第1款规定："人民警察的任务是维护国家安全，维护社会治安秩序，保护公民的人身安全、人身自由和合法财产，保护公共财产，预防、制止和惩治违法犯罪活动。"第21条第1款规定："人民警察遇到公民人身、财产安全受到侵犯或者处于其他危难情形，应当立即救助；对公民提出解决纠纷的要求，应当给予帮助；对公民的报警案件，应当及时查处。"《国家赔偿法》第2条第1款规定："国家机关和国家机关工作人员行使职权，有本法规定的侵犯公民、法人和其他组织合法权益的情形，造成损害的，受害人有依照本法取得国家赔偿的权利。"依法及时查处危害社会治安的各种违法犯罪活动，保护公民的合法财产，是公安机关的法律职责。在本案中，被告卢氏县公安局接到群众报警后，没有按规定立即派出人员到现场对正在发生的盗窃犯罪进行查处，不履行应该履行的法律职责，其不作为的行为是违法的，该不作为行为相对原告尹某某的财产安全来说，是具体的行政行为，且与门市部的货物因盗窃犯罪而损失在法律上存在因果关系。因此，尹某有权向卢氏县公安局主张赔偿。

(二) 案例分析实训

案例一

1995年6月，张某用自行车驮着两筐白菜到农贸市场出售。到农贸市场之后，张某因为急于出售，便没有到指定的摊位，而是在存放自行车处叫卖。这时，在农贸市场执勤的工商管理员王某以张某未在指定摊位出售为由，将张某的秤杆和秤砣拿走。张某便赶到工商管理局市场办公室索要自己的秤杆和秤砣，王某不给。张某便抓起王某脱在地上的鞋子，说："你不给我秤，我便把你的鞋子拿走。"王某急忙往回抢鞋，双方拉拉扯扯，厮打在一起。很快，其他市场管理人员也赶过来帮王某一起厮打。在厮打过程中，张某全身多处受伤，后住院治疗，共花去医药费千余元。张某出院后，要求工商管理局赔偿其医疗费1500元，误工补贴2000元，精神损失和其他费用4000元，总计人民币7500元。该县工商管理局审查后认为，本案王某和其他几位肇事者的伤害行为与工商管理局无关，属个人行为，故工商管理局对张某的赔偿请求不予受理。张某不服，遂向县人民法院提起诉讼，请求行政赔偿。

问：(1) 本案中的工商管理员王某殴打张某的行为属于个人行为还是公务行为？为什么？

(2) 工商管理局是否应当承担国家赔偿责任？

案例二

某县医院根据上级文件的规定和主管部门的批准，向县邮电局申请开通"120"急救电话，县邮电局拒绝开通，致使县医院购置的急救车辆和其他设施至今不能正常运转，而遭受损失。县医院遂以县邮电局为被告向县人民法院提起诉讼，请求判令县邮电局立即履行开通"120"急救电话的职责，并赔偿县医院的经济损失。县邮电局辩称："120"急救电话属于全社会，不属于县医院。根据文件的规定，县邮电局确对本县开通"120"急救电话承担义务，但是不承担对某一医院开通"120"急救电话的义务。原告申办"120"急救电话，不符合文件的规定，请求法院驳回县医院的诉讼请求。

县人民法院经审理查明：医疗机构申请开通"120"急救电话的程序是：经当地卫生行政部门指定并提交书面报告，由地、市卫生行政部门审核批准后，到当地邮电部门办理"120"急救电话开通手续。原告县医院是一所功能较全、急诊科已达标的二级甲等综合医院，具备设置急救中心的条件。县卫生局曾指定县医院开办急救中心，开通"120"急救电话。县医院向被告县邮电局提交了开通"120"急救专用电话的报告，县邮电局也为县医院安装了"120"急救电话，但是该电话一直未开通。县医院曾数次书面请求县邮电局开通"120"急救电话，县邮电局仍拒不开通。

问：（1）该案中邮电部门是行政主体还是国有企业？

（2）本案是否属于行政诉讼受案范围？为什么？

案例三

小郑是三门县海游镇人，2009年毕业于吉林某大学。为实现从小的梦想，7月份他报考了三门县公安局的人民警察学员职位，并获得体能和总分第一的成绩。就在这时，两桩早被他遗忘的"陈年旧事"，在政审中被翻了出来。在告知结果一栏，三门县公安局表示不宜录用小郑为人民警察。对告知结果不服的小郑，选择了起诉，台州中院指令案件由临海法院审理。法庭上，被告三门县公安局出具了一系列法律文书，证明小郑"积极参与"了2003年5月5日的聚众斗殴，并且已有多名参与者受到了刑事、行政处罚。被告三门县公安局引用了公安部《公安机关人民警察录用办法》，以及浙江省相关规范性文件规定，认为要成为一名人民警察，必须具备良好的品行。被告表示，对于品行的规定，法律不可能做到列举穷尽，规范性法律文件可以予以补充。

问：（1）公安局不予录用小郑为公务员的行为是否符合相关法律法规的规定？

（2）小郑上学时的打架行为是否违反了法定的公务员录用条件？

主要参考文献

1. 黄异：《行政法总论》，台湾三民书局1996年版。
2. 应松年主编：《四国行政法》，中国政法大学出版社2005年版。
3. 王名扬：《法国行政法》，中国政法大学出版社1988年版。
4. 崔卓兰主编：《新编行政法学》，科学出版社2004年版。
5. 浦兴祖主编：《当代中国政治制度》，复旦大学出版社2005年版。
6. 张正钊主编：《行政法与行政诉讼法》，中国人民大学出版社2000年版。
7. 杨景宇、李飞主编：《中华人民共和国公务员法释义》，法律出版社2005年版。
8. 应松年、王成栋主编：《行政法与行政诉讼法案例教程》，中国法制出版社2003年版。

第三章

行政行为概述

【本章概要】 行政行为之法律规制是行政法的重要内容，行政行为是行政法之灵魂。本章从"行政行为"的基本概念和分类出发，对于行政行为的成立与生效、行政程序制度等基础性问题进行阐述和介绍。

【学习目标】 通过本章学习，重点掌握行政行为的概念和特征、行政行为的生效条件，了解各国行政程序法的制度规定。

第一节 行政行为的概念与特征

一、行政行为的概念

行政行为是指行政主体在依法行使行政职权过程中实施的能够产生行政法律效果的行为。

1. 行政行为是指行政主体的行为，即行政机关与法律、法规、规章授权的组织所实施的行为。行政机关的公务员，法律、法规、规章授权的组织的工作人员以及行政机关委托的组织或个人以行政主体的名义所实施的行为视为行政主体的行为。一切非行政主体的组织和个人实施的行为均不是行政行为。虽然许多非行政机关的组织也设置了各种行政单位，如人事、财务、物资、监察、审计、治保等，但因缺乏主体要素，其行为都不是行政法上的行政行为。

2. 行政行为是行政主体依法行使职权或履行职责的行为。行政主体所实施的行为并非均为行政行为，它包括行政行为、民事行为和事实行为等，但只有在行政主体依法履行职能过程中所实施的行为，才能成为行政行为。

3. 行政行为是行政主体实施的能够产生行政法律效果的行为，即行政主体依法实施的职权行为能对作为行政相对方的个人、组织的权利、义务产生影响。这种影响既包括对行政相对方有利的影响，也包括对行政相对方不利的影响；既包括对行政相对方所产生的直接影响，也包括对行政相对方产生的间接影响。

4. 行政行为是行政主体实施的产生行政法律效果的行为，但是这并不意味着行政行为都是合法的行为。行政主体对行政相对方实施的违法侵权行为同样产生行政法律效果——侵犯行政相对方的合法权益。因此，行政违法侵权行为同样是行政行为。行政行为也并不意味着都是行政主体在职权范围内作出的行为。行政主体在行使行政职权时,有时会作出超出其职权范围的行为。行政主体的越权行为同样是行政行为,此种行为只有经过法定监督途径由法定监督主体撤销之后才失去法律效力,在此之前对该行为不仅仍应视为"行政行为",而且还应该视为有效的行政行为。

二、行政行为的性质和特征

关于行政行为的性质,流行于 19 世纪的传统观念将之表述为行政行使者的命令,故而,毋庸置疑,必须服从。[1]这种将行政行为的性质单纯断言为命令管理、规制的做法,与现代社会的民主与法治精神原则相去甚远。事实上,已有一些行政法学家摒弃且反其道而论之。例如,德国学者福斯多夫指出:行政行为的实质是对个人给予"生活照顾"。德国学者巴杜拉在对福斯多夫的有关理论进行分析和概括后进一步阐明:行政行为的唯一内涵就是"服务"……依社会法治国的理念,行政必须提供满足个人生活所需的"引导"及"服务"行为。[2]我国行政法学者叶必丰的观点则是:行政行为在本质上是一种为相对人或者公众提供服务的执法行为……其内容和目的都是服务。即使行政处罚行为也是为了给公众提供一个良好的社会秩序。[3]

行政行为是行政主体行使行政权力的外在表现形式,是行政权力的具体实现。而行政行为的基本特征就是相对于立法行为、司法行为、民事法律行为所表现出来的特殊性。行政行为的特征表现具有多样性,其基本特征一般为从属性、单方意志性、裁量性、效力先定性、强制性等。

1. 行政行为的从属性。行政行为是执行法律的行为,行政职权来源于法律规定,这决定行政行为须从属于法律,应接受法律的约束,不可游离于法律之外,更不能凌驾于法律之上。在我国,行政主体有时也可以制定行政性法律规范,进行行政立法,但这不同于权力机关的立法,为从属性质的准立法行为。行政行为必须有法律根据,依法行政是民主和法治的基本要求。作为人民公仆的行政机关及其工作人员必须根据体现人民意志和利益的法律行事。行政行为不同于公民个人、组织的行为,公民个人、组织虽然也要遵守法律、依法办事,但是不是其每一项行为都要有法律根据,法治对公民个人、组织的要求是不违法,不做法律禁止其做的事情;而行政机关则不同,行政机关的任何行为都必须有法律根

---

[1] 参见[德]巴杜拉:"在自由法治国与社会法治国中的行政法",陈新民译,载陈新民:《公法学札记》,台湾三民书局 1993 年版,第 115 页。

[2] 转引自[德]巴杜拉:"在自由法治国与社会法治国中的行政法",陈新民译,载陈新民:《公法学札记》,台湾三民书局 1993 年版,第 112、126 页。

[3] 叶必丰:《行政法的人文精神》,湖北人民出版社 1999 年版,第 192 页。

据，不做法律没有授权其做的事情。

2. 行政行为的单方意志性。即行政主体实施行政行为，只要在宪法和法律规定的权限内，可自行决定并直接实施，无需与行政相对人协商或征得其同意。行政行为的单方性不仅表现在依职权的行为，如税务检查、维护治安秩序、检查环境卫生等，而且也体现在行政主体对行政相对人的申请行为，如颁发许可证、发放抚恤金等，行政主体直接依据法律规定的标准和条件审查行政相对人的申请，单方面决定是否批准，而不是与行政相对人协商。

3. 行政行为的裁量性。由于立法机关在立法时留给行政主体相当广泛的裁量余地，因而行政主体可以在法律规定的范围内，自行决定、作出行政行为。

4. 行政行为的效力先定性。行政行为一经作出，任何个人和团体都必须遵守和服从，要否定行政行为的效力，需有权机关依职权和法定程序为之。

5. 行政行为的强制性。行政行为是行政主体代表国家，以国家名义执行、贯彻法律的行为，以国家的强制力作为实现的保障。这主要表现在行政权的行使具有不可抗拒的法律效力，行政相对人必须服从，不能否认或抵制，即使认为行政主体行为违法，也只能在事后通过申诉或起诉等方式进行救济。行政主体在行使行政权的过程中遇到障碍，可以直接运用强制手段来保障行政行为的实现。例如，行政相对人拒不履行行政主体的命令或行政处理措施，行政主体可以依法强制其履行或依法申请法院进行强制执行。

第二节 行政行为的分类

行政行为的分类是对于行政行为类型化把握的有效方式，而类型化依赖于分类标准的确定。行政行为在理论界有较为细致的分类，其分类不下十余种，囿于篇幅限制，就通常分类作如下探讨。

一、抽象行政行为与具体行政行为

行政行为以其规范对象是否特定为标准进行分类，可以分为抽象行政行为与具体行政行为。

抽象行政行为，是指以不特定的人或事为规范对象，以具有普遍约束力的规范性文件为表现形态的行政行为，如进行行政立法的行政行为。抽象行政行为与具体行政行为的区别在于其所规范的对象具有不特定性，因此抽象行政行为针对不特定的人或不特定的事项能够反复适用。《立法法》对于抽象行政行为的创制程序和实体内容作了实质性的规定，其中行政法规、行政规章以及其他规范性文件都属于抽象行政行为，例如，根据《立法法》第 65 条的规定，国务院根据宪法和法律，制定行政法规。行政法规可以就下列事项作出规定：①为执行法律的规定需要制定行政法规的事项；②《宪法》第 89 条规定的国务院行政管理职权的事项。应当由全国人民代表大会及其常务委员会制定法律的事项，国务院根据全国人民代表大会及其常务委员会的授权决定先制定的行政法规，经过实践检验，制定法律的条件成熟时，国务院应当及时提请全国人民代表大会及其常务委员会制定法律。国务院根据《立法法》创制的行政法规就属于抽象行政行为。

具体行政行为是针对特定人或特定事项采取具体行政措施的行为，该措施将直接产生特定的法律效果。相对于抽象行政行为而言，具体行政行为最为明显的特征在于，具体行政行为将对行政相对人的权益产生直接影响，而抽象行政行为对相对人的权益不产生直接影响。具体行政行为包括行政处罚、行政强制、行政征收、行政决定、行政给付、行政合同、行政指导等具体类型，其中行政处罚、行政强制、行政征收、行政决定在具体行政行为中公权色彩较重，属于行政法重点规制的行为对象；而行政给付、行政合同、行政指导等公权色彩较弱，是晚近兴起的行使行政权的方式。

抽象行政行为与具体行政行为的分类不仅具有理论探讨的意义，而且为法律制度的实然层面所确认。我国《行政诉讼法》和《行政复议法》就以具体行政行为为标准来确认行政诉讼和行政复议的对象，具体表现在《行政诉讼法》第 2、12 条，《行政复议法》第 1~3 条。但是对于抽象行政行为与具体行政行为的划分，有的学者提出了质疑，"具体行政行为是一个形容词（具体）与名词（行政行为）组合而成，不适合作为一个法律的专有名词。并且使用六个字，属于叙述性、解说性的用语，过于繁琐累赘。其次，具体行政行为的用语会被误认为是指一切在具体个案中所为的行政行为，因此，属于有法律效果的行政合同，以及没有公权力效力的事实行为、行政指导……只要是在个案中所实施的，且有具体内容，都可以包括在内，徒然造成概念的混淆"。[1]这种观点为我们认识抽象行政行为和具体行政行为的划分提供了新的视角，因此对于这一组分类的概念界定要予以重新认识。

二、羁束行政行为和自由裁量行政行为

行政行为以其受法律规范拘束的不同程度为标准，可以分为羁束行政行为与自由裁量行政行为。

羁束行政行为是指法律规范为行政行为所适用的范围、标准、条件、程序等确立严格标准，没有赋予行政主体行使行政职权裁量空间。例如，税务机关在税务征收的具体行政行为中，关于税种、税率等事项均无自主选择的空间。自由裁

---

[1] 陈新民：《中国行政法学原理》，中国政法大学出版社 2002 年版，第 133 页。

量行政行为是指法律规范对行政主体行使行政行为的内容、方式、程度等作出程度和范围的限定，行政主体在此范围内可自主决断之。如行政机关在作出行政处罚时，对于处罚方式、限度可自主选择。羁束行政行为和自由裁量行政行为的区分确定了行政行为司法审查限度、行政赔偿范围，一般而论，羁束行政行为通常是司法审查和行政赔偿的主要对象。

三、内部行政行为和外部行政行为

行政行为以其效力发生领域的不同为标准，可以分为内部行政行为和外部行政行为。

内部行政行为是指基于行政主体上下级之间或者行政主体内部之间，因行政管理事项而为的行政行为，例如，行政主体对其所属工作人员的奖惩、任免，上级行政机关对下级行政机关报告的审批，审计机关对有关行政部门财务的审计检查等。外部行政行为是指行政主体以行政相对人为对象而为的行政行为。区分内部行政行为和外部行政行为的意义在于，确定行政行为生效的标准以及是否能成为行政复议和行政诉讼的对象。一般而论，内部行政行为不能直接对外部行政相对人发生法律效果，内部行政行为同时也不能作为行政复议和行政诉讼的对象。

四、行政立法行为、行政执法行为和行政司法行为

行政行为以其处于特定阶段和表现形态为标准，可以分为行政立法行为、行政执法行为和行政司法行为。

行政机关制定普遍性规则的行为是行政立法行为，行政立法过程及其结果形成行政机关对众多不特定对象之间的关系，即一对众的单向对应关系。行政机关执行普遍性规则以及适用普遍性规则于具体事件的行为，形成行政执法行为过程中行政机关与特定公民、法人和组织之间的单一对应关系。其行为必然对公民、法人和组织产生一定的约束力和影响力，是一种产生实际影响的行为。行政机关解决纠纷和争议的行为是行政司法行为。行政机关在行政司法行为过程中作为第三方执行普遍性规则，以解决公民、法人和组织相互之间以及它们和其他行政机关之间发生的纠纷，这是一种三方关系，与行政执法行为有所区别。将行政行为作此分类的意义在于遵循了权力运作规律，可使权力更加科学化、民主化地运作，同时更有利于保护行政相对人的合法权益。

五、要式行政行为和非要式行政行为

根据行政行为的表现形式，可以将其分为要式行政行为和非要式行政行为。要式行政行为是指必须具备行政法律规范所要求的特定形式或必须遵守的特定程序，才能产生法律效力的行政行为。例如，行政处罚必须是书面形式，制作书面行政处罚决定书才能对相对人发生效力。非要式行政行为是指不需要具备特定的形式和遵守特定的程序，即可产生法律效果的法律行为。非要式行政行为一般出

现在法律准予行政机关在紧急情况下行使权力时，例如，行政机关紧急封锁、戒严、交通管制等。只要能够对相对人表达这样的意思，无论通过何种形式表现出来，都具有法律效力。

区分要式行政行为和非要式行政行为的意义在于：对于要式行政行为，在审查该行为的合法性时，形式是否合法是一个重要方面。不符合法定条件的行政行为，不具有法律效力。例如，《行政处罚法》第49条规定，行政机关及其执法人员当场收缴罚款的，必须向当事人出具省、自治区、直辖市财政部门统一制发的罚款收据，否则当事人有权拒绝缴纳罚款。原因就在于该行政行为不符合法定形式而不产生效力。对于非要式行政行为，形式是否合法一般不予以审查，主要审查其实质内容是否符合法律规定，非要式行政行为的形式要件不是该行为发生效力的条件。

第三节　行政行为的成立与生效

一、行政行为的成立与生效

（一）行政行为的成立及其构成

行政行为的成立是指行政主体基于自主意思作出特定行为的事实状态。行政行为的成立与行政行为的生效属于不同层面的内容，前者指的是事实层面的判断，而后者属于效力层面的判断，行政行为的成立是认定行政行为效力的基础。行政行为成立应该从三个层面进行认定：

1. 行政主体行使行政职权的意思明确。行政主体作出特定的行政行为并不是一种无意识的自发状态，而是以秩序行政和有效管理的职权行为为意志出发点，行政行为成立的前提便是行政主体作出特定行为的意思判断。例如，根据《地方各级人民代表大会和地方各级人民政府组织法》第60条的规定，享有规章制定权的地方人民政府制定规章，须经该各级政府常务会议或者全体会议讨论决定。因此各相应政府常务会议或全体会议在作出制定地方政府规章的行政行为之前，要对该立法是基于执行特定法律、法规或行使特定的职权等意图予以明确。

2. 行政主体行使职权的意思通过特定行为予以表现。行政行为是一种客观存在的行为，是将其明确的主观意思予以客观呈现的过程，因此是一种主观见之于客观的活动。例如，《道路交通安全法》第91条第1、2款规定："饮酒后驾驶机动车的，处暂扣6个月机动车驾驶证，并处1000元以上2000元以下罚款。因饮酒后驾驶机动车被处罚，再次饮酒后驾驶机动车的，处10日以下拘留，并处1000元以上2000元以下罚款，吊销机动车驾驶证。醉酒驾驶机动车的，由公安机关交通管理部门约束至酒醒，吊销机动车驾驶证，依法追究刑事责任；5 年内不得重新取得机动车驾驶证。"行使职权的主体就特定的违法行为作出行政处罚决定的时候，要通过罚款、暂扣机动车驾驶证、行政拘留等行为将行政处罚的意思予以明确。

3. 行政主体作出行政行为的对象必须明确。行政行为都有其作用对象即相对人，行政主体通过一定形式向相对人表示其行使行政职权的意思，也就是向相对人宣示其行政行为的作出，这是行政行为作出所必需的表示形式。

（二）抽象行政行为和具体行政行为成立的比较

行政行为的成立要件比较抽象和复杂，也存在一些学说上的争论。为了便于理解，我们在这里对抽象行政行为和具体行为的成立要件逐一梳理，以佐理解。

1. 抽象行政行为的成立要件。抽象行政行为与具体行政行为不同，它主要表现为各种规则和条文，不是对行政相对人具体的处理结果，因此，也就不对行政相对人的权利和义务产生直接的影响。其成立要件为：

（1）行政主体制定了具有普遍约束力的规则。

（2）行政主体制定的规则具备行政管理的内容。

（3）该规则以行政主体的名义发出。如果不是以行政主体的名义发布该规则，也就不能成为抽象行政行为。

2. 具体行政行为的成立要件。具体行政行为对行政相对人具体的权利和义务产生影响。其成立要件为：

（1）存在行政主体，由具有行政主体资格的行政主体作出行为是成立的第一要件。

（2）存在行政相对人，即公民、法人和其他组织。

（3）行政行为具有行政管理内容。行政行为是行政主体行使行政权力的行为，因此，权力的行使和行政职能的运用就是行政行为的内容。

（4）行政行为是以行政主体的名义实施的。例如，行政行为采取书面形式，应加盖公章；若不采用书面形式，应由行政机关工作人员作出。

（三）行政行为的生效

行政行为的生效指行政行为因符合法定要件而具备或视为具备实质效力的状态。行政行为生效必须具备下列要件：

1. 主体适格。行政行为的主体适格是指行政行为的主体是合乎法定条件的行政职权的行使主体。行政主体的内设机构及其工作人员必须以行政主体名义作出行政行为，受行政机关委托的组织和个人也必须以委托机关名义作出行政行为。行政主体作出的行政行为虽然未必都合法，但合法的行政行为的主体必须是行政主体。

2. 权限合法。行政行为的权限合法有如下几方面的要求：①职权行使以行政主体职权范围为限；②职权行使的方式和限度要遵照法律规定；③与有关行政部门职权交叉的事项，应相互协调为之，依照法律规定，有些行政行为须经上级行政机关核准或批准才能合法成立。

3. 行政行为的内容合法。行政行为的内容合法，是指行政行为设定相对人的权利和义务必须符合法律规定，这也是行政行为合法成立的要件。行政行为，无论抽象行政行为或具体行政行为，本质上都是执行法律的行为，凡是不合法的行政行为都应该被撤销或变更。行政行为的内容合法，含有下列两层意思：①行政行为的内容必须有法律依据并符合法律精神。这里所谓的法律，是指广义的法律，包括宪法、法律、行政法规、地方性法规、规章及有关解释等法律文件；所谓符合法律精神，主要指行政行为要符合立法目的，法定的原则、条件、幅度或范围等。详言之，羁束行政行为，其内容必须完全符合法律规定，才能合法成立；自由裁量行政行为也必须符合法律的立法目的，并在法定的原则、条件、幅度或范围内，根据实际情况作出裁决，做到合法、适当；有些具体行政行为是根据上级制定的行政规范性文件作出的，只要该规范性文件不与法律相抵触，该行政行为的内容也应当视为合法；在法律尚未作出规定的情况下行政主体不得不作出行政行为时，该行政行为的内容也必须符合国家和社会公共利益，并不得与宪法和相关法律的原则相抵触。②行政行为的内容必须符合客观情况。这主要是对具体行政行为而言，因为具体行政行为是适用法律规范的行为，即将法律规范适用于特定的人和事。行政主体对特定的人和事的有关情况的认定，是正确适用法律规范的基础。如果对特定的人和事的有关情况认定不正确，那就不可能正确适用法律规范，其行政行为的内容也就不可能是合法的。例如，行政主体对违法当事人实施行政处罚，首先应对当事人违法行为的手段、情节和后果等有关情况作出符合实际情况的认定，并有足够的证据，然后才有可能适用法律规定，从而作出合法的行政处罚决定。因此，行政行为的内容要符合客观情况，这也是行政行为的内容合法的构成要件。

4. 行政行为的程序合法。行政行为的程序合法是指行政行为要符合如下规定：①符合法定步骤，即遵循法律规定的步骤和顺序作出行政行为，这是程序设定的严格要求；②符合法定方式，是要求行政行为在行使过程中手段和必备的要式要求等符合法律的规定；③符合法定时限，即作出行政行为应该遵守法定时间要求。

二、行政行为的效力

行政行为的效力，即行政行为所发生的法律效果，表现为一种特定的法律约束力和强制力，是行政法学研究的一个重要的问题，也是理论性很强的一个内容,有的学者更是认为,"行政行为的效力是行政行为的生命"。[1]

(一) 行政行为效力的内容

1983年王珉灿主编的《行政法概要》把行政措施的效力分为公定力、拘束力、确定力、执行力,学者们基本上都沿袭这种观点。2000年之后,行政行为的效力才引起我国行政法学界的重视,而关于行政行为效力的内容也出现了不同的见解,形成了很多看法,主要有三效力说、四效力说、新四效力说、五效力说,等等。依据通说,我们认为,行政行为内容包括确定力、拘束力和执行力三个方面。

1. 确定力,指行政行为一经正式成立,除经法定机关基于法定因素并按照法定程序予以改变或撤销外,不得任意变更、撤销、废止并受其拘束的法律效力。确定力可分为形式确定力与实质确定力。前者是行政行为对相对人而言的不可改变力,即相对人不得任意请求变更、撤销或废止受拘束的行政行为,又称"不可争力";后者则是行政行为对行政主体而言的不可改变力,即行政主体不得任意变更、撤销或废止所作的行政行为,又称"一事不再理",有的人还称之为"不可变更力"或"自缚力"。行政行为的确定力是相对的,而不是绝对的。就形式确定力而言,法律允许相对人在法定期限内请求有关机关予以审查,经审查确认行政行为是否合法有效,合法的予以维持,不合法的可以予以改变。确认为合法的行政行为,则具有最终确定力,相对人不得再提出任何异议。实质确定力,也不是绝对的,如果行政行为确实违法或已不符合新的需要,继续存在有损公共利益和个人利益,则应按法定程序予以改变。

2. 拘束力,是指行政行为的内容约束行政机关和行政相对人(包括具体行政法律关系的对方当事人,也包括利害关系人),使其遵守和服从该具体行政行为的法律效力。对于相对人而言,拘束力是该行政行为生效的标志。拘束力分为对行政机关的拘束力和对相对方的拘束力。对行政机关的拘束力,指具体行政行为在未经法定程序被变更或撤销之前,无论是作出具体行政行为的行政机关,还是其上级行政机关或下级行政机关,都负有服从该行为内容的义务。虽然行政机关的上级机关有权改变或撤销下级行政机关"不适当的"具体行政行为,但这种改变或撤销均应遵循法定的程序和形式要求。作出具体行政行为的行政机关要履行该行为所设定的职责,以保障为相对人设定的权利的实现或义务的履行。

3. 执行力,是指行政行为一经作出,就具有使其内容得以完全实现的法律效力。主要表现为权利主体有权要求义务主体履行义务的法律效力,包括要求义务主体自行履行所负义务的法律效力(可称为"自行执行力")和强制义务主体

---

[1] 罗豪才主编:《行政法学》,中国政法大学出版社1996年版,第67页。

履行所负义务的法律效力（可称为"强制实现力"）两种形式。

由上可知，行政行为的效力是一个理论性很强的内容，也是争议非常大的内容。所以，行政行为的效力内容包括哪些方面，只需略读，无需深究。但我们要知道，只要国家的行政权力存在，行政行为的效力也就存在，其内容也会随着社会的发展和理论研究的深入而不断科学化。

（二）行政行为的时间效力

行政行为的时间效力，也就是行政行为从什么时候开始到什么时候为止具有法律效力的问题，包括行政行为的生效时间和失效时间。

种　　类	生　　效	失　　效
抽象行政行为	发布之日起生效或发布之日以后另定一个生效日期	授权时效届满； 新法废除旧法； 废止、撤销等
具体行政行为	对行政主体而言，具体行政行为一经作出便生效；对行政相对人而言，知悉后生效	期限届满； 条件成熟； 当事人死亡或对象消灭； 撤销、变更等

三、行政行为的无效、撤销与废止

行政行为无效问题是一个兼具理论性和实践性的问题。根据《行政诉讼法》第75条的规定，"行政行为有实施主体不具有行政主体资格或者没有依据等重大且明显违法情形，原告申请确认行政行为无效的，人民法院判决确认无效"。这一规定标志着行政行为无效确认制度在我国的建立，但是接下来的问题是，什么是行政行为的无效？判断行政行为无效的标准是什么？行政行为无效将产生哪些法律后果？等等。

（一）行政行为的无效

1. 行政行为的无效的认定标准。行政行为的无效指的是行政行为不具有效力或效果，它既包括行政行为的自始无效，也包括行政行为生效后因撤销、确认、变更或废止而失去效力，与之相对应的范畴是行政行为的可撤销。区分两者的关键是看行为瑕疵是否重大且明显。具有重大且明显瑕疵的为无效行政行为，具有一般瑕疵的为可撤销行政行为。一般来说，行政立法之中明确规定了无效行政行为的情形，有此情形之一的即为无效行政行为，这主要包括了主体、内容、形式、程序四个要素的判断，有违反这些重要要素的行为则为无效行政行为。

（1）主体方面。行政行为欲取得完全效力，须有处于合法地位的行政机关及其他组织在法定权限范围内实施。因此，行政主体不合法、行政主体不明确或明显超越职权所作出的行为为无效的行政行为。例如，行政主体实施行政行为不表明身份，或者一行政行为以书面方式作出，但没有署名作出机关，这将导致相对人不知道该行政行为是谁所为，进而无法行使救济权利；税务机关吊销经营者营业执照，显属越权，自然无效。除此以外，行政主体有意思表示方面的瑕疵，如行政主体工作人员受到相对人威胁、欺诈而作出许可或批准的行为，该许可或批准行为应为无效行政行为。

（2）内容方面。具有下列情形的为无效行政行为：

第一，内容明显违法的行政行为。例如，县政府在行政决定中规定，对该行为不服，不得申请复议，更不得提起诉讼，当事人必须履行此决定。这显属剥夺当事人申请救济权，应属无效。

第二，内容不明确的行政行为。例如，公安机关在行政处罚决定中规定，当事人需缴纳罚没款 5000 元。这是罚款？还是没收财物？内容不明确的行政行为，使相对人无所适从，不知该如何履行，应为无效行为。

第三，客观上不能实现的行政行为。例如，环保机关限一污染环境的企业 7 日内搬出市区，而企业搬迁最少要 3 个月，该行政命令根本不可行，因此属无效行为。

第四，行政行为的实施将导致犯罪。例如，某乡政府命令农民猎杀国家保护的珍稀动物以招待外宾，而猎杀珍贵动物属于犯罪行为，故该行为应为无效行为，相对人有权抵制。

第五，严重违反善良风俗的行政行为。严重违反善良风俗、违反基本的或公认的道德伦理的行政行为应认定为无效。

（3）形式方面。行政法律、法规有时为了明确行政行为的内容，往往规定一定的形式义务，如有违反，属于重大瑕疵的为无效行政行为。如行政处罚决定违反《行政处罚法》规定的书面形式即为无效行政行为。

（4）程序方面。《行政复议法》及《行政诉讼法》均规定违反法定程序是复议机关或人民法院撤销行政行为的理由。可见，有程序方面瑕疵的行政行为，一般为可撤销行政行为，但如若该瑕疵达到重大且明显的程度或法律明确规定违反法定程序的行为无效时，应为无效行政行为。例如，《行政处罚法》第 3 条第 2 款规定："没有法定依据或者不遵守法定程序的，行政处罚无效。"

（5）法律明文规定的其他行为。如在单行法律、法规中规定相对人有权拒绝、抵抗的一些行政行为。[1]

---

[1] 韩凤然："试论无效行政行为制度"，载《河北法学》2005 年第 12 期。

2. 无效行政行为的后果。无效行政行为虽为大多数国家或地区所普遍接受，但是对于无效行政行为的法律后果，却规定不一。我国有的学者认为，无效行政行为的后果就是不再具有公定力、拘束力、确定力等。从各国的实践来看，无效的行政行为后果有以下几种体例：

（1）不待宣告或者撤销，任何人均可忽视其存在，有权机关也应当及时宣布其为无效，即无效行政行为自始至终不发生效力。这一点在德国、日本和我国台湾地区的立法中都有所体现。

（2）无效行政行为相对人没有服从的义务，即无效行政行为命令人们履行义务时，人们无服从的必要。在相对人无过错的情况下，履行无效行政行为或者行政机关强制相对人履行无效行政行为，导致相对人权利损害的可以要求赔偿。

（3）无效行政行为赋益无效，即如果无效行政行为的内容是赋予相对人某种权益，任何人均无尊重其权利的必要，因为这种权利不受法律保护，利害关系人可以主张该权利不存在。

（4）宣告行政行为无效不受时限的限制，即利害关系人可随时主张行政行为无效，任何机关和法院也可随时宣告行政行为无效。

考察行政行为无效理论，结合我国的实践，确立我国的无效行政行为制度具有重要的理论和实践意义。

（二）行政行为的撤销

行政行为的撤销，是指有权机关对已经发生法律效力但存在一定瑕疵的行政行为予以撤销致其失去法律效力的状态。根据行政行为的公定力原理，有瑕疵的行政行为具有被有权机关撤销、变更或确认违法的可能性，但在有权机关作出撤销、变更或确认违法的决定之前，仍然是有效的行政行为，具有事实上和法律上的拘束力。

1. 行政行为撤销的条件、方式。

（1）可撤销的行政行为一般有两种情况：①行政行为因欠缺法定要件而被撤销。行政行为应具备法定要件才能产生法律效力，如果行政行为欠缺法定的生效要件，达到重大且明显违法的程度，则要被认定为无效；若为一般违法，则有可能被撤销。②行政行为不适当。即指行政行为具有不合理、不公正、不符合现行政策、不合时宜、不合公序良俗等情形。不适当的行政行为可成为行政行为被撤销的条件之一。

（2）行政行为撤销的方式。对于行政主体实施的违法行政行为，必须通过适当方式将其撤销，使其丧失法律效力。对于不适当的行政行为，可以通过行政主体自行更正、补救的办法弥补，也可以撤销。行政行为的撤销有两种方式，即争讼撤销和依职权撤销。

争讼撤销是指按照争讼程序撤销行政行为的法律责任实现方式。启动争讼撤销程序的前提条件是有关当事人向有权机关提出撤销请求，如果当事人没有提出撤销请求，行政行为即使符合撤销理由，也只有通过职权撤销方式予以撤销，而不能采取争讼程序撤销。

依职权撤销是指有权机关依法主动撤销有瑕疵的行政行为。依职权撤销必须衡量比较撤销有瑕疵的行政行为与因撤销而蒙受损害的相对人、第三人的权利利益保护的必要性的轻重。需要注意的是，对于侵益行政行为，无论是否超过争讼期限和有无明文规定，行政机关均可依职权予以撤销。这种撤销既可以纠正行政行为的瑕疵，又不损害相对人的权利利益，符合行政合法性原则。而有瑕疵的授益行政行为，原则上是可以撤销的，但出于对受益者保护的考虑，对撤销权的行使必须加以限制。

2. 行政行为撤销的法律后果。行政行为撤销的法律后果，可简述如下：

（1）行政行为自撤销之日起失去法律效力，撤销的效力可一直追溯到行政行为作出之日。

（2）因撤销行政行为而使行政相对人的合法权益受到损害的，行政主体应当依法给予赔偿。

（3）如果行政行为的撤销是因行政相对方的过错（如被许可人以欺骗、胁迫等不正当手段取得行政许可），或行政主体与行政相对方的共同过错所导致的（如行政行为是在行政主体工作人员接受贿赂的情况下违法作出的），那么，撤销行政行为时，行政相对人基于行政行为所获得的利益应予追缴；行政相对人因行政行为的撤销而遭受的损失不予赔偿；同时，行政相对人及违法的行政工作人员还应承担因行政行为的撤销所引起的相应法律责任。

（三）行政行为的废止

行政行为的废止是指原已成立并生效的无瑕疵的行政行为，基于法律上、政策上或事实上的原因，决定将其废弃，使其自废止时向将来丧失效力的行为。行政行为的废止一般表现为由行政机关作出另一行政行为，明确表示废止原行为，也可表现为原机关或其上级机关作出一个内容与原行为相抵触的新行政行为来实现。

行政行为具有确定力，一经作出即不得随意废止，只有在具有某种法定情形的条件下，才能依法定程序废止。行政行为废止的情形通常有以下几种：

1. 行政行为所依据的法律、法规、规章、政策经有权机关依法修改、废止或撤销。相应行为如继续存在，则与新的法律、法规、规章、政策相抵触，故行政主体必须废止原行政行为。

2. 国际、国内或行政主体所在地区的形势发生重大变化，原行政行为的继续存在将有碍社会政治、经济、文化的发展，甚至给国家和社会利益造成重大损失。为此，行政主体必须废止原行政行为。

3. 行政行为已完成原定目标、任务，实现了其历史使命，从而没有继续存在的必要。为此，行政主体废止原行政行为。

行政行为废止后，其效力自废止之日起失效。行政主体在行为废止之前通过相应行为已给予行政相对人的利益、好处不再收回；行政相对人依原行为已履行的义务亦不能要求行政主体予以补偿。行政行为的废止如果是因法律、法规、规章、政策的废、改、撤或形势变化而引起的，且此种废止给行政相对人的合法利益造成了比较大的损失，行政主体应对该损失予以适当补偿。

（四）相关概念比较

1. 无效行政行为与撤销行政行为。虽然无效行政行为与撤销行政行为在最终结果上是一致的，都是自始无效。但两者的区别也是非常明显的，主要有以下几方面：

（1）在是否具有公定力上不同。只要具备相应情形被认定为无效行政行为，那么该行为应是自始就不具有法律效力。而撤销行政行为虽然最终不发生法律效力，但在该行为作出之初，人们却承认它具有公定力，其效力持续到该行为被撤销之时。

（2）在相对人是否有权拒绝履行上不同。无效行政行为自始就不具有法律效力，行政相对人可拒绝该行政行为为其设定的任何义务。而撤销行政行为在被法院及行政机关撤销之前是有法律效力的，行政相对人必须履行该行为为之设定的各项义务，否则就要承担不履行义务的有关法律责任。

（3）在时效限制上不同。宣告行政行为无效不受时效限制，行政相对人在任何时候都可以请求人民法院或有权的行政机关宣布该行为无效。然而，行政相对人要求撤销行政行为的，则需根据《行政复议法》《行政诉讼法》及相关法律、法规的规定，通常只能在法定期限内提出复议或行政诉讼的请求。

（4）在法定理由上不同。如前所述，行政行为无效的原因主要是存在重大且明显违法的情形。而对于撤销行政行为的法定事由，《行政诉讼法》的规定主要有：主要证据不足的；适用法律、法规错误的；违反法定程序的；超越职权的；滥用职权的；明显不当的。

2. 无效行政行为与行政行为的废止。行政行为的废止与无效行政行为不同，主要表现为：

（1）无效行政行为是自始无效，任何无效行政行为所产生的权利义务关系的变化一律恢复到该行为实施时的状态；行政行为的废止是向后发生效力，即自废止之日起失效，对该行为被废止前的效力没有影响，换句话说，相对人依该行为已履行的义务不能要求行政主体给予任何补偿，同样该行为已经给予相对人的利益也不再收回。

(2) 无效行政行为给相对人造成损害的，行政主体要承担赔偿责任；而行政行为废止给相对人造成损失的，行政主体一般不负赔偿责任。

第四节　行政程序

一、行政程序概述

(一) 行政程序与行政程序法

行政程序指行政权力行使的方式、步骤、顺序、时限等外在形式。行政程序与行政实体相对应，行政程序法配置行政主体行使权力的外在形式的法权形态，而行政实体法则配置行政主体与行政相对人双方的权利义务的法权形态。行政程序的目的在于规范行政主体的行政行为，而行政行为又是行政主体行使行政权时的一种外部活动形态，规范行政权力运行方式的法律即为行政程序法。但是作为法律文本形态的行政程序法则是既在法典规定程序内容，同时又规定实体内容。为有效地理解该概念，我们可以从如下方面把握行政程序的种类：

1. 内部行政程序和外部行政程序。以行政程序适用的范围为标准，行政程序可以分为内部行政程序和外部行政程序。内部行政程序是指规范行政主体内部行政事务的运作方式和步骤，如行政系统部门公文流转、上下级间审批、人事奖惩、任免等程序。内部行政程序一般不涉及行政相对方的权利和义务，因而不是行政程序法规制和关注的重点。外部行政程序是指行政主体在对外行使行政权，实施行政管理行为时所适用的程序。外部行政程序适用于外部行政行为。由于外部行政行为是行政主体对社会公共事务所作出的处理，涉及行政相对方的权利和义务，因此成为行政程序立法关注的焦点。

2. 行政立法程序、行政执法程序和行政裁判程序。以行政职能的不同为标准，可分为行政立法程序、行政执法程序和行政裁判程序。行政立法程序，由于行政立法行为内容的广泛性，行为对象的不特定性和效力的后及性，行政立法程序一般都比较复杂、严格，如听证制度、会议制度、专家论证制度以及备案制度等，它们成为不可或缺的程序内容。行政执法程序，一般应体现行政效率的原则和保护相对方合法权益的原则。但是，行政执法行为对象的特定性、内容的具体性和行为方式的多样性，决定了其程序的多样性和差异性，如行政许可程序、行政处罚程序、行政强制程序等。行政裁判程序，则由于裁判行为对象是当事人双方的争议或纠纷，因而其程序具有准司法性质。

（二）行政程序法的功能[1]

1. 有助于提高行政效率。行政权力行使有法定的程序可供遵守，可以减少行政主体及公务员的负担，行政效率将有望增加。而且由于程序已经由法所明定，相对方也因此能知晓"公开"之程序，减少对行政"黑箱作业"的疑虑及不信任，愿意配合及服从行政权力的行使。这也是行政法学界主张我国应尽快制定行政程序法的理由，即保障公民权益，提高行政效能，增进公民对行政之信赖，增加公民权利的保障。

2. 有助于保障公民权利。行政程序法有利于行政权力的公开化、法制化及效率化的同时，也使行政权力行使的滥权减到最低程度。由于传统的行政权力，在外在层面，系依循依法行政之原则，但在内在层面，则以内部规范来将行政权之意志付诸实施，公民只有在行政权力行使后，有不服时才提起法律救济，但所能补救及指摘的，只是行政权力之"结果"，而非整个决定过程。故一个客观及公开的程序规定，可以纠正非法行使权力于过程之中。况且，行政程序法从听证权利、档案卷宗的阅览权、行政决定的附加理由等更有积极的保障人权之功用。这种程序的保障目前只有在《行政处罚法》中有较完善的规定。

二、行政程序法的规制内容

（一）美国立法体例

美国《联邦程序法》于1946年6月11日公布施行，1966年9月6日编入美国法典第五编，列为第五章。美国行政程序法的规定较为具体，其中主要涵盖如下方面的内容：

1. 相关定义。具体包括诸如机关、人、当事人、规章、规章规定、裁决令、裁决等十四类法律概念的具体定义。

2. 公共信息。具体包括机关规章、意见、裁决令、档案和程序。

3. 有关个人的档案。

4. 公开会议。

5. 规章制定。

6. 裁决。

7. 附属事项。

8. 听证。具体包括主持人员、权力和职责、举证责任、证据、作为决定之依据的案卷、初步结论、终结性、机关复议、当事人递呈、决定内容、案卷等。

9. 司法审查。具体包括审查权、诉讼的形式和地点、可审查的行为、审查前的补救、审查的范围。

---

[1] 参见 http：//www.docin.con/P－420491782.html.

10. 行政法官。具体内容包括行政法法官的任命、处分、调配。

(二) 德国立法体例

德国《行政程序法》于 1976 年 5 月 25 日通过，总计 8 章，103 个条文，所规范的事项大概包括如下内容：

1. 适用范围、地域管辖、职务协助。

2. 行政程序一般规定。包括行政程序的基本原则，行政程序的形式，程序参与人的范围、回避、行政程序中的语言规定、行政机关职权调查方式和范围；期间、期日、恢复原状；官方认证，行政机关有权对文件进行认证。

3. 行政行为。行政行为的形成，行政行为和目的裁量，行政行为的形式要件，行政行为理由说明，行政行为错误更正；行政行为的确定力，有效行政行为，无效行政行为，瑕疵行政行为，行政行为的撤销和变更等。

4. 公法合同。无效公法合同，瑕疵公法合同，合同的变更及合同的强制执行。

5. 特别程序分类，要式行政程序，证人、鉴定人等参与人言辞证据的规定，言词审理的程序，行政许可程序，确定规划程序。

6. 法律救济程序。

7. 名誉职务人的工作，委员会。名誉职务人的义务和职责，委员会的召开、决议程序。

(三) 日本立法体例

日本于 1993 年 11 月公布并于 1994 年 10 月 1 日开始实施的《行政程序法》，共分 8 章，38 条。日本《行政程序法》的主要内容有：

1. 总则。确定本法的主旨；对法律中需要解释的词语（如"法令""处分""申请""不利益处分"进行定义及本法中的"适用除外"[1]）。

2. 对申请所为之处分。包括审查基准，指行政机关对许可等之申请应依其法令之规定判断所必要之基准；标准处理期间，指行政机关的处分时间，并将时间予以公告；对申请之审查、答复，申请符合条件的应立即开始审查，不符合条件应要求申请人补正或驳回申请；理由之明示，驳回申请时应明示处分的理由，并应书面示之；提供资讯，行政机关应告知该申请的进度和状况，尽量提供必要的资讯；公听会之举办，如果行政机关对申请的处分将可能影响第三人，应尽量举办公听会给予第三人听取意见的机会；涉及多数行政机关之处分，行政机关应相互联系共同听取申请人之说明促进审查。

3. 不利益处分。包括通则，即行政机关为不利益处分时的程序规定及不利益

---

[1] 具体哪些处分及行政指导不适用章节的规定，属于排除条款。

处分理由之明示；听证：听证通知的方式，文书阅览事项的规定，听证主持和听证期日的审理方式的规定及听证特例等内容；赋予辩明之机会，辩明相关程序。

4. 行政指导。包括行政指导的原则，行政指导的类型和方式。

5. 申报。

6. 补则。地方公共团体的特别规定。

三、中国行政程序法的立法概况

2003年12月《十届全国人大常委会立法规划》中，行政程序法被列为第二类立法规划，此后行政程序法的立法一度成为行政法学中的热点问题，行政法学界为行政程序法的立法做了大量理论准备，并形成了相应的专家建议稿。[1]但是行政程序立法至今没有在全国人大取得突破，行政程序法至今在立法中取得重大成果的是2008年4月17日发布的《湖南省行政程序规定》[2]。此后黑龙江、吉林、河北、河南、山西、湖北、湖南、四川以及石家庄、乌鲁木齐、济南等各省市制定了《行政执法条例》。我国的行政程序法典走了由地方到中央、由分散到统一的立法路径。学界对于我国行政程序立法前瞻在立法的体例和具体制度上提出如下构想。

（一）立法体例

就具体内容而言，中国行政程序立法应该采取兼顾程序与内容的立法模式，以程序为主体，以内容为补充，具体而言应该包括如下内容：

1. 总则。定明本法的立法目的、基本原则（合理原则、公正原则及公开原则）与本法适用的范围。

2. 行政程序的当事人。包括行政机关、委托行政、管辖、职务协助、相对人及参加人等。

3. 一般行政程序。包括程序的开始（口头或书面、要式）、调查程序（及行政检查权）、证据及其他资料的收集、回避、听证（原则与例外、程序、效果）、当事人的意见表达、信息查阅及公开、期间期日与送达及简易程序。

4. 行政决定。包括范围、成立、附理由义务、附款、瑕疵补正、转换、废止、撤销等。

5. 行政合同。包括适用范围（取代行政决定）、基本种类、适用原则（包括准用民法合同的规定）。

---

[1] 应松年教授（2003年）、姜明安教授（2002年）、马怀德教授（2005年）先后主持草拟了《中华人民共和国行政程序法》草案建议稿或试拟稿。

[2] 《湖南省行政程序规定》规范的事项主要有：重大行政决策、制定规范性文件、行政执法、行政合同、行政指导、行政裁决、行政调解、行政应急行为。其中，重大行政决策和行政执法是规范的重点。

6. 附则。

(二) 具体制度

行政程序法以规定行政程序为主体，以规定相应的实体内容为补充，在具体制度上一般包括：

1. 行政公开制度。行政公开制度是指行政行为除依法应当保密的以外，应一律公开进行；行政法规、规章、行政政策以及行政主体作出影响行政相对人权利、义务行为的依据、标准、条件、程序、结果应依法公布，相对人有权依法查阅、复制；有关行政机关的设置、职责、办事程序，除依法应当保密以外，应一律向社会公开；有关行政会议，会议决议、决定以及行政机关及其工作人员的活动情况，除了涉及国家秘密、商业秘密、个人隐私及依法不公开的事项外，应一律对社会公开；而且保密的范围，必须由法律明确规定，不允许自由裁量。

2. 听证制度。听证有广义和狭义之分。听证制度是指行政机关作出特定行政行为得听取特定或不特定相对人的陈述和申辩，听证制度是行政程序中重要的制度之一。听证制度的后续效果在于，听证会后行政相对人对于特定行政行为持有异议的，行政主体均要作出相应的处理决定。德国《行政程序法》第58条规定，行政机关作出涉及当事人权利的行政行为，应给予当事人陈述与相应行为有关的重要事实的机会。听证制度包含三种形式：①公听。指行政机关制定规范性文件或制作计划时，应当召开适当规模的听证会，听取公众意见。除有正当理由认为公听不能实现或有损公共利益的，不能随意取消公听程序。②听证。指行政机关实施具体行政行为时，应举行个别听证，给予申请人陈述自己意见和理由的机会。③听讯。指行政机关应同时听取各方对立的观点和理由，并允许各方互相进行辩论，主要用于行政裁决、复议等行政司法行为中。听证制度的价值，在于保证行政决定的正确性、避免错误的发生，又在于尊重相对人的人格尊严，保护相对人的权益。

3. 告知（说明理由）制度。指行政机关在作出行政决定（特别是对相对人权益不利的决定）、制定和公布规范性文件时，应告知相对人作出该行为的事实和法律依据，解释自己运用或不运用某种材料的事实和理由。该制度体现了对相对人权利和人格的尊重，特别是对没有法律知识的当事人，向其说明行政行为的事实和理由，有利于相对人理解行政行为。当然，告知制度也存在一些例外规定，对涉及国家秘密等的事项可以不予告知。

4. 表明身份制度。指行政机关工作人员在作出行政行为前，应向相对人出示证明、身份证或授权令，以证明自己享有某行政职权或资格的程序制度。表明身份程序在顺序上，一般是各项程序之首。表明身份程序在我国现行行政法律中规定得较多。《行政处罚法》第34条第1款、第37条第1款规定，执法人员当场作出行政处罚决定的,应当向当事人出示执法身份证件;行政机关在调查或进行检查时,执法人员不得少于两人,并应当向当事人或有关人员出示证件。表明身份制度,通过行政机关自觉公开其身份的方式,可以使相对人免受不法侵害,有利于防止不法分子的假冒诈骗行为,维护社会正常管理秩序;同时有利于防止行政职权的行使者滥用职权、超越职权,使行政行为处于公众的监督之下。

5. 行政救济制度。是指行政相对方不服行政主体所作出的行政行为,依法向作出该行政行为的行政主体或其上级机关,或法律、法规规定的机关提出复议申请,受理申请的机关依照法定程序对原行政行为依法进行复查作出裁决,或上级行政机关依职权进行主动救济,或应行政相对方的赔偿申请,赔偿义务机关予以理赔的法律制度。行政救济制度是基于行政监督理论而产生的一种内部监督制度,其法律价值在于对不公正的行政行为的补救,是行政公正原则精神的具体延伸,通过监督纠正违法或不当的行政行为,给予当事人以相应的补救。在实践中,行政救济不是行政相对方进行法律救济的最终手段,行政相对方还可通过提起行政诉讼进行司法救济。目前,行政救济已为世界各国普遍采用,因为行政救济较之司法程序解决行政争议而言,具有较多的优点。行政救济有利于强化行政系统的内部监督,及时纠正违法不当的行政行为,树立政府的良好形象。相对于司法救济而言,行政救济程序简便易行,周期较短,可以充分利用专业优势,迅速解决行政争议,提高行政效率。

6. 时效制度。指一定的法律事实经过法定期间而产生法律效果的制度,即在其他条件不发生变化的前提下,仅是时间的延长就足以引起法律关系的发生、变更。时效制度直接体现行政行为的效率,其意义在于通过规定行政行为持续的最大时间范围而确定一项行政行为可接受的效率,以防止行政主体办事拖拉、效率低下。时效制度有利于保证行政行为及时作出,避免因拖延耽搁造成对相对人权益的损害,防止和避免官僚主义,提高行政效率,防止因时间拖延而导致有关证据散失、毁灭,影响行政行为作出的准确性。

学术视野

互动性行政行为

互动性行政行为是指行政主体与行政相对人之间在行政行为的形成、行政行为的过程、行政行为的目的与客观效果的实现的一致性等方面采取互相促动方式,通过制约与激励机制,为实现公共利益与私益的最大化而由行政主体作出或由双方合意而作出的行政行为。按照互动程度不同,互动性行政行为分为成立型、过程型和激励型三种。可接受性原则和信赖保护原则是互动性行政行为的基本原则。互动性行政行为标志着行政权在行政主体与行政相对人之间的运行方式经历了由单方专制向双方协商的转变过程。因行政主体与相对人之间的互动而形成的互动性行政行为具有独立的价值——确立了行政相对人在程序中的法主体地位，保证行政行为结果的公正性与可接受性。同时，随着人权理念的深入以及相对人对行政活动的参与意识增强，互动性行政行为模式的发展空间必然得到极大拓展。从行政行为过程和行为目的的实现手段分析相对人的行政法主体地位，探讨行政主体与相对人通过互动方式成立行政行为或者实现行政行为目的，对互动性行政行为程序制度的设计和法律效力与法律责任的论证，必然会完善行政行为理论体系，促进行政法治建设。[1]

理论思考与实务应用

一、理论思考

（一）名词解释

行政行为　具体行政行为　抽象行政行为　行政程序

（二）简答题

1. 简述行政行为的特征。
2. 比较无效行政行为与可撤销行政行为的异同。
3. 简述行政行为撤销的条件及法律后果。

（三）论述题

1. 论具体行政行为与抽象行政行为的区别。
2. 论行政程序制度。

二、实务应用

（一）案例分析示范

案例一[2]

1997年9月7日晚9时许，某铁路公安局民警宋某着便服到某火车站买票，听见一男青年（李某，20岁，某有色金属进出口公司临时工）喊"谁要广州的车票"，即上前查问。李某说："喊着玩呢。"宋某即连续将李某摔倒在地。围观群众向该火车站站前联防办公室报告。值班民警史某带领联防员王某赶到现场，见李某嘴部出血，前胸部有抓痕。民警史某和联防队员王某把宋某和李某带到站

---

[1] 程建："论互动性行政行为——保障财产权视野下的行政行为类型"，载《内蒙古大学学报（人文社会科学版）》2008年第1期。

[2] 李卫刚主编：《行政法与行政诉讼法案例选评》，对外经济贸易大学出版社2007年版，第43~44页。

前派出所进行调查,在核实宋某的民警身份后由史某陪其去购票,查明李某不是票贩子后对其进行批评教育。不久,李某以宋某非法执行公务为由将某铁路公安局诉至法院。

问:便衣民警宋某的行为是否是行政行为?

【评析】法院在接到李某诉某铁路公安局的行政起诉状后,对应否受理形成不同意见,争议的焦点是便衣民警宋某的行为是否是行政行为。一种观点认为:宋某的行为不是行政行为,是个人行为,理由如下:①宋某是去火车站买票,而非去执行公务;②宋某身着便衣,并不能代表某铁路公安局;③宋某摔打李某的行为发生在晚上9点左右,而此时宋某已经下班,此时实施的行为当然与职务行为无关。另一种观点认为:宋某的行为是行政行为,理由如下:①宋某所属的某铁路公安局属于有权实施治安行政管理的行政机关,追查"倒票"行为是其职权之一;②宋某作为警察,其执行职务的行为不受时间的限制,即24小时内都处于在岗状态;③宋某身着便衣,并不能改变其身份,只是对其执行公务的要求提高了——必须辅以相关证件来表明其身份。

鉴于行政诉讼以行政行为为审查对象,因此,对本案的处理,必须以明确行政行为的内涵为前提。虽然,中外学术界对行政行为的内涵有不同认识,但就我国而言,通说认为,行政行为是行政主体行使行政权并产生行政法律效果的行为。具体来说,行政行为的构成要素包括三个:①主体要素,即行政行为必须是行政主体的行为。同时,行政主体必须是一个组织,而其行为是通过其公务员的行为来体现的。或者说,公务员的行为代表的就是其所属行政主体的行为。②权力要素,即行政行为必须是行政主体行使行政权的行为。在此需要强调的是,行政行为以行政权而非立法权或司法权为根据,至于特定行政人员所行使的行政权是否是其依法分配到的行政职权,并不是判断某行为是否是行政行为的标准。③法律效果要素,即行政行为能够产生行政法律效果,使相对人的权利、义务发生变化或其法律状态得到确认。在本案中,宋某所属的某铁路公安局是行政主体,依法拥有治安行政管理权,追查"倒票"行为是其职权之一,因此,宋某所实施的追查"倒票"的行为是行政行为。

案例二[1]

2001年2月25日,河南省某县民政局的工作人员来到其辖区内的某村,找到该村村民李某,对他讲:"我们接到举报,你父亲病故了,而你私下埋葬,违反了殡葬管理办法,限期于2月26日前改正违法行为,将死者遗体拉到殡仪馆

---

[1] 李卫刚主编:《行政法与行政诉讼法案例选评》,对外经济贸易大学出版社2007年版,第49~50页。

火化；逾期不改正将强制执行，并且你家要交执行费5000元。"然后，工作人员向李某下发了县民政局民改字（2001）1608号通知，即《限期改正殡葬违法行为通知书》。李某被弄懵了，因为其父并未病故。尽管李某进行了辩解，但民政局工作人员还是留下《限期改正殡葬违法行为通知书》后离开。同时，李某的父亲听说被"县民政局发了通知"要拉去火葬，吓得精神恍惚，大小便失禁，不得不住院治疗，而村里更是流言蜚语不断，说李某不孝，把父亲活埋了……父子觉得这突如其来的通知，损害了自己一家的名誉权。3月初，李家父子以不服"通知"为由，向县法院提起行政诉讼，要求县法院撤销民政局民改字（2001）1608号通知，并赔偿李某的父亲精神损失费5万元，李某精神损失费2万元；赔偿医疗费、护理费300元，并在受影响范围内赔礼道歉。

问：某县民政局的行为是否合法？

【评析】 行政原则的实施，各国往往通过行政诉讼制度或司法审查制度来审查行政行为的合法性，我国也不例外。根据我国《行政诉讼法》第6条的规定，人民法院审理行政案件，对行政行为是否合法进行审查。那么，应该怎样判断一个行政行为是否合法呢？或者说，一个合法的行政行为应符合什么条件？这就是行政行为的合法性要件所要解决的问题。

对于行政行为的合法性要件，学术界有不同观点。通说认为，一个合法的行政行为至少需要满足以下条件：①主体合法。即作出行政行为的主体必须是依照法律规定享有行政职权的主体，具体包括机关合法、授权与委托合法、公务人员合法等几方面的要求。例外的情况是事实的公务员，即没有合法取得公务员身份但从外表上看有公务员身份，或者由于当时的特殊情况需要公务员以外的执行公务的人员，应承认其具有合法的行为主体资格。②权限合法。即行政行为必须是在行政主体法定职权范围内作出的。行政权限的限制表现在行政事项管辖权的限制、行政地域管辖权的限制、时间管辖权的限制、手段的限制、程度的限制、条件的限制和委托权限的限制等方面。③内容合法。也称实体合法，具体有七方面要求。即：行政行为所认定的事实必须有充分的证据支持；行政行为所引以为据的法律规范不得违反上一层级的法律规范；行政行为所确定的权利义务必须符合法律的明确规定、法律原则和社会公共利益；对于具体行政行为，在法律规定了自由裁量权的情况下，行政主体必须遵循裁量界限和法定目的；行政行为尤其是负担性行政行为必须符合比例原则；行政行为的内容必须充分明确，使行政相对人能准确无误地理解行政主体的意思表示；行政行为的结果在法律上或事实上必须具有可能性。④程序合法。行政行为必须符合法律规定的步骤、方式、方法、时限和顺序。行政行为欠缺上述四个要件中的任何一个，都不具有合法性。

根据上述理论，让我们来看看本案中某县民政局所作出的"限期改正殡葬违法行为"这一行政行为是否合法：①从主体角度看，某县民政局是殡葬事务管理机关，其工作人员拥有相关职权。②从权限角度看，某县民政局在其行政辖区内拥有殡葬事项管理权，而李某所在的村在某民政局的辖区之内。③从内容角度看，首先，某县民政局认定事实错误——仅仅根据群众举报，就认定李某的父亲已经病故，并且已经被土葬，而事实上李某的父亲尚健在。其次，行政行为的结果在事实上和法律上都不具有可能性。"限期改正殡葬违法行为"这一行为在性质上属于行政命令，即课予李某特定的作为义务。然而，由于李某并未土葬父亲，因此，"改正"无从谈起；如果按"通知""改正"，直接将尚未离世的父亲送去火葬，又与现行《刑法》《婚姻法》和《老年人权益保障法》等法律相抵触。④从程序角度看，从本案给定事实，尚无法判断其合法与否。综上可知，本案中某县民政局所作出的"限期改正殡葬违法行为"这一行政行为在内容方面不符合合法性要求，是违法的行政行为。

(二) 案例分析实训

案例一[1]

某市司法局干部刘某，法律专业本科学历，35岁，身体健康。2003年，刘某向其所在的司法局报名参加司法统一考试。该局以稳定司法局干部队伍为由，拒绝向刘某颁发准考证。刘某遂向该市法院起诉，请求法院判决司法局向其颁发准考证。

问：司法局的拒绝行为是内部行政行为还是外部行政行为？

案例二[2]

1999年11月，国务院领导批准了国家计委《关于对部分旅客列车运价实行政府指导价的请示》。2000年11月8日，国家计委作出《国家计委关于部分旅客列车票价实行政府指导价有关问题的批复》（计价格〔2000〕1960号，现已失效）（以下称为《国家计委批复》），同意对春运、暑运、"五一""十一"等主要节假日部分客运繁忙线路列车票价实行常年上浮；对部分与高速公路平行、竞争激烈及其他客流较少线路列车票价实行常年下浮。

2000年12月21日，铁道部依据国家计委上述批复，向有关的铁路运输企业发出《关于2001年春运期间部分旅客列车实行票价上浮的通知》（以下称为《铁道部通知》），规定2001年承担春运运输任务的14个铁路局中，节前（1月13日~22日）自广州铁路（集团）公司，北京、上海铁路局始发，节后（1月

---

[1] 李卫刚主编：《行政法与行政诉讼法案例选评》，对外经济贸易大学出版社2007年版，第45页。
[2] 李卫刚主编：《行政法与行政诉讼法案例选评》，对外经济贸易大学出版社2007年版，第55~56页。

26 日~2 月 17 日）自成都、郑州、南昌、上海铁路局始发的部分列车部分时间段票价上浮 20%~30%。铁道部的理由是：实行票价浮动，可通过价格杠杆对客流进行引导，引导旅客在时间或各种交通工具之间合理分流，缓解高峰期间铁路的沉重压力。2001 年 1 月 4 日铁道部通过媒体向社会公布了春运票价上浮方案。由于票价上浮，河北省律师乔某两次乘车共多支付 9 元。他认为铁道部作出的春运期间部分列车实行票价上浮的行政行为侵犯了他本人及广大旅客的合法权益，其行为是违法的。2001 年 1 月 18 日向铁道部申请行政复议，请求铁道部：①撤销春运期间部分旅客列车票价上浮的行政行为；②审查铁道部作出春运期间部分列车实行票价上浮的行政行为的依据——《国家计委批复》的合法性。铁道部接到申请后，于 2001 年 1 月 22 日发出《行政复议受理通知书》，3 月 19 日，铁道部作出《行政复议决定书》，决定书指出：①申请人乔某在行政复议申请书中，没有提供其合法权益受到被申请人行政行为侵犯的事实和证据；在审查过程中，其言行与先后提供的证据相互矛盾。②国家计委报请国务院批准、下发的《国家计委批复》，是合法的。③铁道部根据《国家计委批复》作出的通知，依据正确、程序合法、内容适当。因此作出维持《铁道部通知》的行政复议决定。

乔某对铁道部的《行政复议决定书》表示不服。理由是：①他未见到国务院对《国家计委批复》的正式文件；②铁道部应举行而未举行听证会。

2001 年 3 月 31 日，乔某以铁道部为被告，向北京市第一中级人民法院（以下称为"北京市一中院"）提起行政诉讼，请求法院判决：①撤销铁道部的《行政复议决定书》，并责令被告依法履行对《国家计委批复》的审查及转送的法定职责；②撤销《铁道部通知》。北京市一中院于 2001 年 11 月 5 日作出一审判决，维持铁道部对春运期间部分旅客列车实行票价上浮的行政行为，驳回乔某的诉讼请求。乔某对一审判决不服，认为北京市一中院未对铁道部票价上浮行为的合法性进行全面审查，在事实认定和法律适用方面存在严重错误。2001 年 11 月 16 日，乔某向北京市高级人民法院提起上诉，请求依法改判，撤销被上诉人发布的票价上浮通知；依法判决确认被上诉人未履行转送职责违法。2002 年 2 月 27 日，北京市高级法院作出终审判决，驳回上诉，维持原判。

问：《铁道部通知》的性质如何，其是否可诉？

案例三[1]

2004 年 3 月 14 日，王某因琐事与邻居赵某发生冲突，王某急躁之下把赵某

---

[1] 李卫刚主编：《行政法与行政诉讼法案例选评》，对外经济贸易大学出版社 2007 年版，第 47~48 页。

的衣服撕破。某公安局民警孙某接到群众报警后赶到现场，并向王某、赵某及围观群众等了解事情的来龙去脉。当时，王某问孙某："这事会怎么处理？"孙某回答说："罚款200元，但我今天没带处罚决定书，明天你到我局里来取处罚决定书，然后再到银行交罚款。"王某不服气，第二天并没有去某公安局取行政处罚决定书，而是直接向某人民法院提起了行政诉讼，要求将罚款变更为50元。

问：本案中，行政罚款这一行政行为是否已经成立？

主要参考文献

1. 金伟峰：《无效行政行为研究》，法律出版社2005年版。
2. 陈新民：《中国行政法学原理》，中国政法大学出版社2002年版。
3. 叶必丰：《行政行为的效力研究》，中国人民大学出版社2002年版。
4. 陈泉生：《行政法的基本问题》，中国社会科学出版社2001年版。
5. 李卫刚主编：《行政法与行政诉讼法案例选评》，对外经济贸易大学出版社2007年版。
6. 王锡锌：《行政程序法理念与制度研究》，中国民主法制出版社2007年版。

第四章

行政立法

【本章概要】行政立法是国家行政机关根据法定权限，按照法定程序制定和发布行政法规和行政规章的活动，与权力机关立法、行政机关的其他规范性文件之间有着根本区别。行政立法可以分为职权立法和授权立法，执行性立法、自主性立法和补充性立法，中央行政立法和地方行政立法。只有特定的行政机关才有权制定行政法规和行政规章，而且行政机关在制定法规和规章时必须遵守法定的权限和程序，同时还要接受监督。

【学习目标】通过本章的学习，掌握行政立法的含义及其与相关概念的区别，行政立法的种类，行政立法的制定权限，行政立法的效力范围、效力等级，了解行政立法的程序和监督。

第一节 行政立法概述

一、行政立法的概念

对行政立法可以从动态和静态两个方面考察。从动态意义上看，行政立法是指国家行政机关根据法定权限，按照法定程序制定和发布行政法规和行政规章的活动；从静态意义上看，行政立法是指国家行政机关根据法定权限，按照法定程序所制定和发布的行政法规和行政规章。它包括以下几层含义：

1. 行政立法的主体是国家行政机关，而不是国家权力机关、国家司法机关以及其他社会组织。

对于国家权力机关而言，全国人大及其常委会有权制定调整行政关系的法律，享有立法权的地方人大及其常委会有权制定调整行政关系的地方性法规，而且，行政法领域所适用的法律文件主要都是全国人大及其常委会制定的，如《国家赔偿法》《行政处罚法》《行政复议法》《行政许可法》《公务员法》《治安管理处罚法》等。如果从法律文件的调整内容是否是行政关系这一角度看，各级权力机关制定的调整行政关系的法律和法规都是广义上的行政立法，但是，如果从制定主体的角度看，根据《宪法》第89条、《国务院组织法》第10条、《地方各级人民代表大会和地方各级人民政府组织法》第60条、《立法法》第89、90

条的规定，狭义行政立法的制定主体只能是国务院，国务院各部委和具有行政管理职能的直属机构，省、自治区和直辖市的人民政府，设区的市、自治州的人民政府。本书则从狭义角度，即制定主体的角度界定行政立法。行政立法与权力机关立法之间有很大区别：

（1）立法主体不同。权力机关立法的主体是有立法权的各级人民代表大会及其常务委员会；而行政立法的主体是享有行政法规和行政规章制定权的行政机关。

（2）立法权的来源不同。权力机关的立法权直接来源于人民的授权，由宪法直接规定；行政立法权一部分来源于宪法和组织法的规定，一部分来自法律或有权机关的授权。

（3）立法内容不同。权力机关立法所涉及的内容通常是有关国家政治、经济和文化生活中的基本制度和重大问题；而行政立法的内容通常是有关社会政治、经济等管理事务中的具体问题。

（4）效力等级不同。权力机关所立之法的效力高于其执行机关所立之法，如国务院所立之法的效力低于全国人大所立之法的效力，地方政府所立之法的效力低于地方人大所立之法的效力。

（5）立法形式不同。权力机关所立之法通常采用"法"的形式，如行政复议法、行政处罚法，或者以"法典"的形式，如以刑法典、民法典的形式颁布；行政立法通常以"条例""规定""办法"等形式发布。

（6）立法的效果不同。权力机关立法的时间效力较长，具有稳定性特征；行政立法的内容需随客观情势的变化而修改，故其效力在时间上不及前者。

对于国家司法机关而言，其有权制定司法解释。最高人民法院和最高人民检察院制定和发布的调整行政关系的司法解释，属于广义上的行政立法范畴，如2018年最高人民法院的《行政诉讼法解释》、2015年最高人民法院的《适用行政诉讼法解释》（现已失效）、2000年最高人民法院的《执行行政诉讼法解释》（现已失效）、1991年最高人民法院《贯彻行政诉讼法意见》（现已失效），但是，从制定主体意义上界定，它们都不属于行政立法的范畴。

此外，行政立法属于一种抽象行政行为，与具体行政行为不同。具体行政行为的主体既可能是享有行政权的各级行政机关，也可以是被授权的行政机构、事业单位、企业单位和社会团体等社会组织。但是，能够成为抽象行政行为主体的只能是国家行政机关，而且，能够成为行政立法主体的也只能是国家行政机关的一部分，被授权组织不能够作为行政立法主体。

2. 行政立法行为是指行政机关制定和发布行政法规和行政规章的行为，行政机关制定和发布行政法规和行政规章之外的其他规范性文件的行为不属于行政立法。

行政立法和制定其他规范性文件的行为共同构成抽象行政行为。制定其他规范性文件行为是指行政机关针对广泛的、不特定的对象规定行政措施，发布决定和命令的行为。这类行政行为没有对某个具体对象的特殊针对性，而是在一定范围内和管理领域内对一切人具有普遍的约束力，并能反复适用。因此，它虽不属于行政立法行为，但属于抽象行政行为的一种。但是二者存在较大区别，主要有：

（1）制定其他规范性文件行为的主体比行政立法行为的主体要广泛。从我国行政管理实践看，有权制定行政立法的行政机关只是所有行政机关的一小部分，而有权制定和发布其他行政规范性文件的行政机关则是绝大多数。有权制定行政立法的国务院，国务院的部委和具有行政管理职能的直属机构，省级人民政府，设区的市、自治州的人民政府等四类主体都有权制定其他规范性文件，除此之外，国务院各部委所属的司、局、办，省级人民政府所属的厅、局、办，设区的市、自治州的人民政府所属的工作部门，不设区的市、县级人民政府的工作部门，派出机关（包括行政公署、区公所和街道办事处），乡镇人民政府等都可以成为其他规范性文件的制定主体。

（2）其他抽象行政行为的成立不以相应行政机关正式会议讨论决定为必要要件。根据实践中的做法，行政机关的有些抽象行政行为，是经相关的正式会议（如政府常务会议）讨论决定的；有些抽象行政行为是经相关的非正式会议（如办公会议）讨论决定的；还有一些抽象行政行为，则未经相应机关的任何会议讨论决定，直接由行政首长签署发布。究竟何种抽象行为要经正式会议讨论决定，何种抽象行政行为经有关行政首长签署即可，法律、法规未作统一规定。因此，会议讨论决定不是所有抽象行政行为的成立要件，只有法律、法规对之有明确规定者才构成其成立要件。

（3）行政首长签署是所有抽象行政行为成立的必备要件。但一般抽象行政行为与行政立法也略有区别：行政立法必须由相应行政机关的正职行政首长签署，而其他规范性文件可以由副职行政首长签署。例如，某市或某县发布有关文化教育方面的规范性文件，可由该市或该县主管文教事务的副市长、副县长签署。

（4）公开发布也是所有抽象行政行为成立的必备要件。在这一要件上，行政立法与一般抽象行政行为的区别是：行政立法必须以行政首长令发布，并在法定刊物上登载，而一般抽象行政行为则可以以一般行政公文的形式发布，其既可在正式出版物上登载，也可以布告、公告、通告等形式在一定的公共场所或行政办公场所张贴，或者通过当地电台广播；对一般抽象行政行为的公开发布的要求，是让所有受相应抽象行政行为约束的人知晓该抽象行政行为。至于行政主体采取什么形式让行政相对方知晓一般抽象行政行为，法律可不对之作统一要求。

（5）其他规范性文件在效力上低于行政立法。本章第三节对此将有详细论述。

3. 行政立法是一种依法实施的行为。所谓的"依法"，包括三方面内容：①主体法定，即只有宪法和相关法律明确规定的行政机关才享有行政立法权；②权限法定，我国《宪法》第 89 条第 1 项、《国务院组织法》第 10 条和《立法法》第 65 条等条款对国务院的立法权限作了明确规定，《宪法》第 90 条第 2 款、《立法法》第 80～82 条和《地方各级人民代表大会和地方各级人民政府组织法》第 60 条第 1 款对行政规章的制定权限作了明确规定，行政机关在进行行政立法时不得超越法定权限；③程序法定，我国《立法法》《行政法规制定程序条例》和《规章制定程序条例》等相关法律文件详细规定了行政立法报请立项、起草、征求意见、审查、决定和公布等一系列程序，都是行政立法所必须遵守而不能超越的程序。

二、行政立法的分类

根据不同的标准，可以将行政立法分为以下种类：

（一）职权立法和授权立法

按照行政立法权来源的不同，可以将行政立法分为职权立法和授权立法。

1. 职权立法。职权立法是指行政机关根据宪法和组织法所规定的职权，就职权范围内的事项制定行政法规和行政规章。国务院的职权立法权来源于《宪法》第 89 条第 1 项的规定，即国务院有权"根据宪法和法律，规定行政措施，制定行政法规，发布决定和命令"。《立法法》第 65 条也对国务院就宪法所规定的行政管理职权范围内的事项制定行政法规进行了进一步确认。而根据《宪法》第 90 条第 2 款、《地方各级人民代表大会和地方各级人民政府组织法》第 60 条第 1 款、《立法法》第 80～82 条等的规定，国务院各部、委员会、中国人民银行、审计署和具有行政管理职能的直属机构，可以根据法律和国务院的行政法规、决定、命令，在本部门的权限范围内，制定规章；省、自治区、直辖市和设区的市、自治州的人民政府，可以根据法律、行政法规和本省、自治区、直辖市的地方性法规，制定规章。

2. 授权立法。授权立法是指行政机关根据单行法律、法规或授权决议所授予的立法权而进行的行政立法。相比较而言，被授予的立法权不同于宪法和组织法规定的固有职权，是一种非固有职权。授权立法又可以分为普通授权立法和特别授权立法两种。

（1）普通授权立法。普通授权立法是指根据宪法和组织法以外的法律、法规的授权所进行的行政立法。普通授权立法被授权的方式有两种：①法律、法规的附带授权。如《耕地占用税暂行条例》（1987年发布，现已失效）第15条规定，本条例的"实施办法，由各省、自治区、直辖市人民政府根据本条例的规定，结合本地区的实际情况制定，并报财政部备案"。②有权机关通过专门决议授权。如1994年3月22日第八届全国人大第二次会议通过的《全国人民代表大会关于授权厦门市人民代表大会及其常务委员会和厦门市人民政府分别制定法规和规章在厦门经济特区实施的决定》，该授权决议"授权厦门市人民政府制定规章并在厦门经济特区组织实施"，从而使厦门市政府成为授权立法主体。

（2）特别授权立法。特别授权立法，是指国务院依据最高权力机关的特别授权而进行的行政立法。如1985年4月10日第六届全国人大第三次会议通过的《全国人民代表大会关于授权国务院在经济体制改革和对外开放方面可以制定暂行的规定或者条例的决定》，"授权国务院对于有关经济体制改革和对外开放方面的问题，必要时可以根据宪法，在同有关法律和全国人民代表大会及其常务委员会的有关决定的基本原则不相抵触的前提下，制定暂行的规定或者条例，颁布实施，并报全国人民代表大会常务委员会备案"。《立法法》第9～12条对特别授权问题也作了详细的规定。[1]特别授权立法的特点是：被授权主体只能是国务院；其立法依据甚至不是宪法或组织法，而是最高国家权力机关的专门决定；其效力往往高于一般行政法规而与法律等同；对该项立法仅限一次性并就特定事项使用，其性质是制定法律条件成熟之前的"试验性立法"[2]，即这种立法本应由最高权力机关制定，但是因为经验不足或者社会关系尚未定型，暂时不适宜制定法律，先由行政机关制定法规，经过实践检验并待条件成熟后再制定法律。

（二）执行性立法、自主性立法和补充性立法

行政立法按照目的与内容的不同，可以分为执行性立法、自主性立法和补充性立法。

1. 执行性立法。执行性立法是指行政机关为了执行或实施法律、法规和上级行政机关其他行政规范性文件的规定而进行的行政立法。

执行性立法的特点是：①执行性立法既可以依照职权也可以依照授权而进行。依照职权进行的执行性立法，如由沈阳市人民政府制定的《沈阳市保护消费者权益实施办法》（现已失效）第1条规定："根据《中华人民共和国消费者权

---

[1] 最高权力机关对国务院的特别授权次数不多。除上文列举的1985年第六届全国人大第三次会议的授权外，还有1983年全国人大常委会通过的《全国人民代表大会常务委员会关于授权国务院对职工退休退职办法进行部分修改和补充的决定》，1984年全国人大常委会通过的《全国人民代表大会常务委员会关于授权国务院改革工商税制和发布试行有关税收条例（草案）的决定》。

[2] 周佑勇：《行政法原论》，中国方正出版社2005年版，第229页。

益保护法》和《沈阳市保护消费者合法权益条例》，结合我市实际情况，制定本办法。"而《消费者权益保护法》并未规定任何的授权制定实施条例、实施办法或实施细则的条款，因此可以将沈阳市政府的实施办法认定为依保护本区域内消费者权益这一职权所制定的执行性行政立法。依照授权进行的执行性立法，如《辽宁省劳动合同规定》（2004年，现已失效）第1条规定："为了规范劳动关系，保护劳动合同当事人的合法权益，根据《中华人民共和国劳动法》及有关法律、法规，结合我省实际，制定本规定。"我国《劳动法》第106条规定："省、自治区、直辖市人民政府根据本法和本地区的实际情况，规定劳动合同制度的实施步骤，报国务院备案。"即《辽宁省劳动合同规定》作为《劳动法》的执行性立法，来自于全国人大常委会的明确授权。②执行性立法的内容是对法律、法规和上级机关的其他行政规范性文件的具体化和操作化，因此一般不得创设新的权利、权力、义务和责任，更不得随意增加或减少法律、法规和上级机关的其他行政规范性文件的规定。③执行性立法的目的是对上位法的执行，因此其名称多为"实施条例""实施细则"和"实施办法"等。④执行性立法因所执行的法律、法规和上级机关的其他行政规范性文件的产生而产生，也因其废止而废止，一般不能独立存在。

2. 自主性立法。自主性立法是指行政机关为了填补法律和法规的空白而进行的行政立法，即在没有相应法律和法规规定的前提下，运用宪法和组织法所赋予的立法权而进行的行政立法。

自主性立法最大的特点在于，其内容是对法律和法规尚未规范的内容进行创制性的规定，因此其可以创设新的权利和义务关系。例如，根据《行政处罚法》第10、12、13条的规定，行政法规可以设定除限制人身自由以外的行政处罚；国务院部、委员会制定的规章可以对尚未制定法律、行政法规的违反行政管理秩序的行为，设定警告或者一定数量罚款的行政处罚；省、自治区、直辖市人民政府，省、自治区人民政府所在地的市人民政府，经国务院批准的较大的市人民政府制定的规章可以对尚未制定法律、法规的违反行政管理秩序的行为，设定警告或者一定数量罚款的行政处罚。

3. 补充性立法。行政机关为了补充特定法律、法规或上级机关的其他行政规范性文件的规定而进行的行政立法。

补充性行政立法的特点是：①补充性立法的目的是对制定法律、法规和上级机关的其他规范性文件时所不能预见或者不便于详细规定的事项，根据实际情况作的适当补充，因此需要得到特定法律、法规和上级机关的其他行政规范性文件的特别授权，并只能在授权的范围和有效期间内制定补充立法。②补充性立法通常称为"补充规定"或"补充办法"。③补充性立法由其目的决定，一般需要创设新的法律规则。④补充性立法一般并不因授权法律、法规的失效而当然失效，只要不与新的法律、法规相抵触，就继续有效。例如，海关总署根据《暂行海关法》制定的《关于无代价抵偿进口货物的征免税规定》（1984年，是为了补充《暂行海关法》第122条的规定），在《暂行海关法》被废止后，因其未与新的《海关法》和《关税条例》等相抵触，故仍具有法律效力，直至被2007年《海关总署关于废止部分海关规章的决定》废止。

（三）中央行政立法和地方行政立法

根据行政立法主体的不同，可以将行政立法分为中央行政立法和地方行政立法。

1. 中央行政立法。中央行政立法是指中央行政机关依法制定和发布行政法规和行政规章的活动。中央行政立法包括国务院制定的行政法规和国务院各部委、具有行政管理职能的直属机构所制定的行政规章。中央行政立法的形式包括法规和规章，在全国范围内发生效力。

2. 地方行政立法。地方行政立法是指地方行政机关依法制定和发布行政规章的活动。地方行政立法的主体包括省、自治区、直辖市人民政府，设区的市、自治州的人民政府，以及全国人大常委会授权的经济特区的市人民政府。其形式仅限于行政规章，效力范围仅及于本行政区域。

第二节 行政立法的制定权限和程序

一、行政法规的制定权限和程序

（一）行政法规的概念

我国1982年以前的几部宪法都没有使用"行政法规"一词。第一次在法律上使用"行政法规"一词的是1982年《宪法》。1987年4月21日国务院批准的《行政法规制定程序暂行条例》（现已失效）第2条对行政法规下了一个明确的定义："行政法规是国务院为领导和管理国家各项行政工作，根据宪法和法律，并且按照本条例的规定制定的政治、经济、教育、科技、文化、外事等各类法规的总称。"《行政法规制定程序条例》没有给"行政法规"重新定义，实际上沿用了这一概念。

按照《行政法规制定程序条例》的规定，行政法规的名称一般称"条例""规定""办法"等，其中国务院根据全国人大及其常委会的授权制定的行政法规，称"暂行条例""暂行规定"或者"暂行办法"，如《海关对出口加工区监管的暂行办法》；用于对某一方面的行政工作作出全面系统的规定的称"条例"，如《风景名胜区条例》《全国农业普查条例》等；对某一方面的行政工作作出部分规定的称"规定"，如《价格违法行为行政处罚规定》、国务院《关于预防煤矿生产安全事故的特别规定》；对某一项行政工作作出比较具体的规定的称"办法"，如《海关关衔标志式样和佩带办法》《城市生活无着的流浪乞讨人员救助管理办法》《危险废物经营许可证管理办法》。《行政法规制定程序条例》还规定，国务院各部门和地方人民政府制定的规章不得称"条例"。

（二）行政法规的制定权限

国务院根据宪法和法律，制定行政法规。根据《宪法》第 89 条和《立法法》第 65 条的规定，国务院有权就以下事项制定行政法规：

1. 为执行法律的规定需要制定行政法规的事项。

2. 《宪法》第 89 条规定的国务院行政管理职权的事项。《宪法》第 89 条关于国务院可以行使的 18 项职权，实际上就是国务院依职权制定行政法规的事项。其中，以下 15 项可以制定行政法规：①规定各部和各委员会的任务和职责，统一领导各部和各委员会的工作，并且领导不属于各部和各委员会的全国性的行政工作；②统一领导全国地方各级国家行政机关的工作，规定中央和省、自治区、直辖市的国家行政机关的职权的具体划分；③编制和执行国民经济和社会发展计划和国家预算；④领导和管理经济工作和城乡建设；⑤领导和管理教育、科学、文化、卫生、体育和计划生育工作；⑥领导和管理民政、公安、司法行政和监察等工作；⑦管理对外事务，同外国缔结条约和协定；⑧领导和管理国防建设事业；⑨领导和管理民族事务，保障少数民族的平等权利和民族自治地方的自治权利；⑩保护华侨的正当的权利和利益，保护归侨和侨眷的合法的权利和利益；⑪改变或者撤销各部、各委员会发布的不适当的命令、指示和规章；⑫改变或者撤销地方各级国家行政机关的不适当的决定和命令；⑬批准省、自治区、直辖市的区域划分，批准自治州、县、自治县、市的建置和区域划分；⑭审定行政机构的编制，依照法律规定任免、培训、考核和奖惩行政人员；⑮全国人民代表大会和全国人民代表大会常务委员会授予的其他职权。

3. 授权立法事项，即应当由全国人民代表大会及其常务委员会制定法律的事项，国务院根据全国人民代表大会及其常务委员会的授权决定先制定行政法规。对于国务院有权依授权立法的事项，《立法法》第 9 条对其进行了排除式规定，即有关犯罪和刑罚、对公民政治权利的剥夺、限制人身自由的强制措施和处罚、司法制度等事项，只能制定法律，不得授权给国务院制定行政法规。国务院的授权立法必须符合以下要求：①国务院应当严格按照全国人大及其常委会的授权目的和范围行使授权，制定行政法规，并且不得将该项权力转授给其他机关；②国务院根据全国人大及其常委会的授权制定的行政法规，应当报请全国人大及其常委会授权决定规定的机关备案;③全国人民代表大会及其常务委员会就授权国务院立法的事项制定法律后,该授权立法事项相应终止。

(三) 行政法规的制定程序

行政法规的制定程序是指国务院制定行政法规的步骤、方式、顺序和时限等规则的总和。根据《立法法》和《行政法规制定程序条例》的规定,行政法规的制定必须遵守以下程序:

1. 立项。立项是指将国务院有关部门报请的行政法规项目列入国务院年度立法工作计划。每年年初由国务院编制本年度立法工作计划。根据《行政法规制定程序条例》第 7~9 条的规定,国务院于每年年初编制本年度的立法工作计划。国务院有关部门认为需要制定行政法规的,应当于国务院编制年度立法工作计划前,向国务院报请立项。国务院有关部门报送的行政法规立项申请,应当说明立法项目所要解决的主要问题、依据的党的路线方针政策和决策部署,以及拟确立的主要制度。国务院法制机构应当向社会公开征集行政法规制定项目建议。国务院法制机构应当根据国家总体工作部署,对行政法规立项申请和公开征集的行政法规制定项目建议进行评估论证,突出重点,统筹兼顾,拟订国务院年度立法工作计划,报党中央、国务院批准后向社会公布。列入国务院年度立法工作计划的行政法规项目应当符合下列要求:①贯彻落实党的路线方针政策和决策部署,适应改革、发展、稳定的需要;②有关的改革实践经验基本成熟;③所要解决的问题属于国务院职权范围并需要国务院制定行政法规的事项。当然,由于实际情况的变动,国务院对年度立法工作计划也可进行适当的调整。

2. 起草。根据《立法法》第 67 条第 1 款的规定,行政法规由国务院有关部门或者国务院法制机构具体负责起草,重要行政管理的法律、行政法规草案由国务院法制机构组织起草。为了提高行政法规的质量,《行政法规制定程序条例》第 12 条规定,起草行政法规,应当符合下列要求:①应当贯彻落实党的路线方针政策和决策部署,符合宪法和法律的规定,遵循立法法确定的立法原则;②制定政治方面法律的配套行政法规,应当按照有关规定及时报告党中央;制定经济、文化、社会、生态文明等方面重大体制和重大政策调整的重要行政法规,应当将行政法规草案或者行政法规草案涉及的重大问题按照有关规定及时报告党中央;③弘扬社会主义核心价值观;④体现全面深化改革精神,科学规范行政行为,促进政府职能向宏观调控、市场监管、社会管理、公共服务、环境保护等方面转变;⑤符合精简、统一、效能的原则,相同或者相近的职能规定由一个行政机关承担,简化行政管理手续;⑥切实保障公民、法人和其他组织的合法权益,在规定其应当履行的义务的同时,应当规定其相应的权利和保障权利实现的途径;⑦体现行政机关的职权与责任相统一的原则,在赋予有关行政机关必要的职权的同时，应当规定其行使职权的条件、程序和应承担的责任。

在起草过程中，为了体现民主性的要求，起草部门应当深入调查研究，总结实践经验，广泛听取有关机关、组织和公民的意见。涉及社会公众普遍关注的热点难点问题和经济社会发展遇到的突出矛盾，减损公民、法人和其他组织权利或者增加其义务，对社会公众有重要影响等重大利益调整事项的，应当进行论证咨询。听取意见可以采取召开座谈会、论证会、听证会等多种形式。起草行政法规，起草部门应当将行政法规草案及其说明等向社会公布，征求意见，但是经国务院决定不公布的除外。向社会公布征求意见的期限一般不少于30日。起草专业性较强的行政法规，起草部门可以吸收相关领域的专家参与起草工作，或者委托有关专家、教学科研单位、社会组织起草。

起草的行政法规，其内容涉及其他部门的主要职责或者与其他部门有密切联系的，负责起草的部门应与有关部门进行协商，涉及部门职责分工、行政许可、财政支持、税收优惠政策的，应当征得机构编制、财政、税务等相关部门同意。报送国务院审查的行政法规送审稿由起草部门草拟并应当由起草部门主要负责人签署。涉及几个部门共同职责需要共同起草的，应当共同起草，达成一致意见后联合报送行政法规送审稿；几个部门共同起草的行政法规送审稿，应当由该几个部门主要负责人共同签署。同时，还应当一并报送行政法规送审稿的说明和有关材料。说明应当包括立法的必要性，主要思路，确立的主要制度，征求有关机关、组织和公民意见的情况，各方面对送审稿主要问题的不同意见及其协调处理情况，拟设定、取消或者调整行政许可、行政强制的情况等。有关材料应包括所规范领域的实际情况和相关数据、实践中存在的主要问题、国内外的有关立法资料、调研报告、考察报告等。

3. 审查。行政法规的起草工作完成后，起草单位应该将草案及其说明、各方面对草案主要问题的不同意见和其他有关资料送国务院法制机构进行审查。审查的内容包括：①是否严格贯彻落实党的路线方针政策和决策部署，是否符合宪法和法律的规定，是否遵循立法法确定的立法原则。②是否符合立法原则。③是否与有关行政法规协调、衔接。④是否正确处理有关机关、组织和公民对送审稿主要问题的意见等。

为了使行政法规的审查符合民主立法的要求，国务院法制机构在行政法规草案审查过程中应当做到：①广泛征求意见。国务院法制机构应当将行政法规送审稿或者行政法规送审稿涉及的主要问题发送国务院有关部门、地方人民政府、有关组织和专家征求意见，也可以将行政法规送审稿或者修改稿及其说明等向社会公布，征求意见，向社会公布征求意见的期限一般不少于30日；还应当就行政法规送审稿涉及的主要问题，深入基层进行实地调查研究，听取基层有关机关、组织和公民的意见。行政法规送审稿涉及重大利益调整的，国务院法制机构应当采取座谈会、论证会、听证会、委托研究等多种形式进行论证咨询，广泛听取有关方面的意见；行政法规送审稿涉及重大利益调整或者存在重大意见分歧，对公民、法人或者其他组织的权利义务有较大影响，人民群众普遍关注的，国务院法制机构可以举行听证会，听取有关机关、组织和公民的意见。②应与有关部门协商一致。国务院有关部门对行政法规送审稿涉及的主要制度、方针政策、管理体制、权限分工等有不同意见的，国务院法制机构应当进行协调，力求达成一致意见。对有较大争议的重要立法事项，国务院法制机构可以委托有关专家、教学科研单位、社会组织进行评估。经过充分协调不能达成一致意见的，国务院法制机构、起草部门应当将争议的主要问题、有关部门的意见以及国务院法制机构的意见及时报国务院领导协调，或者报国务院决定。国务院法制机构与起草部门协商后，对行政法规送审稿进行修改。

4. 决定与公布。国务院法制机构在对行政法规进行审查后，形成行政法规草案和对草案的说明，由国务院法制机构主要负责人提出提请国务院常务会议审议的建议；对调整范围单一、各方面意见一致或者依据法律制定的配套行政法规草案，可以采取传批方式，由国务院法制机构直接提请国务院审批。行政法规草案由国务院常务会议审议，或者由国务院审批。国务院法制机构应当根据国务院对行政法规草案的审议意见，对行政法规草案进行修改，形成草案修改稿，报请总理签署国务院令公布。有关国防建设的行政法规，可以由国务院总理、中央军事委员会主席共同签署，国务院、中央军事委员会令公布。

行政法规签署公布后，及时在国务院公报和中国政府法制信息网以及在全国范围内发行的报纸上刊载。国务院法制机构应当及时汇编出版行政法规的国家正式版本。在国务院公报上刊登的行政法规文本为标准文本。行政法规应当自公布之日起30日后施行；但是，涉及国家安全、外汇汇率、货币政策的确定以及公布后不立即施行将有碍行政法规施行的，可以自公布之日起施行。行政法规在公布后的30日内由国务院办公厅报全国人民代表大会常务委员会备案。

二、行政规章的制定权限和程序

（一）行政规章的概念

"规章"一词首见于1982年通过的《宪法》和《国务院组织法》，"规章"由此具有了法定身份，与一般意义上的"规章制度"区别开来。其后颁布的《地方各级人民代表大会和地方各级人民政府组织法》《立法法》《规章制定程序条例》以及《法规规章备案条例》则直接使用了"部门规章"和"地方政府规章"的名称。

根据这些规定，法定意义上的行政规章，是指国务院各部、委（包括审计署和中国人民银行），具有行政管理职能的直属机构，省、自治区、直辖市人民政府和设区的市、自治州的人民政府，在权限范围内依法制定的规范性文件的总称。包括国务院部门规章和地方政府规章两种。

目前我国有权制定行政规章的主体包括：①国务院各部、委；②国务院具有行政管理职能的直属机构；③省、自治区、直辖市人民政府；④设区的市、自治州的人民政府；⑤全国人大及其常委会授权的经济特区市人民政府。

（二）行政规章的制定权限

行政规章的制定权限，即行政规章的权限范围，亦即行政规章可以对哪些事项作出规定。这里主要解决两个问题：①部门规章和地方政府规章能够规范哪些事项；②如何划分部门规章、地方政府规章与其他规范性文件的事项范围。对于后者，这里主要界分部门规章与行政法规、地方政府规章与地方性法规之间的权力范围。

1. 部门规章的权限范围。《立法法》第 80 条规定，部门规章的制定应"根据法律和国务院的行政法规、决定、命令"。"根据"问题已为理论界和实务界所熟知，但是，"长期以来，没有'根据'或'根据'含糊的规章屡见不鲜，有'根据'之名而无'根据'之实的规章也时有所见，这种情况的发生既有主观认识不足的原因，也有制度不够健全的情由。因此，怎样贯彻宪法和组织法所规定的'根据'精神，保证各项规章依法制定"[1]，成为一个重要问题。

过去曾有两种争议观点。一种观点认为，"根据"是指根据法律，国务院的行政法规、决定、命令赋予国务院部、委员会的职权，即不论是否有具体的法律和行政法规作为根据，各部、委都可以根据具体情况和实际需要制定行政规章。另一种观点则认为，根据被赋予的职权进行立法的观点实际上是一种不负责任的扩大化的立法观，实际上赋予了规章制定主体无限的立法权，结果必定会貌似合法地侵犯全国人大及其常委会、国务院以及有权制定地方性法规的地方人大及常委的立法权，造成立法秩序的混乱。"根据"应采取狭义理解，"部门规章完全是以法律和国务院的行政法规、决定、命令为依据。并且，当法律、国务院的行政法规、决定、命令没有规定时，部门规章不能创设新的权利与义务"[2]，亦即，对属于执行法律或行政法规、决定和命令的事项进行规定，而不能对其他的事项制定规章。从《立法法》第 80 条的规定看，部门规章的制定应"根据法律和国务院的行政法规、决定、命令"，而且所规范的事项又必须属于"执行法律或者国务院的行政法规、决定和命令的事项"，从字面意义理解，后一种观点更

---

[1] 陈章干："论制定规章的'根据'之法定性"，载《中国行政管理》1998 年第 11 期。
[2] 皮纯协、王丛虎主编：《中华人民共和国立法法释论》，中国人民公安大学出版社 2000 年版，第 262 页。

为合理。但是，从立法实践看，国务院各部门根据具体情况和实际需要，在其行政管理职权范围内制定行政规章更加符合我国的立法现状，有利于有效地履行部门职责，全面、具体地执行国家的法律法规和方针政策，实践也表明其很有成效，而且，规章中很多良好的内容为上位法提供了经验，如果将其局限在"根据"和"执行"范围之内，可能会降低国务院各部门处理改革、发展、稳定中出现的新情况和新问题的能力和效率。

2. 地方政府规章的权限范围。根据《立法法》第 82 条的规定，制定地方政府规章也要遵守"根据"原则，即"根据法律、行政法规和本省、自治区、直辖市的地方性法规"，这与部门规章的规定是相同的。但是在具体权限上，地方政府规章与部门规章又有较大差别。《立法法》第 80 条规定国务院部门规章所能规定的事项应当属于"执行法律或者国务院的行政法规、决定和命令的事项"，而根据第 82 条的规定，地方政府规章不仅可以规定"为执行法律、行政法规、地方性法规的规定需要制定规章的事项"，而且可以规定"属于本行政区域的具体行政管理事项"，即地方政府享有法律明确规定的一定的规章创制权，而国务院各部门只能制定执行性规章，不能制定创制性规章，地方政府规章的权限范围显然要大于部门规章。

具体而言，地方政府规章可以规定的事项包括：[1]

（1）法律、行政法规规定由地方政府规章作出规定的事项，即法律、行政法规授权的事项。如我国《劳动法》第 48 条第 1 款规定："国家实行最低工资保障制度。最低工资的具体标准由省、自治区、直辖市人民政府规定，报国务院备案。"

（2）省、自治区、直辖市和设区的市、自治州的人民代表大会及其常委会授权该级人民政府制定地方政府规章的事项，即地方性法规的授权。如《上海市河道管理条例》第 33 条规定："水闸运行、通航、纳潮、排涝、引清调水时，应当保障防汛安全及区域内船舶的通航安全。本市水闸管理办法，由市人民政府另行制定。"

（3）根据本行政区域的具体情况，为执行法律、法规的规定需要制定规章的事项。具体有两种情况：①法律、法规明确规定由地方人民政府制定实施办法，如《国家赔偿费用管理办法》（1995 年，现已失效）第 15 条第 2 款规定："省、自治区、直辖市人民政府根据本办法，并结合本地区实际情况，制定具体规定。"②法律、法规虽然没有明确作出上述规定，但是地方政府如果认为法律、

---

[1] 参见曹康泰主编：《中华人民共和国立法法释义》，中国法制出版社 2000 年版，第 181~182 页。

法规太原则抽象以至于发生适用上的困难，为保证法律、法规的贯彻实施，制定规章。如《行政处罚法》第 42 条规定："行政机关作出责令停产停业、吊销许可证或者执照、较大数额罚款等行政处罚决定之前，应当告知当事人有要求举行听证的权利；当事人要求听证的，行政机关应当组织听证……"《行政处罚法》并没有在该法中通过任何条款规定地方政府应当或者可以制定实施办法，但由于听证是行政处罚程序的核心，是保证行政处罚公开、公正的重要步骤，所以，为了保证行政处罚制度得以较好实施，可以制定行政规章。

（4）有关行政机关自身建设方面的事项。这主要是指加强对行政机关自身约束方面的内容，如有关公务员自律的要求、轮训制度、轮岗制度、考勤制度、请假休假制度，等等。由于这些事项一般不涉及公民、法人或者其他组织的权利和义务，有关地方政府可以通过制定规章自行作出规定。

设区的市、自治州的人民政府制定地方政府规章，限于城乡建设与管理、环境保护、历史文化保护等方面的事项。

3. 部门规章与行政法规的权限划分。

（1）涉及全国性的或几个部门之间关系的，应制定行政法规；只涉及一个部门内部关系的应制定规章。

（2）法律未作规定，国务院也未发布规定、命令的，不宜制定规章。

（3）调整内容明确属于部委职权范围内的，制定规章；调整内容是否属于部门职权范围尚不明确的，制定行政法规。

（4）需要在全国范围内统一推行的政令，不论是否在部门职权范围内，都宜制定行政法规。

（5）部门亟待解决而制定行政法规又来不及的，可制定规章。

4. 地方政府规章与地方性法规的权限划分。

（1）法律需要进一步明确、具体化的，制定地方性法规；行政法规需要进一步明确的，制定行政规章。

（2）法律和行政法规未作规定，需要创设新的实体权利和义务的，制定地方性法规；不需创设新的实体权利和义务的，制定规章。

（3）本行政区域内的政治、经济、文化等方面的重大事项，制定地方性法规，其他事项制定规章。

（三）行政规章的制定程序

根据《立法法》和《规章制定程序条例》，行政规章的制定应遵守以下程序：

1. 立项。国务院部门规章的立项由国务院部门内设机构或其他机构提出，向该部门报请立项；地方政府规章由省、自治区、直辖市和设区的市、自治州的人民政府所属工作部门或下级人民政府提出，向省、自治区、直辖市和设区的市、自治州的人民政府报请立项。国务院部门，省、自治区、直辖市和设区的市、自治州的人民政府，可以向社会公开征集规章制定项目建议。立项申请应当就所要解决的主要问题，拟确立的主要制度等作出说明。国务院部门法制机构和地方政府法制机构应当对制定规章的立项申请和公开征集的规章制定项目建议进行评估论证，并在此基础上拟订本部门、本级政府年度规章制定工作计划，报本部门、本级政府审批。当然，在年度规章制定工作计划的执行中，可以根据实际情况予以调整，对拟增加的规章项目应当进行补充论证。

2. 起草。部门规章由国务院部门组织起草，地方政府规章由省、自治区、直辖市和设区的市、自治州的人民政府组织起草。国务院部门可以确定规章由其一个或者几个内设机构或者其他机构具体负责起草工作，也可以确定由其法制机构起草或者组织起草。省、自治区、直辖市和设区的市、自治州的人民政府可以确定规章由其一个部门或者几个部门具体负责起草工作，也可以确定由其法制机构起草或者组织起草。

在起草过程中，为了提高规章的质量和体现民主立法的要求，应当深入调查研究，总结实践经验，广泛听取有关机关、组织和公民的意见。听取意见可以采取书面征求意见、座谈会、论证会、听证会等多种形式。起草规章，除依法需要保密的外，应当将规章草案及其说明等向社会公布，征求意见。向社会公布征求意见的期限一般不少于30日。起草专业性较强的规章，可以吸收相关领域的专家参与起草工作，或者委托有关专家、教学科研单位、社会组织起草。

起草规章的过程中，如果涉及社会公众普遍关注的热点难点问题和经济社会发展遇到的突出矛盾，减损公民、法人和其他组织权利或者增加其义务，对社会公众有重要影响等重大利益调整事项的，起草单位应当进行论证咨询，广泛听取有关方面的意见。起草的规章涉及重大利益调整或者存在重大意见分歧，对公民、法人或者其他组织的权利义务有较大影响，人民群众普遍关注，需要进行听证的，起草单位应当举行听证会听取意见。听证会依照下列程序组织：①听证会公开举行，起草单位应当在举行听证会的30日前公布听证会的时间、地点和内容；②参加听证会的有关机关、组织和公民对起草的规章，有权提问和发表意见；③听证会应当制作笔录，如实记录发言人的主要观点和理由；④起草单位应当认真研究听证会反映的各种意见，起草的规章在报送审查时，应当说明对听证会意见的处理情况及其理由。

起草部门规章，涉及国务院其他部门的职责或者与国务院其他部门关系紧密的，起草单位应当充分征求国务院其他部门的意见。起草地方政府规章，涉及本级人民政府其他部门的职责或者与其他部门关系紧密的，起草单位应当充分征求其他部门的意见。起草单位与其他部门有不同意见的,应当充分协商;经过充分协商不能取得一致意见的,起草单位应当在上报规章草案送审稿时说明情况和理由。

3. 审查。起草单位应当将规章送审稿及其说明、对规章送审稿主要问题的不同意见和其他有关材料按规定报送审查。报送审查的规章送审稿,应当由起草单位主要负责人签署;几个起草单位共同起草的规章送审稿,应当由该几个起草单位主要负责人共同签署。规章送审稿的说明应当对制定规章的必要性、规定的主要措施、有关方面的意见等情况作出说明。有关材料主要包括所规范领域的实际情况和相关数据、实践中存在的主要问题、汇总的意见、听证会笔录、调研报告、国内外有关立法资料等。

规章送审稿由国务院部门法制机构和地方政府法制机构负责审查。审查的内容包括:①是否贯彻落实党的路线方针政策和决策部署,遵循立法法确定的立法原则,符合宪法、法律、行政法规和其他上位法的规定。没有法律或者国务院的行政法规、决定、命令的依据,部门规章是否设定了减损公民、法人和其他组织权利或者增加其义务的规范,是否增加了本部门的权力或者减少本部门的法定职责。没有法律、行政法规、地方性法规的依据,地方政府规章是否设定了减损公民、法人和其他组织权利或者增加其义务的规范。②制定政治方面法律的配套规章,是否按照有关规定及时报告党中央或者同级党委(党组);制定重大经济社会方面的规章,是否按照有关规定及时报告同级党委(党组)。③是否切实保障公民、法人和其他组织的合法权益,在规定其应当履行的义务的同时,规定其相应的权利和保障权利实现的途径。是否体现行政机关的职权与责任相统一的原则,在赋予有关行政机关必要的职权的同时,规定其行使职权的条件、程序和应承担的责任。④是否体现全面深化改革精神,科学规范行政行为,促进政府职能向宏观调控、市场监管、社会管理、公共服务、环境保护等方面转变。是否符合精简、统一、效能的原则,相同或者相近的职能应当规定由一个行政机关承担,简化行政管理手续。⑤是否符合社会主义核心价值观的要求。⑥是否与有关规章协调、衔接。⑦是否正确处理有关机关、组织和公民对规章送审稿主要问题的意见。⑧是否符合立法技术的要求等。

为了使规章审查体现民主立法的要求,法制机构应当将规章送审稿或者规章送审稿涉及的主要问题发送有关机关、组织和专家征求意见;法制机构可以将规章送审稿或修改稿及其说明等向社会公布,征求意见,向社会公布征求意见的期限一般不少于30日;法制机构还应当就规章送审稿涉及的主要问题,深入基层进行实地调查研究,听取基层有关机关、组织和公民的意见。规章送审稿涉及重大利益调整的,法制机构应当进行论证咨询,广泛听取有关方面的意见(论证咨询可以采取座谈会、论证会、听证会、委托研究等多种形式）；规章送审稿涉及重大利益调整或者存在重大意见分歧，对公民、法人或者其他组织的权利义务有较大影响，人民群众普遍关注，起草单位在起草过程中未举行听证会的，法制机构经本部门或者本级人民政府批准，可以举行听证会。同时，有关机构或者部门对规章送审稿涉及的主要措施、管理体制、权限分工等问题有不同意见的，法制机构应当进行协调，力求达成一致意见；对于有较大争议的重要立法事项，法制机构可以委托有关专家、教学科研单位、社会组织进行评估；经过充分协调不能达成一致意见的，法制机构应当将主要问题、有关机构或者部门的意见和法制机构的意见及时报本部门或者本级人民政府领导协调，或者报本部门或者本级人民政府决定。

法制机构在与起草单位协商后，对规章送审稿进行修改，形成规章草案和对草案的说明，由法制机构主要负责人签署，提出提请本部门或者本级人民政府有关会议审议的建议。

4. 决定和公布。对于法制机构提请的部门规章草案，经部务会议或者委员会会议决定；对于法制机构提请的地方政府规章草案，经政府常务会议或者全体会议决定。根据有关会议审议意见，法制机构应当根据有关会议审议意见对规章草案进行修改，形成草案修改稿，报请本部门首长或者省长、自治区主席、市长、自治州州长签署命令予以公布。公布规章的命令应当载明该规章的制定机关、序号、规章名称、通过日期、施行日期、部门首长或者省长、自治区主席、市长、自治州州长署名以及公布日期。部门联合规章由联合制定的部门首长共同署名公布，使用主办机关的命令序号。

部门规章签署公布后，及时在国务院公报或者部门公报和中国政府法制信息网以及在全国范围内发行的报纸上刊载。地方政府规章签署公布后，及时在本级人民政府公报和中国政府法制信息网以及在本行政区域范围内发行的报纸上刊载。在国务院公报或者部门公报和地方人民政府公报上刊登的规章文本为标准文本。规章应当自公布之日起30日后施行；但是，涉及国家安全、外汇汇率、货币政策的确定以及公布后不立即施行将有碍规章施行的，可以自公布之日起施行。

第三节 行政立法的效力和监督

一、行政立法的效力范围与效力等级

（一）行政立法的效力范围

所谓行政立法的效力范围，是指行政立法在哪些地域范围内具有法律效力。

行政立法的三种形式，即行政法规、部门规章和地方政府规章，都有各自不同的效力范围。

1. 行政法规的效力范围。行政法规的制定机关是最高国家行政机关国务院，它有统一领导全国行政管理事务的权力，因此，由它制定的行政法规在全国范围内具有法律效力。

2. 部门规章的效力范围。部门规章的制定主体是最高国家行政机关国务院的部、委员会、直属机构，这些部门对全国范围内的某一领域的行政管理事务行使管辖权，因此，由其制定的部门规章在全国范围内具有法律效力。

3. 地方政府规章的效力范围。地方政府规章的制定主体是有权的地方政府，这些地方政府对本辖区内的行政管理事务具有管辖权，因此，由其制定的政府规章在该政府辖区内具有法律效力。具体而言：

（1）省、自治区和直辖市人民政府制定的行政规章，在本省、自治区和直辖市人民政府辖区内具有法律效力。

（2）省、自治区人民政府所在地的市人民政府制定的行政规章，在本市人民政府辖区内具有法律效力。

（3）设区的市、自治州的人民政府制定的行政规章，在本市或州人民政府辖区内具有法律效力。

（二）行政立法的效力等级

1. 行政立法在法律体系中的效力等级。在我国，法律体系中包括宪法、法律、行政法规、地方性法规、自治条例和单行条例、行政规章。其中，宪法作为根本大法，具有最高的效力等级，行政法规和行政规章都必须符合宪法的精神和原则，不得与其相抵触。法律是由最高权力机关——全国人大及其常委会制定的，其立法权直接来源于人民，并在全国范围内有效，所以其制定的法律的效力高于行政法规和行政规章。

地方性法规是有权地方人大及其常委会制定的，其效力低于行政法规、高于本级和下级人民政府制定的行政规章，这是毫无疑问的。但是对于地方性法规与部门规章之间的效力级别问题，基于制定机关的性质与效力范围存在交叉的考虑，《立法法》没有明确指明效力高低问题，只是指出，地方性法规与部门规章之间对同一事项的规定不一致，不能确定如何适用时，由国务院提出意见，国务院认为应当适用地方性法规的，应当决定在该地方适用地方性法规的规定；认为应当适用部门规章的，应当提请全国人民代表大会常务委员会裁决。

2. 行政立法相互之间的法律效力。行政法规、部门规章和地方政府规章之间的效力级别是不同的。行政法规是由国务院制定的规范性文件，其效力自然高于其所属部门和下级地方政府制定的行政规章，国务院有权改变或者撤销不适当的部门规章和地方政府规章。部门规章与地方政府规章之间具有同等效力，在各自的权限范围内施行。部门规章之间、部门规章与地方政府规章之间对同一事项的规定不一致时，由国务院裁决。根据授权制定的法规与法律规定不一致，不能确定如何适用时，由全国人民代表大会常务委员会裁决。省、自治区的人民政府制定的规章的效力高于本行政区域内的设区的市、自治州的人民政府制定的规章。省、自治区的人民政府有权改变或者撤销下一级人民政府制定的不适当的规章。

二、行政立法的监督

（一）行政机关的内部监督

行政机关的内部监督主要是指上级机关对下级机关的行政规章的监督。对于规章的监督是通过上下级领导关系实现的，上级行政机关对下级行政机关享有当然的监督权。根据我国《立法法》第97条的规定，国务院有权改变或者撤销不适当的部门规章和地方政府规章，省、自治区的人民政府有权改变或者撤销下一级人民政府制定的不适当的规章。这里的"不适当"包括违法、不合理、不切实际的情形。

行政机关对规章的监督方式是备案审查制度。

备案审查作为我国内部监督的主要方式之一，是指将已经公布生效的法规、规章上报法定机关，使其知晓并在必要时备查的程序，其目的是对已经生效、实施的法规、规章，通过对其合法与否等方面的审查，发现并解决其存在的问题。根据《立法法》和《法规规章备案条例》的要求，国务院各部门和各省、自治区、直辖市以及设区的市、自治州的人民政府，应于规章公布之日起30日内，将规章文本、备案报告和说明一式10份，报送国务院备案。具备条件的，应当同时报送规章的电子文本。地方政府规章应当同时报本级人民代表大会常务委员会备案；设区的市、自治州的人民政府制定的规章应当同时报省、自治区的人民代表大会常务委员会和人民政府备案。

行政规章的备案审查机关是国务院法制机构。国务院法制机构对行政规章的备案审查主要从以下方面进行：①是否超越权限；②下位法是否违反上位法的规定；③地方性法规与部门规章之间或者不同规章之间对同一事项的规定不一致，是否应当改变或撤销一方的或者双方的规定；④规章的规定是否适当；⑤是否违背法定程序。

对规章的审查处理实际上是采取"发现问题则过问，未发现问题就不过问"的办法。规章同法律、行政法规或地方性法规的规定相违背的或不一致的，由国务院法制机构建议制定机关自行纠正，或者由国务院法制机构提出处理意见报国务院决定；对规章之间的矛盾，原则上采取协调的办法，经协调未果的，一般由国务院法制机构提出处理意见，报国务院决定。

（二）权力机关的监督

权力机关的监督又分为事前监督和事后监督。前者指权力机关授权行政机关制定行政立法时的监督。权力机关通过授权时严格限定行政立法的权限范围、目的、性质及时限等，以达到监督的目的。后者指权力机关对已经颁布生效的行政立法进行审查的监督。根据我国《立法法》第97条的规定，全国人民代表大会常务委员会有权撤销同宪法和法律相抵触的行政法规，地方人民代表大会常务委员会有权撤销本级人民政府制定的不适当的规章。

（三）司法机关的监督

我国《行政诉讼法》第13条规定，公民、法人或者其他组织对于行政法规、规章或者行政机关制定、发布的具有普遍约束力的决定、命令提起的诉讼，人民法院不予受理。因此，不能对这些规范性文件提起行政诉讼。但是，根据我国《行政诉讼法》第53条和第64条的规定，公民、法人或者其他组织认为行政行为所依据的国务院部门和地方人民政府及其部门制定的规范性文件（不含规章）不合法，在对行政行为提起诉讼时，可以一并请求对该规范性文件进行审查。人民法院在审理行政案件中，经审查认为这些规范性文件不合法的，不作为认定行政行为合法的依据，并向制定机关提出处理建议。

学术视野

行政立法在现代行政法中占据着非常重要的地位，但是长期以来，对于行政立法的性质，学者们众说纷纭。尤其对我国而言，由于政体方面的原因，行政立法的性质相比西方国家有着不同的讨论语境，再加上立法条文上的模糊，更加使行政立法的性质变得扑朔迷离。主要的争议在于：究竟存不存在行政立法权？行政立法究竟是行政机关的固有职权所为，还是立法机关的授权所为？行政立法究竟是立法权的行使还是行政权的行使？行政立法的合法性基础又是什么？

理论思考与实务应用

一、理论思考

（一）名词解释

行政立法　行政法规　行政规章　授权立法

（二）简答题

1. 我国享有行政立法权的主体有哪些？
2. 行政立法与权力机关立法有哪些区别？

3. 行政立法与制定其他规范性文件有哪些区别？

（三）论述题

1. 论述我国行政立法的效力范围。
2. 论述我国行政规章的权限范围。

二、实务应用

（一）案例分析示范

案例一

某村农民李某，欲建一幢房子，于 2004 年 11 月 23 日，未经主管机关批准，在村旁的河道内用机动车采沙运沙。25 日，县水利局发现后，责令李某停止采沙，并对其处以罚款 500 元，没收机动车。李某不服，于 12 月 5 日向主管机关申请复议，复议机关维持了原处罚决定。李某仍不服，于 12 月 14 日，向县人民法院提起行政诉讼，县人民法院受理了此案。在诉讼过程中，被告水利局辩称省人民政府《关于河道管理的若干规定》第 12 条规定："未经主管机关批准或未按规定采沙……由河道管理机关责令纠正，采取补救措施，并视情况予罚款、没收非法所得和违法行为工具……"

相关参考法条：

《河道管理条例》第 25 条：在河道管理范围内进行下列活动，必须报经河道主管机关批准；涉及其他部门的，由河道主管机关会同有关部门批准：①采砂、取土、淘金、弃置砂石或者淤泥；②爆破、钻探、挖筑鱼塘；③在河道滩地存放物料、修建厂房或者其他建筑设施；④在河道滩地开采地下资源及进行考古发掘。

第 44 条规定，违反本条例规定，有下列行为之一的，县级以上地方人民政府河道主管机关除责令其纠正违法行为、采取补救措施外，可以并处警告、罚款、没收非法所得；对有关责任人员，由其所在单位或者上级主管机关给予行政处分；构成犯罪的，依法追究刑事责任：①在河道管理范围内弃置、堆放阻碍行洪物体的；种植阻碍行洪的林木或者高秆植物的；修建围堤、阻水渠道、阻水道路的；②在堤防、护堤地建房、放牧、开渠、打井、挖窖、葬坟、晒粮、存放物料、开采地下资源、进行考古发掘以及开展集市贸易活动的；③未经批准或者不按照国家规定的防洪标准、工程安全标准整治河道或者修建水利工程建筑物和其他设施的；④未经批准或者不按照河道主管机关的规定在河道管理范围内采砂、取土、淘金、弃置砂石或者淤泥、爆破、钻探、挖筑鱼塘的……

问：（1）省人民政府《关于河道管理的若干规定》第 12 条的规定合法与否？

（2）对省人民政府《关于河道管理的若干规定》与国务院《河道管理条例》不符的规定，人民法院应该如何处理？

【评析】省人民政府《关于河道管理的若干规定》第 12 条的规定不合法。

我国《行政处罚法》第 13 条规定："省、自治区、直辖市人民政府和省、自治区人民政府所在地的市人民政府以及经国务院批准的较大的市人民政府制定的规章可以在法律、法规规定的给予行政处罚的行为、种类和幅度的范围内作出具体规定。尚未制定法律、法规的，前款规定的人民政府制定的规章对违反行政管理秩序的行为，可以设定警告或者一定数量罚款的行政处罚。罚款的限额由省、自治区、直辖市人民代表大会常务委员会规定。"据此，该省人民政府的行政规章不能设定没收违法行为工具的行政处罚。

我国《行政诉讼法》规定，人民法院审理行政案件，以法律和行政法规、地方性法规为依据，参照规章。对于本案中与行政法规相抵触的省政府的行政规章，人民法院没有撤销或者变更的权力，正确的做法是不适用该政府规章，直接适用国务院的行政法规审理该案。同时，该人民法院可以向该省人大常委会和国务院提出审查建议，由省人大常委会或者国务院进行处理。

案例二

原告福建省水利水电勘测设计研究院拥有用于开采地下热水的地热井两口。1994 年 5 月 4 日，被告福建省地质矿产厅对设计院发出了《关于开采地热必须依法办理采矿许可证的通知》，要求设计院办理地热井的采矿登记手续。同年 7 月 18 日，地矿厅又向研究院发出《限期办理采矿许可证通知书》。设计院对上述通知均未履行。地矿厅于 1994 年 7 月 27 日向设计院发出《违反矿产资源法规行政处罚通知书》，以设计院"无采矿许可证开采地热"，"在限定期限内未办理采矿登记、领取采矿许可证"违反了国务院《全民所有制矿山企业采矿登记管理暂行办法》（现已失效）第 2 条的规定为由，对其采取罚款 5000 元的处罚。原告不服，诉至福州市人民法院。

问：本案是否适用《福州市地下热水（温泉）管理办法》？

【评析】《矿产资源法实施细则》和《福州市地下热水（温泉）管理办法》属于行政立法。行政立法是行政主体根据法定权限并按法定程序制定和发布行政法规和行政规章的活动。行政立法兼具行政性和立法性的特点，其要求制定的主体是行政机关、制定的目的是实施行政管理。《立法法》第 65 条第 1 款规定"国务院根据宪法和法律，制定行政法规"，第 82 条第 1 款规定"省、自治区、直辖市和设区的市、自治州的人民政府，可以根据法律、行政法规和本省、自治区、直辖市的地方性法规，制定规章"。本案中，国务院符合行政立法的主体要求，福州市是福建省人民政府所在地的市，也符合行政立法的主体要求，均享有法定的行政立法权，所以，根据矿产资源法制定并发布的《矿产资源法实施细则》和《福州市地下热水（温泉）管理办法》属于行政立法。

另外，行政立法应遵循民主立法原则、法制统一原则和可操作性原则，而本案就涉及法制统一原则。此原则要求上下级行政机关的立法保持一致，不相隶属的行政立法之间协调一致，一个行政主体制定的行政立法之间，一个行政法规或规章内部条款之间也应保持一致。在本案中，福州市政府制定的《福州市热水（温泉）管理办法》应遵循其上级行政机关即国务院颁布的行政法规《矿产资源法实施细则》。这也是法院在适用法律时需要考虑的因素。

此外，根据一般法理，下位阶法律应在上位阶法律规定或授权的范围之内作出相关规定，如果下位阶法律与上位阶法律发生冲突，则下位阶法律不具备法律效力。我国《立法法》第87条规定："宪法具有最高的法律效力，一切法律、行政法规、地方性法规、自治条例和单行条例、规章都不得同宪法相抵触。"第88条第1款规定："法律的效力高于行政法规、地方性法规、规章。"具体而言，行政法在法律位阶上低于宪法和法律，行政法规须依根据宪法、法律作出规定，如与宪法、法律相抵触，则无效。国务院《矿产资源法实施细则》所附的细目一能源矿产中，列有地热；细目四水气矿产中列有地下水；国家技术监督局《地热资源地质勘查规范》将地热资源按温度分为高温地热资源、中温地热资源和低温地热资源。本案涉及的地下水属低温地热资源。又将小于90摄氏度和大于25摄氏度的地热分为热水、温热水和温水三项，本案涉及的地下热水平均温度为72摄氏度，是地热而不是地下水，属于矿产资源，适用国务院《矿产资源法实施细则》的规定。《福州市地下热水（温泉）管理办法》第5条规定市水行政主管部门是地下水资源的主管部门，负责温泉的开发、保护和利用的统一管理工作。此规定不符合国家《矿产资源管理法实施细则》的规定，违背了《矿产资源管理法》的标准，没有区分地下水和地热，将部分地热归入地下水之中，由此对这部分地热确定的行政主管部门与法律法规的规定不符。依据法律位阶原则，《福州市地下热水（温泉）管理办法》与国家的法律规定相抵触，应无效，那么其第27条的规定即"本办法规定的行政处罚，由市温泉主管部门决定"亦应无效。

故此，法院审理认为：本案涉及的地下热水平均温度为72摄氏度，依《矿产资源法实施细则》第2条的规定，应属于地热而不是地下水，属于矿产资源；不适用《福州市地下热水（温泉）管理办法》的规定。故判决维持被告福建省地质矿产厅的行政处罚决定。

(二) 案例分析实训

案例一

2002年10月22日，国务院法制办授权《法制日报》全文刊登《物业管理条例（草案）》，向社会各界广泛征求意见，以便进行进一步的修改并报请国务院常委会审议。这部草案从制定伊始就受到社会广泛关注,据《法制日报》报道,社会各界对制定《物业管理条例》的呼声很高,该条例的宗旨在于规范物业管理活动,维护业主和物业管理企业的合法权益,改善人民群众的生活和工作环境。国务院法制办在收到建设部草拟的《物业管理条例(送审稿)》后,又在广泛听取意见的基础上会同建设部两易其稿,形成了上面提到的条例草案。其间,国务院法制办先后两次征求了国家计委、国家经贸委、财政部、公安部、民政部、国家工商局等16个部门和北京、天津、上海、重庆、深圳等26个地方政府以及物业管理企业的意见,还专门召开了专家论证会收集专家意见,并到上海、深圳进行了专题调研。鉴于物业管理涉及广大群众的切身利益,根据《立法法》和《行政法规制定程序条例》的有关规定,国务院法制办决定将《物业管理条例(草案)》向社会公布,充分听取公民、法人或者其他组织的意见,以追求更高的立法透明度和立法质量,增强法规的可操作性。

问:国务院对行政法规的"开门立法"是否符合行政法规的制定程序?

案例二

2003年3月20日,年仅27岁的大学毕业生孙志刚在广州收容站被收容站管理人员殴打致死。该案在全国掀起了一股反思和批判《城市流浪乞讨人员收容遣送办法》的热潮。

2003年5月14日,一份题目为"关于审查《城市流浪乞讨人员收容遣送办法》的建议书"的文件被传真至全国人大常委会法制工作委员会。建议书说,"我们作为中华人民共和国公民,认为国务院1982年5月12日颁布的,至今仍在适用的《城市流浪乞讨人员收容遣送办法》,与我国宪法和有关法律相抵触,特向全国人大常委会提出审查《城市流浪乞讨人员收容遣送办法》的建议"。建议人华中科技大学法学院俞江、中国政法大学法学院滕彪、北京邮电大学文法学院许志永,三人都是法学博士,2002年7月毕业于北京大学法学院。在公民建议书中,他们写道:"我们认为,《收容遣送办法》中有关限制人身自由的内容,与我国现行宪法以及有关法律相抵触,属于《立法法》中规定的'超越权限的'和'下位法违反上位法的'行政法规,应该予以改变或撤销。"[1]

问:三位博士上书给全国人大常委会建议审查国务院的行政法规,符合我国的行政法规监督程序吗?

---

[1] 崔丽:"三位中国公民依法上书全国人大常委会 建议对《收容遣送办法》进行违宪审查",载《中国青年报》2003年5月16日。

主要参考文献

1. 崔卓兰、于立深:《行政规章研究》,吉林人民出版社 2002 年版。
2. 李林:《走向宪政的立法》,法律出版社 2003 年版。
3. 李培传:《论立法》,中国法制出版社 2004 年版。
4. 刘莘:《行政立法研究》,法律出版社 2003 年版。
5. 乔晓阳主编:《立法法讲话》,中国民主法制出版社 2000 年版。
6. 张春生主编:《中华人民共和国立法法释义》,法律出版社 2000 年版。
7. 曹康泰主编:《中华人民共和国立法法释义》,中国法制出版社 2000 年版。

第五章 行政许可

【本章概要】 本章依据《行政许可法》的立法框架，从五个方面阐述了行政许可的一般理论：①行政许可的概念、特征以及基本原则；②行政许可的设定；③行政许可的实施机关，包括特殊实施主体；④行政许可的实施程序；⑤行政许可的监督检查和法律责任。整章以行政许可行为为主线，贯彻了从设定立法行为到最终承担法律结果的过程。

【学习目标】 掌握并理解行政许可的概念，理解行政许可的性质和功能，掌握行政许可的分类，掌握并理解行政许可的设定（标准、范围、原则及事项等内容），领会行政许可特殊实施主体的实践意义，掌握行政许可的实施程序、监督检查和法律责任，掌握并能运用行政许可撤回、撤销、注销等原理。

第一节 行政许可的基本理论

一、行政许可的法律概念和特征

（一）行政许可的法律概念

2003年8月27日第十届全国人大常委会第四次会议通过的《中华人民共和国行政许可法》第2条，将行政许可定义为"行政机关根据公民、法人或者其他组织的申请，经依法审查，准予其从事特定活动的行为"。从整个行政许可制度的内涵来理解，行政许可不应仅是准许相对人从事特定活动，还应是不予准许相对人从事特定活动的一种具体行为内容及行为方式。因此，我们认为，行政许可的概念为：行政机关根据公民、法人或者其他组织的申请，经依法审查，决定是否准予其从事特定活动的行为。此概念"实质上决定着对行政许可内容、对象和方式的不同认识，并对正确理解行政许可的性质也有着重大影响"。[1]

（二）行政许可的特征

1. 行政许可是行政机关实施的行政行为。行政机关以外的组织、个人所为

---

[1] 周佑勇主编：《行政许可法理论与实务》，武汉大学出版社2004年版，第17页。

的准许其他主体为或不为某种活动的行为，不是行政许可。如专利持有人许可他人使用其专利的行为，是民事许可；全国人大授权特区制定法规的行为属于授权立法，不是行政许可；人民法院许可符合条件的鉴定机构出具鉴定报告的行为，不是行政许可；一般的社会团体、自治协会向其成员发放成员证或活动证等带有许可性质的证书或资格证书的行为，因其不具有行使公权力的性质，也不能称之为行政许可。

2. 行政许可是行政机关实施的外部行政管理行为。行政许可发生在行政机关与相对人之间，属于外部行政管理行为。而《行政许可法》第3条第2款规定的"有关行政机关对其他机关或者对其直接管理的事业单位的人事、财务、外事等事项的审批，不适用本法"中的"有关行政机关"，主要是指人事行政机关、财政机关、外事机关；"其他机关"包括立法机关、行政机关、司法机关以及政党组织、工会和共青团等宽泛意义上的机关组织。由于上述行政机关是基于内部行政管理权限实施的批准行为，不同于行政机关对一般性社会事务的管理，不宜受行政许可法调整，所以应当由有关行政机关的组织法、公务员法以及其他法律予以调整。

3. 行政许可是依申请的行政行为。与其他多数行政行为主动性、积极性强的特点相反，行政机关行使行政许可职权必须以相对人提出申请为前提和条件。若相对人没有提出申请，即使其符合法定许可条件，行政机关也不能主动给予其许可证或执照。

4. 行政许可是一种要式行政行为。行政许可决定必须采用书面许可证或其他法定形式，这是行政许可产生法律效力应具备的特定形式要件。对于申请人而言，一般情况下都需要通过书面文件来表明其权利、资格等，并以此为凭，明晰和确定行政机关与相对人之间的权利义务关系；而且，一旦发生争议，书面的许可形式可以作为有效的评判依据。对于行政机关的不予许可决定，申请人也可凭借行政机关的不予许可书面决定来寻求救济。

5. 行政许可是一种法律制度。从广义上而言，行政许可既包括许可，也包括不予许可、部分许可以及其他与处理相对人申请行政许可有关的行为。因此，行政许可不仅仅是一种行政行为，也是一种法律制度，即行政许可应当是有关行政许可的申请、审查、批准以及监督管理等一系列制度的总和。

另外需注意行政许可与其他相近概念的区别，如行政确认。由于行政机关在作出许可决定之前，首先必须对申请人的申请进行审查核实，而这一审查核实的过程非常容易与行政确认相混淆。具有实践意义的是，在行政实务中若对两者的行为性质定位不一，将会走向不同的行政救济途径。

二、行政许可的性质和功能

(一) 行政许可的性质

要准确地判断某一行政许可的性质是什么，需要结合行政许可行为的具体形态和种类，从其对相对人法律权利义务的影响上去分析、界定。根据《行政许可法》第 12 条规定的可以设定行政许可的事项，下文将对每一事项的许可性质作具体解析：

1. 对直接涉及国家安全、公共安全、经济宏观调控、生态环境保护以及直接关系人身健康、生命财产安全等特定活动所设定的许可（通常称为"普通许可"），其性质是对符合条件的相对人不作为义务的解除。

2. 对有限自然资源开发利用、公共资源配置以及直接关系公共利益的特定行业的市场准入等设定的许可（通常称为"特许"），其性质既可以认为是赋权，因为任何个人或组织并不当然享有对国有财产和公共资源的所有权和经营权，也可以认为是对符合条件的相对人不作为义务的解除，但不能确定为对权利或自由的恢复。

3. 对提供公众服务并且直接关系公共利益的职业、行业，需要确定具备特殊信誉、特殊条件或者特殊技能等资格、资质的事项所设定的许可（通常称为"认可"），其性质主要是对资格或能力的确认，但也可以视为对符合条件者的不作为义务的解除。

4. 对直接关系公共安全、人身健康、生命财产安全的重要设备、设施、产品、物品，需要按照技术标准、技术规范，通过检验、检测、检疫等方式进行审定的事项所设定的许可（通常称为"核准"），其性质是对物的安全性的确认，也是对符合条件者的不作为义务的解除，但不宜认为是对权利的恢复。

5. 对企业或者其他组织的设立等，需要确定主体资格的事项所设定的许可（通常称为"登记"），其性质属于对主体资格的审核，也属于为便于监管而采取的注册措施，也可视为对符合条件者的不作为义务的解除。

综上所述，从我国现行《行政许可法》所规定的事项看，并非所有的行政许可都具有赋权的性质，只有特许可以视为一种赋权行为；也并非所有的行政许可均属于对权利或自由的恢复，只有在法律、法规、规章设定许可之前当然拥有权利或自由的情况下才可以如此定性。

(二) 行政许可的功能

一般而言，我国行政法学界认为行政许可具有以下三方面的功能：

1. 控制危险。若公民、法人或其他组织的行为具有潜在的危险性，可能对社会或个人的人身或财产造成损害，此时政府必须加以适当限制。同时这种限制又会对社会或个人在某种程度或者某些方面带来益处。例如，民用爆炸物品的危险性非常大，若不经过妥善处置可能会造成重大人员、财产伤亡和损失，但是爆炸物品在采矿、修路等活动中又是必需的，如何扬长避短？设定行政许可制度，规定只有符合条件的人才可处理爆炸物品可能是较好的选择。国家可以通过立法规定从事爆炸物品生产、销售、储存的必要条件，只有符合规定条件的主体才可以生产、销售、储存爆炸物品，只有具备相应知识技能的人员才能处置爆炸物品，这样做，就既可以防止危险的产生，又能保证社会需求。

2. 配置资源。经济学理论和实践证明，市场不是在所有领域都是万能的，如在公共物品的配置、稀缺自然资源的分配、精神和文化产品的生产和分配等方面，完全靠市场自发调节来配置，不仅会导致资源配置的严重不公，而且还会导致资源配置的低效率（形成垄断）。在这种情况下，市场的失灵为政府通过行政许可进行介入提供了可能。当然，市场失灵并不等于政府干预就一定有效，但至少为政府的介入提供了良好的契机。

相对而言，市场机制在配置资源中未起到基础性作用的方面，行政许可能够发挥更大的作用。在现代民主基础上建立起来的行政许可制度强调行政机关对各方利益的权衡，强调多数人的意见对行政许可结果的影响，因而是一种既能有效节约成本又能考虑人们不同价值取向的资源配置方式，社会的公平和公正就有望得以体现，资源配置的结果就有可能获得最大多数人的支持。

3. 证明或提供某种信誉、信息。大多情况下，消费者可以通过个人经验或者他人经验的转述获得市场中商品、服务以及市场环境的信息。但是，在有些情况下，即使人们愿意支付必要的代价，也不可能做到有效的信息自愿交换；在另外一些情况下，因信息流通的成本过高、人们不愿支付获取信息的费用而无法取得有效信息。解决这个问题的方法之一，是由政府出具证明，通过其权威性来减少信息壁垒，提高市场交易速度，矫正市场交易失真状态。行政许可就具有向社会公众提供信息的功能。如政府规定特定事项或者活动应当进行登记，对登记的信息，人们可以查阅，据此了解被许可人在某些方面的能力、条件是否达到一定的标准，降低人们在经济活动和社会交往中搜寻信息、识别信息真伪的成本。当然，在很多领域中，存在着私人发给证明书的机构，这些机构也可以提供足够的信息，如一些国家的律师协会负责颁发律师资格证书或者进行律师注册。一般而言，政府宜在私人机构没有足够的能力承担提供信息的功能时设立行政许可，以提供公信力证明。

三、行政许可的分类

（一）我国学理上对行政许可的分类

1. 一般许可（普通许可）与特殊许可（特许）。这种分类在我国学理上较为常见。但划分标准不一，有许可的范围标准，也有权利来源标准。

一般许可是指行政机关对符合法定条件的申请人直接发放许可证，是无特殊限制条件的许可，如申请驾驶执照的许可。

特殊许可是指除符合一般许可的条件外，对申请人还规定有特别限制的许可，如保险行业、烟草专卖行业中的许可。

2. 行为许可与资格许可。根据许可的内容，可将行政许可分为行为许可和资格许可。

行为许可指行政机关根据相对人的申请，允许其从事某种活动，采取某种行为的行政许可，该许可侧重实际的行为条件及过程要求。如生产、经营和销售许可等，都是行政机关对相对人从事某种活动的允许证明。其特点是不必经过严格的考试，主要目的在于保护公共利益，限制相对人在规定领域的行为自由，当事人未经许可不得从事相应活动。行为许可同时不是有资格权能的特别证明。

资格许可指行政机关根据相对人的申请，通过考试考核的形式对合格者发放证明文书，允许持证人从事某一职业或者进行某种活动的行政许可，该许可侧重抽象行为能力及证明结果。如核发导游证书、会计师执照以及驾驶执照等。资格许可的目的是通过制定最低限度的标准限制某一行业的从业人员，以避免不适格人员从事该行业可能造成的损害。[1]

3. 排他性许可与非排他性许可。根据许可的享有程度，可将行政许可分为排他性许可和非排他性许可。

排他性许可又称独占许可，是指某个人或组织获得该项许可后，其他任何人或组织均不能再获得该项许可。最具有代表性的是无线电频率分配许可、公交线路运营许可等。

非排他性许可又称共存许可，是指可以为具备法定条件的任何个人或组织经申请获得的许可。大部分行政许可都是非排他性许可，如营业许可、驾驶执照等。

4. 权利性许可与附义务许可。根据许可是否附加必须履行的义务，可将行政许可划分为权利性许可与附义务许可。

权利性许可又称无条件放弃的许可，指申请人取得行政许可后，并不承担作为义务，可自由放弃被许可的权利，并且不因此承担任何法律责任。如生产经营许可、出入境许可等。对于被许可的权利，权利行使人有权放弃，但权利行使人在没有法律的特别规定下不得自由转让。

附义务许可也称附条件放弃的许可，指被许可人在获得许可的同时，亦承担

---

[1] 马怀德：《行政许可》，中国政法大学出版社1994年版，第63~64页。

一定期限内从事该活动的义务，否则要承担一定法律责任的许可。若被许可人在规定的期限内没有从事被许可的活动（或行使权利），其便会为此承担一定的不利后果。这类许可有建设用地许可、商标许可等。例如，《土地管理法》第37条第1款规定，对征用耕地的土地使用权许可证，用地单位连续在2年内未使用土地而致闲置的，经原批准机关批准，县级以上人民政府可以无偿收回土地使用权。因此，附义务许可的法律责任方式一般表现为丧失被许可的权利。

5. 其他分类。根据立法上设定享有许可的权利人资格和条件的宽严量度之区别，可将行政许可划分为经济生活类的许可、社会生活类的许可与政治活动类的许可。根据行政许可的目的，可将行政许可划分为保障公共安全的许可、保障人民身体健康的许可、维护社会风尚的许可等。根据许可所适用的行政管理领域，可将行政许可划分为治安许可，工商许可，环保、卫生许可，资源许可，交通运输许可，文化许可，城建许可，等等。上述分类的意义在于，在实践中，要求对不同对象与内容作不同的具体考量。

（二）《行政许可法》所隐含的法定分类

《行政许可法》并未对行政许可进行分类，只在第12条中列出了可以设定行政许可的6项事项，其中第6项属于立法技术上的一般做法，即兜底条款。尽管《行政许可法》没有明确提出行政许可的分类问题，但细察五项内容，其是按五个类别对行政许可事项进行了划分，即按照普通许可、特许、认可、核准和登记来进行规范的。下文对这五类许可分别予以论述。

1. 普通许可。普通许可是指根据相对人的申请，行政机关经过审查，依法确认其是否具备从事特定活动的条件的一种许可形式，也是运用最为广泛的一种行政许可。一般理解的行政许可多为普通许可，如集会游行示威许可、爆炸物品生产运输许可、商业银行设立许可等。

根据《行政许可法》的规定，普通许可适用于直接涉及国家安全、公共安全、经济宏观调控、生态环境保护以及直接关系人身健康、生命财产安全等特定活动。普通许可的性质是确认具备行使既有权利的条件，功能主要是实现许可的一般目的，即防止危险、保障安全。主要特征有三个：①对相对人行使法定权利或者从事法律没有禁止但附有条件的活动的准许；②一般没有数量控制；③行政机关实施普通许可一般没有自由裁量权。

2. 特许。特许是指直接为相对人设定权利能力、行为能力、特定的权利的行为，又称为设权行为。如海域使用许可、无线电频率分配许可、出租车经营许可、排污许可等。

根据《行政许可法》的规定，特许适用于有限自然资源开发利用、公共资源配置以及直接关系公共利益的特定行业的市场准入等需要赋予特定权利的事项。特许的主要功能是分配稀缺资源。其主要特征有四个：①通过招标、拍卖等方式择优决定，相对人取得特许权一般应当支付一定费用；②相对人所取得的特许权依法可以转让、继承；③特许一般有数量控制；④行政机关实施特许一般有自由裁量权。

3. 认可。认可是行政机关通过考试、考核方式确定自然人、法人或者其他组织是否具备从事向公众提供直接关系公共利益的服务所要求具备的特殊信誉、特殊条件或者特殊技能的资格、资质的行政许可。

根据《行政许可法》的规定，认可适用于提供公众服务并且直接关系公共利益的职业、行业，需要确定具备特殊信誉、特殊条件或者特殊技能等资格、资质的事项。人们比较熟悉的需要认可的资格、资质有：律师资格、建筑企业经营资质、会计师资格、医师资格、医院资格等。认可的主要功能是提高从业水平或者某种技能、信誉。其主要特征有四个：①一般都要通过考试方式并根据考试结果决定是否予以认可；②一般没有数量限制；③资格资质证的认可是对人的许可，与身份相联系，一般不能继承、转让；④行政机关实施认可一般没有自由裁量权。

4. 核准。核准是指行政机关对某些事项是否达到特定技术标准、经济技术规范的判断、确定。如消防验收、电梯安装核准、生猪屠宰检疫等。

根据《行政许可法》的规定，核准适用于直接关系公共安全、人身健康、生命财产安全的重要设备、设施、产品、物品，需要按照技术标准、技术规范，通过检验、检测、检疫等方式进行审定的事项。核准的主要功能也是为了防止危险、保障安全。其主要特征有四个：①核准的依据是客观性极强的技术标准、技术规范；②核准一般是根据实地检验、检测、检疫的方式来作出决定；③没有数量限制；④行政机关实施核准没有自由裁量权。

5. 登记。登记是指行政机关确立相对人特定主体资格的行为。确定主体资格主要是指市场组织、事业组织、社团组织等企业或者其他组织设立时所需要的主体资格。《行政许可法》所规定的"主体资格确定"，实际上就是针对特定主体资格的一种确认，仅限于企业或者其他组织的设立，如工商企业注册登记、事业单位登记、社团登记等。

登记的主要功能是通过使相对人获得某种能力向公众提供证明或者信誉、信息。其主要特征有四个：①未经合法登记取得特定主体资格或者特定身份，从事涉及公众关系的经济、社会活动是非法的；②没有数量控制；③对申请登记的材料除了一般性形式审查外，有些特殊情形还需进行实质审查；④行政机关实施登记没有自由裁量权。

第二节　行政许可的设定

行政许可的设定是指国家有权机关根据法定权限和法定程序创设行政许可规范的活动。行政许可的设定是立法主体制定具有新的权利义务内容的行政许可规范的立法活动，是从"无"到"有"的一种创制性立法行为。行政许可的设定不同于行政许可的规定。行政许可的规定是指在上位法已经设定行政许可后，为了实施该上位法，国家有权机关根据具体情况对上位法规定的事项予以具体化的活动，是从"粗"到"细"的执行性立法行为。

一、行政许可的设定原则

根据《行政许可法》第 11 条的规定，设定行政许可应当遵循以下原则：①遵循经济和社会发展规律；②有利于发挥公民、法人或者其他组织的积极性和主动性；③维护公共利益和社会秩序；④促进经济、社会和生态环境的协调发展。

二、行政许可设定的事项

（一）可以设定行政许可的事项

根据《行政许可法》第 12 条的规定，可以设定行政许可的事项有：

1. 直接涉及国家安全、公共安全、经济宏观调控、生态环境保护以及直接关系人身健康、生命财产安全等特定活动，需要按照法定条件予以批准的事项。包括：①与国家安全有关的事项。政治、军事、国防、外交等诸多涉及与国家安全有关的事项，应当设定许可。②与公共安全有关的事项。为了防止个体行为对整体和社会的安全造成破坏和不利影响，防止个体行为对集体利益的损害，对危及公共安全和公共利益的活动有必要实行许可制度。③涉及经济宏观调控的事项。例如，投资立项、产业布局、进出口管制、金融保险证券等涉及高度社会信用的行业的市场准入和经营活动等事项。④涉及生态环境保护的事项。⑤直接关系人身健康、生命财产安全的事项。

2. 有限自然资源开发利用、公共资源配置以及直接关系公共利益的特定行业的市场准入等，需要赋予特定权利的事项。包括：①有限自然资源的开发利用、公共资源配置，需要赋予特定权利的事项。大多数自然资源和公共资源都是有限的，不能无限使用，因此有必要对有限自然资源的开发与利用、公共资源的配置设定许可。②直接关系公共利益的特定行业的市场准入等，需要赋予特定权利的事项。特定行业的市场准入，主要是指从事公用事业服务的行业，如电力、铁路、民航、通信、自来水、煤气等与公共利益密切相关行业的市场准入。

3. 提供公众服务并且直接关系公共利益的职业、行业，需要确定具备特殊信誉、特殊条件或者特殊技能等资格、资质的事项。包括：①有关公民的资格许可，包括职业资格许可和劳动技能资格许可。②有关企业、组织的资格、资质的许可。

4. 直接关系公共安全、人身健康、生命财产安全的重要设备、设施、产品、物品，需要按照技术标准、技术规范，通过检验、检测、检疫等方式进行审定的事项[1]。包括：①直接关系公共安全、人身健康、生命财产安全的重要设备、设施的设计、建造、安装和使用。②直接关系人身健康、生命财产安全的特定产品、物品的检验、检疫。

5. 企业或者其他组织的设立等，需要确定主体资格的事项。该类事项的行政许可通常被称为登记，主要包括：①企业法人登记，确定其市场主体资格，如工商企业登记、合伙企业登记等。②社会组织登记，包括社会团体、事业单位、民办非企业单位等的登记，以确立其从事社会活动的资格。

6. 法律、行政法规规定可以设定行政许可的其他事项。这一规定不仅具有兜底条款的性质，也具有限制行政许可设定范围的性质。这一规定主要有三个目的：①由于现行法律、行政法规可以设定行政许可的其他事项无法在这里列举穷尽，因而现行法律、行政法规对其他行政许可事项的规定仍然有效保留。②今后法律、行政法规可以根据实际情况在《行政许可法》明确规定的上述五类行政许可事项外设定其他行政许可事项。③地方性法规、地方政府规章、国务院决定都不得设定上述五类许可事项以外的行政许可，已经设定的，要予以清理。

（二）可以不设定行政许可的事项

《行政许可法》第12条从正面规定了可以设定行政许可的事项，然而该规定依然比较宽泛、模糊且不确定，为了防止政府对行政相对人权利和自由的过度干预，《行政许可法》第13条特别规定了可以不设定行政许可的四种事项：

1. 公民、法人或者其他组织能够自主决定的。所谓自主决定的事项，是指公民、法人或者其他组织在符合法律规定的情况下，无需行政机关干涉而能够按照自己的意愿处理且不会危及他人或者社会公众利益的事项。但当公民、法人或者其他组织行使这些民事权利可能对他人利益或者公共利益造成频繁或大范围的

---

[1] 本项所列许可范围，与本条第1项所列许可范围，既有区别，又有联系。就其共同点来说，都是准予申请人从事某种活动。就其区别而言，第1项所列事项，侧重于特定的活动，并且这种活动不与特定的物联系起来；而本项所列事项，虽然最终也是准许申请人从事某种活动，但这种活动是与特定的物联系起来的。参见许安标等：《〈中华人民共和国行政许可法〉释义及实用指南》，中国民主法制出版社2003年版，第103~104页。

损害，并且这种损害难以通过事后赔偿加以补救，设定行政许可可以有效地预防这种损害发生时，才能设定行政许可。

2. 市场竞争机制能够有效调节的。在社会主义市场经济体制下，市场在配置资源中起基础性作用，凡是市场能够作用或者能够较好解决的问题，如通过价格机制、消费者选择、民事赔偿或者追究其他民事责任能够解决，并且不致造成难以挽回的重大损害的，就不需要设定行政许可。

3. 行业组织或者中介机构能够自律管理的。在市场经济条件下，行业组织、中介机构实行自我管理和自我服务，并且具备其相关行业、领域的专业技术、专业水准。由这些组织或机构承担相关行业、领域的社会管理职能，可以节省社会资源，减少政府开支和管理压力，有利于政府职能转变。

4. 行政机关采用事后监督等其他行政管理方式能够解决的。在管理实践中，行政管理方式多种多样，除行政许可这种事前监督方式外，还有备案、制定标准、行政处罚、订立行政协议等方式。选择行政管理手段，应当根据管理事项的性质，综合评价、比较各种管理手段的特点，以管理成本高低和效果好坏作为标准，择优选用。通过其他行政管理方式能够解决，且能达到与行政许可相同效果和作用的，就不要设定行政许可。

三、行政许可设定权限的分配

行政许可设定权限的分配，即行政许可设定权限的划分问题，涉及哪些主体可以设定行政许可，以什么形式设定行政许可，以及可以设定怎样的行政许可的问题。只有明确了行政许可设定权的归属，才能从根源上杜绝行政许可的滥设。设定行政许可这一立法行为，除了应当符合《立法法》确定的一般立法体制外，还要符合《行政许可法》的相应规定。

（一）法律的行政许可设定权

《行政许可法》第14条规定法律可以设定行政许可，但法律的设定权不是无限的，除了受《行政许可法》第12条规定的事项范围限制和第13条规定的四种方式能够解决的也不应设定行政许可的限制外，法律也要尊重宪法的原则和精神，充分保障宪法确定的公民权利和自由，尽量少设定行政许可。

（二）行政法规的行政许可设定权

《行政许可法》第14条规定，尚未制定法律的，行政法规可以设定行政许可。行政法规的设定权限制主要体现在以下三个方面：①在行政法规与法律的关系上，适用法律优先的原则。即法律没有设定的，行政法规才可设定行政许可。②遵循法律保留原则。根据法律保留原则，涉及公民基本权利、国家根本利益以及社会经济基本问题的事项，必须由法律来设定；如果这些特定事项尚未制定法律，也必须由立法机关作出授权决定，才能由行政机关制定相关行政法规。[1]③仍受《行政许可法》第12条和第13条的限制。

（三）国务院决定的行政许可设定权

《行政许可法》第14条赋予了国务院以决定形式设定一定行政许可的权力。设定该权力的必要性是实务中国务院可能要处理下列事项：一些临时性、紧急的事项；根据世贸组织规则，若有国家对我国出口产品作出限制，我国政府可以通过规定配额或者发放许可证等方式作出对等限制的事项；对于一些敏感问题，制定法律、行政法规的条件可能不成熟的事项；在国务院行政审批制度改革中认为需要保留的先前曾以国务院决定形式设定的许可事项；在改革开放过程中，属于国有企业改革、促进就业与再就业、社会保险等试点、试验的事项；先前曾以国务院部门规章设定的、尚需保留但又不能马上都上升为行政法规的事项以及实践中主要靠"红头文件"管理，在今后一段时间，制定法律、行政法规的时机还不成熟的事项，[2]均可以以国务院决定的形式设定行政许可。同样，该设定权与上述行政法规的设定权一样，需受如前所述三个方面的限制。

（四）地方性法规的行政许可设定权

对《行政许可法》第15条赋予地方性法规设定权的解读要注意以下三个方面：①地方性法规设定行政许可受《行政许可法》第12条规定的事项范围限制和第13条规定的四种方式能够解决的也不应设定行政许可的限制。②必须在没有上位法相关规定的情况下，才能设定行政许可。③不得设定应当由国家统一确定的公民、法人或者其他组织的资格、资质的行政许可；不得设定企业或者其他组织的设立登记及其前置性行政许可。其设定的行政许可，不得限制其他地区的个人或者企业到本地区从事生产经营和提供服务，不得限制其他地区的商品进入本地区市场。

（五）省级政府规章的行政许可设定权

《行政许可法》第15条赋予了省、自治区、直辖市人民政府规章的临时行政

---

[1]《立法法》第8条规定："下列事项只能制定法律：①国家主权的事项；②各级人民代表大会、人民政府、人民法院和人民检察院的产生、组织和职权；③民族区域自治制度、特别行政区制度、基层群众自治制度；④犯罪和刑罚；⑤对公民政治权利的剥夺、限制人身自由的强制措施和处罚；⑥税种的设立、税率的确定和税收征收管理等税收基本制度；⑦对非国有财产的征收、征用；⑧民事基本制度；⑨基本经济制度以及财政、海关、金融和外贸的基本制度；⑩诉讼和仲裁制度；⑪必须由全国人民代表大会及其常务委员会制定法律的其他事项。"第9条规定："本法第8条规定的事项尚未制定法律的，全国人民代表大会及其常务委员会有权作出决定，授权国务院可以根据实际需要，对其中的部分事项先制定行政法规，但是有关犯罪和刑罚、对公民政治权利的剥夺和限制人身自由的强制措施和处罚、司法制度等事项除外。"

[2] 参见汪永清主编：《中华人民共和国行政许可法教程》，中国法制出版社2003年版，第55~56页；乔晓阳主编：《中华人民共和国行政许可法释义》，中国物价出版社2003年版，第90~91页。

许可设定权。但该规章不得设定应当由国家统一确定的公民、法人或者其他组织的资格、资质的行政许可；不得设定企业或者其他组织的设立登记及其前置性行政许可。其设定的行政许可，不得限制其他地区的个人或者企业到本地区从事生产经营和提供服务，不得限制其他地区的商品进入本地区市场。

（六）其他规范性文件不得设定行政许可

《行政许可法》第17条规定，其他规范性文件一律不得设定行政许可。"其他规范性文件"主要指三类规范性文件：①国务院部门规章；②省级人民政府规章以外的其他地方政府规章；③除了行政法规和规章之外的规范性文件。

四、行政许可设定的内容

为了监督和保障行政许可实施机关依法行政，有效规范行政许可实施行为，《行政许可法》第18条规定："设定行政许可，应当规定行政许可的实施机关、条件、程序、期限。"据此，设定行政许可应当包括以下基本内容：①行政许可的实施机关。《行政许可法》第22条和第23条规定了行政许可的实施机关，这方面的内容将在下文予以相应详析。②行政许可的条件。行政许可的条件是申请人获得行政许可所应当达到的标准和要求，是行政机关决定是否许可的客观尺度。设定行政许可就是要通过规定一定的条件，允许符合条件的申请人从事某种行为，限制不符合条件的申请人从事某种行为。行政许可的条件包括实质性条件和程序性条件。前者体现为行为人的专业能力、资格；企业的技术力量，从事营利性行业或重大经济行为的能力和申请人的素质条件（如行为人的良好品格）。后者一般包括获取某个具体行政许可时所具备的程序要件。需注意的是，设定行政许可的条件必须与设定行政许可的目的之间有着内在的逻辑联系，有关行政许可条件的规定必须是能够实现行政许可目的并且应当是必不可少的。③行政许可的程序及期限。这方面的内容将在下文予以相应详析。设定行政许可须同时规定行政许可的程序，这是为了防止行政权力寻租，保护相对人权利，提高行政效率。

另外需注意的是，《行政许可法》第19～21条分别规定了有权机关设定行政许可时应遵循一定程序的制度，包括听取意见制度、说明理由制度、评价制度和停止实施行政许可制度。这在我国有关行政管理的立法中是少有的，值得肯定。

五、行政许可的规定权

按照法制统一原则和下位法不得与上位法相抵触的精神，同时为了更好地保障行政许可的实施，保障公民的权利和自由不受随意侵犯，防止下位法借机层层加码、增设行政许可或者提高许可的条件，《行政许可法》第16条明确了行政许可的规定权及其限制：①行政法规可以在法律设定的行政许可事项范围内，对实施该行政许可作出具体规定。②地方性法规可以在法律、行政法规设定的行政许可事项范围内，对实施该行政许可作出具体规定。③规章可以在上位法设定的行政许可事项范围内,对实施该行政许可作出具体规定。

依据第 16 条的精神,下位法对上位法已经设定的行政许可的具体规定必须符合下列原则:①必须是在上位法规定的行政许可事项范围内加以规定,不得突破;②必须是在上位法规定的行政许可条件范围内予以细化或者作出具体化规定。下位法可以对上位法规定的取得行政许可的条件结合实际情况作出进一步解释、说明,但不得增设行政许可条件;[1]必须是实施行政许可的规定,而不能创设新的行政许可。下位法可以就实施行政许可的具体问题作出规定,如具体的申请书格式、结合不同情形对办理行政许可事项的期间加以分类化处理等。

实践中容易产生的问题是,对于有关申请许可的具体条件,法律或者行政法规往往授权主管部门作出规定,这样就架空了法律、法规的规定,并且使主管部门通过实施规定为自己揽权提供了方便。[2]我们认为,上位法授权下位法就行政许可问题作出规定的,不得将行政许可的条件全部授权给下位法规定。针对这种现象,《行政许可法》第 18 条对设定行政许可的内容作了明确限定,即设定行政许可应当规定行政许可的实施机关、条件、程序和期限。

第三节 行政许可的实施主体

一、行政许可的一般实施主体

(一) 行政许可实施机关

虽然《行政许可法》第 22 条原则上规定实施行政许可的机关是行政机关,但不是任何行政机关都有权实施行政许可,实施行政许可的主体必须满足以下条件:①必须是履行外部行政管理职能的行政机关。②必须依法取得行政许可权。此处的"法"不仅包括《行政许可法》,还包括单行的法律、法规和省级政府规章。例如,根据《渔业法》的规定,国务院和县级以上地方政府的渔业管理部门是"捕捞许可证"的颁发机关。③必须在法定职权范围内实施。

---

[1] 如《律师法》第 14 条规定:"律师事务所是律师的执业机构。设立律师事务所应当具备下列条件:①有自己的名称、住所和章程;②有符合本法规定的律师;③设立人应当是具有一定的执业经历,且 3 年内未受过停止执业处罚的律师;④有符合国务院司法行政部门规定数额的资产。"但对成立律师事务所需要几名律师,没有明确规定,各地在作具体规定时,有的规定要 3 名,有的规定要 5 名,有的规定 1 名律师也可以成立律师事务所。这都属于对《律师法》的具体化。但有的地方规定成立合伙律师事务所必须有 1 名律师具有硕士以上学位,或者规定律师必须执业几年以上,这些就属于增加了条件。

[2] 参见张兴祥:《中国行政许可法的理论和实务》,北京大学出版社 2003 年版,第 142 页。

(二) 法律、法规授权的行政许可实施组织

根据行政法的一般原理和《行政许可法》第 23 条的规定，授权组织实施行政许可应该具备以下条件：①授权组织实施行政许可必须通过法律、法规的形式，而且授权行为必须遵循法定程序；②从内容上来说，被授权的行政许可权是共有权力，不是专有权力；[1] ③被授权实施行政许可的组织必须是具有管理公共事务职能的组织，不能是个人；④被授权实施行政许可的组织必须在法定授权范围内实施行政许可。

(三) 被委托的行政许可实施机关

根据《行政许可法》第 24 条的规定，将部分行政许可权委托其他行政机关行使必须符合下列条件：①实施委托的行政机关委托其他行政机关实施行政许可应当遵循职权法定的原则。②委托实施行政许可必须以法律、法规和规章为依据。③受委托实施行政许可的组织只能是行政机关。《行政许可法》明确规定行政机关可以委托其他行政机关实施行政许可，而没有规定可以委托其他组织。④委托必须以书面形式进行，而且委托机关应当将被委托行政机关和受委托实施行政许可的内容予以公告。除此之外，仍需符合一般行政委托的原理。

二、行政许可的特殊实施主体

(一) 相对集中行使行政许可权

《行政许可法》第 25 条设定了相对集中行使行政许可权。[2] 对该条的规定，可作如下解读：①只有省、自治区、直辖市人民政府可以决定一个行政机关行使有关行政机关的行政许可权，省级以下的各级人民政府均无权决定由一个行政机关行使有关机关的行政许可权。②省、自治区、直辖市人民政府决定一个机关行使有关机关的行政许可权，必须经过国务院的批准。省级人民政府决定由一个机关行使有关机关的行政许可权虽然不是行政机构的增加、减少、合并，但其实质相当于政府职能部门的合并，同样不能违背组织法的规定。③实施相对集中许可权应当遵循精简、统一、效能的原则。④一个行政机关符合行政许可法的规定而行使有关机关的行政许可权，实际上就意味着国务院已经对相关的行政许可权进行了重新配置，因此，被授权行使有关机关行政许可权的机关就取得了独立的行政许可主体地位。这样，该机关在实施有关行政许可权时可以以自己名义并独立承担相应法律后果，如在行政复议中可作为被申请人，在行政诉讼中可作为被告。

---

[1] 参见乔晓阳主编：《中华人民共和国行政许可法及释解》，中国致公出版社 2003 年版，第 105 页。
[2] 该权的设定只是为解决目前行政许可实施中存在的问题而采取的一种过渡性措施。参见童卫东："我国行政许可制度创新的里程碑——《行政许可法》的立法背景及主要内容"，载《中国工商管理研究》2003 年第 12 期。

2015年3月开始,根据中央部署,天津市所有区县、河北、山西、江苏、浙江、广东、四川、贵州各选择2~3个市、县(市、区)或所属国家级开发区开展相对集中行政许可权试点工作,[1]就相对集中行政许可权实现形式进行探索。2015年5月,中央编办、国务院法制办在天津市滨海新区召开现场会,认为天津市滨海新区、成都市武侯区等地实施"审管分离"的行政审批局模式是行政审批制度改革的一大探索。随后该模式快速推广,相对而言其优势比较明显:一是"权力聚合",行政许可权从原职能部门脱离出来集中到行政审批局,而并不仅仅是原职能部门工作人员在物理空间上的集中。二是"全面权责集中",行政许可权的集中使得原本属于各个职能部门的行政许可权有机地结合在一起,提高了行政许可的效率。三是"存量优化",依据"编随事走、人随编走"的原则,将履行原行政审批职责的部门工作人员一并划转至行政审批局,统筹安排、优化组合成一支高效精干的审批队伍,而且这种模式随着审批事项的精简、审批流程和工作机制的优化,在确保审批效率不断提高的同时,还可以进一步实现机构、编制和人员的精简。[2]

　　(二)一个窗口对外

　　在行政许可实践中,存在着一种行政内部程序外部化的现象,即当行政许可事项需要行政机关内设的多个机构办理时,本应该由行政机关内部之间相互协调的程序事项,却要求行政许可申请人在同一机关的不同机构之间奔走,逐项申请核准。这变相导致一个行政许可变成了多个行政许可,不仅增加了行政机关工作人员腐败的机会,加大了申请人的成本,还拖延了行政许可的作出时间,影响了行政效率。为此,《行政许可法》第26条第1款规定行政机关应当确定一个机构统一受理行政许可申请,统一送达行政许可决定,这种做法在实践中通常被形象地称为"一个窗口对外",即行政许可事项的审查涉及内部多个机构的,应当确定一内设机构代表本机关统一对外。[3]该规定不仅突显了保障行政相对人利益的便民思想,其积极意义更在于统一对外的创新,改变了过去行政机关内部各自为政

---

[1] 2015年3月27日中央编办和国务院法制办印发的《相对集中行政许可权试点工作方案》(中央编办发〔2015〕16号)。
[2] 严广婷:"相对集中行政许可权制度研究——现行集中模式优缺点的探讨及建议",载无锡市法学会网站,http://fxh.wuxi.gov.cn/doc/2017/02/17/1263585.shtml,访问日期:2018年6月13日。
[3] 该机构主要承担以下职责:解答有关行政许可申请的疑问;提供办理行政许可事项的指南;接收行政许可的申请,出具收文凭证并告知申请人作出是否准予行政许可决定的日期;对接收的行政许可申请,按行政机关公文处理程序送有关负责审查该行政许可事项的内部机构;行政许可事项处理完毕后,再由该内部机构向申请人送达是否准予行政许可的决定。但要注意,该内设机构无权实施行政许可,它只负责办理有关程序性的事项,具体许可还要由有权机构来办理。

的状况，从分散许可转为整体许可，有利于同一机关内的不同机构之间协调办公，提高办事效率，减少执法人员利用许可进行权力寻租的机会，从制度上防止腐败。

（三）联合许可

为解决办理需由两个以上部门分别实施行政许可的事项中所面临的程序复杂、时限过长问题，《行政许可法》第26条第2款对实践中的一些新做法作出了引导性的规定，提供了三种可供选择的方案：①本级人民政府可以确定一个部门受理行政许可申请并转告有关部门分别提出意见后统一办理，简称为统一办理。地方实践中的"工商受理，抄告相关，并联审批，限时完成"的做法可以纳入该方案。这种方式多在基本建设项目审批、企业工商登记许可中采用。②本级人民政府可以组织有关部门联合办理。"联合办理"类似于主办单位负责制，对需几个部门分别审批的事项，先明确一个主办部门，然后采取联合审批或者会签的做法，实行多项合一、一次收文、联合审批、一次审结。③本级人民政府可以组织有关部门集中办理。"集中办理"类似于设置集中审批服务中心、审批大厅等。各有关人民政府可以根据自己本地的实际情况决定采用何种方式。

第四节　行政许可的实施程序

《行政许可法》第四章专门对行政许可的实施程序作了明确规定，其目的是欲通过程序对行政权进行限制，改变我国过去行政许可中突出的问题。该章第一节至第五节为一般程序，详细规定了行政许可的申请与受理、审查与决定、听证、期限以及行政许可的变更与延续程序；而第六节规定了特殊程序，即实施特殊种类的行政许可所必须遵循的程序，如招标拍卖程序、考试程序、核准程序、登记程序。行政许可实施的一般程序与特殊程序之间的关系为一般与特殊的关系。根据《行政许可法》第51条的规定，在实施行政许可时，若规定了特殊程序的，则适用特殊程序规定；若没有规定特殊程序的，则适用一般程序规定。

一、行政许可的一般程序

（一）行政许可的申请与受理

1. 申请。行政许可申请，即申请人要求行政许可机关准许其行使某种权利或赋予其某种资格的行为。[1]行政许可申请既是触发行政机关启动行政许可实施

---

[1] 有的学者认为，行政许可申请是指公民、法人或者其他组织向行政机关提出拟从事依法需要取得行政许可的活动的意思表示。参见汪永清主编：《中华人民共和国行政许可法教程》，中国法制出版社2003年版，第112页。事实上，意思表示仅仅是法律行为的一个构成要素；而行政许可申请应当是一个独立的法律行为。

程序的必要法律事实，也是行政许可实施程序中行政机关审查决定是否准予行政许可的重要依据。在该阶段，依据《行政许可法》第29~33条的规定，笔者通过列明行政许可申请人与行政主体的权利义务关系来诠释行政许可申请程序的法律意义。

（1）申请人的权利和义务。申请人可以选择本人到场提交申请、委托申请和传交申请[1]三种方式来递交申请书；可以要求行政机关提供申请书格式文本；要求行政机关在申请书格式中不得附加与其申请的行政许可事项无关的技术资料和其他材料，不得损害申请人隐私权及其取得行政许可的权利；要求行政机关提供且公开填写好的行政许可申请书示范文本；有权拒绝行政机关收取申请书文本费用。

申请人也须负有真诚义务，若申请人以欺诈等不诚实方式取得行政许可的，行政主体可以随时撤销该许可，而且行政相对人基于行政许可所获得的利益也不受保护。申请人隐瞒有关情况或者提供虚假材料申请行政许可的，行政机关不予受理或者不予行政许可，申请人的申请权也将受到限制。

（2）行政机关的义务。主要为信息披露义务（公示义务）；申请书需采用格式文本的，行政机关应提供行政许可申请书格式文本；说明、教示义务；无权要求申请人提供与许可无关的信息等。这些义务体现了现代政府便民、服务的施政原则，也有利于提高行政许可的效率。

2. 受理。根据《行政许可法》第32条的规定，行政机关必须对行政许可申请作出回应，并区分不同情况予以处理：①申请事项依法不需要取得行政许可的，应当即时告知申请人不予受理。②对于不属于本行政机关处理的事项，应当作出不予受理的决定，并且应当告知申请人负责受理其申请的行政机关。③对依法属于行政机关职权范围内的事项且申请事项依法需要取得行政许可的，如果申请人提交的材料存在可以当场更正的错误，[2]行政机关应当允许申请人当场更正。④对依法属于行政机关职权范围内的事项且申请事项依法需要取得行政许可的，如果申请人提交的申请材料不齐全或者不符合法定形式的，行政机关应当当场或5日内一次告知申请人补正后提出申请。⑤许可申请符合受理条件，或者申请人按照行政机关的要求提交了全部补正的申请材料的，行政机关应当受理行政许可申请；因行政机关告知错误而导致申请人在补正材料后仍不符合受理条件

---

[1] 即申请人可以通过邮寄、电报、电传、传真、电子数据和电子邮件等方式跨越空间距离而将其行政许可申请提交至行政机关。

[2] "可以当场更正的错误"，主要指文字错误、计算错误或者其他类似的错误。对于此种错误，行政主体应允许行政相对人当场更正，不得以此拒绝受理行政许可申请。

的，那么行政机关也应受理，并在受理后按照情况处理。

根据《行政许可法》第 32 条第 1 款第 4 项的规定，申请材料不齐全或不符合法定形式，如果能够当场作出决定的，行政机关应当当场告知申请人补正申请资料；不能当场作出的，应当在收到行政许可材料后 5 日内告知申请人补正申请材料，这就表明了行政机关的受理期限是 5 日。根据《行政许可法》的规定，行政机关不予受理行政许可的，告知申请人不需要申请行政许可的，告知申请人向其他行政机关提出申请的，一次告知申请人需要补正全部材料的，受理行政许可申请的，都应当出具书面凭证，并且该凭证应当加盖行政机关的专用印章且注明日期。这些规定既规范了行政机关的受理行为，又为保护申请人的权益提供了法律保障。

(二) 行政许可的审查与决定

1. 审查。行政机关应当对申请人提交的申请材料的真实性进行审查。审查的依据是有关许可的法律、法规及其他规范。审查的对象是申请人提交的材料。审查的方式既包括对申请材料的书面审查，也包括依法实地调查核实。在实践中，书面审查是主要的审查方式，而只有在少数情况下，行政机关才需对申请材料的实质内容进行核查。对申请材料进行实质审查需具备两个重要条件：①必须根据法定条件和程序对申请材料的实质内容进行核实。②行政机关应当指派 2 名以上工作人员进行核查。对于情况比较复杂或重大的行政许可，行政机关应当采取极为慎重的态度，行政机关的负责人应当集体讨论决定。

2. 决定。行政机关对行政许可申请进行审查后，除当场作出行政许可决定外，一般应当自受理行政许可申请之日起 20 日内作出行政许可决定。20 日内不能作出决定的，经本行政机关负责人批准，可以延长 10 日，并应当将延长期限的理由告知申请人。依照《行政许可法》第 42 条第 2 款的规定，行政许可采取统一办理或者联合办理、集中办理的，办理的时间不得超过 45 日；45 日内不能办结的，经本级人民政府负责人批准，可以延长 15 日，并应当将延长期限的理由告知申请人。第 43 条规定，依法应当先经下级行政机关审查后报上级行政机关决定的行政许可，下级行政机关应当自其受理行政许可申请之日起 20 日内审查完毕。对于上述期限，法律、法规另有规定的，依照其规定。

行政机关根据审查申请材料的结果，可以作出准予许可或者拒绝许可的行为：①准予行政许可的决定；②不予行政许可的决定；③附加规定的准予行政许可的决定。

行政许可决定应当通过适当的方式向社会公开，供公众查阅。其中，法律、行政法规设定的行政许可，其适用范围没有地域限制的，申请人取得的行政许可在全国范围内有效。

(三) 听证程序

根据《行政许可法》第46、47条的规定，行政许可的听证可分为两类：

1. 行政机关依职权举行的听证，即行政机关依据职权而主动举行的听证，又可分两种情况：①法律、法规、规章规定实施行政许可应当听证的，那么行政机关必须举行听证；②行政机关认为行政许可事项涉及重大公共利益，但法律、法规、规章又没有规定的，行政机关应当自己决定举行听证。

2. 行政机关依申请举行的听证。行政许可直接涉及申请人与他人之间重大利益关系的，行政机关在作出行政许可决定前，应当告知申请人、利害关系人享有要求听证的权利；申请人、利害关系人在被告知听证权利之日起5日内提出听证申请的，行政机关应当在20日内组织听证。

《行政许可法》第48条对听证程序作出了详细规定，包括：①听证前的告知；②听证会的公开举行；③听证主持人的资格与权利义务；④回避；⑤举证与质证；⑥听证笔录；⑦案卷排他性原则。基于行政许可听证程序与其他行政行为听证程序的一致性，对听证程序细节在此不再赘述。另外，与行政处罚行为中适用案卷非排他性原则有所不同的是，在行政许可中，行政机关应当根据听证笔录作出行政许可决定，即遵守案卷排他性原则。

(四) 行政许可决定的后续程序：变更、延续和换证

行政许可的变更和延续程序是行政许可实施程序的一个重要组成部分，是行政机关在作出行政许可决定后再次作出的与原行政许可决定有联系的两种行政行为。同时，行政许可的变更和延续也具有一定的联系。

行政许可的变更，指被许可人在取得行政许可后，因自身情况与行政许可决定或者行政许可证件所记载的内容相比已经发生了变化，而对原行政许可准予其从事活动的内容请求予以改变。例如，股份公司增发股票增加注册资本，须对原先企业登记证书的有关注册资本内容予以变更。应注意的是，此处所言的行政许可的变更不同于《行政许可法》第8条第2款所界定的变更。第8条第2款规定的是因行政许可依据的法律、法规、规章修改或废止，或者行政许可依据的客观条件已经发生了重大的变化，为了公共利益的需要，行政机关可以依法变更已生效的行政许可。

行政许可的延续，也称延展，是指行政许可的有效期届满后，延长行政许可的有效期间。行政许可一般都会附加有效期限。一般而言，先由被许可人在有效期届满30日前向作出准予行政许可决定的行政机关提出延展行政许可的申请，但是法律、法规、规章另有规定的除外。

行政机关经审查，认为申请人不再具备取得行政许可条件的，可以作出不予延续的书面决定，但必须说明不予延续的理由，并告知其依法申请行政复议和提

起行政诉讼的权利。若行政机关逾期不作出是否准予延续行政许可的决定的，视为准予延续行政许可。不过需要注意的是，对于一些重大的行政许可事项，如果认为默示批准也适用于延续申请，则会对公共利益带来一定风险，可以考虑在设定该行政许可时，不规定行政许可的延续，而代之以重新申请的方法。例如，《枪支管理法》第 15 条第 4 款规定："民用枪支制造许可证件、配售许可证件的有效期为 3 年；有效期届满，需要继续制造、配售民用枪支的，应当重新申请领取许可证件。"

换证是指行政机关作出行政许可后，对过去颁发给被许可人的行政许可证件予以收回，并颁发新的证件。除行政许可审查事项确有变动、行政许可的主管机关发生变化或者法律、行政法规明确有规定的情形外，行政机关不应频繁换证，且不得向被许可人收取任何费用。

二、行政许可的特殊程序

除了行政许可的一般程序外，《行政许可法》第四章第六节还专门规定了特殊程序，以针对不同种类的行政许可。一般而言，公开招标、拍卖程序适用于特许；考试、考核程序适用于认可；检验、检测、检疫是实施核准的特定方式。根据《行政许可法》第 51 条的规定以及法律适用规则，特殊程序优于前述一般的行政许可程序。

第五节 行政许可的监督检查和法律责任

一、行政许可的监督检查

（一）行政许可监督检查的内容

《行政许可法》规定的监督检查主要包括两个方面的内容：

1. 对行政机关的监督和约束。《行政许可法》第 60 条规定了具有自律性质的上下级行政机关之间的内部监督，主要包括：行政机关是否严格按照设定行政许可的标准和条件公平地实施行政许可行为；行政机关是否按照规定以适当的方式公布行政许可的内容、对象、条件、程序、时限以及审核结果等。

《行政许可法》第 63 条规定了对行政许可机关履行职责的监督，第 69 条也从监督检查的处理结果方面规定了针对行政机关履行职责的监督。监督内容包括：行政机关工作人员滥用职权、玩忽职守作出准予行政许可决定的；超越法定职权作出准予行政许可决定的；违反法定程序作出准予行政许可决定的；向不具有申请资格或者不符合法定条件的申请人准予行政许可的；依法可以撤销行政许可的其他情形。

2. 对公民、组织履行许可义务的监督。根据《行政许可法》第 10 条第 2 款的规定，行政机关对个人或者组织从事行政许可事项的活动应当进行有效的监督。一方面，行政许可机关给被许可人发放许可意味着监督工作的开始。对于被许可人是否依法实施许可活动，是否仍然符合许可条件，是否非法出借、出租、倒卖许可证等情况，都需要行政机关予以监督和制裁。另一方面，对于公民、组织在未取得许可的情况下从事法律、法规、规章规定必须获得许可方可从事的活动的违法行为，行政机关也应当予以监督和制裁。《行政许可法》第 61～69 条规定了行政机关事后监督检查的各种方式。一般情况下，行政机关对公民、组织进行监督检查有以下几种方式：①书面检查；②抽样检查、检验、检测；③实地检查；④定期检验；⑤自检制度；⑥个人、组织举报、投诉。

此外，需要注意的是，根据《行政许可法》第 64 条的规定，行政许可决定机关实施监督检查，还有一项辅助性的监督措施，即异地抄告制度。抄告制度的确立具有重要的创新意义：一方面，可以促进不同区域行政管理和监督检查之间信息的互相沟通；另一方面，可以保持行政管理工作的连续性、统一性和效率性。

一般许可中的被许可人取得许可证后不负有必须从事许可事项的义务。但在一些特殊的行政许可中，被许可人在取得许可的同时就被赋予了特定的义务，一旦违反就会受到相应的制裁。《行政许可法》第 66 条和第 67 条分别规定了对有关有限自然资源开发利用、有限公共资源配置和直接关系公共利益的特定行业的市场准入的被许可人实施特殊监管。

（二）行政许可监督检查的处理结果

行政机关监督检查中发现公民、组织违法从事行政许可事项的活动的，其处理结果往往是责令停止违法行为、责令补办行政许可，甚至给予行政处罚。但根据《行政许可法》第 69 条和第 70 条的规定，有两种处理结果：一是撤销；二是注销。下面分述之。

1. 撤销。行政许可的撤销，是指以行政许可行为成立时存在瑕疵为由，包括行政许可行为缺损合法要件或行政许可行为不当等，取消该行政许可行为的效力，使其从成立时起就丧失效力，从而恢复到其作出之前状态的法律制度。行政机关可以自行撤销，也可以通过行政复议途径由上级行政机关予以撤销，还可以通过行政诉讼由人民法院予以撤销。

根据《行政许可法》第 69 条的规定，撤销的法定情形如下：

（1）行政机关违法作出行政许可行为，可以予以撤销。包括：行政机关工作人员滥用职权、玩忽职守作出准予行政许可决定的；超越法定职权作出准予行政许可决定的；违反法定程序作出行政许可决定的；对不具备申请资格或者不符合法定条件的申请人准予行政许可的；依法可以撤销行政许可的其他情形。

(2) 因被许可人违法或者不当的原因而作出的行政许可，即被许可人以欺骗、贿赂等不正当手段取得行政许可的，应当予以撤销。

(3) 既有行政机关违法或不当原因，又有被许可人违法或不当原因而作出的行政许可行为。但基于公共利益的考虑，有关机关也可以依法不予撤销。这主要指以下的情形：①撤销行政许可能对公共利益造成重大损害的，应当不予撤销。②行政许可虽然具有违法因素，但是被许可人没有采取欺骗、贿赂等不正当手段取得行政许可的行为，而且其基于行政许可所取得的利益明显大于撤销行政许可所维护的公共利益，行政机关就不应予以撤销。③行政许可虽然具有违法因素，但是作出行政许可决定的行政机关或者其上级行政机关，应当在知道撤销情形之后的一定期限内撤销行政许可，若超过了上述期限就不应再予以撤销。

撤销行政许可之后，会发生两个方面的结果：①对于撤销的行政许可，行政机关根据被许可人的申请，可以重新作出准予行政许可的决定。撤销被许可人的许可，并非是一种永久性的惩罚，在撤销行政许可后，被许可人仍然有权利就同一行政许可事项进行申请，行政机关对被许可人的申请，应当认真审查并作出决定。②对于无过错的被许可人的赔偿。从导致行政许可的被撤销的事由看，有时行政许可被撤销是由行政机关的违法行为所致，被许可人并无过错。而行政许可的撤销有时会对无过错的被许可人的合法权益造成损害，因此《行政许可法》第69条第4款规定："依照本条第1款的规定撤销行政许可，被许可人的合法权益受到损害的，行政机关应当依法给予赔偿……"

2. 注销。注销，是指行政机关注明取消行政许可，并宣布使其失去法律效力的一种行政活动。注销的前提是出现了行政许可失去效力的特定事实。例如，被许可人违法从事有关活动，或者出现了客观事实而与被许可人行为的违法与否无关。根据《行政许可法》第70条的规定，有下列情形之一的，行政机关应当依法办理有关行政许可的注销手续：①行政许可有效期届满未延续的；②赋予公民特定资格的行政许可，该公民死亡或者丧失行为能力的；③法人或者其他组织依法终止的；④行政许可依法被撤销、撤回，或者行政许可证件依法被吊销的；⑤因不可抗力导致行政许可事项无法实施的；⑥法律、法规规定的应当注销行政许可的其他情形。出现上述依法应当注销行政许可的情形的，行政机关应当依法办理有关行政许可注销的手续，如收回颁发的行政许可证件，或者在行政许可证件上加注发还；对找不到被许可人的或者注销行政许可事项需要告知的，行政许可还应当公告注销行政许可。

需要注意的是，《行政许可法》中的撤销和注销具有严格的区别，除上述的适用情形外，两者之间还有三个方面的差别：①行政许可的撤销与注销的事由不同。②行政许可撤销与注销的效力不同。行政许可的撤销是自始不发生行政许的法律效力;行政许可的注销是往后不发生法律效力,而注销前被许可人从事的许可活动是有效的。③行政许可如因行政机关违法而被撤销会发生国家赔偿问题;而注销只是行政许可终结的一个手续,不存在国家赔偿问题。

二、行政许可的法律责任

行政许可法律责任是行政许可制度中的一个重要环节。下文分别介绍并阐释行政许可中违法设定与违法实施许可的法律责任以及行政相对人的法律责任,并且在分析现行立法规定的同时,也对其中的可再完善之处作进一步的探索。

(一) 违法设定行政许可的法律责任

实践中违法设定行政许可的现象主要表现为:①无行政许可设定权的主体行使了设定权;②超越法定许可事项范围设定了行政许可;③超越法定权限设定了行政许可;④违反行政许可设定程序;⑤行政许可的设定形式违法。根据《行政许可法》第71条的规定以及各地有关行政许可责任追究办法中违反行政许可法有关设定行政许可的规定,违法设定行政许可将导致三种法律后果:①由有权机关责令设定行政许可的机关自行改正;②由有权机关依法直接撤销设定行政许可的规范性文件;③追究个人责任。

(二) 违法实施行政许可的法律责任

《行政许可法》第72~77条的规定属于违法实施行政许可法律责任的内容。主要包括以下四种情形:①行政许可实施机关及其工作人员违反一般性程序规定的行为;②行政许可实施机关及其工作人员违反廉政要求的行为;③行政许可实施机关实施行政许可时实体违法的行为;④行政许可实施机关在监督检查中的违法行为。在各地颁布实施的有关行政许可责任的追究办法中,绝大多数把"行政许可责任"这一概念界定为:负责实施行政许可的机关及其工作人员在实施行政许可过程中或者对行政许可相对人进行监管过程中,违反国家法律、法规和有关规定,给公民、法人或者其他组织造成财产损失或者不良社会影响应当承担的行政责任。[1]

行政许可实施机关的责任承担方式主要包括责令改正、返还利益、行政赔偿责任等。从性质上看,行政许可实施机关承担的主要是补救性而非惩罚性的责任,即承担责任的程度基本上以补救许可相对人受损害的合法权益为限,而非侧重对责任主体的惩罚。行政许可实施机关工作人员的责任承担方式有行政处分、赔偿(追偿)责任以及刑事责任三种。

(三) 行政相对人的法律责任

根据《行政许可法》第78~81条的规定,行政相对人的违法情形有:

1. 行政许可申请人申报不实的情形。

---

[1] 如2005年9月1日起施行的《宁夏回族自治区行政许可过错责任追究办法》第3条。

2. 被许可人的违法情形。包括：涂改、倒卖、出租、出借行政许可证件，或者以其他形式非法转让行政许可的；超越行政许可范围进行活动的；向负责监督检查的行政机关隐瞒有关情况、提供虚假材料或者拒绝提供反映其活动情况的真实材料的；法律、法规、规章规定的其他违法行为。

3. 其他行政相对人的违法情形。包括：公民、法人或者其他组织未经行政许可，擅自从事依法应当取得行政许可的活动的。

《行政许可法》对行政相对人的法律责任规定了两个幅度，程度较轻者予以行政处罚，较重者予以刑事处罚。除了上述法律责任的承担方式外，行政许可的相对人还可能承担一种特殊的法律责任，即由于责任人的违法行为导致一定期限内限制其行为能力的责任，也称为限制申请资格责任。

所谓限制申请资格，是指限制违法的行政相对人在一定期限内不得再次申请相同的行政许可，此种责任承担方式主要是基于维护公益的考虑，当行政相对人所申请的许可是属于直接关系公共安全、人身健康、生命财产安全的事项时，若其违反有关法律法规申请或取得行政许可，就将在一定期限内失去再次申请的资格。《行政许可法》第78条和第79条分别规定了该种责任的承担方式。此种责任承担方式主要是对违法行为人的惩戒，目的是促使其以后遵守相应的法律规定，不再重犯。因此有学者认定，申请资格限制符合行政处罚的构成要件，应当定性为行政处罚。[1]明确申请资格限制的性质，有利于保障行政许可相对人获得法律救济的权利。

学术视野

一、行政许可的性质

我国学者对行政许可性质的不同认识主要有以下几种观点：

1. 赋权说。即相对人本来并没有某种权利，只是因为行政机关的允诺和赋予，相对人才获得了该项一般人不能享有的权利。国家行政机关可以随时变更或取消这种权利。

2. 解禁说或权利恢复说。即行政许可的内容是国家普遍禁止的活动，但是，为了适应社会生活和生产的需要，对符合一定条件者解除禁止，允许其从事某项特定活动，享有特定权利和资格。解禁说是有关行政许可性质的正统观念。根据该说，由于应受许可的事项，在没有这种限制以前，是任何人都可以作出的行为或享有的资格，但因为有了法律、法规等规定的许可制度，其自由受到了限

---

[1] 汪永清主编：《中华人民共和国行政许可法教程》，中国法制出版社2003年版，第256页。

制,而行政许可则是对自由的恢复,对相对人不作为义务的解除,而非权利的授予,因此解禁说又称为权利恢复说。

3. 折中说。该说认为,赋权说和解禁说两种观点并非截然对立,它们的差异只是认识角度不同而造成的。从表面上看,行政许可的确表现为行政机关赋予相对人某种权利,称之为赋权行为未尝不可;但从根本上说,行政许可不仅是行政机关行使行政职权的形式,而且是对原属于公民的某种权利自由的恢复,是对特定人解除普遍禁止的行为。

4. 验证说或确认说。针对赋权说的缺陷,有学者指出,行政许可只是对权利人行使权利的资格与条件加以验证并给予合法性的证明,而并非权利(包括享有权与行使权)的赋予。该学者从法理学的角度,对"享有权利""行使权利"与"验证权利"作了细致的区别,认为行政许可的性质是对权利的"验证"。[1]

5. 公私益衡量说。认为行政许可实质方面的性质是行政机关在公共利益的维护与行政相对人个体利益实现手段之间进行选择与衡量,确定是否允许相对人行使权利以实现个体利益的一种具体行政行为。

6. 其他更多的观点。如无害性审查说,即法律要求相对人不得未经申请即径行从事某种行为,并非根本禁止该行为,而是为了通过相对人的申请,使行政机关有机会事先审查其所从事行为的无害性。[2]又如命令说,认为许可的性质是一种命令行为。[3]等等。

二、工商登记的性质

工商登记,理论界也称之为商事登记,是由市场主体将其设立、变更、解散的事实记载于登记主管机关的登记簿并经过公示的行为。理论界普遍认为工商登记是一种公法行为,由行政相对人申请行为和行政主管机关的审核登记注册行为组成。但是对于工商登记的性质问题则有不同的看法。一种认为工商登记是相关登记事项的生效要件,具有创设权利的效力,因此,工商登记的性质为行政许可。另一种观点认为登记与否对登记事项的效力并无影响,只是未经登记的事项无法对抗善意第三人,即登记的意义在于公示,因此,工商登记的性质是行政确认。

从上述争论的焦点可以看出,工商登记的效力主要取决于工商登记是否具有创设权利的法律效力,若具有创设力,则为行政许可;若不具有创设力,则为行

---

[1] 郭道晖:"对行政许可是'赋权'行为的质疑——关于享有与行使权利的一点法理思考",载《法学》1997年第11期。
[2] 刘东亮:"无害性审查:行政许可性质新说",载《行政法学研究》2005年第2期。
[3] 张正钊、韩大元主编:《中外许可证制度的理论与实务》,中国人民大学出版社1994年版,第2页。

政确认。[1]笔者认为，工商登记有很多种，有设立登记、变更登记和注销登记。对于市场主体的设立登记，因其是一种赋权行为，相对人本没有此项权利，只是因为行政机关的允诺和赋予，才使其获得该项一般人不能享有的权利。因此，具有创设权利的效力，应当属于行政许可。现行立法的措辞也证明了这一点。如《公司法》第7条第1款规定："依法设立的公司，由公司登记机关发给公司营业执照。公司营业执照签发日期为公司成立日期。"《外资企业法》第7条、《个人独资企业法》第13条等都有同样的规定。

在国外，如对于企业从事经营而进行的登记本身并不含有许可的意义，而只属于一种备案，是行政机关对市场主体进行事前监控的一种手段。但在我国，登记行为本身的性质不是十分明确，从一般意义上讲，行政许可是行政机关允许相对人从事特定活动，因此，作为对申请人申请事项进行记载的登记行为不属于严格意义上的行政许可。然而，若实践中对于如企业登记等行为，工商行政机关进行的是实质审查的话，该工商登记将带有行政许可的性质，应界定为行政许可。

三、《行政许可法》第8条之实质

《行政许可法》第8条规定："公民、法人或者其他组织依法取得的行政许可受法律保护，行政机关不得擅自改变已经生效的行政许可。行政许可所依据的法律、法规、规章修改或者废止，或者准予行政许可所依据的客观情况发生重大变化的，为了公共利益的需要，行政机关可以依法变更或者撤回已经生效的行政许可。由此给公民、法人或者其他组织造成财产损失的，行政机关应当依法给予补偿。"

对该条款，我国学者纷纷撰文称道"首次肯定了行政许可领域的信赖利益保护原则"[2]。不可否认的是，第8条蕴涵了把保障相对人利益作为行政机关变更已经生效的行政许可的权衡要素，这与合法预期保护原则的构建要件有相似之处，但仅凭这一立法理念不足以引入合法预期保护原则的适用。

因为以笔者之见，第8条解决的并不是现行制定法之外的合法预期问题，因为相对人依法取得的行政许可，根据现行许可法律和行政诉讼制度，属于制定法之内的合法利益，是完全可以通过司法机关的形式合法性审查来得到保护的。所以《行政许可法》第8条的立法价值仍在形式合法性原则下"转圈圈"，并没有确立真正意义上的相对人信赖保护原则。若一定要承认该条确立了"行政信赖保护原则"，那么这样仍在形式合法性原则下支撑起来的信赖保护，也只是为现行

---

[1] "浅析工商登记及其行政审查原则"，载兰州市工商行政管理局，http://www.lzhd.gov.cn/ShowNews.asp? ID＝8260，访问日期：2010年9月25日。

[2] 曹康泰主编：《依法行政典型案例读本》，中国法制出版社2005年版，第27页。

行政合法性原则或审查标准多添加了一个说服理由而已。

不过笔者认为，《行政许可法》第8条的实际价值是在第2款，即在行政机关依法变更或撤回行政许可时应当对相对人的合法财产损失给予补偿，确立了行政许可法上的行政补偿制度，肯定了合法权益的补偿性保护方式。当然，具体的补偿标准、范围等内容仍须予以规范。

理论思考与实务应用

一、理论思考

（一）名词解释

行政许可　行政许可的设定　行政许可的规定　行政许可的撤销　行政许可的注销

（二）简答题

1. 根据《行政许可法》的规定，行政许可设定权是如何划分的？
2. 行政机关成为行政许可实施机关需要具备哪些条件？
3. 委托行政许可的条件和规则是什么？
4. 行政许可权的相对集中行使需要具备哪些条件？

（三）论述题

1. 论行政许可的设定原则。
2. 论我国行政许可的设定事项和可以不设定的事项。

二、实务应用

（一）案例分析示范

案例一[1]

原告代某某原系西南合成制药总厂职工医院职工，为参加2003年度全国执业医师资格考试，在报名时提交了2003年4月21日西南合成制药总厂门诊部出具的《医师资格考试报名试用期考试合格证明》，载明其于2001年4月～2003年4月21日期间在该门诊部工作，代某某凭此证明参加了2003年度全国执业医师资格考试并取得了《执业医师资格证书》。2004年9月，重庆市卫生局接到江北区卫生局《关于代某某涉嫌违规参加执业医师考试取得执业医师资格的情况报告》，经调查查明，代某某在报名参加2003年度全国执业医师资格考试时提供的报名材料，即《医师资格考试报名试用期考试合格证明》中关于其于2001年4

---

[1] 摘自重庆市第一中级人民法院代光荣诉重庆市卫生局卫生行政许可案（2006）渝一中行终字第260号行政判决书。

月~2003年4月21日期间在该门诊部工作等内容与事实不符，遂于2005年7月21日向代某某送达《行政许可证件撤销告知书》。代某某于同年8月5日提出听证申请，重庆市卫生局于同月16日发出《听证通知书》，告知代某某于2005年8月30日14时在重庆市卫生局举行听证会，代某某未在规定的时间参加听证会，重庆市卫生局遂于2005年9月30日作出渝卫撤字〔2005〕1号《行政许可证件撤销决定书》，撤销了原告的《执业医师资格证书》，法律依据是《行政许可法》第69条第2款关于以欺骗手段取得行政许可的，应当予以撤销的规定。代某某不服，遂以重庆市卫生局为被告提起诉讼。

一审法院判决维持了被告作出的《行政许可证件撤销决定书》。代某某不服一审判决，上诉称：根据《行政处罚法》第38条第1款第4项的规定，重庆市卫生局没有确定"伪造""贿赂""欺骗"等刑事犯罪的职权，其《行政许可证件撤销决定书》的证据不足，一审法院判决维持该撤销决定错误，故请求撤销一审判决及本案被诉具体行政行为。而重庆市卫生局未向二审法院提供答辩状。二审法院经审查认为，重庆市卫生局对代某某作出的《行政许可证件撤销决定书》事实清楚，证据充分，适用依据正确，程序合法，一审法院判决维持该具体行政行为并无不当。代某某要求撤销一审判决及本案被诉具体行政行为的上诉理由不能成立，对其上诉请求本院不予支持。依照《行政诉讼法》（1989年）第61条第1项之规定，作出维持原判的判决。

问：重庆市卫生局对代某某作出的《行政许可证件撤销决定书》是否合法？

【评析】行政许可作为行政行为的一种，其合法有效也应当遵循行政行为的合法要件，具体内容包括：行政主体合法、行政职权法定、行政行为实体合法、行政行为程序合法、行政行为形式合法等。在本案中，要判断重庆市卫生局对代某某作出的《行政许可证件撤销决定书》是否合法，需要从行政许可的合法要件来判断[1]。

从主体来看，根据《行政许可法》的授权，重庆市卫生局作为代某某的执业医师资格证书的发证单位，具有依法撤销该行政许可的职权，因而重庆市卫生局是有权主体。从内容来看，根据《医师资格考试暂行办法》第13条第1款第4项和《卫生行政许可管理办法》第57条第2款的规定可知，申请参加医师资格考试的人员，应当提交试用机构出具的试用期满1年并考核合格的证明等材料，而对于提交虚假报名材料、以欺骗方式取得参加考试资格的考生，应当由发证单位撤销其已经取得的职业资格。由于法庭审理查明代某某在2003年报名参

---

[1] 参见"以虚假保密材料参加考试获得执业医师资格证的行政许可行为，依法应当予以撤销"，载法律案例网，http://case.mylegist.com/1459/2010-01-08/3747.html，访问日期：2010年9月25日。

加医师资格考试时提交的《医师资格考试报名试用期考核合格证明》中载明的代某某于 2001 年 4 月~2003 年 4 月 21 日在西南合成制药厂职工医院从事内科临床工作并考核为称职等内容不实,系虚假材料,可知代某某属于以欺骗这一不正当手段取得卫生行政许可的行为,其取得的执业医师资格证应当予以撤销。由此可知,重庆市卫生局撤销代某某的执业医师资格证是具备法律和事实依据的,内容合法。从程序来看,法律明确规定作出行政许可的部门在撤销许可之前应当保障被许可人的陈述、申辩以及依法要求听证的权利。在本案中,重庆市卫生局对代某某作出该撤销执业医师资格决定之前,向其发出了听证告知书,告知了其撤销行政许可的事实、依据,可以说是履行了撤销行政许可应当履行的相关程序,程序方面也是合法的。

综上所述,重庆市卫生局对代某某作出的《行政许可证件撤销决定书》符合行政行为的全部合法要件,因而该撤销行政许可的行为是合法有效的。

案例二[1]

2004 年元月,横店集团九江东磁房地产有限公司(以下简称"东磁公司")依法成功竞购位于九江市长虹大道北侧、火车站外广场两侧商住用地,进行房地产开发,项目命名为"丽景湾花园"。由于丽景湾项目所处的地界十分重要,位于火车站对面,政府对东磁公司的设计也给予了极大的重视,希望该项目建成之后,能够形成"城市之门"的布局,成为火车站广场的标志性建筑。所以,项目地块规划设计按照政府意见经过六次论证方才定稿。九江市规划局在通过有关规划许可及其建设方案之前,还专门组织召开了城市规划行政许可听证会,全面征求了政府、人大、专家、市民代表和其他有关单位的意见。在当事人看来,丽景湾项目从规划、设计到建设方案的确定、许可,处处可见政府的身影,而且征求了各有关方面的意见(包括事后发难的人大常委会的意见),这充分说明了该项目决策本身就非常审慎、严谨和科学,已经充分考虑了项目与周边环境景观的协调一致,具有合法正当性,充分体现了公共利益的要求。竞购地块成功后,东磁公司依法履行项目所需各种手续,包括但不限于:签订国有土地出让合同,缴纳土地出让金,取得《国有土地使用证》,办理项目规划、设计、建设、施工等行政许可手续。项目于 2006 年 11 月 11 日正式动工,截至 2007 年 4 月 30 日,东磁公司已实际投入项目资金 13 500 多万元。

正当该项目按计划如期实施时,九江市建设局突然于 2007 年 4 月 30 日向东

---

[1] 依据余凌云"对《行政许可法》第 8 条的批判性思考——以九江市丽景湾项目纠纷案为素材"一文摘编而成。该文载《清华法学》2007 年第 4 期。

磁公司发出《关于暂停丽景湾工程施工的通知》，内容是"丽景湾工程由于社会反映大，市人大即将对该工程进行专题视察，请贵公司暂停施工"。同年6月20日，九江市规划局、九江市国土资源局、九江市建设局又联合下发《关于对停建"丽景湾"建设项目及善后处理意见的告知书》："丽景湾项目取得各项行政许可手续后，人民群众提出了异议，为此，市人大组织部分省市人大代表对该项目进行重点视察，并组织由工程院院士组成的权威规划设计专家进行了论证。根据人民群众的意愿、人大代表视察的建议和专家论证的意见"，该项目的地段不适宜建筑，必须改为大片"绿地"。最后提出："我们将依法依规妥善处理丽景湾项目善后事宜，既要努力把损失降到最低程度，又要对因停建丽景湾项目给被许可人横店集团九江东磁房地产有限公司造成的财产损失，依法给予合理补偿。"过了两天，九江市规划局作出《关于撤回建设项目选址意见书、建设用地规划许可证、建设工程规划许可证的决定》；同日，九江市建设局作出《关于撤回施工许可证的决定》。至此，"丽景湾"建设工程项目被迫全面停工。

据横店集团的当事人介绍，在作出决定之前没有听取东磁公司的意见，更不用说听证了，因为从发出告知书到撤销许可证之间仅隔2日，根本无法有充足的时间用于听证及其准备。

问：本案中撤回许可是否违反了《行政许可法》第8条第2款的规定？

【评析】根据《行政许可法》第8条第2款的规定，只有符合以下条件之一的，才可以依法变更或者撤回行政许可：①行政许可所依据的法律、法规、规章修改或者废止，为了公共利益的需要，行政机关可以依法变更或者撤回已经生效的行政许可；②准予行政许可所依据的客观情况发生重大变化的，为了公共利益的需要，行政机关可以依法变更或者撤回已经生效的行政许可。而且，从正确适用的角度看，不是只要存在公共利益，无论大小、多寡，都允许变更或者撤回，而是必须符合比例原则的要求，即要求公共利益与相对人的合法权益相比，更加重要、更为巨大；相对人因此受到的损害比起公共利益来讲，要小得多，是相对人可以合理忍受的程度。

因此，如果需要变更或者撤销已经生效的行政许可，主管机关必须说明是否是国家法律、法规、规章发生变化，或者发生重大情势变迁，必须撤回已批准的许可证；必须说明该项目已经达到了必须撤回许可的程度，不撤回、不停建，不足以有效保护公共利益；必须充分论证撤回许可证，获得的公共利益将远远大于为此可能导致的当事人的损失。但是，从九江市相关行政机关有关暂停施工的通知、善后处理意见告知书以及撤回许可的决定中，我们并没有发现据以颁发行政许可的法律、法规、规章被修改或者废止，也没有发现客观情况发生重大变化。至少，在上述法律文书之中，没有认真、详细阐述和解释"哪些据以颁发行政许可的法律、法规、规章被修改或者废止了，客观情况发生了怎样的重大变化"。用行政法术语来讲，就是说明理由不清楚、不充分。

同时，丽景湾项目正式开工后东磁公司按照正常施工进度完成了部分建筑。所有这些行为意味着该公司已为"丽景湾"建设项目投入了大量的资金，与诸多原材料供应商之间签订的合同也已经开始履行，也预示着项目完成之后将可能获得一定的利润。东磁公司之所以敢于投资，并盘算预期的利益，当然是基于对政府许可行为的信赖。也就是说东磁公司相信只要其自身不违反法律，九江市政府主管部门就不会撤销有关许可。东磁公司也有理由相信，一个诚信的政府一定会保护这种信赖以及由此产生的合法信赖利益。

九江市政府与有关主管部门似乎不能有说服力地解释，其撤回许可行为符合《行政许可法》第8条第2款之中的任何一种条件，更无法让人信服地感受到存在着客观的、巨大的、必须通过撤回才能妥善保护的公共利益，而且没有提供给东磁公司听取意见以及充分说明理由的机会。因此，九江市政府与有关部门的撤回行为违反了《行政许可法》第8条的核心思想，即防止行政机关擅自改变已经生效的行政许可，切实保护相对人依法取得的行政许可。

案例三[1]

2006年1月4日，被告福建省霞浦县海洋与渔业局收到原告霞塘村村民委员会关于要求审查、核准并颁发龙潭坑海域使用权证的申请报告及相关材料。被告对该具体海域状况、历史权属纠纷情况审查后，未报有批准权的政府批准，也未予书面通知原告。原告诉称，其依法提交了相应材料后，被告未履行内部报批职责，请求法院判令被告对原告的海域使用申请依法批复并颁发使用权证。被告辩称，用海审批颁证机关是县级人民政府，被告只是审查审核机关，不是本案适格诉讼主体。被告对原告用海申请条件的审查审核，以及是否向有批准权的政府报批，系履行行政机关的内部职责，不属司法审查的范围。而且，原告申请使用的海域存在权属纠纷，原告不具备申请条件，请求驳回原告的诉讼请求。

问：请对本案被告的辩称予以分析：被告是否无权颁发海域使用证？被告认为自己没有向有批准权的政府报批，系未履行行政机关的内部职责，原告对此没有起诉权，是否有理？

【评析】对于第一个问题，霞浦县人民法院经审理认为，根据国家海洋局《海域使用申请批准暂行办法》（2002年，现已失效）第2条的规定，被告霞浦县海洋与渔业局依法负责本行政区域内海域使用申请的受理、审查、审核，

---

[1] 参见"行政机关不履行内部报批职责可被诉"，载http://handan.lawyerwq.com/n769c173.aspx。

并负责向同级人民政府报批。本案被告霞浦县海洋与渔业局不是法定的海域使用申请批准机关，不具有颁发海域使用证的法定职权，即颁发海域使用证的有权主体应是县级人民政府。因此，对原告要求被告颁发海域使用证的诉讼请求不予支持。

对于第二个问题，法院认为，根据《海域使用申请审批暂行办法》第10条的规定，被告收到海域使用申请后应当在法定期限内依法审查审核，认为符合条件的，报同级人民政府批准；认为不符合条件的，书面通知海域使用申请者，并说明原因。被告作为同级人民政府的海域使用管理职能部门，对海域使用申请应履行内部报批或书面通知原告不符合条件的法定职责。被告霞浦县海洋与渔业局收到申请材料后，对申请材料及所指具体海域情况进行了审查审核，在法定期限内未报同级人民政府批准，也未通知原告申请不符合条件并说明理由。被告不履行法定职责，致使海域使用申请程序无法续行，原告认为影响了其合法权益而提起行政诉讼，属于人民法院行政诉讼的受案范围。

第二个问题在行政法学界被称为"行政内部行政行为的可诉性判断问题"。本案被告以其仅系政府的职能部门为由进行抗辩，认为其审查审核是内部行政行为，不属行政诉讼受案范围。内部行政行为，是指上级行政机关对下级行政机关，或行政机关对内部职能部门及工作人员，基于领导或隶属关系进行管理的行为，通常只涉及行政机关的内部行政事务。《行政许可法》第43条规定了层级审查与内部报批制度：依法应当先经下级行政机关审查后报上级行政机关决定的行政许可，下级行政机关应当自其受理行政许可申请之日起20日内审查完毕。《海域使用管理法》第17条第1款规定了海域使用许可的内部报批程序：县级以上人民政府海洋行政主管部门依据海洋功能区划，对海域使用申请进行审核，并依照本法和省级政府的规定，报有批准权的人民政府批准。本案的海域使用许可，由被告对申请材料进行审查审核符合条件后报同级人民政府批准，由政府就是否许可海域使用作出决定。本案的内部报批，体现了政府与被告之间的行政管理关系，但内部报批程序的启动与否对申请人有重大影响，因而又是一个外部行政行为。

《执行行政诉讼法解释》（2000年，现已失效）第1条第2款第6项规定，对公民、法人或者其他组织权利义务不产生实际影响的行为，不属于人民法院行政诉讼的受案范围。该条文以行政行为是否对外产生实际影响为界线，不局限于行政机关间的内部关系，这从实质上界定了行政行为的可诉标准。对于本案，若被告对原告的申请经过审查后报批，由政府作出了是否许可的决定，该决定即为最终的行为，也是影响原告权益的行为。其中的内部报批行为，不会最终影响原告权益，如果在这个环节就允许原告起诉，将使政府的决定程序受阻。若被告审查审核后不向同级政府报批，行政程序就没有续行的可能，海域使用申请就此终结，此时司法权的介入无从影响政府的决定程序，申请人获得海域使用权的期待落空，该行政行为即为成熟，应属人民法院行政诉讼的受案范围。

本案还有一个问题，虽然原告的用海申请是否符合条件属被告行政自由裁量的范畴，但依据《行政许可法》的相关规定，被告有法定义务向同级人民政府报批或通知原告申请不符合条件，而本案中被告却没有履行该法定职责。据此，霞浦县人民法院依据《行政诉讼法》(1989年)第54条第3项、《执行行政诉讼法解释》(2000年，现已失效)第56条第1项的规定，判决：驳回原告霞浦县溪南镇霞塘村民委员会要求被告霞浦县海洋与渔业局颁发海域使用权证的请求；被告霞浦县海洋与渔业局应在30日内履行法定职责。

(二) 案例分析实训

案例一

请阅读2001年12月31日发布实施的《关于浦东新区企业设立、开业试行告知承诺审批方式的意见》（上海市浦东新区人民政府［2001］175号文）[1]一文，并回答问题：

为了推进本市行政审批制度改革，进一步探索行政管理的有效形式，改善投资环境，结合本市的实际情况，现就浦东新区企业设立、开业中的部分行政审批事项试行告知承诺审批方式提出如下意见：

一、告知和承诺的含义

本意见所称的"告知"，是指具有审批职能的行政机关（以下简称审批机关）将法律、法规、规章以及相关技术规范中规定的企业设立、开业应当符合或者达到的条件、标准、要求，以书面形式向办理企业设立、开业有关行政审批手续的申请人告示的行为。

本意见所称的"承诺"，是指前款中的申请人向审批机关作出的对该机关告知的事项已经知晓和理解，并保证按照法律、法规、规章以及相关技术规范所规定的条件、标准、要求设立企业、开业经营的意思表示。

二、告知承诺制的适用范围

在本市浦东新区申请企业设立或者开业时，涉及本意见"附件"中所列的行政审批事项的，实行告知承诺的审批方式。

三、实行告知承诺制的内容和形式

在申请人办理企业设立、开业有关行政审批手续时，审批机关应向申请人提

---

[1] 经评估，上海市浦东新区人民政府认定该行政规范性文件需继续实施，该文件的有效期至2020年4月30日。见"上海浦东"网，http：//www.pudong.gov.cn/shpd/InfoOpen/CritericonFile.aspx? Id=472.

供告知承诺文书。

（一）告知的主要内容

1. 行政审批事项所依据的主要的法律、法规、规章及技术规范。

2. 法律、法规、规章及技术规范规定的企业设立、开业应达到的标准、条件及应符合的要求。

3. 审批的程序，应提交的附加材料。

4. 企业开业后需遵守的法律、法规、规章和技术规范。

5. 审批机关认为应当告知的其他内容。

（二）承诺的主要内容

1. 对审批机关告知的内容已经知晓和理解，承诺已经达到审批机关告知的企业设立、开业的条件、标准和要求。

2. 承诺在生产经营中遵守相关的法律、法规、规章及技术规范的规定，并接受审批机关的监督和管理。

3. 承诺所作的陈述真实、合法，是申请人真实意思的表示；对要求申请人提交附加材料或填写审批机关附加表格的，承诺保证材料和填写内容的真实性。

告知承诺文书由审批机关制订，审批机关应在告知承诺文书上加盖本机关公章。

申请人应在告知承诺文书上签字或盖章，一经申请人签字或盖章即为申请人作出承诺。

审批机关向申请人进行告知并获得企业设立、开业申请人的承诺后，即可对所申请事项表示同意或认可，并按规定核发许可证件；审批机关应视所申请事项的具体情况，在3个月内对企业是否符合或者达到的条件、标准、要求进行核查。对经核查不符合或者未达到相关条件、标准、要求的，可给予必要的行政处罚或者采取必要的行政措施，直至撤销同意或认可。

四、告知承诺审批方式的操作程序

告知承诺文书由审批机关委托工商行政管理部门代为发放和受理。

告知承诺审批方式按以下程序操作：

1. 工商行政管理部门在向企业设立、开业申请人发放企业注册登记表时，根据申请涉及的行政审批事项，同时附发有关审批机关的告知承诺文书。

2. 申请人向工商行政管理部门提交企业设立、开业的登记材料时，应同时提交作出承诺的告知承诺文书及相关的附加材料。工商行政管理部门按规定将告知承诺文书移送有关审批机关，由有关审批机关按规定核发许可证件。

3. 告知承诺文本一式三份，一份留作审批机关表示同意、认可或者颁发许可证件的凭据，申请人可在提交告知承诺文书之日起7个工作日后，到浦东新区指定的机构领取许可证件;一份留作工商行政管理部门据此核发营业执照的依据;一份由企业留存。

4. 工商行政管理部门在向申请人核发企业营业执照后,应将发照情况抄告相关行政部门。

五、试点工作的具体要求(略)

问:(1)"告知承诺制"背后的理念是什么?

(2)以契约形式来处理法律上的强制性规定,有无法律依据,是否需要法律依据?

(3)"告知承诺制"意在通过承诺协议"逐步实现责任主体由政府部门向市场主体的让渡",是否有可能为某些行政机关规避许可责任提供借口,甚至以此为由放弃监管责任?

(4)实行"告知承诺制"时,如何对第二人提供充分保护?

案例二

2007年11月12日,鲁潍(福建)盐业进出口有限公司苏州分公司(简称鲁潍公司)从江西等地购进360吨工业盐。苏州市盐务管理局(简称苏州盐务局)认为鲁潍公司进行工业盐购销和运输时,应当按照《江苏省〈盐业管理条例〉实施办法》(2004年,简称《江苏盐业实施办法》,现已失效)的规定办理工业盐准运证,鲁潍公司未办理工业盐准运证即从省外购进工业盐涉嫌违法。2009年2月26日,苏州盐务局经听证、集体讨论后认为,鲁潍公司未经江苏省盐业公司调拨或盐业行政主管部门批准从省外购进盐产品的行为,违反了《盐业管理条例》第20条、《江苏盐业实施办法》第23条、第32条第2项的规定,并根据《江苏盐业实施办法》第42条的规定,对鲁潍公司作出了(苏)盐政般[2009]第001-B号处罚决定书,决定没收鲁潍公司违法购进的精制工业盐121.7吨、粉盐93.1吨,并处罚款122 363元。鲁潍公司不服该决定,于2月27日向苏州市人民政府申请行政复议。苏州市人民政府于4月24日作出了[2009]苏行复第8号复议决定书,维持了苏州盐务局作出的处罚决定。

原告鲁潍公司诉称:被告苏州盐务局根据《江苏盐业实施办法》的规定,认定鲁潍公司未经批准购买、运输工业盐违法,并对鲁潍公司作出行政处罚,其具体行政行为执法主体错误、适用法律错误。苏州盐务局无权管理工业盐,也无相应执法权。根据《国家计委、国家经贸委关于改进工业盐供销和价格管理办法的通知》(1995年)等规定,国家取消了工业盐准运证和准运章制度,工业盐也不属于国家限制买卖的物品。《江苏盐业实施办法》的相关规定与上述规定精神不符,不仅违反了国务院《关于禁止在市场经济活动中实行地区封锁的规定》,

而且违反了《行政许可法》和《行政处罚法》的规定，属于违反上位法设定行政许可和处罚，故请求法院判决撤销苏州盐务局作出的行政处罚决定。

被告苏州盐务局辩称：根据国务院《盐业管理条例》（1990年）第4条和《江苏盐业实施办法》第4条的规定，苏州盐务局有作出盐务行政处罚的相应职权。《江苏盐业实施办法》是根据《盐业管理条例》的授权制定的，属于法规授权制定，整体合法有效。苏州盐务局根据《江苏盐业实施办法》设立准运证制度的规定作出行政处罚并无不当。《行政许可法》《行政处罚法》均在《江苏盐业实施办法》之后实施，根据《立法法》法不溯及既往的规定，《江苏盐业实施办法》仍然应当适用。鲁潍公司未经省盐业公司或盐业行政主管部门批准而购买工业盐的行为，违反了《盐业管理条例》的相关规定，苏州盐务局作出的处罚决定，认定事实清楚，证据确凿，适用法规、规范性文件正确，程序合法，请求法院驳回鲁潍公司的诉讼请求。

江苏省苏州市金阊区人民法院于2011年4月29日作出如下判决：苏州盐务局系苏州市人民政府盐业行政主管部门，根据《盐业管理条例》第4条和《江苏盐业实施办法》第4条、第6条的规定，有权对苏州市范围内包括工业盐在内的盐业经营活动进行行政管理，具有合法执法主体资格。苏州盐务局对盐业违法案件进行查处时，应适用合法有效的法律规范。《立法法》（2000年）第79条规定，法律的效力高于行政法规、地方性法规、规章；行政法规的效力高于地方性法规、规章。苏州盐务局的具体行政行为涉及行政许可、行政处罚，应依照《行政许可法》《行政处罚法》的规定实施。

法不溯及既往是指法律的规定仅适用于法律生效以后的事件和行为，对于法律生效以前的事件和行为不适用。《行政许可法》第83条第2款规定，本法施行前有关行政许可的规定，制定机关应当依照本法规定予以清理；不符合本法规定的，自本法施行之日起停止执行。《行政处罚法》（1996年）第64条第2款规定，本法公布前制定的法规和规章关于行政处罚的规定与本法不符合的，应当自本法公布之日起，依照本法规定予以修订，在1997年12月31日前修订完毕。因此，苏州盐务局有关法不溯及既往的抗辩理由不成立。

根据《行政许可法》第15条第1款、第16条第3款的规定，在已经制定法律、行政法规的情况下，地方政府规章只能在法律、行政法规设定的行政许可事项范围内对实施该行政许可作出具体规定，不能设定新的行政许可。法律及《盐业管理条例》没有设定工业盐准运证这一行政许可，地方政府规章不能设定工业盐准运证制度。根据《行政处罚法》第13条的规定，在已经制定行政法规的情况下，地方政府规章只能在行政法规规定的给予行政处罚的行为、种类和幅度内作出具体规定，《盐业管理条例》对盐业公司之外的其他企业经营盐的批发业务没有设定行政处罚，地方政府规章不能对该行为设定行政处罚。

人民法院审理行政案件，依据法律、行政法规、地方性法规，参照规章。苏州盐务局在依职权对鲁潍公司作出行政处罚时，虽然适用了《江苏盐业实施办法》，但是未遵循《立法法》第79条关于法律效力等级的规定，未依照《行政许可法》和《行政处罚法》的相关规定，属于适用法律错误，依法判决撤销苏州盐务局行政处罚决定。

问：请说明在法律、行政法规等上位法没有设定工业盐准运证的行政许可时，地方性法规或者地方政府规章是否能设定工业盐准运证这一新的行政许可？

案例三

某市通过招商引资拟设立一个农药生产企业，为尽快引入外资促进本市经济发展，市领导专门指示特事特办，先发照后补办化工审批手续。于是该市工商局领导指示，在企业未经所在省化学工业行政管理部门审核同意、国务院化工部批准的情况下，为企业颁发了有限责任公司营业执照。9个月后，因该企业生产的农药质量不合格导致农民种植的玉米苗大面积死亡，而且土壤成分遭到严重破坏，引起农民大规模上访。经调查，该企业始终没有补办化工审批手续，而且该市工商局发照后也没有再督办检查过。

问：请指出该市工商局在对该企业发照与监督中，违反了《行政许可法》的哪些规定？依该法应承担怎样的责任？

主要参考文献

1. 应松年、杨解君主编：《行政许可法的理论与制度解读》，北京大学出版社2004年版。
2. 汪永清主编：《中华人民共和国行政许可法教程》，中国法制出版社2003年版。
3. 乔晓阳主编：《中华人民共和国行政许可法及释解》，中国致公出版社2003年版。
4. 张兴祥：《中国行政许可法的理论和实务》，北京大学出版社2003年版。
5. 江必新编著：《行政许可法理论与实务》，中国青年出版社2004年版。
6. 周佑勇主编：《行政许可法理论与实务》，武汉大学出版社2004年版。
7. 中国法制出版社编：《行政许可案件》，中国法制出版社2005年版。
8. 孔祥俊：《行政行为可诉性、原告资格与司法审查》，人民法院出版社2005年版。
9. 杨临萍：《行政许可法与司法审查》，人民法院出版社2004年版。
10. 祝铭山主编：《行政许可类行政诉讼》，中国法制出版社2004年版。
11. 姜明安主编：《行政许可法条文精释与案例解析》，人民法院出版社2003年版。
12. 刘恒主编：《行政许可与政府管制》，北京大学出版社2007年版。

13. 杨临萍：《行政许可司法解释理解与适用》，中国法制出版社 2010 年版。
14. 国务院法制办公室编：《中华人民共和国行政许可法注解与配套》，中国法制出版社 2017 年版。
15. 陈海萍：《行政相对人合法预期保护之研究——以行政规范性文件的变更为视角》，法律出版社 2012 年版。

第六章

行政处罚

【**本章概要**】行政处罚是行政主体实施行政管理的一种重要方式。本章以《行政处罚法》为依据，阐述了行政处罚的概念和特征、行政处罚的原则、行政处罚的种类和设定、行政处罚的实施机关、行政处罚的管辖和适用、行政处罚的决定程序和执行程序。

【**学习目标**】掌握行政处罚的概念和特征，行政处罚法定原则、权利保障原则，行政处罚设定权限的划分，行政处罚的管辖制度，一事不再罚原则，简易程序，听证程序。

第一节 行政处罚概述

一、行政处罚的概念和特征

行政处罚是行政主体实施行政管理的一种重要方式，也是行政相对人承担行政法律责任的主要形式。《行政处罚法》出台后，行政法学界对行政处罚概念的认识更趋于一致。一般认为，行政处罚是指特定的行政主体依法对违反行政法律规范而尚未构成犯罪的个人、组织给予惩戒和制裁的具体行政行为。

行政处罚具有下列法律特征：

1. 作出行政处罚的主体必须是特定的行政主体，即法律、法规明文规定享有行政处罚权的行政主体，包括享有行政处罚权的行政机关或法律、法规授权的组织。

2. 行政处罚的对象是行政相对人。行政处罚只能对违反行政法律规范的个人、组织作出，不能针对行政主体作出。个人包括中国公民、在中国境内的外国人和无国籍人；组织包括法人和其他组织。

3. 行政处罚针对的是行政违法行为而不是犯罪行为。行政处罚是特定行政主体对违反行政法律规范行为的制裁，而不是对违反其他法律规范行为的制裁。如果行政相对人的行为已经构成了犯罪，就要受到刑罚制裁。

4. 行政处罚是对违反行政法律规范的行政相对人的一种惩罚，具有制裁性，有别于行政许可、行政救助等授益性行政行为。行政处罚的内容是剥夺或限制受行政处罚的行政相对人的人身权、财产权等或者科以一定的义务。

二、行政处罚与相关概念的区别

（一）行政处罚与行政处分

行政处分是指国家行政机关按隶属关系，依法给予其内部犯有轻微违法失职行为但尚不够刑事处罚的公务员的一种纪律处分。行政处罚和行政处分之间只有一字之差，都属于行政制裁的范畴，但是两者的差异也比较明显，具体表现在：

1. 主体不同。行政处罚主要是由依法拥有行政处罚权的行政机关作出的，并不是每个行政机关都有权实施行政处罚；而行政处分是由公务员所属的行政机关、上级行政机关或监察机关等作出的，一般的行政机关都拥有行政处分权。

2. 种类不同。行政处罚的种类主要包括警告、罚款、没收违法所得、没收非法财物、责令停产停业、暂扣或者吊销许可证、暂扣或者吊销执照、行政拘留；而行政处分的种类，根据《公务员法》的规定，有警告、记过、记大过、降级、撤职和开除六种。

3. 行为性质不同。行政处罚发生在行政机关对外管理领域，属于外部行政行为；而行政处分发生在行政机关的对内管理领域，属于内部行政行为。

4. 制裁对象不同。行政处罚制裁的对象是在外部管理领域中的不特定的个人或组织；而行政处分制裁的对象是与行政机关具有隶属关系的违法公务人员。

5. 法律救济途径不同。当事人对行政处罚不服的，可提起行政复议和行政诉讼；而当事人不服行政处分的，不能提起行政复议和行政诉讼，只能通过内部申诉途径解决。

（二）行政处罚与执行罚

执行罚，是间接强制执行的一种形式，指强制执行机关依法对拒不履行已经生效的行政决定的行政相对人，科以新的金钱给付义务，以促使其履行的行政强制执行方式。行政处罚与执行罚的区别主要表现为：

1. 目的不同。行政处罚的目的是通过对违法者的惩戒促使其以后不再违法；而执行罚的目的是迫使行政相对人履行其应当履行的法律义务。

2. 原则不同。行政处罚一般是一次性的，遵循"一事不再罚款原则"；而执行罚的目的在于迫使义务人履行义务，如义务人受执行罚后仍不执行，可再实施执行罚，直到履行义务为止。

3. 种类不同。行政处罚有申诫罚、财产罚、行为罚、人身罚等种类，而执行罚只有财产给付一种。

（三）行政处罚与刑罚

刑罚是指刑法规定的由国家审判机关依法对犯罪分子适用的剥夺或者限制其某种权益的最严厉的法律强制方法。行政处罚与刑罚的区别主要表现为：

1. 适用的前提不同。行政处罚针对的是尚未构成犯罪的行为；而刑罚针对的是犯罪行为。

2. 适用的主体不同。行政处罚在我国是属于行政管理的范畴，因此适用主体是行政主体；而刑罚是属于国家的司法权范畴，只能由法院适用。

3. 处罚适用的依据不同。行政处罚适用的依据是行政法律规范；而刑罚适用的依据是刑法、刑事诉讼法。

4. 种类不同。行政处罚的种类主要包括警告、罚款、没收违法所得、没收非法财物、责令停产停业、暂扣或者吊销许可证、暂扣或者吊销执照、行政拘留。从种类上说包括了人身罚、财产罚、申诫罚和行为罚四大类，人身罚只是其中的一小部分，且行政处罚所规定的人身罚较之刑罚要轻得多。刑罚包括主刑和附加刑两部分。主刑包括管制、拘役、有期徒刑、无期徒刑和死刑；附加刑包括罚金、剥夺政治权利和没收财产。

三、行政处罚的基本原则

行政处罚的基本原则是指导行政处罚的设定和实施的基本行为准则。《行政处罚法》总则部分明确规定了行政处罚的基本原则，包括行政处罚法定原则、行政处罚公正原则、行政处罚公开原则、行政处罚与教育相结合原则和权利保障原则。

（一）行政处罚法定原则

行政处罚法定原则是指行政处罚必须依照法律规范进行，具体涵义包括：①实施行政处罚的主体及其职权是法定的；②行政处罚的种类是法定的；③行政处罚的依据是法定的；④行政处罚的程序是法定的。

（二）行政处罚公正原则

行政处罚公正原则包含两层意思：①设定和实施行政处罚必须以事实为依据；②实施行政处罚应当过罚相当，即行政主体所作出的行政处罚必须与行政相对人违法行为的事实、性质、情节以及社会危害程度相当。

（三）行政处罚公开原则

行政处罚公开原则是指行政处罚的设定和实施必须公开，具体表现为：①作为行政处罚依据的法律规范必须公布，未经公布的规范不得作为行政处罚的依据；②实施行政处罚的程序必须公开，包括实施行政处罚的主体及其工作人员必须公开身份，必须告知行政相对人作出处罚决定的事实、理由、依据及依法享有的权利，举行的听证会必须公开。

（四）行政处罚与教育相结合原则

行政处罚与教育相结合原则要求行政主体实施行政处罚时，不能只处罚不教育，处罚是手段而不是目的，应当坚持处罚与教育并行，纠正行政相对人的违法行为，教育其自觉守法。

（五）权利保障原则

权利保障原则是指被处罚的行政相对人对其权益产生不利影响的行政处罚享有陈述权、申辩权、申请行政复议权、提起行政诉讼权和获得行政赔偿权等。陈述权和申辩权为相对人提供事前救济，行政复议、行政诉讼权和行政赔偿为相对人提供事后救济。

第二节 行政处罚的种类和设定

一、行政处罚的种类

行政处罚按照不同的标准可以分为不同的种类。

（一）理论分类

从行政法学理论上讲，一般把行政处罚划分为：

1. 申诫罚。申诫罚，亦称精神罚或声誉罚，指行政主体对行政违法行为者提出警诫或者谴责，申明其有违法行为，通过对其名誉、荣誉、信誉等施加影响，引起精神上的警惕，使其不再违法的处罚形式。它一般适用于情节较轻或实际危害程度不大的违法行为。

2. 财产罚。财产罚是指行政主体剥夺行政违法行为者一定财产权的处罚形式。

3. 行为罚。行为罚是指行政主体剥夺或限制行政违法行为者的某种行为能力和资格，使其不能从事某种活动的处罚形式。

4. 人身罚。人身罚是指行政主体在一定时期内剥夺行政违法行为者人身自由的处罚形式。

（二）法定分类

根据《行政处罚法》第 8 条的规定，行政处罚的种类有：

1. 警告。警告属于申诫罚，是行政主体对违法程度较轻的行为人予以谴责和告诫的处罚形式。它是对违法行为人的声誉施加影响，是行政处罚中最轻的一种处罚。

2. 罚款。罚款是指有行政处罚权的行政主体依法责令违反行政法律规范的行为人承担一定的金钱给付义务的处罚形式。

3. 没收违法所得、没收非法财物。没收违法所得、没收非法财物属于财产罚。没收违法所得是指行政主体将违法行为人从事非法经营等所获得的物质利益收归国有的处罚形式。没收非法财物是指行政主体将违法行为人从事违法行为时使用的违法工具、物品、违禁品等收归国有的处罚形式。

4. 责令停产停业。责令停产停业是指行政主体责令违法行为人停止生产、停止营业的一种处罚形式。责令停产停业属于能力罚，是对违法行为人从事生产经营活动能力的限制，并不是直接限制或剥夺其财产权。责令停产停业仅适用于较为严重的违法行为。责令停产停业通常是有一定期限要求的，即违法行为人在一定期限内及时纠正了违法行为，仍可以恢复生产和经营活动。

5. 暂扣或者吊销许可证、执照。暂扣或者吊销许可证、执照属于能力罚。暂扣或吊销许可证、执照是限制或剥夺违法行为人从事某项活动的权利或资格的处罚形式。暂扣许可证、执照是暂时中止违法行为人从事某项活动的资格或能力，经过一定期限后再发还许可证或执照，恢复其资格。而吊销许可证、执照是行政主体剥夺了违法行为人从事某种活动的资格或权利。暂扣或吊销许可证、执照是最为严厉的行政处罚种类之一，对行政相对人的权益影响很大，因而法律对于暂扣或吊销许可证、执照规定了听证程序，以保护相对人的合法权益。

6. 行政拘留。行政拘留属于人身罚，是指公安机关依法对违反行政法律规范的行政相对人，在短期内限制其人身自由的处罚形式。行政拘留是最为严厉的行政处罚形式，其设定机关、实施机关、适用范围和对象都受到严格的法律限制。依据相关法律的规定，行政拘留的设定权只属于全国人大及其常委会，实施行政拘留的行政主体是县级以上公安机关。行政拘留的期限为 1 日以上 15 日以下。根据《治安管理处罚法》的规定，有两种以上违反治安管理行为，行政拘留合并执行的，最长不超过 20 日。行政拘留一般只适用于严重违反治安管理法规的自然人。特殊情况下，行政拘留也可以不执行。如《治安管理处罚法》第 21 条规定："违反治安管理行为人有下列情形之一，依照本法应当给予行政拘留处罚的，不执行行政拘留处罚：①已满 14 周岁不满 16 周岁的；②已满 16 周岁不满 18 周岁，初次违反治安管理的；③70 周岁以上的；④怀孕或者哺乳自己不满 1 周岁婴儿的。"

行政拘留与刑事拘留、司法拘留不同，区别主要表现在：

（1）性质不同。刑事拘留是一种刑事强制措施；司法拘留是一种司法强制措施；行政拘留是一种行政处罚。

（2）目的不同。刑事拘留在于防止现行犯或重大嫌疑分子等逃避侦查、审判或继续危害社会；司法拘留在于对妨害诉讼活动情节严重的人，在一定时间内限制其人身自由，以保证诉讼活动的顺利进行；行政拘留的目的在于惩罚和教育违反治安管理的行为人。

（3）适用机关不同。刑事拘留由公安机关决定并执行；司法拘留由人民法院决定并交公安机关执行；行政拘留由公安机关决定。

（4）适用对象不同。刑事拘留是公安机关对现行犯或重大犯罪嫌疑人在法定的紧急情况下适用的；司法拘留适用于妨害民事、行政诉讼情节严重，但尚未构成犯罪的人；行政拘留针对的是违反治安管理的行为人。

（5）拘留的期限不同。刑事拘留一般为 10～14 日，符合法定情形的最多不超过 37 日；司法拘留和行政拘留为 1 日以上 15 日以下。

（6）法律后果不同。刑事拘留后可能会变更为其他刑事强制措施如逮捕、取保候审、监视居住等，也可能被释放，或者转变为治安管理处罚；被处司法拘留的行为人，如果确有悔改表现，保证以后不再妨害诉讼的顺利进行，可以提前解除拘留；行政拘留属于行政处罚，执行完毕，立即解除。

（7）执行场所不同。被处刑事拘留的人收押于看守所监管；司法拘留和行政拘留都在拘留所执行。[1]

7. 法律、行政法规规定的其他行政处罚。除上述主要行政处罚种类外，法律、行政法规还可规定其他的处罚形式。如《治安管理处罚法》第 10 条第 2 款规定："对违反治安管理的外国人，可以附加适用限期出境或者驱逐出境。"

二、行政处罚的设定

行政处罚是对相对人权益的剥夺或限制，其实施必然会对相对人造成不利影响。因而必须对行政处罚的设定进行规范，控制擅设、滥设行政处罚的现象。《行政处罚法》第二章标题中的"设定"，是"广义上的设定"概念。"广义上的设定"包括：狭义上的设定和规定。

（一）行政处罚的设定（狭义）

行政处罚的设定，是一种在没有上位法律规范作为依据的情形下，下位法律规范自行规定行政处罚的行为。因而，设定是一种创设新的法律规则的立法行为，凡是被"设定"出来的法律规则均具有原创性，即在这些法律规则所涉及的具体事项上，不存在上位阶的法律规范，它们不是从上位阶法律规范派生出来的，不是对上位阶法律规范的具体化。根据《行政处罚法》的规定，行政处罚的设定规则如下：

1. 法律的设定权。法律可以设定各种行政处罚。限制人身自由的行政处罚，只能由法律设定。

2. 行政法规的设定权。行政法规可以设定除限制人身自由以外的行政处罚。

3. 地方性法规的设定权。地方性法规可以设定除限制人身自由、吊销企业营业执照以外的行政处罚。

---

[1] 岳光辉主编：《治安管理处罚法实用教程》，中国人民公安大学出版社 2005 年版，第 55～56 页。

4. 部门规章的设定权。根据我国《立法法》的规定，国务院各部、各委员会、中国人民银行、审计署和具有行政管理职能的直属机构，可以根据法律和国务院的行政法规、决定、命令，在本部门的权限范围内制定规章。根据《行政处罚法》的规定，尚未制定法律、行政法规的，国务院部、委员会制定的规章对违反行政管理秩序的行为，可以设定警告或者一定数量罚款的行政处罚。罚款的限额由国务院规定。具有行政处罚权的国务院直属机构制定的规范性文件，在国务院授权的条件下，享有相当于部委规章的行政处罚设定权。

5. 地方政府规章的设定权。尚未制定法律、法规的，省、自治区、直辖市人民政府和省、自治区人民政府所在地的市人民政府以及经国务院批准的较大的市人民政府制定的规章对违反行政管理秩序的行为，可以设定警告或者一定数量罚款的行政处罚。罚款的限额由省、自治区、直辖市人民代表大会常务委员会规定。

6. 其他规范性文件无设立权。根据《行政处罚法》的规定，除法律、行政法规、地方性法规、部门规章、地方政府规章可以设定行政处罚外，其他规范性文件不得设定行政处罚。

(二) 行政处罚的规定

行政处罚的规定，是指在上位法律规范已经设定行政处罚的情况下，下位法律规范依据"上位"法律规范对所设定的行政处罚事项作出具体规定的行为。根据《行政处罚法》规定，行政处罚的规定规则如下：

1. 行政法规的规定权。法律对违法行为已经作出行政处罚规定，行政法规需要作出具体规定的，必须在法律规定的给予行政处罚的行为、种类和幅度的范围内规定。

2. 地方性法规的规定权。法律、行政法规对违法行为已经作出行政处罚规定，地方性法规需要作出具体规定的，必须在法律、行政法规规定的给予行政处罚的行为、种类和幅度的范围内规定。

3. 部门规章的规定权。国务院部、委员会制定的规章可以在法律、行政法规规定的给予行政处罚的行为、种类和幅度的范围内作出具体规定。具有行政处罚权的国务院直属机构制定的规范性文件，在国务院授权的条件下，享有相当于部委规章的行政处罚规定权。

4. 地方政府规章的规定权。省、自治区、直辖市人民政府和省、自治区人民政府所在地的市人民政府以及经国务院批准的较大的市人民政府制定的规章可以在法律、法规规定的给予行政处罚的行为、种类和幅度的范围内作出具体规定。

第三节　行政处罚的实施机关

依据《行政处罚法》的规定，行政处罚的实施机关共有三类：

一、具有行政处罚权的行政机关

《行政处罚法》第15条规定："行政处罚由具有行政处罚权的行政机关在法定职权范围内实施。"该条文可以理解为：行政处罚权只能由行政机关行使，不能由其他性质的国家机关行使；由行政机关行使处罚权不等于所有的行政机关都有行政处罚权；不同的行政机关在行政处罚方面也有职能分工，有行政处罚权的行政机关只能在自己主管业务范围内行使行政处罚权；行政机关只能在处罚权限内行使行政处罚权。

但在一定条件下，为了在执法过程中精简机构、提高效率，一个行政机关可以行使有关行政机关的行政处罚权，这就涉及行政处罚权的集中行使问题。根据《行政处罚法》第16条的规定，行政处罚权的集中行使必须符合下列条件：①由国务院或者经国务院授权的省、自治区、直辖市人民政府决定；②行政机关之间的职权具有关联性；③集中行使行政处罚权的行政机关应是本级政府的一个行政机关，而不能是一个部门的内设机构或派出机构；④限制人身自由的行政处罚权只能由公安机关行使。

二、法律、法规授权的组织

除行政机关外，经法律、法规授权的组织可以实施行政处罚。法律、法规授权的组织实施行政处罚必须符合一定的条件。这些条件是：①该组织必须具有管理公共事务的职能；②该组织必须经法律、法规的明确授权；③必须在法定授权范围内实施行政处罚权。法律、法规授权的组织以自己的名义实施行政处罚，能独立承担相应的法律后果。

三、行政机关委托的组织

行政机关依照法律、法规或者规章的规定，可以在其法定权限内委托符合条件的组织实施行政处罚。受委托组织必须符合以下条件：①依法成立的管理公共事务的事业组织；②具有熟悉有关法律、法规、规章和业务的工作人员；③对违法行为需要进行技术检查或者技术鉴定的，应当有条件组织进行相应的技术检查或者技术鉴定。委托行政机关对受委托的组织实施行政处罚的行为应当负责监督，并对该行为的后果承担法律责任。受委托组织在委托范围内，以委托行政机关名义实施行政处罚；受委托组织不得再委托其他任何组织或者个人实施行政处罚。

第四节 行政处罚的管辖和适用

一、行政处罚的管辖

行政处罚的管辖是指确定某个行政违法行为由哪一个具有行政处罚权的主体实施处罚的法律制度。明确行政处罚的管辖是为了保证及时、有效地实施行政处罚，防止和解决行政机关之间的权限冲突。

根据《行政处罚法》的规定，我国行政处罚确立了五种管辖制度：

（一）地域管辖

地域管辖是不同地区的行政主体之间对行政违法案件行使行政处罚权的分工和权限。对此，我国《行政处罚法》作了兼具原则性和灵活性的规定，即行政处罚案件由违法行为发生地的具有行政处罚权的行政机关管辖，法律、行政法规另有规定的除外。以违法行为发生地来确定管辖，有利于行政处罚机关查处违法行为，并通过惩处违法行为，消除其造成的消极后果。违法行为发生地包括违法行为的着手地、经过地、实施地、结果发生地，即包括了实施违法行为的各个阶段所经过的空间。目前单行法律和行政法规对管辖原则的特殊规定主要有：①由最先查处的行政机关管辖；②由违法行为人所在地的行政机关管辖。

（二）级别管辖

级别管辖是不同级别的行政主体之间对行政违法案件行使行政处罚权的分工和权限。根据《行政处罚法》的规定，一般原则是行政处罚由县级以上具有行政处罚权的行政机关管辖。法律、行政法规另有规定的除外。如《治安管理处罚法》第91条规定："治安管理处罚由县级以上人民政府公安机关决定；其中警告、500元以下的罚款可以由公安派出所决定。"

确定级别管辖主要有三个标准：①行为的违法程度。严重的由较高一级处罚机关管辖，轻微的由较低一级处罚机关管辖。②处罚的轻重程度。较轻的处罚由下一级处罚机关管辖，较重的处罚由上一级处罚机关管辖。③违法组织的法律地位。违法组织级别较低的，由下级处罚机关管辖；较高的由上级处罚机关管辖。[1]

（三）职能管辖

职能管辖解决的是各行政机关之间依据各自职能对违法行为人进行行政处罚的分工。如根据《治安管理处罚法》的规定，治安管理处罚由公安机关管辖。

---

［1］ 袁曙宏：《行政处罚的创设、实施和救济》，中国法制出版社1997年版，第59~60页。

(四) 指定管辖

指定管辖解决的是行政主体对行政处罚案件的管辖权出现争议时如何确定管辖机关的问题。根据《行政处罚法》的规定，对管辖发生争议的，报请共同的上一级行政机关指定管辖。

(五) 移送管辖

《行政处罚法》规定的移送管辖是指无管辖权的行政机关将案件移送有管辖权的司法机关处理。有些行政处罚案件虽然已由行政机关受理，但是行政机关受理案件后发现违法行为已经构成犯罪的，就必须将案件移送司法机关，依法追究刑事责任。有些违法行为同时构成行政违法和刑事犯罪的，除对其进行行政处罚外，行政机关必须将案件移送司法机关追究其刑事责任。[1]《行政处罚法》第61条规定，行政机关为牟取本单位私利，对应当依法移交司法机关追究刑事责任的不移交，以行政处罚代替刑罚，由上级行政机关或者有关部门责令纠正；拒不纠正的，对直接负责的主管人员给予行政处分；徇私舞弊、包庇纵容违法行为的，依照刑法有关规定追究刑事责任。

二、行政处罚的适用

(一) 行政处罚适用的概念

行政处罚的适用是指行政处罚的实施机关，在认定行政相对人行为违反行政法律规范的基础上，具体运用行政处罚规范以决定是否给予相对人行政处罚以及给予何种行政处罚的执法活动。

(二) 行政处罚适用的原则

行政处罚适用的基本原则包括：

1. 行政处罚与责令纠正并行原则。行政处罚与责令纠正并行原则是指行政机关实施行政处罚时，应当同时责令当事人改正或者限期改正违法行为，不能以罚代管，也不能以管代罚。责令纠正违法行为的目的是纠正错误，以恢复被侵害的行政管理秩序。责令纠正不属于行政处罚而属于行政命令。

2. 一事不再罚原则。一事不再罚原则是指针对相对人的同一个违法行为，不得以同一事实和同一依据，给予2次以上的行政处罚。《行政处罚法》第24条只明确规定了一事不再罚款的原则，即"对当事人的同一个违法行为，不得给予2次以上罚款的行政处罚"。

3. 行政处罚折抵刑罚的原则。违法行为构成犯罪，人民法院判处拘役或者有期徒刑时，行政机关已经给予当事人行政拘留的，应依法折抵相应刑期。违法行为构成犯罪，人民法院判处罚金时，行政机关已经给予当事人罚款的，应当

---

[1] 马怀德主编：《行政法与行政诉讼法》，中国政法大学出版社2007年版，第133~134页。

折抵相应罚金。

（三）具体量罚

违法行为人承担行政责任，除在客观上要有违法事实并达到一定程度构成行政违法行为外，从主体上看，还必须有行政责任能力。一般来讲，行政责任能力包括行政责任年龄和行为人的精神状态两个方面。实施行政处罚的机关在作出行政处罚时必须考虑具体的情节，分别作出决定。除依照法律规范必须予以行政处罚的，应依法予以行政处罚的情形以外，还必须考虑一些特殊情形。

1. 不予行政处罚的情形。根据《行政处罚法》的规定，不满14周岁的人有违法行为的，不予行政处罚，责令监护人加以管教。精神病人在不能辨认或者不能控制自己行为时有违法行为的，不予行政处罚，但应当责令其监护人严加看管和治疗。但间歇性精神病人在精神正常时有违法行为的，应当给予行政处罚。违法行为轻微并及时纠正，没有造成危害后果的，不予行政处罚。违法行为在2年内未被发现的，不再给予行政处罚。

2. 从轻或者减轻处罚的情形。从轻处罚是指在行政处罚的法定种类和幅度内，适用较轻的种类或下限给予处罚，但不能低于法定处罚幅度的最低限度。减轻处罚是指在法定的处罚幅度最低限以下给予处罚。根据《行政处罚法》的规定，当事人有下列情形之一的，应当依法从轻或者减轻行政处罚：已满14周岁不满18周岁的人有违法行为的；主动消除或者减轻违法行为危害后果的；受他人胁迫有违法行为的；配合行政机关查处违法行为有立功表现的；其他依法从轻或者减轻行政处罚的。需注意本法律条款的法律用语是"应当"，即意味着行政机关在实施行政处罚时，如遇有上述法定情形之一，就必须对当事人予以从轻或者减轻处罚。

《治安管理处罚法》第14条规定，盲人或者又聋又哑的人违反治安管理的，可以从轻、减轻或者不予处罚。这里的"可以"，即意味着行政主体在实施行政处罚时，拥有裁量的余地，可以根据案件的具体情节作出主观判断，以决定是否对当事人予以从轻、减轻或者不予处罚。

3. 从重处罚的情形。《行政处罚法》没有规定从重处罚的情形；单行的法律规范中有相关规定。如《治安管理处罚法》第20条规定，违反治安管理有下列情形之一的，从重处罚：有较严重后果的；教唆、胁迫、诱骗他人违反治安管理的；对报案人、控告人、举报人、证人打击报复的；6个月内曾受过治安管理处罚的。

（四）追罚时效

行政处罚的追罚时效，是指有行政处罚权的行政主体对违法行为人追究行政处罚责任的有效期限。一旦超过这个期限，行政主体就不能对违法行为人作出行政处罚。《行政处罚法》规定追罚时效的原因是：①稳定社会关系的需要。行政违法行为作出后，可能会牵涉到许多利害关系人，并且随着时间的推移利害关系人的数量还可能会不断增加。为了维护现有的社会秩序，应当设定追罚时效制度。②有利于避免因时过境迁而难以取得案件的相关证据，从而增加案件的查处难度。③督促行政机关提高执法效率，避免拖拉和相互推诿。[1]

根据《行政处罚法》第29条的规定，违法行为在2年内未被发现的，不再给予行政处罚。法律另有规定的除外。前款规定的期限，从违法行为发生之日起计算；违法行为有连续或者继续状态的，从行为终了之日起计算。该条文包含了下列内容：①行政处罚追罚时效的一般期限是2年。也就是说，在违法行为发生后的2年内，如果有管辖权的行政机关未发现这一违法行为，那么即使行政机关在2年后的任何时间发现了这一违法行为，对违法行为人也不再给予行政处罚。②对于行政处罚的追罚时效，法律另有规定的除外。如《治安管理处罚法》第22条第1款规定："违反治安管理行为在6个月内没有被公安机关发现的，不再处罚。"③行政处罚时效的起算问题。对于无连续或者继续状态的违法行为，行政处罚的追溯时效从违法行为发生之日起计算；违法行为有连续或者继续状态的，从行为终了之日起计算。

第五节 行政处罚的程序

一、行政处罚的决定程序

《行政处罚法》对行政处罚的实施机关作出行政处罚决定规定了三种法定程序：简易程序、一般程序和听证程序。

（一）简易程序

简易程序，又称当场处罚程序，是指行政主体对于违法事实确凿、情节简单的行政处罚事项当场进行处罚的行政处罚程序。

1. 简易程序的适用条件。

（1）违法事实确凿。违法事实确凿主要是指违法事实简单明了，能够证明违法事实的证据充分，无需进一步调查取证。

（2）有法定依据。有法定依据是指有法律、法规或者规章作为行政处罚的依据。没有法定依据，行政处罚无效。

（3）处罚种类和幅度，分别是对公民处以50元以下、对法人或其他组织处

---

[1] 马怀德主编：《行政法与行政诉讼法》，中国政法大学出版社2007年版，第138页。

以 1000 元以下罚款或警告的行政处罚。我国《治安管理处罚法》第 100 条规定，违反治安管理行为事实清楚、证据确凿，处警告或 200 元以下罚款的，可以当场作出治安管理处罚决定。《道路交通安全法》第 107 条第 1 款规定，对道路交通违法行为人予以警告、200 元以下罚款，交通警察可以当场作出行政处罚决定，并出具行政处罚决定书。

2. 简易程序的内容。

（1）表明身份。根据《行政处罚法》的规定，执法人员当场作出行政处罚决定的，应当向当事人出示执法身份证件。

（2）说明理由。根据《行政处罚法》的规定，行政机关在作出行政处罚决定之前，应当告知当事人作出行政处罚决定的事实、理由及依据。

（3）告知权利，听取当事人陈述与申辩。行政机关在作出行政处罚决定之前，应当告知当事人依法享有的权利，听取当事人的陈述与申辩。

（4）制作行政处罚决定书并当场交付当事人。行政处罚是要式行政行为，当场处罚必须有行政处罚决定书。执法人员当场作出行政处罚决定的，应当填写预定格式、编有号码的行政处罚决定书。行政处罚决定书应当当场交付当事人。行政处罚决定书应当载明当事人的违法行为、行政处罚依据、罚款数额、时间、地点以及行政机关名称，并由执法人员签名或者盖章。

（5）备案。执法人员当场作出的行政处罚决定，必须报所属行政机关备案。

（二）一般程序

一般程序，又称普通程序，即除简易程序之外作出行政处罚必须遵循的程序，主要适用于事实认定有分歧、情节复杂、后果较严重的违法行为。相对于简易程序而言，一般程序更为严格和复杂。具体的程序包括：

1. 立案。立案是行政机关把其认为需要进行处罚的违法行为进行登记以备调查的活动。立案是行政处罚一般程序的开端。立案的条件是：①行政机关经过对立案材料的审查，认为有违法行为发生；②属于本部门职权范围且归本机关管辖；③不属于适用简易程序的案件；④未超出法定追罚时效。除法律另有规定外，对于在 2 年内未发现的行政违法行为，不予立案。

2. 调查取证。行政机关在立案后必须客观、公正地调查、收集有关证据。根据《行政处罚法》的相关规定，行政机关在调查或检查时，执法人员不得少于 2 人，并应当向当事人或有关人员出示证件。当事人或有关人员应当如实回答询问，并协助调查或检查，不得阻挠。询问或检查应当制作笔录。行政机关在收集证据时，可以采用抽样取证的方法。在证据可能灭失或者以后难以取得的情况下，经行政机关负责人批准，可以先行登记保存，并在 7 日内及时作出处理决定，在此期间，当事人或者有关人员不得销毁或者转移证据。

3. 说明理由。行政机关在作出行政处罚决定之前，应当告知当事人作出行政处罚决定的事实、理由及依据。

4. 告知权利，听取当事人陈述与申辩。根据《行政处罚法》的规定，行政机关在作出行政处罚决定之前，应当告知当事人依法享有的权利。当事人有权进行陈述和申辩，行政机关必须充分听取当事人的意见，对当事人提出的事实、理由和证据，应当进行复核；当事人提出的事实、理由或者证据成立的，行政机关应当采纳。行政机关不得因当事人申辩而加重处罚。行政机关还应该告诉违法行为人对行政处罚不服的，有权依法申请行政复议或者提起行政诉讼。

根据《行政处罚法》第41条的规定，行政机关及执法人员在作出行政处罚决定之前，未告知当事人作出行政处罚决定的事实、理由及依据，或者拒绝听取当事人陈述、申辩的，行政处罚决定不成立。

5. 作出处罚决定。根据《行政处罚法》第38条的规定，调查终结，行政机关负责人应当对调查结果进行审查，根据不同情况，分别作出如下决定：①确有应受行政处罚的违法行为，根据情节轻重及具体情况，作出行政处罚决定；②违法行为轻微，依法可以不予行政处罚的，不予行政处罚；③违法事实不能成立的，不得给予行政处罚；④违法行为已构成犯罪的，移送司法机关。对于情节复杂或者重大违法行为给予较重的行政处罚，行政机关负责人应当集体讨论决定。在行政机关负责人作出决定之前，应当由从事行政处罚决定审核的人员进行审核。行政机关中初次从事行政处罚决定审核的人员，应当通过国家统一法律职业资格考试取得法律职业资格。

6. 制作行政处罚决定书。处罚决定应采用书面的形式。《行政处罚法》第39条规定，行政处罚决定书应当载明下列事项：①当事人的姓名或者名称、地址；②违反法律、法规或者规章的事实和证据；③行政处罚的种类和依据；④行政处罚的履行方式和期限；⑤不服行政处罚决定，申请行政复议和行政诉讼的途径和期限；⑥作出行政处罚决定的行政机关名称和作出决定的日期。行政处罚决定书必须盖有作出行政处罚决定的行政机关的印章。

7. 送达。《行政处罚法》第40条规定，行政处罚决定书应当在宣告后当场交付当事人；当事人不在场的，行政机关应当在7日内依照民事诉讼法的有关规定，将行政处罚决定书送达当事人。《治安管理处罚法》第97条规定，公安机关应当向被处罚人宣告治安管理处罚决定书，并当场交付被处罚人；无法当场向被处罚人宣告的，应当在2日内送达被处罚人。决定给予行政拘留处罚的，应当及时通知被处罚人的家属。有被侵害人的，公安机关应当将决定书副本抄送被侵害人。行政处罚决定书的送达方式具体包括三种：直接送达、留置送达和邮寄送达。行政处罚决定书自送达之日起产生法律效力。

（三）听证程序

听证程序是指行政机关在作出行政处罚决定前，为了查明案件事实，通过公开方式举行听证会，由有关利害关系人参加，针对案件事实、证据等进行申辩、质证的法定程序。听证程序是保障相对人权益，防止行政权滥用，确保行政处罚决定公正性、合法性的有效途径。

1. 听证程序适用的条件。听证程序并不是一般程序中的必经程序。《行政处罚法》兼顾效率与公平的原则，只规定了部分行政处罚可以适用听证程序。根据《行政处罚法》的规定，适用听证程序应符合以下条件：

（1）处罚种类的限制。行政机关作出责令停产停业、吊销许可证或者执照、较大数额罚款等行政处罚决定之前，应当告知当事人有要求举行听证的权利。"较大数额的罚款"，在不同的行政管理领域，有着不同的标准。如《工商行政管理机关行政处罚案件听证规则》第6条规定："工商行政管理机关作出下列行政处罚决定之前，应当告知当事人有要求举行听证的权利：①责令停业整顿、责令停止营业、责令停止广告业务等；②吊销、收缴或者扣缴营业执照、吊销广告经营许可证、撤销商标注册、撤销特殊标志登记等；③对公民处以3000元、对法人或者其他组织处以3万元以上罚款；④对公民、法人或者其他组织作出没收违法所得和非法财物达到第3项所列数额的行政处罚。各省、自治区、直辖市人大常委会或者人民政府对前款第3项、第4项所列罚没数额有具体规定的，从其规定。"《治安管理处罚法》第98条规定："公安机关作出吊销许可证以及处2000元以上罚款的治安管理处罚决定前，应当告知违反治安管理行为人有权要求举行听证……"《海关行政处罚听证办法》第3条规定："海关作出暂停从事有关业务、撤销海关注册登记、对公民处1万元以上罚款、对法人或者其他组织处10万元以上罚款、没收有关货物、物品、走私运输工具等行政处罚决定之前，应当告知当事人有要求举行听证的权利；当事人要求听证的，海关应当组织听证。"《税务行政处罚听证程序实施办法（试行）》第3条规定："税务机关对公民作出2000元以上（含本数）罚款或者对法人或者其他组织作出1万元以上（含本数）罚款的行政处罚之前，应当向当事人送达《税务行政处罚事项告知书》，告知当事人已经查明的违法事实、证据、行政处罚的法律依据和拟将给予的行政处罚，并告知有要求举行听证的权利。"

此外，需要注意的是，行政拘留不适用听证程序。当事人对限制人身自由的行政处罚有异议的，依照《治安管理处罚法》有关规定执行。《治安管理处罚法》第107条规定："被处罚人不服行政拘留处罚决定，申请行政复议、提起行政诉讼的，可以向公安机关提出暂缓执行行政拘留的申请。公安机关认为暂缓执行行政拘留不致发生社会危险的，由被处罚人或者其近亲属提出符合本法第108

条规定条件的担保人,或者按每日行政拘留 200 元的标准交纳保证金,行政拘留的处罚决定暂缓执行。"《治安管理处罚法》第 108 条规定:"担保人应当符合下列条件:①与本案无牵连;②享有政治权利,人身自由未受到限制;③在当地有常住户口和固定住所;④有能力履行担保义务。"

(2) 听证程序的启动有赖于当事人的申请。听证对当事人而言是一种权利,只有当事人提出申请要求听证的,行政机关才能组织听证。而且,对于行政机关组织的听证,当事人不承担任何费用。

2. 听证的具体程序。

(1) 当事人要求听证的,应当在行政机关告知后 3 日内提出。

(2) 行政机关应当在听证的 7 日前,通知当事人举行听证的时间、地点。

(3) 除涉及国家秘密、商业秘密或者个人隐私外,听证公开举行。

(4) 听证由行政机关指定的非本案调查人员主持;当事人认为主持人与本案有直接利害关系的,有权申请回避。

(5) 当事人可以亲自参加听证,也可以委托 1~2 人代理。

(6) 举行听证时,调查人员提出当事人违法的事实、证据和行政处罚建议;当事人进行申辩和质证。

(7) 听证应当制作笔录;笔录应当交当事人审核无误后签字或者盖章。

(8) 听证结束后,行政机关依照《行政处罚法》第 38 条的规定,作出决定。

二、行政处罚的执行程序

行政处罚决定依法作出后,当事人应当在行政处罚决定的期限内履行。如果当事人无正当理由逾期不予履行,行政处罚机关有权强制执行。

(一) 行政处罚执行的原则

行政处罚执行程序应以一定的原则为指导,包括:

1. 行政复议和行政诉讼不停止执行原则。《行政处罚法》第 45 条规定:"当事人对行政处罚决定不服申请行政复议或者提起行政诉讼的,行政处罚不停止执行,法律另有规定的除外。"《治安管理处罚法》第 107 条规定:"被处罚人不服行政拘留处罚决定,申请行政复议、提起行政诉讼的,可以向公安机关提出暂缓执行行政拘留的申请。公安机关认为暂缓执行行政拘留不致发生社会危险的,由被处罚人或者其近亲属提出符合本法第 108 条规定条件的担保人,或者按每日行政拘留 200 元的标准交纳保证金,行政拘留的处罚决定暂缓执行。"

2. 罚缴分离原则。罚缴分离原则是指作出罚款决定的机关与收缴罚款的机构应当分离。《行政处罚法》第 46 条规定:"作出罚款决定的行政机关应当与收缴罚款的机构分离……作出行政处罚决定的行政机关及其执法人员不得自行收缴罚款。当事人应当自收到行政处罚决定书之日起 15 日内，到指定的银行缴纳罚款。银行应当收受罚款，并将罚款直接上缴国库。"该规定有利于控制行政机关乱罚、截留等腐败现象。

（二）当场收缴罚款的情形与程序

罚缴分离原则是行政处罚执行程序的一般原则，但也存在例外情况。根据《行政处罚法》的规定，执法人员当场作出行政处罚决定，有下列情形之一的，可以当场收缴罚款：①依法给予 20 元以下的罚款的；②不当场收缴事后难以执行的；③在边远、水上、交通不便地区，行政机关及其执法人员作出罚款决定后，当事人向指定的银行缴纳罚款确有困难，经当事人提出，行政机关及其执法人员可以当场收缴罚款。

根据《治安管理处罚法》第 104 条的规定，受到罚款处罚的人应当自收到处罚决定书之日起 15 日内，到指定的银行缴纳罚款。但是，有下列情形之一的，人民警察可以当场收缴罚款：①被处 50 元以下罚款，被处罚人对罚款无异议的；②在边远、水上、交通不便地区，公安机关及其人民警察依照本法的规定作出罚款决定后，被处罚人向指定的银行缴纳罚款确有困难，经被处罚人提出的；③被处罚人在当地没有固定住所，不当场收缴事后难以执行的。

当场收缴罚款应当遵循严格的法定程序。行政机关及其执法人员当场收缴罚款的，必须向当事人出具省、自治区、直辖市财政部门统一制发的罚款收据；不出具财政部门统一制发的罚款收据的，当事人有权拒绝缴纳罚款。执法人员当场收缴的罚款，应当自收缴罚款之日起 2 日内，交至行政机关；在水上当场收缴的罚款，应当自抵岸之日起 2 日内交至行政机关；行政机关应当在 2 日内将罚款缴付指定的银行。

（三）行政处罚执行的措施

根据《行政处罚法》第 51、52 条的规定，当事人逾期不履行行政处罚决定的，作出行政处罚决定的行政机关可以采取下列措施：①到期不缴纳罚款的，每日按罚款数额 3% 加处罚款；②根据法律规定，将查封、扣押的财物拍卖或者将冻结的存款划拨抵缴罚款；③申请人民法院强制执行。但当事人确有经济困难，需要延期或者分期缴纳罚款的，经当事人申请和行政机关批准，可以暂缓或者分期缴纳。

（四）罚没款物的处理

除依法应当予以销毁的物品外，依法没收的非法财物必须按照国家规定公开拍卖或者按照国家有关规定处理。罚款、没收违法所得或者没收非法财物拍卖的款项，必须全部上缴国库，任何行政机关或者个人不得以任何形式截留、私分或者变相私分；财政部门不得以任何形式向作出行政处罚决定的行政机关返还罚款、没收的违法所得或者返还没收非法财物的拍卖款项。

学术视野

一、关于行政处罚听证程序的范围问题

《行政处罚法》规定了行政处罚的听证程序，但对听证程序的范围作了一定限制。《行政处罚法》第 42 条规定："行政机关作出责令停产停业、吊销许可证或者执照、较大数额罚款等行政处罚决定之前，应当告知当事人有要求举行听证的权利；当事人要求听证的，行政机关应当组织听证……"如何理解第 42 条规定中的"等"就成为确定听证范围的关键问题。一种观点把"等"理解为"等内等"，即认为行政处罚听证程序只适用于责令停产停业、吊销许可证或者执照、较大数额罚款三种。另一种观点把"等"理解为"等外等"，即将行政听证的适用范围扩大，而不仅仅限于《行政处罚法》明确列举的三种行政处罚，如认为没收违法所得、没收非法财物可以适用听证程序，因为没收是对相对人的较重的财产处罚，同较大数额罚款具有相同性质，有的情况下给相对人利益造成的损失可能比较大数额罚款还要大。

二、关于一事不再罚原则的讨论[1]

不同的行政机关对一事不再罚有不同的认识，而且理论界在阐释这一原则时观点也不一致。因此，该原则至今是人们争论的焦点。①关于一事不再罚的性质。一事不再罚被普遍认为是行政处罚的一个原则。但对于一事不再罚到底应归入行政处罚法的立法原则还是应归入行政处罚的适用原则，也存在不同理解。一般认为，一事不再罚是作为行政处罚的适用原则来对待的。但有的学者认为其应作为立法的原则。②关于一事不再罚的内涵。其一，关于一事不再罚中的"一事"即"同一违法行为"的认定。有学者解释为"同一事实和同一理由"，而且"同一事实和同一理由是不可分割的条件，如果同一事实不同理由，就可以再罚"[2]。有学者提出相反意见，"这就意味着，不同行政机关对于同一违法行为违反了多种行政法律法规的，可以给予不同处罚。……迁就了实际存在的不合理现象"[3]。其二，关于一事不再罚中的"罚"。有的学者从行政处罚法的字面意义出发，认定其为"罚款"，意即金钱的给付；而大多数学者认为对此应作广义理解，一事不再罚原则适用于所有处罚种类而不仅仅是罚款。

---

[1] 参见关保英：《行政法教科书之总论行政法》，中国政法大学出版社 2009 年版，第 368～369 页。
[2] 刘莘：《行政法热点问题》，中国方正出版社 2001 年版，第 233 页。
[3] 应松年、马怀德主编：《行政处罚法》，人民出版社 1996 年版，第 133 页。

理论思考与实务应用

一、理论思考

（一）名词解释

行政处罚　听证程序　一事不再罚原则　简易程序

（二）简答题

1. 简述行政处罚的种类。
2. 作出行政处罚决定有哪些程序？
3. 行政处罚设定权限是如何划分的？

（三）论述题

1. 论述我国行政处罚的基本原则。
2. 分析行政处罚与行政许可的听证制度的异同。

二、实务应用

（一）案例分析示范

案例一[1]

原告鲁潍（福建）盐业进出口有限公司苏州分公司（简称鲁潍公司）诉称：被告江苏省苏州市盐务管理局（简称苏州盐务局）根据《江苏省〈盐业管理条例〉实施办法》（2004 年，简称《江苏盐业实施办法》，现已失效）的规定，认定鲁潍公司未经批准购买、运输工业盐违法，并对鲁潍公司作出行政处罚，其具体行政行为执法主体错误、适用法律错误。苏州盐务局无权管理工业盐，也无相应执法权。根据《国家计委、国家经贸委关于改进工业盐供销和价格管理办法的通知》（1995 年）等的规定，国家取消了工业盐准运证和准运章制度，工业盐也不属于国家限制买卖的物品。《江苏盐业实施办法》的相关规定与上述规定精神不符，不仅违反了国务院《关于禁止在市场经济活动中实行地区封锁的规定》，而且违反了《行政许可法》和《行政处罚法》的规定，属于违反上位法设定行政许可和处罚，故请求法院判决撤销苏州盐务局作出的（苏）盐政一般 [2009] 第 001 - B 号处罚决定。

被告苏州盐务局辩称：根据国务院《盐业管理条例》（1990 年）第 4 条和《江苏盐业实施办法》第 4 条的规定，苏州盐务局有作出盐务行政处罚的职权。《江苏盐业实施办法》是根据《盐业管理条例》的授权制定的，属于法规授权制

---

[1] 最高人民法院指导案例 5 号：鲁潍（福建）盐业进出口有限公司苏州分公司诉江苏省苏州市盐务管理局盐业行政处罚案，载最高人民法院网，http：//www.court.gov.cn/shenpan - xiangqing - 4218.html。

定,整体合法有效。苏州盐务局根据《江苏盐业实施办法》设立准运证制度的规定作出行政处罚并无不当。《行政许可法》《行政处罚法》均在《江苏盐业实施办法》之后实施,根据《立法法》法不溯及既往的规定,《江苏盐业实施办法》仍然应当适用。鲁潍公司未经省盐业公司或盐业行政主管部门批准而购买工业盐的行为,违反了《盐业管理条例》的相关规定,苏州盐务局作出的处罚决定,认定事实清楚,证据确凿,适用法规、规范性文件正确,程序合法,请求法院驳回鲁潍公司的诉讼请求。

江苏省苏州市金阊区法院经审理查明:2007年11月12日,鲁潍公司从江西等地购进360吨工业盐。苏州盐务局认为鲁潍公司进行工业盐购销和运输时,应当按照《江苏盐业实施办法》的规定办理工业盐准运证,鲁潍公司未办理工业盐准运证即从省外购进工业盐涉嫌违法。2009年2月26日,苏州盐务局经听证、集体讨论后认为,鲁潍公司未经江苏省盐业公司调拨或盐业行政主管部门批准从省外购进盐产品的行为,违反了《盐业管理条例》第20条、《江苏盐业实施办法》第23条、第32条第2项的规定,并根据《江苏盐业实施办法》第42条的规定,对鲁潍公司作出了(苏)盐政一般[2009]第001-B号处罚决定书,决定没收鲁潍公司违法购进的精制工业盐121.7吨、粉盐93.1吨,并处罚款122 363元。鲁潍公司不服该决定,于2月27日向苏州市人民政府申请行政复议。苏州市人民政府于4月24日作出了[2009]苏行复第8号复议决定书,维持了苏州盐务局作出的处罚决定。

江苏省苏州市金阊区人民法院于2011年4月29日以(2009)金行初字第0027号行政判决书,判决撤销苏州盐务局(苏)盐政一般[2009]第001-B号处罚决定书。

问:在本案中,苏州盐务局是否具有行政处罚主体资格?《行政处罚法》公布前制定的法规和规章关于行政处罚的规定与《行政处罚法》不符合的,是否应当依法修订?《盐业管理条例》对盐业公司之外的其他企业经营盐的批发业务没有设定行政处罚,地方政府规章能否对该行为设定行政处罚?

【评析】苏州盐务局系苏州市人民政府盐业行政主管部门,根据《盐业管理条例》第4条和《江苏盐业实施办法》第4条、第6条的规定,有权对苏州市范围内包括工业盐在内的盐业经营活动进行行政管理,具有合法执法主体资格。

苏州盐务局对盐业违法案件进行查处时,应适用合法有效的法律规范。《立法法》(2000年)第79条规定,法律的效力高于行政法规、地方性法规、规章;行政法规的效力高于地方性法规、规章。苏州盐务局的具体行政行为涉及行政许可、行政处罚,应依照《行政许可法》《行政处罚法》的规定实施。法不溯及既往是指法律的规定仅适用于法律生效以后的事件和行为,对于法律生效以前的事件和行为不适用。《行政许可法》第 83 条第 2 款规定，本法施行前有关行政许可的规定，制定机关应当依照本法规定予以清理；不符合本法规定的，自本法施行之日起停止执行。《行政处罚法》(1996 年) 第 64 条第 2 款规定，本法公布前制定的法规和规章关于行政处罚的规定与本法不符合的，应当自本法公布之日起，依照本法规定予以修订，在 1997 年 12 月 31 日前修订完毕。因此，苏州盐务局有关法不溯及既往的抗辩理由不成立。根据《行政许可法》第 15 条第 1 款、第 16 条第 3 款的规定，在已经制定法律、行政法规的情况下，地方政府规章只能在法律、行政法规设定的行政许可事项范围内对实施该行政许可作出具体规定，不能设定新的行政许可。法律及《盐业管理条例》没有设定工业盐准运证这一行政许可，地方政府规章不能设定工业盐准运证制度。根据《行政处罚法》第 13 条的规定，在已经制定行政法规的情况下，地方政府规章只能在行政法规规定的给予行政处罚的行为、种类和幅度内作出具体规定，《盐业管理条例》对盐业公司之外的其他企业经营盐的批发业务没有设定行政处罚，地方政府规章不能对该行为设定行政处罚。

人民法院审理行政案件，依据法律、行政法规、地方性法规，参照规章。苏州盐务局在依职权对鲁潍公司作出行政处罚时，虽然适用了《江苏盐业实施办法》，但是未遵循《立法法》第 79 条关于法律效力等级的规定，未依照《行政许可法》和《行政处罚法》的相关规定，属于适用法律错误，依法应予撤销。

案例二[1]

原告黄泽富、何伯琼、何熠诉称：被告四川省成都市金堂工商行政管理局（简称金堂工商局）行政处罚行为违法，请求人民法院依法撤销成工商金堂处字 (2005) 第 02026 号《行政处罚决定书》，返还电脑主机 33 台。

被告金堂工商局辩称：原告违法经营行为应当受到行政处罚，对其进行行政处罚的事实清楚、证据确实充分、程序合法、处罚适当；所扣留的电脑主机是 32 台而非 33 台。

四川省金堂县法院经审理查明：2003 年 12 月 20 日，四川省金堂县图书馆与原告何伯琼之夫黄泽富联办多媒体电子阅览室。经双方协商，由黄泽富出资金和场地，每年向金堂县图书馆缴管理费 2400 元。2004 年 4 月 2 日，黄泽富以其子何熠的名义开通了 ADSL84992722（期限到 2005 年 6 月 30 日），在金堂县赵镇桔园路一门面房挂牌开业。4 月中旬，金堂县文体广电局市场科以整顿网吧为由要

---

[1] 最高人民法院指导案例 6 号：黄泽富、何伯琼、何熠诉四川省成都市金堂工商行政管理局行政处罚案，载最高人民法院网，http://www.court.gov.cn/shenpan-xiangqing-4219.html.

求其停办。经金堂县图书馆与黄泽富协商，金堂县图书馆于5月中旬退还黄泽富2400元管理费，摘除了"金堂县图书馆多媒体电子阅览室"的牌子。2005年6月2日，金堂工商局会同金堂县文体广电局、金堂县公安局对原告金堂县赵镇桔园路门面房进行检查时发现，金堂实验中学初一学生叶某、杨某、郑某和数名成年人在上网玩游戏。原告未能出示《网络文化经营许可证》和营业执照。金堂工商局按照《互联网上网服务营业场所管理条例》第27条"擅自设立互联网上网服务营业场所，或者擅自从事互联网上网服务经营活动的，由工商行政管理部门或者由工商行政管理部门会同公安机关依法予以取缔，查封其从事违法经营活动的场所，扣押从事违法经营活动的专用工具、设备"的规定，以成工商金堂扣字（2005）第02747号《扣留财物通知书》决定扣留原告的32台电脑主机。何伯琼对该扣押行为及扣押电脑主机数量有异议遂诉至法院，认为实际扣押了其33台电脑主机，并请求撤销该《扣留财物通知书》。2005年10月8日金堂县人民法院作出（2005）金堂行初字第13号《行政判决书》，维持了成工商金堂扣字（2005）第02747号《扣留财物通知书》，但同时确认金堂工商局扣押了何伯琼33台电脑主机。同年10月12日，金堂工商局以原告的行为违反了《互联网上网服务营业场所管理条例》第7条、第27条的规定为由作出了成工商金堂处字（2005）第02026号《行政处罚决定书》，决定"没收在何伯琼商业楼扣留的从事违法经营活动的电脑主机32台"。

四川省金堂县人民法院于2006年5月25日作出（2006）金堂行初字第3号行政判决：一、撤销成工商金堂处字（2005）第02026号《行政处罚决定书》；二、金堂工商局在判决生效之日起30日内重新作出具体行政行为；三、金堂工商局在本判决生效之日起15日内履行超期扣留原告黄泽富、何伯琼、何熠的电脑主机33台所应履行的法定职责。宣判后，金堂工商局向四川省成都市中级人民法院提起上诉。成都市中级人民法院于2006年9月28日以同样的事实作出（2006）成行终字第228号行政判决，撤销一审行政判决第三项，对其他判项予以维持。

问：没收非法财物的行政处罚是否应该根据《行政处罚法》第42条的规定适用听证程序？

【评析】《行政处罚法》第42条规定，行政机关作出责令停产停业、吊销许可证或者执照、较大数额罚款等行政处罚决定之前，应当告知当事人有要求举行听证的权利。虽然该条没有明确列举"没收财产"，但是该条中的"等"系不完全列举，应当包括与明文列举的"责令停产停业、吊销许可证或者执照、较大数额罚款"类似的其他对相对人权益产生较大影响的行政处罚。为了保证行政相对人充分行使陈述权和申辩权，保障行政处罚决定的合法性和合理性，对没收较大数额财产的行政处罚，也应当根据《行政处罚法》第42条的规定适用听证程序。关于没收较大数额的财产标准，应比照《四川省行政处罚听证程序暂行规定》（现已失效）第3条"本规定所称较大数额的罚款，是指对非经营活动中的违法行为处以1000元以上，对经营活动中的违法行为处以20 000元以上罚款"中对罚款数额的规定。因此，金堂工商局没收黄泽富等三人32台电脑主机的行政处罚决定，应属没收较大数额的财产，系对黄泽富等三人的利益产生重大影响的行为，金堂工商局在作出行政处罚前应当告知被处罚人有要求听证的权利。本案中，金堂工商局在作出处罚决定前只按照行政处罚一般程序告知黄泽富等三人有陈述、申辩的权利，而没有告知听证权利，违反了法定程序，依法应予撤销。

案例三[1]

原告贝汇丰诉称：其驾驶浙F1158J汽车（以下简称"案涉车辆"）靠近人行横道时，行人已经停在了人行横道上，故不属于"正在通过人行横道"。而且，案涉车辆经过的西山路系海宁市主干道路，案发路段车流很大，路口也没有红绿灯，如果只要人行横道上有人，机动车就停车让行，会在很大程度上影响通行效率。所以，其可以在确保通行安全的情况下不停车让行而直接通过人行横道，故不应该被处罚。海宁市公安局交通警察大队（以下简称"海宁交警大队"）作出的编号为3304811102542425的公安交通管理简易程序处罚决定违法。贝汇丰请求：撤销海宁交警大队作出的行政处罚决定。

被告海宁交警大队辩称：行人已经先于原告驾驶的案涉车辆进入人行横道，而且正在通过，案涉车辆应当停车让行；如果行人已经停在人行横道上，机动车驾驶人可以示意行人快速通过，行人不走，机动车才可以通过；否则，构成违法。对贝汇丰作出的行政处罚决定事实清楚，证据确实充分，适用法律正确，程序合法，请求判决驳回贝汇丰的诉讼请求。

法院经审理查明：2015年1月31日，贝汇丰驾驶案涉车辆沿海宁市西山路行驶，遇行人正在通过人行横道，未停车让行。海宁交警大队执法交警当场将案涉车辆截停，核实了贝汇丰的驾驶员身份，适用简易程序向贝汇丰口头告知了违法行为的基本事实、拟作出的行政处罚、依据及其享有的权利等，并在听取贝汇丰的陈述和申辩后，当场制作并送达了公安交通管理简易程序处罚决定书，给予贝汇丰罚款100元，记3分。贝汇丰不服，于2015年2月13日向海宁市人民政府申请行政复议。3月27日，海宁市人民政府作出行政复议决定书，维持了海

---

[1] 最高人民法院指导案例90号：贝汇丰诉海宁市公安局交通警察大队道路交通管理行政处罚案，载最高人民法院网，http：//www.court.gov.cn/fabu-xiangqing-74122.html。

宁交警大队作出的处罚决定。贝汇丰收到行政复议决定书后于2015年4月14日起诉至海宁市人民法院。

浙江省海宁市人民法院于2015年6月11日作出（2015）嘉海行初字第6号行政判决：驳回贝汇丰的诉讼请求。宣判后，贝汇丰不服，提起上诉。浙江省嘉兴市中级人民法院于2015年9月10日作出（2015）浙嘉行终字第52号行政判决：驳回上诉，维持原判。

问：海宁交警大队对贝汇丰作出的行政处罚是否合法、适当？

【评析】海宁交警大队根据贝汇丰的违法事实，依据法律规定的程序在法定的处罚范围内给予相应的行政处罚，事实清楚，程序合法，处罚适当。

第一，人行横道是行车道上专供行人横过的通道，是法律为行人横过道路时设置的保护线，在没有设置红绿灯的道路路口，行人有从人行横道上优先通过的权利。机动车作为一种快速交通运输工具，在道路上行驶具有高度的危险性，与行人相比处于强势地位，因此必须对在道路上驾驶机动车的人给予一定的限制，以保护行人。

第二，认定行人是否"正在通过人行横道"应当以特定时间段内行人一系列连续行为为标准，而不能以某个时间点行人的某个特定动作为标准，特别是在该特定动作不是行人在自由状态下自由地作出，而是由于外部的强力原因迫使其不得不作出的情况下。案发时，行人以较快的步频走上人行横道线，并以较快的速度接近案发路口的中央位置，当看到贝汇丰驾驶案涉车辆朝自己行走的方向驶来，行人放慢了脚步，以确认案涉车辆是否停下来，但并没有停止脚步，当看到案涉车辆没有明显减速且没有停下来的趋势时，才为了自身安全不得不停下脚步。如果此时案涉车辆有明显减速并停止行驶，则行人肯定会连续不停止地通过路口。可见，在案发时间段内行人的一系列连续行为充分说明行人"正在通过人行横道"。

第三，机动车和行人穿过没有设置红绿灯的道路路口属于一个互动的过程，任何一方都无法事先准确判断对方是否会停止让行，因此处于强势地位的机动车在行经人行横道遇行人通过时应当主动停车让行，而不应利用自己的强势迫使行人停步让行，除非行人明确示意机动车先通过，这既是法律的明确规定，也是保障作为弱势一方的行人安全通过马路、减少交通事故、保障生命安全的现代文明社会的内在要求。

综上，贝汇丰驾驶机动车行经人行横道时遇行人正在通过而未停车让行，违反了《道路交通安全法》第47条的规定："机动车行经人行横道时，应当减速行驶；遇行人正在通过人行横道，应当停车让行。机动车行经没有交通信号的道路时，遇行人横过道路，应当避让。"海宁交警大队根据贝汇丰的违法事实，依据法律规定的程序在法定的处罚范围内给予相应的行政处罚，事实清楚，程序合法，处罚适当。

（二）案例分析实训

案例一[1]

某省的地方性法规《某省城市环境卫生管理办法》规定：各单位和个人不得向城镇街道和道路扔置垃圾，否则由城市环境卫生管理部门给予 50～2000 元的罚款。2001 年，该省内的某市设立了"城市管理行政执法局"，上述法规规定的在该市的处罚权归入了"城市管理行政执法局"。2002 年 2 月，邹某在其沿街开设的个体布行经营时，把许多垃圾扔置到街面上。城市管理行政执法局的执勤人员发现后，立即上前责令其清除垃圾。邹某不仅不听，反而与执法人员大声争吵。城市管理行政执法局最后对邹某作出一个处罚决定，内容包括：①对邹某罚款 1000 元；②责令其当即清除垃圾。邹某对该处罚决定不服，向人民法院提起行政诉讼。理由是：既然对我罚款了，就不得要我清除垃圾；如果要我清除垃圾，就不得再对我罚款；否则，这属于对同一件事的重复处罚。

问：邹某的理由是否成立？为什么？

案例二[2]

2001 年 1 月 8 日晚 8 时许，19 岁的麻旦旦在其姐姐的美容美发店里与姐夫、外甥女一起看电视。突然，从门外进来 2 名男子，自称是派出所的，找麻旦旦有点事情。他们没穿警服，也未出示任何证件，就不由分说将麻旦旦强行拉到一辆面包车上。2 名男子一个是民警王海涛，另一个是派出所聘用的司机胡安定。他俩将麻旦旦带到派出所后就轮流单独讯问，要求麻旦旦承认其曾有"卖淫"行为。对此，麻旦旦一口否认，竭力辩解。二人认为麻旦旦嘴硬，将麻旦旦的双手多次铐住，吊绑在屋外的篮球架上，拳打脚踢，猛扇耳光，辱骂麻旦旦是"卖淫的"等。1 月 9 日凌晨 4 时许，派出所所长彭亮将麻旦旦带到办公室，关上门"做思想工作"长达 30 分钟。事后，据麻旦旦讲，当时彭某威胁她说："如果你不承认，就叫人把美容美发店的门封了，把你这个卖淫女的照片发布到网上，让你没脸见人。"最后，麻旦旦被迫在"招供材料"上签了字。1 月 9 日晚 7 时许，麻旦旦被送回家。当天，泾阳县公安局治安管理处向麻旦旦出具了一份对其治安拘留 15 天的《治安管理处罚决定书》。该裁决书上写的日期是 2001 年 2 月 9 日。麻旦旦的性别变成了"男性"，处罚的理由也由"卖淫"变成了"嫖娼"。

---

[1] 胡建淼：《行政法学》，法律出版社 2003 年版，第 320～321 页。
[2] 参见雨藤浩淼："'处女嫖娼案'二审 麻旦旦坚持索赔 500 万"，载《华商报》2001 年 7 月 17 日；"行政侵权赔偿遇难题 被告代理人谈'处女嫖娼案'"，载《北京青年报》2001 年 7 月 24 日。

问：派出所在对麻旦旦实施行政处罚的执法过程中存在哪些违法的地方？

案例三[1]

2016年6月27日，杭州市人力资源和社会保障局经调查后认定杭州某人力资源开发有限公司存在为38名不符合参保条件的人员参加职工基本医疗保险或者骗取基本医疗保障待遇提供协助的行为，并对该公司作出了行政处罚。陈某为38名不符参保条件的人员其中之一。2016年7月13日杭州市人力资源和社会保障局对陈某立案调查。杭州市人力资源和社会保障局查实，陈某在2013年11月至2016年7月期间，在无事实劳动关系的情况下，在杭州某人力资源开发有限公司挂靠缴纳社会保险，期间在杭州市中医院就医配药，共发生医疗费用42 219.21元，致使基本医疗保障基金支出25 436.84元。2016年11月29日，杭州市人力资源和社会保障局向陈某送达了《杭州市人力资源和社会保障局行政处罚告知书（基本医疗保障）》。陈某在期限内未向杭州市人力资源和社会保障局提出陈述申辩和听证。2017年2月3日，杭州市人力资源和社会保障局作出《杭州市人力资源和社会保障局行政处罚决定书（基本医疗保障）》（杭人社医罚字［2017］××××号），该处罚决定书的主要内容为"本局认为：当事人在杭州某人力资源开发有限公司挂靠缴纳社会保险期间发生医疗费，致使基本医疗保险基金支出的行为已违反了《社会保险法》第88条的规定'以欺诈、伪造证明材料或者其他手段骗取社会保险待遇的，由社会保险行政部门责令退回骗取的社会保险金，处骗取金额2倍以上5倍以下的罚款'，《杭州市基本医疗保障违规行为处理办法》（2011年）第5条第3款的规定，构成骗取基本医疗保障待遇的行为。当事人的行为，已损害了基本医疗保障制度的管理，但因当事人未曾发生过相同的违法行为，且已主动退回骗取的基本医疗保障金，依据《保险法》第88条的规定、《杭州市基本医疗保障违规行为处理办法》第11条第2款之规定；参照《杭州市人力资源和社会保障行政处罚裁量适用办法》第14条的裁量标准，经本局研究决定，作出行政处罚如下：对当事人处以罚款五万零捌佰柒拾叁元陆角捌分整（50 873.68元）（按骗取金额25 436.84元的2倍标准罚款）的行政处罚"。杭州市人力资源和社会保障局于2017年4月25日将处罚决定书邮寄陈某。2017年5月4日，陈某不服该处罚，向杭州市人民政府申请行政复议。

问：（1）杭州市人力资源和社会保障局对陈某的处罚事实认定是否清楚，法

---

[1] "陈某不服杭州市人力资源和社会保障局作出的《杭州市人力资源和社会保障局行政处罚决定书》提起行政复议一案"，载杭州市人民政府法制办公室网站，http：//www.hangzhoufz.gov.cn/xzfy/xzfy-detail.aspx？iguid=668，访问日期：2018年6月13日。

律适用是否准确?

(2) 杭州市人力资源和社会保障局在2017年2月3日行政处罚作出后,直至同年4月25日才邮寄给陈某,程序是否存在瑕疵?

(3) 陈某是否有依法从轻处罚的情形?

案例四[1]

1997年5月,万达公司凭借一份虚假验资报告在某省工商局办理了增资的变更登记,此后连续4年通过了工商局的年检。2001年7月,工商局以办理变更登记时提供虚假验资报告为由对万达公司作出罚款1万元、责令提交真实验资报告的行政处罚决定。2002年4月,工商局又作出撤销公司变更登记,恢复到变更前状态的决定。2004年6月,工商局又就同一问题作出吊销营业执照的行政处罚决定。

问:(1) 2001年7月工商局的处罚决定是否违反了《行政处罚法》关于时效的规定?

(2) 2002年4月工商局的处罚决定是否违反了一事不再罚原则?

(3) 2004年6月工商局的处罚决定是否合法?

主要参考文献

1. 关保英:《行政法教科书之总论行政法》,中国政法大学出版社2009年版。
2. 关保英编著:《行政法案例教程》,中国政法大学出版社1999年版。
3. 应松年、马怀德主编:《行政处罚法》,人民出版社1996年版。
4. 胡锦光、刘飞宇:《行政处罚听证程序研究》,法律出版社2004年版。
5. 张树义主编:《行政法学案例教程》,知识产权出版社2003年版。
6. 胡锦光主编:《行政法案例分析》,中国人民大学出版社2000年版。
7. 胡锦光、牛凯主编:《以案说法·行政处罚篇》,中国人民大学出版社2000年版。
8. 蒋勇主编:《典型行政案例评析》,法律出版社1999年版。
9. 杨琼鹏、周晓主编:《行政处罚法新释与例解》,同心出版社2000年版。
10. 刘莘:《行政法热点问题》,中国方正出版社2001年版。

---

[1] 案例来源于国家司法考试2004年卷二第44题。

第七章

行政强制

【本章概要】 本章主要对行政强制、行政强制措施、行政强制执行进行概括介绍，讲述其概念、特征、原则等基本内容，以及与其他概念之间的区别等。

【学习目标】 通过本章内容的学习，应该掌握行政强制的概念、特征、种类等基本内容，了解行政强制措施与行政强制执行的区别。

第一节 行政强制概述

一、行政强制的概念和特征

行政强制是行政主体为预防、纠正违法行为和确保行政法上的义务得以履行，而在行政管理活动中实施的强行限制相对人权利的行为。根据 2012 年 1 月 1 日实施生效的《中华人民共和国行政强制法》，行政强制包括两个方面：①为预防和纠正违法行为而采取的行政强制措施；②为确保行政法上的义务得以履行而实施的行政强制执行。行政强制是行政强制措施和行政强制执行的合称。

行政强制具有以下几个特征：

1. 形式上的附属性。行政强制就其形式而言，其产生和存在必以行政权的其他权能的实现为前提，亦即它附属于行政权的其他权能（最直接的是行政决定）而存在，离开了行政权的其他权能，行政强制就成为无本之木、无源之水，失去了存在的基础。从这一角度看，行政强制尽管其有自身的特定内涵，是行政权的一项完全可区别于其他项的权能，但就其整体而言，它不可能与行政权的其他权能彻底断裂。也正是在这一意义上，我们说行政强制的地位永远只能是行政权的一项权能，而不可能成为一种独立的与行政权相并列的权力，即它是行政权的内容，而非与行政权相并列的权力形式。

2. 来源上的法定性。理论上而言，一切国家权力都是通过法律才得以创设的，因而也都是法定的。行政强制作为行政权力的一种表现形式，当然也不例外。然而，我们在此讨论的行政强制的法定性却有着更深一层的含义，即它是指行政强制作为行政权的一项权能、一项依附于行政权的权力形式，并不能由拥有某项行政决定权或行政权的其他权能的行政机关自然享有，其获得和行使须由相关法律规范明确授予或规定。凡是行政机关，其都拥有一定的行政权（确切地讲应是指行政决定权，即产生、变更或废止某种法律关系的权力），但并非每个行政机关都拥有实现该法律关系所确定的权利义务的能力。行政强制的获得须有相关法律的另外明确授权。很显然，行政强制的这一特征并非是由行政强制固有的性质所自然派生的，而是为了有效控制这种能给相对方权利义务带来直接影响的权力而人为设定的，但又是必不可少的特征。在我国，设定和行使行政强制权的各级各类规范性文件，都属于我国广义的法的范畴。然而，各级各类规范性文件在设定和行使行政强制时，从本地方、本部门利益出发，导致实践中行政强制行使极为混乱，因此，来源上的法定性还要求行政强制的设定和行使应严格遵循法律优先和法律保留原则。

3. 强制方式的递进性。行政强制行使的直接目的在于行政管理目标的实现或特定行政决定所确定的权利义务的实现，因此，行政强制的行使应以特定的行政决定内容为限。即行政强制不能创设一种新的权利义务关系，而只能落实先前已被确定下来的权利义务关系，其内容范围与行政决定所形成的内容范围应当完全一致，既不能夸大，亦不能缩小。同时，由于行政强制是对行政相对方权利威胁与破坏极大的权力，因此在行政强制行使过程中，我们要坚持强制方式的循序渐进。

4. 行使方式的民主性。行政强制行使的现状是与大量的非强制行政行为并存，这体现了现代行政法并不像过去那样只倡导控权，而是越来越倡导服务和合作精神。行政强制是一种不顾及相对方是否情愿而以强制手段影响相对方权益的权力，对相对方权益的威胁较大，但它又是行政管理中一种不可缺少的有效手段。在这种情况下，我们应尽量使两者兼顾，即在行政强制权行使过程中尽量贯彻合作精神，尽量期待相对方能合作，不到万不得已的情况，就不使用行政强制。博登海默说得好："一个法律制度之实效的首要保证必须是它能为社会接受，而强制性的制裁只能作为次要的和辅助性的保障。"[1]因此，在行政强制行使过程中，行政主体应改变以往的那种"命令—服从"模式，将行政相对方看作是与自己平等的行政法律关系中的一方当事人。在行政决定作出后，行政主体应首先充分说明理由，并听取相对方的陈述和申辩；而后，即使相对方到了履行期限仍不履行，行政主体也不能马上对其采取强制，而必须另有一个时间较充分的告诫程序，以给相对方反思的机会，从而使相对方自觉履行义务，而决不能履行期

---

[1] [美] E. 博登海默：《法理学：法律哲学与法律方法》，邓正来译，中国政法大学出版社2004年版，第364页。

限一到就对相对方行使行政强制权；最后，只有在穷尽了所有的非强制手段，还无法使相对方履行义务时，才能采取强制手段。

二、行政强制的基本原则

（一）法定原则

行政强制法定原则是指行政强制必须严格按照法律的规定行使。作为一项积极主动权能的行政强制行为，其行使必须要有法律的明确规定，严格遵循法律保留原则。①设定行政强制必须按照法定的权限、范围、条件和程序。②实施行政强制必须按照法定的权限、范围、条件和程序。③行政强制实施程序法定。例如，强制拆除房屋、强制拆除违章建筑或者强制退出土地，必须依法签发公告；对于查封、扣押的财产，必须出具清单等。

（二）比例原则

比例原则的基本涵义是行政机关实施行政行为所要达到的目的和所采取的手段之间的关系必须具有客观的对称性；禁止任何国家机关采取过度的措施；在实现法定目的的前提下，国家活动对公民的侵害应当减少到最低限度。具体在行政强制领域，要求设定行政强制应当适当，兼顾公共利益和当事人的合法权益。实施行政强制应当依照法定条件，正确适用法律、法规，选择适当的行政强制方式，以最小损害当事人的权益为限度。

（三）教育与强制相结合原则

行政强制本身不是目的，通过强制纠正违法行为，教育违法者和其他公民自觉守法，形成人人守法、个个自觉维护社会秩序的良好局面才是目的。因此，在实施行政强制之前，应当对行政相对人进行说服教育，只有在说服教育无效或者因情况紧急不能进行说服教育的情况下才能直接实施行政强制。

（四）不得谋利原则

法律授予行政机关以行政强制权的目的在于维护公共利益和社会秩序，保障正常的生产生活秩序。行政强制权的行使应当也只能是基于公共利益的需要。故行政机关及其工作人员在行使行政强制权的同时不能掺杂部门利益或者个人利益，不能徇私枉法、滥用权力，把行政强制权作为"寻租"的工具。

（五）权利救济原则

行政相对人对行政机关实施的行政强制，有权进行陈述与申辩，申请行政复议或者提起行政诉讼，因行政机关违法实施行政强制受到损害的，有权依法要求赔偿。现代行政程序一方面要保障行政机关依法履行职责，但另一方面也更加强调对公民的程序性权利的保护。在侵益型行政行为如行政强制的设定和实施过程中，行政相对人理应享有法律规定的程序权利和依法获得救济的途径，因此无论从权利保护的角度，还是从权力监督的角度，都应当明确相对人的救济权利。

三、行政强制的作用

（一）行政强制是实施行政法律规范的有力保障

任何一部法律、法规的社会价值都是通过对其贯彻实施体现出来的，否则，它只是一纸空文。为此，对于那些知道或应当知道法律规定的义务而拒不履行的义务人，就要采取强制措施，迫使其遵守法律、执行法律、履行义务，从而保证法律、法规的顺利实施，维护法律、法规的严肃性，维护法制的尊严。

（二）行政强制是行政主体依法行使职权的有力保障

行政主体在行政管理过程中，对行政相对人科以一定的义务，并使这种义务得以履行，是行政职权完整行使的保障。在现实生活中，往往有行政相对人对行政义务不履行的情况，而行政强制措施的实施，有利于预防、纠正或制止这类现象的发生，有利于维护行政职权的尊严，确保行政职权合法和有效运行。

（三）行政强制是维护社会公共秩序、促进市场经济发展的必要手段

行政管理的根本目的是维护社会公共秩序，为市场经济的发展创造良好的社会环境，而行政强制是实现这一目标的有效手段之一。行政强制是在国家职能运行的过程中形成的，具有国家意志性。行政强制旨在排除国家职能运行过程中发生的各种阻却因素，从而实现国家目的。所以，有的学者认为："行政强制当指为维护公共秩序和公共利益，保护行政相对人合法权益的，与非强制性行为相对应而存在的一类行为。"[1]此外，市场经济的发展，要求有一个公开、平等、竞争的社会经济秩序，作为行政强制措施，为防止不履行义务的行为继续下去，通过查封、扣押、强行收购商品、制止销售、停止作业、扣留证照等强制措施，可遏制欺行霸市、投机倒把、制造销售假冒伪劣产品等违法经营行为。通过行政干预，排除阻碍市场经济发展的行为，可促使人们的经济活动在法治化的轨道上运行。

（四）行政强制是教育行政相对人增强法制观念、自觉履行法定义务的有效方法

行政强制措施虽然是通过一系列强制措施来维持社会秩序、经济秩序和保障行政相对人的合法权益的，但其宣传法制以及教育、警诫的作用也十分明显。行政主体在实施行政强制措施的过程中，也着眼于教育义务人。在强制相对人的人身、财产的同时，也必然触及其轻视法制的观念，促使其自觉履行法定义务。

四、行政强制的种类

（一）行政强制措施和行政强制执行

这是根据行政强制适用的场合和追求的目标的不同而作的分类。这一分类不

---

[1] 傅士成：《行政强制研究》，法律出版社2001年版，第19页。

是绝对的，两者之间有交叉与重合。只有将其投入实践，才能使其同特定的时间、过程、条件、场合、对象联系在一起，并转化为不同的行为。即某一种强制，当它被用于制止违法、预防违法、调查特定事项或保障行政管理的顺利进行时，就表现为行政强制措施；当它被用于执行行政决定所确定的义务时，就表现为行政强制执行。

行政强制措施，是指行政机关在行政管理过程中，为制止违法行为、防止证据损毁、避免危害发生、控制危险扩大等情形，依法对公民的人身自由实施暂时性限制，或者对公民、法人或者其他组织的财物实施暂时性控制的行为。这类措施最典型的特征是限权性和暂时性。这类手段的采取，并不以相对方行为违法为前提，也不对相对方人身权或财产权作最终处分。换句话说，这类手段的采取会限制相对方的权利，但不直接对相对方的权利进行处分，即其不具有直接处分性。如扣押财产，只意味着对被扣押财产使用权的限制，而没有对该财产的所有权作出处分。行政主体采取行政强制措施往往是实施行政处罚或作出其他行政决定的前提。行政强制措施行使的目的就是保障行政管理的顺利进行，或者预防、制止和控制违法和危险状态。

行政强制执行，是指行政机关或者行政机关申请人民法院，对不履行行政决定的公民、法人或者其他组织，依法强制履行义务的行为。这类权力最典型的特点是执行性，即拥有强制执行权的机关为了实现行政决定的内容，采取强制执行方式。对行政相对方来说，其权利义务的处置取决于某一特定的具体行政决定，强制执行的采取从根本上是为了落实该行政决定的内容。如行政机关执行一个已经生效的没收决定时，与其说是执行行为发生财产上的处分效果，不如说是行政没收决定本身的处分性得到了实现。在这里，对被没收财产的处分，从法律上说，不是来自于执行行为，而是来自于没收决定本身的效力。

根据强制执行是否直接作用于相对方的人身或财产，可将强制执行分为直接强制和间接强制两种。其中间接强制又可分为代履行和执行罚。间接强制与直接强制的目的是相同的，即确保具体行政决定所确定的义务得以履行。

由于直接强制是直接将强制性力量加诸义务人的人身或财物，在实现义务内容方面，其效果最为明显，但由此也极易对义务人的合法权益造成侵害。因此，在行政强制执行手段的采取中，只有穷尽间接强制手段仍不能达成目的时方可采用直接强制手段。同时，法律应对直接强制的适用条件和程序等作出明确的规定和限制，使执行手段的采取适度，一方面以能够达到义务得以履行的状态为限，另一方面尽量使用强度轻的执行方式，尽量将义务人所受损害减小到最低限度。

(二) 对人身的强制、对财产的强制、对行为的强制

这是根据行政强制所针对的对象的不同对行政强制所作的分类。

对人身的强制，是指拥有行政强制权的行政主体基于一定的行政目的，对特定相对方采取的限制其人身自由，或对其人身采取检查、留置等强制措施的总称。根据《立法法》的规定，对公民政治权利的剥夺、限制人身自由的强制措施和处罚，属于全国人民代表大会及其常务委员会的专属立法事项。这体现了最高权力机关对公民人身自由这一宪法基本权利的高度重视，也意味着限制公民人身自由的强制权力的设定和行使，只能由全国人大及其常委会以法律的形式进行规定，行政法规、地方性法规和行政规章都不能进行设定。除了限制人身自由的强制手段外，对人身的强制权还包括对公民的人身采取的检查、留置盘问、传唤等手段，这些是行政管理不可缺少的，从现行立法看，大量的行政机关都拥有这方面的权力。因此，对于行政机关拥有的这类权力，我们必须持警惕的态度，看其权力设定和实施是否符合法律保留原则。

对财产的强制，是指拥有行政强制权的行政主体基于一定的行政目的，对特定相对方的财产行使的所有强制权力的总称。这类强制权或者表现为影响相对方财产的使用权，如查封、扣押、冻结等；或者表现为对行政决定所确定的有关财产的义务的落实，如强制拆除、强制扣缴、划拨等；或者表现为科以相对方新的金钱给付义务即执行罚，以促使相对方履行义务，如滞纳金等。由于财产可分为动产和不动产，因而对财产的强制也有对动产的强制和对不动产的强制之分。

对行为的强制，是指拥有行政强制权的主体基于一定的行政目的，针对特定相对方的行为行使的强制权的总称。对行为的强制以行政相对方负有法定的作为或不作为义务为前提。如《兵役法》规定的强制服兵役这一强制手段，其前提就是相对方基于法律的一般规定和行政机关的具体行政决定负有服兵役的作为义务，即相对方的义务内容是作为性的行为义务。虽然强制服兵役行为的外在表现是对相对方人身的强制以实现行政管理目的，但它不同于强制拘留中的人身性义务，也区别于某些财产性义务，行使这类强制权的目的在于促使其履行法定的作为或不作为义务。

五、行政强制与相关概念的区别

（一）行政强制与行政处罚

行政强制与行政处罚都属于"侵害行政"范畴，因此，二者具有相联系的一面：①在行政处罚决定最终作出之前，存在实施行政强制的可能性，如对违法财物在没收之前的查封、扣押，即属于行政强制措施；②在行政处罚决定作出后，当行政相对方不履行行政处罚所确定的义务时，也存在以行政强制执行的方式实现义务的必要性。因此，这使得行政强制与行政处罚在行政执法的时间和阶段上产生联系。

然而，二者的差异也是十分明显的：

1. 目的不同。行政强制措施的目的是制止违法行为、防止证据损毁、避免危害发生、控制危险扩大等。而行政处罚的目的是通过对行政相对人权益的剥夺或者对其科以新的义务，使其遭受损失或者受到惩罚，进而守法。

2. 法律效果不同。行政强制措施是对行政相对人人身权和财产权的一种临时限制。如查封财物之所以是行政强制措施，是因为它不是对该财物所有权的最终处分，当事人不会因此丧失其对财产的所有权，只是其对财产的使用权和处分权受到了临时限制。同样是由追求的目的所决定，行政处罚则表现为对行政相对方权利的剥夺，而且本质上属于对相对方违法行为的实体处理结果。无论是人身罚、财产罚，还是行为罚，都充分体现了对相对方实体权利的剥夺。

3. 针对的具体对象不同。由于行政强制措施不具有制裁性，因而它与行政相对人的行为是否违法没有必然的联系。它既可以针对违法相对人，又可以针对违法嫌疑人或者没有违法的相对人，如海关检查走私嫌疑人的身体、卫生检疫机关对入境的患有传染性疾病的病人采取强制隔离措施等。行政处罚只能针对违法的行政相对人。

（二）行政强制与行政诉讼强制措施

行政诉讼强制措施，又称对妨碍行政诉讼的强制措施，是指人民法院在行政诉讼中，为了保证行政诉讼活动的正常顺利进行，对实施妨碍行政诉讼行为的人所采取的强制性排除妨碍手段的行为。

我国《行政诉讼法》第59条规定了行政诉讼过程中的强制措施，即行政诉讼强制措施。根据该条的规定，可以将排除妨碍的方法划分为两类：一类是追究刑事责任的方法，主要依《刑事诉讼法》规定的程序运作和实施；另一类是由审理该行政案件的法院直接采取的制止或排除的方法。从设定和实施这些方法所追求的目标来看，其制止和排除的作用极其明显，而从这些方法本身的内容来分析，它无疑带有制裁性。因而，行政诉讼强制措施是一种寓教于罚、罚存其中的司法制止和排除手段。

行政强制权与行政诉讼强制措施权的区别体现在以下几方面：

1. 性质和适用的主体不同。如果将行政强制行使中较特殊的部分——行政机关申请法院强制执行剔除不计，行政强制在性质上当属行政权，由行政机关实施；而行政诉讼强制措施在性质上属于司法权，由人民法院实施。

2. 所依据的法律不同。行政强制的行使依据行政实体法律规范和行政程序法律规范；而行政诉讼强制措施则依据行政诉讼法律规范。

3. 所追求的目标不同。行政强制以实现社会秩序和行政性义务的内容为目标；而行政诉讼强制措施则以确保行政诉讼程序运转的稳定、安全和高效为目标。

4. 救济的途径不同。行政强制行使中的大部分强制方式都具有可诉性，即行政相对方对其不服，只要满足起诉条件，都可以向法院提起行政诉讼；而行政诉讼强制措施则不具有可诉性，即使被采取行政诉讼强制措施的人对该措施不服，只能对其中的罚款和拘留向上一级法院申请复议，而对于其他行政诉讼强制措施目前尚未有明确的救济途径。

第二节　行政强制措施

一、行政强制措施的概念和特征

行政强制措施是指行政机关在行政管理过程中，为制止违法行为、防止证据损毁、避免危害发生、控制危险扩大等情形，依法对公民的人身自由实施暂时性限制，或者对公民、法人或者其他组织的财物实施暂时性控制的行为。行政强制措施具有如下几个特征：

1. 强制性。行政强制措施的强制性表现为，对相对人及其权利的强行控制和限制。从行政执法的运作过程看，一旦行政主体实施行政强制，事实上即意味着行政主体与行政相对人双方的友好合作宣告结束，行政主体的权力和行政相对人的人身、财产权利进入了直接交锋阶段。而这场交锋的结果必然是行政主体的意愿克服相对人的不配合的意志而得以实现。所以，行政强制在行政行为结构体系中实际上就成为绝大多数行政手段的最终担保手段，是行政主体手中必不可少的一种"利器"，对最终实现法律所预期的行政状态发挥着决定性的作用。

2. 即时性。行政强制措施的实施具有即时性，且不以确定义务的具体行政行为的先行存在为条件。行政强制措施是在需要制止违法行为、防止证据灭失、避免危害发生、控制危险扩大的紧急情况下即刻实施的，其根本目的是维护社会秩序，防止危害社会的情况发生。由于行政强制措施实施的即时性，在行政强制措施实施之前，不可能先行作出一个处理相应事态的具体行政行为，然后再执行这个具体行政行为。而且，即刻作出一个决定，即刻执行这个决定。在决定的作出与该决定的执行之间，没有明显的时间间隔。这也是行政强制措施与行政强制执行的主要区别。

3. 临时性。这是由适用行政强制措施的条件决定的。无论是制止违法行为、防止证据灭失的行政强制措施，还是避免危害发生、控制危险扩大的行政强制措施，一旦实施行政强制措施的事由消除，行政强制措施的继续存在便没有意义。行政强制措施通常也是为保障具体行政行为的作出而采取的，并不是最终的处理结果，而往往是行政机关作出处理决定的前奏和准备。如对走私嫌疑物的查封或扣押，经查实后，对查封或扣押物进行没收处罚。

4. 非处分性。这是由行政强制措施的性质决定的。行政强制措施并不是为了制裁违法行为，它只是为了预防和避免危害发生而限制权利的行使，限权和控制是行政强制措施的内容。因此，行政强制措施的采取，不以相对人违法为前提。

二、行政强制措施的种类

（一）限制公民人身自由

人身自由是公民最基本的权利之一。狭义的人身自由指的是公民的身体自由不受侵犯，如公民享有不受非法限制、监禁、逮捕或羁押的权利。广义的人身自由还包括与人身紧密联系的人格尊严和公民住宅不受侵犯，公民的通信自由和通信秘密受法律保护等。本教材采取狭义人身自由的概念。限制公民人身自由的行政强制措施，是指行政机关为实现行政管理目的，依职权采取的对公民身体自由的暂时性限制。根据我国现行法律的规定，经常使用的限制公民人身自由的行政强制措施有：收容教养、强制隔离、强制传唤、约束、强制带离现场、强制检测、强制治疗等。

（二）对物采用的强制措施

查封场所、设施或者财物，扣押财物，冻结存款、汇款属于对物采用的强制措施。查封是指行政机关限制当事人对其财产的使用和处分的强制措施。主要是对不动产或者其他不便移动的财产。扣押财物，是指行政主体强制留置行政相对人的财物，限制其继续对其财物进行占有和处分的行政强制措施。查封和扣押的区别在于：①扣押是将被扣押物品进行物理位置的转移，而查封是原地查封，并不移动被查封的对象。②扣押的对象只能是财物，而查封的对象相对广泛，除了财物还可以是场所和设施。冻结是指行政主体暂时性地禁止相对人使用其在银行等金融机构的存款和汇款的行政强制措施。基于对个人与单位存款和汇款的保护，《商业银行法》规定了商业银行有权拒绝任何单位和个人冻结划扣，但法律另有规定除外。因此，冻结存款、汇款，只有法律才能规定。

（三）其他行政强制措施

由于现实生活的复杂性，行政强制法也无法将现有立法或者将来立法需要创设的行政强制措施予以全部包括，但基于行政管理目的，立法又有设置相应行政强制措施的必要。所以有必要在立法中以"其他行政强制措施"作为兜底规定。

三、行政强制措施的设定

《行政强制法》第10条规定了对行政强制措施的设定问题。

（一）法律的设定权

法律可以对所有的行政强制措施进行设定，且下列行政强制措施的设定由法律保留：限制公民人身自由的行政强制措施、冻结存款、汇款，以及其他应由法律设定的事项，这些措施只能由法律作出设定。

（二）行政法规的设定权

对于行政法规而言，属于国务院行政管理职权事项的，行政法规可以设定由法律保留的行政强制措施之外的措施，即限制公民人身自由的行政强制措施、冻结存款、汇款，以及其他应由法律设定的行政强制措施以外的其他行政强制措施。

（三）地方性法规的设定权

根据《行政强制法》的规定，地方性法规对行政强制措施的设定权为，尚未制定法律、行政法规，且属于地方性事务的，可以设定的行政强制措施有两类，即查封场所、设施或者财物和扣押财物。

除法律、法规以外的其他规范性文件，均不得设定行政强制措施。

四、实施行政强制措施的条件和程序

（一）实施主体和适用条件

行政强制措施由法律、法规规定的行政机关在法定职权范围内实施。行政强制措施权不得委托。

行政强制措施的适用条件是：行政机关履行行政管理职责，在制止违法行为、防止证据损毁、避免危害发生、控制危险扩大的情况下，可以依照法律、法规的规定，实施行政强制措施。

（二）实施行政强制措施的程序

1. 一般程序。行政机关实施行政强制措施应当依照下列规定：①采取行政强制措施前须向行政机关负责人报告并经批准，当场采取行政强制措施的，应当在事后立即报告；②由2名以上行政执法人员实施；③出示执法身份证件；④通知当事人到场；⑤当场告知当事人采取行政强制措施的理由、依据以及当事人依法享有的权利、救济途径；⑥听取当事人的陈述和申辩；⑦制作现场笔录；⑧现场笔录由当事人和行政执法人员签名或者盖章，当事人拒绝的，在笔录中予以注明；⑨当事人不到场的，邀请见证人到场，由见证人和行政执法人员在现场笔录上签名或者盖章。

2. 对限制公民人身自由的特别程序要求。实施限制公民人身自由的行政强制措施除必须遵循一般程序要求外，还必须遵循下列程序：①当场告知或者实施行政强制措施后立即通知当事人家属实施行政强制措施的行政机关、地点和期限。②在紧急情况下当场采取行政强制措施的，在返回行政机关后，立即向行政机关负责人报告并补办批准手续。③法律规定的其他程序。实施限制人身自由的行政强制措施不得超过法定期限。实施行政强制措施的目的已经达到或者条件已经消失,应当立即解除。

3. 对查封、扣押的特别程序要求。有下列情形之一的,可以实行查封、扣押的行政强制措施:发现了违禁物品;防止证据损毁;防止当事人转移财务,逃避法定义务;法律规定的其他情形。

查封、扣押应当遵循以下程序:①批准。在采取强制措施前,要向行政机关负责人书面或者口头报告并经批准,对重大案件或者数额较大的财物需要查封、扣押的,应当由行政机关负责人集体讨论。②出示证件。查封和扣押要由2名以上的行政执法人员实施,并出示执法的身份证件。③告知。要当场告知当事人采取行政强制措施的理由、救济途径以及当事人依法享有的权利。④听取陈述和申辩。查封和扣押的执法人员要听取当事人的陈述和申辩,并且制作现场笔录。⑤制作查封、扣押清单,该清单一式两份,由当事人和行政机关分别保存。查封、扣押的期限不得超过30日,情况复杂的,经行政机关负责人批准,可以延长30日。行政机关在实施查封、扣押的行政强制措施后,应当及时查清事实,在法定期间作出处理决定。逾期未作决定的,被查封的物品视为解除查封,当事人可以要求返还被扣押的物品。⑥承担费用。查封、扣押的财物的保管费用由行政机关承担。

4. 对冻结存款、汇款的特别程序要求。冻结存款、汇款应当遵循以下程序:①作出冻结决定。作出冻结决定必须由法律规定的行政机关作出,不得委托其他行政机关或者组织作出冻结决定。冻结决定书应当载明下列事项:当事人姓名或者名称、地址;冻结存款的理由、依据和期限;冻结的账号和数额;申请行政复议和提起行政诉讼的途径和期限;行政机关的名称、印章和日期。②通知。决定冻结的行政机关应当书面通知金融机构,金融机构接到行政机关依法作出冻结存款的决定后,应当立即冻结存款,不得拖延,不得在冻结存款前通知当事人。③交付冻结决定书。作出冻结决定书,依法实施冻结的,作出决定的行政机关应当在3日内向当事人交付冻结决定书。④处理。冻结期限为30日,自冻结存款、汇款30日内行政机关应当作出处理决定或者作出解除冻结存款决定;情况复杂的,经行政机关负责人批准可以延长30日。法律另有规定的除外。延长冻结的决定应当及时书面告知当事人,并说明理由。

有下列情形之一的,行政机关应当解除冻结:当事人没有违法行为;冻结的存款、汇款与违法行为无关;行政机关对违法行为已经作出处理决定,不再需要冻结;冻结期限已经届满;其他不再需要采取冻结措施的情形。行政机关作出解除冻结决定的,应当及时通知金融机构和当事人。金融机构接到通知后,应当立即解除冻结。行政机关逾期未作出处理决定或者作出解除冻结存款决定的,金融机构应当解除冻结。

第三节 行政强制执行

一、行政强制执行的概念和特征

行政强制执行是行政机关或由行政机关申请法院对不履行行政机关依法作出的行政处理决定中规定的义务的主体，采取强制手段，强迫其履行义务，或达到与履行义务相同状态的行为。

行政强制执行具有以下三个特征：

1. 行政强制执行的执行主体包括行政机关和人民法院。与实施行政强制措施的主体只能是行政机关和经授权的组织不同，行政强制执行的主体除行政机关和经授权的组织外，还包括人民法院。

2. 行政强制执行以公民、法人或者其他组织不履行具体行政行为所确定的义务为前提。公民、法人或者其他组织所负义务是生效具体行政行为确定的义务，如果公民、法人或者其他组织自动履行义务，则不产生强制执行问题。行政强制执行只能在公民、法人或者其他组织不履行义务时才能进行。

3. 行政强制执行目的在于以强制的方式迫使当事人履行义务，或达到与履行义务相同的状态，即实现具体行政行为所确定的义务内容。

二、行政强制执行的方式

行政强制执行的方式因执行主体不同而不同。如果行政机关的具体行政行为需要申请法院执行，则主要由法院使用相应的强制方式强制当事人履行；如果行政机关有自行强制执行权，则由行政机关依法律规定的方式强制执行。

由行政机关采取的行政强制执行方式一般有以下两种：

（一）间接强制执行

行政机关的间接强制执行方式包括代履行和执行罚两种。

1. 代履行。指如当事人拒不履行的义务为可由他人代替履行的义务时，行政机关请他人代为履行，并要求当事人承担相应费用的执行方式。代履行有两个特征：①当事人应履行的义务为可替代义务，即此义务可以由当事人亲自履行，也可以由他人履行，如排除妨碍、恢复原状属于此种义务。如某项义务必须由当事人亲自履行，不能适用代履行。②代履行的费用应由当事人承担。

2. 执行罚。指在当事人逾期不履行义务时，行政机关要求当事人承担一定的金钱给付义务，促使其履行义务的执行方式。执行罚包括行政罚款的加罚和税费的滞纳金两种。

（二）直接强制执行

它是指行政机关直接对当事人人身或财产实施强制，迫使其履行义务或实现与履行义务相同状态的执行方法。一般包括划拨存款、汇款、拍卖或者依法处理查封、扣押的场所、设施或者财物等。

三、行政强制执行方式的设定

《行政强制法》第13条规定："行政强制执行由法律设定。法律没有规定行政机关强制执行的，作出行政决定的行政机关应当申请人民法院强制执行。"根据这一规定，行政机关的自行强制执行必须由法律设定，行政法规和地方性法规均不得设定行政机关强制执行。

四、行政强制执行的一般程序及要求

（一）确定执行主体和执行期间

执行主体是法律规定有强制执行权的行政机关，通常是作出行政处理决定的行政机关。执行期间从行政处理决定确定的相对人自动履行义务的期间届满时开始计算。

（二）督促催告

有行政强制执行权的行政机关在作出行政强制执行决定之前，应当事先督促催告当事人履行义务，催告应采用书面形式并载明下列内容：①履行义务的期限；②履行义务的方式；③涉及金钱给付的，应当有明确的金额和给付方式；④当事人依法享有的陈述权和申辩权。经督促催告，当事人履行行政机关依法作出的行政决定的，不再实施强制执行。

（三）听取陈述和申辩

当事人收到催告书后有权进行陈述和申辩。行政机关必须充分听取当事人的意见，对当事人提出的事实、理由和证据，应当进行记录、复核。当事人提出的事实、理由或者证据成立的，行政机关应当采纳。

（四）作出行政强制执行决定书

经催告，当事人逾期仍不履行行政机关决定，且无正当理由的，行政机关可以作出行政强制执行决定。行政机关的行政强制执行决定应当以书面形式作出，并载明下列事项：①当事人姓名或者名称、地址；②行政强制执行的理由和依据；③行政强制执行的方式和时间；④申请行政复议或者提起行政诉讼的途径和期限；⑤行政机关的名称、印章和日期。在催告期间，对有证据证明有转移或者隐匿财物迹象的，行政机关可以作出立即强制执行决定。

（五）送达催告书和行政强制执行决定书

催告书、行政强制执行决定书应当直接送达当事人。当事人拒绝接收或者无法直接送达的，应当依照民事诉讼法的有关规定送达。

（六）中止执行、终结执行

1. 中止执行。有下列情形之一的，中止执行：当事人履行行政决定确有困难或者暂无履行能力的；第三人对执行标的主张权利，确有理由的；执行可能造成难以弥补的损失，且中止执行不损害公共利益的；行政机关认为需要中止执行的其他情形。

中止执行的情形消失后，行政机关应当恢复执行。对没有明显社会危害，当事人确无能力履行，中止执行满3年未恢复执行的，行政机关不再执行。

2. 终结执行。有下列情形之一的，终结执行：公民死亡，无遗产可供执行，又无义务承受人的；法人或者其他组织终止，无财产可供执行，又无义务承受人的；执行标的灭失的；据以执行的行政决定被撤销的；行政机关认为需要终结执行的其他情形。

（七）执行和解

实施行政强制执行，行政机关可以在不损害公共利益和他人合法权益的情况下，与当事人达成执行协议。执行协议可以约定分阶段履行；当事人采取补救措施的，可以减免加处的罚款或者滞纳金。执行协议应当履行。当事人不履行执行协议的，行政机关应当恢复强制执行。

（八）文明执法

行政强制执行不得在夜间和法定节假日实施。但是，因情况紧急或者当事人同意的除外。同时，行政机关不得采取停止供水、供电、供热、供燃气等方式迫使当事人履行行政义务。

五、行政强制执行的特别程序及要求

（一）金钱给付义务的执行

1. 首先采用间接强制。行政机关依法作出金钱给付义务的行政决定，当事人逾期不履行的，行政机关可以依法加处罚款或者滞纳金。执行罚的目的是通过对行政相对人科以新的给付义务，促使其主动履行。加处罚款或者滞纳金的标准应当告知当事人。加处罚款或者滞纳金的数额不得超出金钱给付义务的数额。

2. 自行强制执行或申请法院执行。行政机关实施加处罚款或滞纳金超过30日，经催告当事人仍不履行的，具有行政强制执行权的行政机关可以强制执行。行政机关实施强制执行前，需要采取查封、扣押、冻结措施的，依照行政强制法的相关规定办理。没有强制执行权的行政机关应当申请人民法院强制执行。但是，当事人在法定期限内不申请行政复议或者提起行政诉讼，经催告仍不履行的，在实施行政管理过程中已经采取查封、扣押措施的行政机关，可以将查封、扣押的财物依法拍卖抵缴罚款。

3. 执行的程序要求。划拨存款、汇款应当由法律规定的行政机关决定，并书面通知金融机构。金融机构接到行政机关依法作出划拨存款、汇款的决定后，应当立即划拨。依法拍卖财物，由行政机关委托拍卖机构依照我国《拍卖法》的规定办理。划拨的存款、汇款以及拍卖和依法处理所得的款项应当上缴国库或者划入财政专户。任何行政机关或者个人不得以任何形式截留、私分或者变相私分。

（二）代履行

1. 适用范围。行政机关依法作出要求当事人履行排除妨碍、恢复原状等义务的行政决定，当事人逾期不履行，经催告仍不履行，其后果已经或者将危害交通安全、造成环境污染或者破坏自然资源的，行政机关可以代履行，或者委托没有利害关系的第三人代履行。

2. 代履行的适用条件。代履行的适用条件比较严格，包括：

（1）代履行前送达决定书，代履行决定书应当载明当事人的姓名或者名称、地址，代履行的理由和依据、方式和时间、标的、费用预算以及代履行人；

（2）代履行 3 日前，催告当事人履行，当事人履行的，停止代履行；

（3）代履行时，作出决定的行政机关应当派员到场监督；

（4）代履行完毕，行政机关到场监督的工作人员、代履行人和当事人或者见证人应当在执行文书上签名或者盖章。

需要立即清除道路、河道、航道或者公共场所的遗洒物、障碍物或者污染物，当事人不能清除的，行政机关可以决定立即实施代履行；当事人不在场的，行政机关应当在事后立即通知当事人，并依法作出处理。

3. 代履行的费用。代履行的费用按照成本合理确定，由当事人承担。但是，法律另有规定的除外。

六、人民法院强制执行的程序和要求

（一）申请条件

我国《行政强制法》第 53 条规定："当事人在法定期限内不申请行政复议或者提起行政诉讼，又不履行行政决定的，没有行政强制执行权的行政机关可以自期限届满之日起 3 个月内，依照本章规定申请人民法院强制执行。"据此，行政机关申请人民法院强制执行需要具备两个条件：①行政机关无强制执行权；②当事人既不寻求救济也不履行行政决定。

（二）人民法院强制执行的程序

1. 行政机关申请。

（1）催告相对人。行政机关申请人民法院强制执行前，应当向当事人发出书面催告，催告当事人履行义务。催告发出 10 日后当事人仍未履行义务的，行政机关可以申请人民法院强制执行。

（2）向人民法院提出申请。行政机关向人民法院申请强制执行，应当提供下列材料：①强制执行申请书；②行政决定书及作出决定的事实、理由和依据；③当事人的意见及行政机关催告情况；④申请强制执行标的情况；⑤法律、行政法规规定的其他材料。强制执行申请书应当由行政机关负责人签名，加盖行政机关的印章，并注明日期。

2. 法院受理。人民法院接到行政机关强制执行的申请，应当在5日内受理。但是不属于本院管辖的，不予受理。行政机关对人民法院不予受理的裁定有异议的，可以在15日内向上一级人民法院申请复议，上一级人民法院应当自收到复议申请之日起15日内作出是否受理的裁定。

3. 法院审查。人民法院对行政强制执行申请，原则上采取书面审查原则。但根据《行政强制法》第58条的规定，被申请强制执行的具体行政行为有下列情形之一的，人民法院可以进行实质审查，即在作出裁定前可以听取被执行人和行政机关的意见：①明显缺乏事实根据的；②明显缺乏法律、法规依据的；③其他明显违法并损害被执行人合法权益的。人民法院应当自受理之日起30日内作出是否执行的裁定。裁定不予执行的，应当说明理由，并在5日内将不予执行的裁定送达行政机关。

4. 强制执行。法院经审查认为准予强制执行的，裁定强制执行。因情况紧急，为保障公共安全，行政机关可以申请人民法院立即执行。经人民法院院长批准，人民法院应当自作出执行裁定之日起5日内执行。

学术视野

西方各国均强调对行政强制的控制，但采用的方式不尽相同。总括而言，德、日两国强调行政机关的自我控制，主要采用行政机关自行执行体制，但并不排斥个别领域借助法院力量执行的情况，还有特殊情况下不以行政行为存在为前提的即时强制；美、法两国虽然分属两大法系，但其均强调对行政强制的外部控制，即借助法院力量的司法执行体制，以刑罚和行政罚的制裁促使相对方履行义务。我国对行政强制，尤其是行政强制执行，采取行政机关强制和非诉司法强制相结合的模式。

理论思考与实务应用

一、理论思考

（一）名词解释

行政强制　行政强制措施　行政强制执行　代履行　执行罚

(二) 简答题

1. 行政强制措施与行政强制执行有哪些区别？
2. 行政强制的特征有哪些？
3. 简述行政强制与行政处罚的区别。

(三) 论述题

1. 论行政强制的作用。
2. 论行政强制的原则。

二、实务应用

(一) 案例分析示范

案例一

1993年2月初，甲公司与乙公司签订了钢材订货合同，由甲公司向乙公司提供钢材190吨。甲公司于2月15日从银行贷款68万元，2月16日在某市购买钢材190吨，分装两船停在某县码头待运。当日下午4时许，某县公安局刑警大队工作人员到码头将甲公司正在办理结算手续的副经理熊某带走，并口头通知码头管理部门禁止两船离港，甲公司经理牛某闻讯后赶到某县公安局问询，某县公安局答复说熊某在与丙公司的经济往来中，拖欠贷款、涉嫌诈骗被收容审查，其经办的钢材遂被扣押。牛某当场向某县公安局表明，甲公司成立于1992年12月，熊某是1993年1月才受聘担任副经理的，其与丙公司发生业务往来时，本公司尚未成立，被扣钢材是本公司贷款所购，与熊某的被控行为无关。随后牛某向刑警大队工作人员出示了银行贷款凭证、购买钢材发票等证明材料，请求放行被扣押船只，某县公安局刑警大队未予理睬，并将钢材继续扣押。期间，熊某之妻为了使丈夫能够解除收容审查，筹款10万元给某县公安局，而某县公安局却称拿20万元才能放人。所扣押钢材一直未能处理，某县公安局刑警大队便将丙公司经理与甲公司经理召集在一起，提出由丙公司买下所扣钢材抵销熊某所欠贷款。1993年3月16日，甲、丙两公司签订了合同，但钢材价格、运费等由某县公安局确定，并且购货款项先汇入某县公安局账户。1993年4月1日，丙公司将货款37万元汇到某县公安局账户。某县公安局遂在甲公司不在场的情况下将所扣钢材交给了丙公司，熊某也被释放。甲公司多次向某县公安局索要货款，某县公安局只退还甲公司11万元，其余款项仍留于某县公安局。甲公司经理牛某以某县公安局非法采取行政强制措施为由提起行政诉讼。

问：本案中某县公安局的行为是行政强制措施还是刑事侦查行为？

【评析】本案中某县公安局的行为是行政强制措施而非刑事侦查行为。在我国，公安机关既是进行治安管理的行政机关，同时还是刑事诉讼中的侦查机关。区别这两类行为的性质在行政诉讼中极其重要。因为如果公安机关的行为属于行政强制措施,则属于行政诉讼法的受案范围;反之,如果公安机关的行为属于刑事侦查行为,则不属于行政诉讼法的受案范围。区分行政强制措施和刑事侦查行为的标准主要有如下两点:①两者在程序上的要求不同。刑事侦查等强制措施有一套严格的立案、侦查程序,而行政强制措施相对而言没有前者严格。②公安机关进行刑事侦查的前提是有犯罪事实存在且涉嫌犯罪,而行政强制措施则无此条件。本案中,某县公安局刑警大队对熊某拘留且扣押钢材的原因实非犯罪嫌疑人有罪,而仅仅是由于熊某与丙公司有未了结的经济纠纷,被公安机关扣押的两船钢材并非涉案赃物,它是属于甲公司的合法财产,公安机关明知此物品并非赃物而仍然扣押并向有关当事人索款才放人。这些行为已经严重违反了《刑事诉讼法》的规定,公安部的相关规则也对公安机关此类行为作了禁止规定。

案例二

某市电焊条厂一直亏损、负债经营,从1995年12月至2002年3月拖欠职工工资118万元;从1999年1月至2002年3月拖欠职工社会保险费59万元。2002年5月27日,某市劳动和社会保障局劳动监察大队作出011号行政处理决定书,限被执行人(某市电焊条厂)自收到处理决定之日起7日内补发以上拖欠的职工工资和补缴保险。

被执行人于2002年5月28日收到处理决定书后,在法定期限内既未申请行政复议,又未向人民法院提起诉讼。同年9月25日,某市劳动和社会保障局向某市中级人民法院行政庭申请强制执行。10月16日,某市中级人民法院行政庭对处理决定书准予强制执行。

问:(1)非诉行政执行的管辖是如何确定的?
(2)在非诉执行的案件中,法院审查的标准是什么?
(3)法院的审查方式是什么?

【评析】(1)根据《行政强制法》第54条的规定,行政机关申请人民法院执行具体行政行为的,可以向所在地有管辖权的人民法院申请强制执行;执行对象是不动产的,向不动产所在地有管辖权的人民法院申请强制执行。

(2)《行政强制法》第58条第1款规定:"人民法院发现有下列情形之一的,在作出裁定前可以听取被执行人和行政机关的意见:①明显缺乏事实根据的;②明显缺乏法律、法规依据的;③其他明显违法并损害被执行人合法权益的。"从该条规定看,我国现行非诉行政执行的审查标准是"明显违法标准"。

(3)根据《行政强制法》第57、58条的规定,人民法院对行政强制执行申请,原则上采取书面审查原则,也可以采取实质审查的方式。

案例三

魏某于 1997 年 3 月 21 日在某市某区斯大林大街公房西侧、北侧紧贴围墙违法建设，建筑面积 12 平方米，混凝土结构，高度 5.6 米的建筑物。某市某区规划局针对魏某的违法行为，于 1997 年 4 月 21 日作出行政处罚决定，认为魏某在某市某区的建筑无建设工程规划许可证，擅自违法建设，依照《某省城市规划条例》第 68 条第 2 款的规定，限魏某于 1997 年 5 月 1 日前无条件拆除。魏某对某区规划局作出的行政处罚决定，既未申请复议、提起诉讼，也未在规定的期限内拆除违章建筑。该违章建筑严重影响了居民洪某的生活，洪某请求某区规划局对此作出处理，某区规划局遂于同年 4 月 25 日和 5 月 2 日两次书面答复洪某，表示将督促魏某在 6 月底前拆除违章建筑。魏某于 7 月 14 日拆除了部分违章建筑。而后，某区规划局一直未向法院申请强制执行。1997 年 8 月 15 日，洪某向人民法院提起行政诉讼。

问：行政机关申请人民法院强制执行是一项权力还是一项义务？

【评析】 行政机关申请人民法院强制执行，不仅是一项重要的行政职权，也是一项行政义务和行政职责。我国行政强制执行体制采用了执行权原则上由人民法院行使，只有在例外情况下才由行政机关行使。此执行权属于一项行政职权当属无疑，即使由人民法院执行也是如此。行政职权的一个重要特征即为权力与义务的相互混合，行政职权的行使是由其作为公共机关的地位决定的。

（二）案例分析实训

案例一

某县农民余某于 1997 年 5 月从外地购进一批大豆存放在该县火车站粮仓，这批大豆由于长途运输及连日阴雨天气，已发生严重霉变。余某为了将其销售出去，又将其与一些未变质的大豆人工掺和。1997 年 6 月 7 日，某市技术监督局接到群众举报说火车站粮仓中有大量霉变大豆，该局遂派员前往检查，根据现场观察发现大豆确有霉变现象。工作人员当场按照《产品质量法》、《技术监督行政案件办理程序的规定》（现已失效）的规定，对该库房的大豆进行抽样，抽出 6 袋样品送检，并决定对大豆进行就地封存，并且制作了《封存通知书》，对封存理由、根据、期限、地点、封存物品清单均进行了如实填写。余某认为技术监督局的行为违反法定程序，在其尚未正式立案之前就封存大豆；而且大豆属于初级农产品，不属于《产品质量法》的调整范围，技术监督局的行为适用法律、法规错误。1997 年 9 月，余某向人民法院提起行政诉讼。

问：（1）先行登记保存的行政强制措施是否违反法定程序？

（2）某县技术监督局的行政强制措施是否适用法律、法规错误？

案例二

甲县与乙县为分属于不同省份的两县。甲县某村的经济发展较快，群众为方便对外联系，急需安装电话，而甲县当时的通信条件较差，暂时无力解决。与甲县相邻的乙县通信条件优于甲县。1994年，经某村村民与乙县邮电局协商，乙县邮电局征得甲县邮电局的同意，由乙县邮电局为某村架设电缆，初装电话76部。1997年，甲县邮电局的通信条件改善后，开始与乙县邮电局协商接管跨县电话用户问题，并于1997年10月20日签订了《移交电话设施及电话用户协议书》，该协议规定：①乙县邮电局在甲县境内已安装的电话全部移交甲县邮电局；②凡在乙县已经交过电话初装费的用户，甲县邮电局不再收初装费；③定于1997年12月9日移交某村电话设施……之后，甲、乙两县邮电局联合发布了通知，但部分用户按照协议办理了手续。1997年12月9日，甲县邮电局按照协议对某村跨省电话用户实施割接工作，割接时，每接通一户及时告知新的电话号码，但部分用户未接受。甲县邮电局工作人员遂在未征求用户意见时就强行割接，张某等12人认为割接后影响了对外联系，造成了经济损失，以甲县邮电局侵犯公民通信自由为由向某市中级人民法院提起诉讼。

问：甲县邮电局割接电缆的行为是一种行政强制执行的行政行为，还是一种民事行为？

案例三

1994年6月18日，陈某等人雇车运载自某市某镇购得的美国产健牌香烟38箱途经某县某乡，被某县公安局扣押。同日下午5时许，陈某及司机张某被带至某县公安局至下午8时许才被释放，被羁押约3个小时。6月24日，某县公安局以陈某等5人无任何手续贩运走私香烟为由，根据《海关法》对5人罚款7300元，被扣押的香烟放行，但未作出处罚决定书。陈某等5人不服，向某县人民法院提起诉讼。原告认为被告对原告贩运香烟适用《海关法》进行处理，并采取罚款处罚，显然超越职权，请求法院判决撤销被告的罚款决定。同时，原告陈某认为被告未履行任何手续将其从某县某乡带到某县公安局，限制其人身自由，是不合法的，请求法院判决撤销被告的具体行政行为并赔偿损失。

问：（1）某县公安局限制陈某人身自由的行政强制措施是否合法？
（2）某县公安局扣押香烟及罚款行为是否超越职权？

案例四

2009年1月1日，原告某建材公司与某镇某村某生产队签订《协议书》，约定将某码头经营业务交由原告某建材公司管理并收取土地租赁费用，另约定对该土地的固定资产总值（不包括围墙、吊机等机械设备、水电设施、地磅、道路等）经评估为 88 万元，转让于原告某建材公司，原告某建材公司支付 88 万元后码头岸线、房屋归其所有。之后，某建材公司支付 88 万元转让费，并出资对房屋进行修缮、装修等。

2016 年 4 月，某镇政府对某建材公司在码头搭建的建筑物合法性进行了调查，确认共有建筑面积约 500 平方米的房屋及大棚，未办理建设工程规划许可证，属违法建筑（后经法院查明，该房屋及相关设施在建设时并未取得规划许可证件，截至实际拆除，未取得规划许可的违法状态一直持续。），拟立案调查并制作了《立案送审表》。同年 5 月 4 日，经领导同意予以立案调查。

2016 年 6 月 4 日，某镇政府对某建材公司法定代表人进行调查询问，并告知其违反《城乡规划法》第 41 条第 1 款之规定，拟根据该法第 65 条作出行政决定。

2016 年 6 月 8 日，某镇政府作出《限期拆除违法建筑事先告知书》，告知原告擅自搭建的建筑物和构筑物属于违章建筑，根据《城乡规划法》的相关规定，拟作出责令限期拆除违法建筑决定。

2016 年 7 月 15 日，某镇政府作出《限期拆除违法建筑决定书》，责令某建材公司在知道该决定之日起 30 日内自行拆除违法建筑，逾期不拆除的，可依法报请某区政府强制拆除。

2016 年 8 月 14 日，某码头整治工作领导小组（系某镇政府牵头组建的临时性机构）向某建材公司发出《告知书》，告知该建材公司应积极配合环境整治，于同年 8 月 20 日前停止经营并完成场内剩余堆料清场工作，解决污染扰民问题。

2016 年 9 月 8 日，为解决某码头工作噪音、扬尘等引起的周边群众群访矛盾，某建材公司法定代表人以公司名义与整治小组签订《关于某建材公司配合整治工作的补贴协议》，一是确认对拆除原告 586.13 平方米房屋及建材设备等损失一次性补偿人民币 103.9 万元，二是就原告所经营的码头今后动迁时的补偿事宜进行约定。

2016 年 9 月 8 日，整治小组向某建材公司发出《通告》，告知将于同年 9 月 10 日开始对某建材公司处的违法建筑进行综合治理及封闭式管理，通知做好人员和物品清退工作、做好防盗、防火等措施。

2016 年 9 月 10 日，被告派人拆除原告办公楼旁边的厕所和澡堂，后原告要求暂停拆除并提出签署补充协议，但未果。2016 年 9 月 17 日，某镇政府组织对场地内其余房屋及附属设施予以拆除。

原告不服拆除行为，诉至法院，请求审理某镇政府的违法拆除行为，并请求赔偿。对此，被告某镇政府在法庭审理中辩称，被告曾按照拆除违法建筑的行政程序处理，后因签订《补贴协议》，故此后未再按照拆除程序继续进行；拆除行为系双方履行协议，不存在违法强拆。

问：(1) 本案中被告某镇政府的拆除行为是否违法？
(2) 法院应作出何种形式的行政判决？

案例五

武三郎，男，48岁，从事出租汽车营业已有多年。2017年5月，武三郎在驾车营运中，被西门追违章撞坏车辆。武三郎当即向正在值勤的某市公安机关交警支队的民警孙大圣报案，请求处理。民警孙大圣见状，暂扣了双方当事人即受害人武三郎和侵害人西门追的驾驶证，并告知他们7日内到孙大圣所在的交警部门接受处理。事后，武三郎多次到公安交警部门配合处理，交警孙大圣均以西门追未到为由迟迟不予处理。武三郎便要求先行返还驾驶证，但也遭交警孙大圣的拒绝。这样，一拖便过了6个月。

迫于无奈，武三郎以某市公安机关为被告，提起行政诉讼。起诉的理由是：某市公安机关交警支队民警孙大圣暂扣其驾驶证的行为，属于《行政处罚法》所规定的"暂扣许可证和执照"的行政处罚行为；作为行政处罚，那就必须以被处罚人的违法为前提，而在此交通事件中，违法行为人是西门追，而不是自己；其次，根据《行政处罚法》的规定，处罚必须经过听证程序，而在此案中，民警孙大圣扣证没有经过听证程序，因而是违法的，请求法院撤销被告"扣证"的行政处罚行为。

问：武三郎起诉某市公安机关的理由是否成立？

主要参考文献

1. 胡建淼主编：《行政强制法研究》，法律出版社2003年版。
2. 傅士成：《行政强制研究》，法律出版社2001年版。
3. 余凌云：《警察行政强制的理论与实践》，中国人民公安大学出版社2007年版。
4. 周永坤：《规范权力——权力的法理研究》，法律出版社2006年版。
5. 王天星：《行政紧急强制制度研究》，知识产权出版社2007年版。
6. 张婧飞：《行政强制权正当性的法哲学追问》，法律出版社2009年版。
7. 国家司法考试辅导用书编辑委员会：《2014年国家司法考试辅导用书》（第二卷），法律出版社2014年版。
8. 信春鹰主编：《中华人民共和国行政强制法释义》，法律出版社2011年版。

第八章
其他具体行政行为

【本章概要】本章主要对行政合同、行政征收与行政征用、行政给付与行政奖励、行政裁决与行政调解七种行政行为进行概括介绍,讲述每种行政行为的概念、分类、与其他概念之间的区别、原则等。

【学习目标】通过本章学习,应该掌握每种行政行为的概念、行政合同的性质、行政征用与行政征收的区别、行政裁决的种类,了解行政合同的缔结、变更和解除。

第一节 行政合同

一、行政合同的含义

行政合同作为一种有效的行政活动方式,得到了世界上的许多国家越来越广泛的应用。行政合同是现代行政法中合意、协商、意思自治等民主精神的具体体现。尽管行政合同在行政法中的地位仍有争议,而且我国也未对行政合同作出具体的立法规定,但是在一定场合、一定条件下借助于行政合同实现行政管理的目的已成为现代社会中行政主体不可不运用的一项重要的行政手段。

(一)行政合同的概念

对于行政合同的概念,学界并没有一个统一的认识。有学者认为行政合同是国家行政机关为了实现行政管理目的,而与公民、法人和其他组织之间或者国家行政机关相互之间经过协商,双方意思表示一致达成的协议。[1]也有学者认为,行政合同即行政契约,是指行政主体和相对人以协商一致的方式,设立、变更或消灭行政法上权利义务关系的合同,大陆法系及我国台湾地区以往多称其为公法上契约。[2]我们认为,行政合同是指行政主体为了实现特定的行政管理目标,在其职权、职责及管辖事务范围内,经过与其他行政主体或行政相对方的协商,而达成的意思表示一致的书面协议。对于这一概念,我们可以从以下三个方面来理解:

---

[1] 王连昌主编:《行政法学》,中国政法大学出版社1994年版,第255页。
[2] 叶必丰:《行政法学》,武汉大学出版社2003年版,第291页。

1. 行政合同属于一种双方行为，它是通过契约方式将国家在一定时期内所欲实现的行政管理目标固定化、法律化，明确双方当事人在行政管理活动中的权利与义务的协议，该协议是双方意思表示一致才能成立的，而不是由行政主体单方决定的，是一种双方行为。

2. 行政合同是行政机关管理国家事务和公共事务的一种特殊方式，区别于传统行政行为。它是为了设定、变更和消灭行政法上的权利义务关系，而不是私法上的权利义务关系，具有一定的行政法上的约束力。

3. 行政合同是适应现代行政管理的发展需要而设立的一种特殊合同，区别于民事合同。这种区别主要表现在行政主体享有行政优益权，为了行政目的和公共利益的实现，可依法单方面解除或者变更已经订立的行政合同。

（二）行政合同的特征

行政合同与一般民事合同相比，具有以下特征：

1. 行政合同当事人一方必定是行政主体，行政合同只能是行政主体为行使行政权而与其他行政主体或相对方协商签订的。行政合同在性质上是一种行政行为，而不是民事行为，这就决定了行政合同的主体中至少有一方是行使国家行政权的行政机关。此外，行政合同是国家行政机关为了履行行政管理职能所作的具有法律意义的行为。也就是说，以行政主体为一方当事人的合同并不都是行政合同，只有当签订合同的目的是履行国家行政管理职能时，才能成立行政合同。如果不是以实现国家行政管理职能为目的，任何行政机关与公民、法人或其他组织签订的协议都不是行政合同。

2. 行政合同以双方当事人的意思表示一致为前提，具有非强制性的特点。这一特点使行政合同与一般行政行为区别开来，即行政主体的行政权虽然存在，但强度明显减弱，适用强制行为要受到严格的法律限制并具有事先约定性。行政主体在行政合同成立及实施过程中，在法律授权范围内具有与相对人平等协商的选择权。而且，在行政合同履行的过程中，行政主体行使其具有的裁量权也并非是完全自由的，形式上要以法律授权或合同约定为要件，以维护公益为前提。

3. 在行政合同的履行、变更或解除中，行政机关享有行政优益权。行政主体与相对方当事人之间并不像民事合同当事人一样，平等地分配权利与义务，而是存在以领导与服从、主动与被动为特征的行政法律关系。行政主体虽然受行政合同的制约，但却享有行政优益权，主要表现在：①签订行政合同前，具有自主选择行政合同相对方的权利。②履行合同过程中，具有指导权与监督权。③相对方违约时，具有强制执行权、解除契约权或者行政制裁权。如果相对方违反合同，行政机关可视情况向相对方行使强制执行权或解除契约权；如果相对方在违约的同时又严重违法，则行政主体可以采取行政处罚等制裁措施。④情势变更情况下，具有单方变更权与解除权。如果行政合同赖以存在的条件发生了不可预料的变化，且这种变化使得当事人订立行政合同的目的无法实现，则可以考虑变更或者解除合同。

二、行政合同的种类

随着社会主义市场经济飞速发展，政府职能改革的不断深入，我国行政机关的行政管理方式发生了很大变化，行政合同的运用日益广泛。目前，我国关于行政合同的种类还没有形成统一的认识。从行政合同的概念、特征等角度进行分析，我国现实存在的行政合同包括以下几种：

1. 公职合同。随着我国人事制度的重大改革，行政机关对公务员的任用均采用合同的形式。这类合同既不同于劳动合同，也不同于民事合同，主要表现在：①合同的主体一方为行政机关，另一方为应聘者或公务人员；②合同的目的在于通过平等竞争，择优选拔、录取公务人员，或者明确公务人员在履行公务中的责任和权利；③合同的内容包括行政机关对公务人员的优益权和公务人员在履行公务中可获得的权利和奖励。公职合同包括公务员聘用合同、公务委任合同和公务责任状。

2. 买卖、出让合同。买卖、出让合同是指行政主体为了直接实现行政管理目的或出于公共利益的需要而订立的特殊财物买卖、出让合同。包括国家订购合同、国有不动产出卖合同、国有土地使用权出让合同等。国家订购合同是指行政机关基于国防和国民经济的需要，与相对人之间签订的订购有关物资和产品的协议。我国目前军用物资和其他有关国防物资的订购，一般都采用订购合同的形式。国有不动产出卖合同，指国家行政主体为处分不动产而与相对人签订的合同。国有土地出让合同是一种比较典型的行政合同，由土地行政管理部门与土地使用者签订，并由土地行政管理部门对合同的履行进行监督，对使用者没有按合同的约定开发利用土地或者改变土地用途的，有权进行纠正、处罚或者无偿收回土地使用权。

3. 承包、租赁合同。这类合同包括农村土地承包合同、全民所有制工业企业承包合同、国有小型工业企业租赁经营合同、公共工程承包合同等。农村土地承包合同是指农民作为承包方，在合同的保障下，通过自己的劳动获得超产的收益，乡政府或代表乡政府的村民委员会在保证土地资源得到合法、合理使用的情况下，让农民享有充分的经营自主权。全民所有制工业企业承包合同是由人民政府指定的有关部门作为发包方，实行承包经营的企业作为承包方，双方协商一致而签订的国有企业承包经营合同。国有小型工业企业租赁经营合同类似于民事租赁合同，是一类特殊的行政合同，合同的目的是在不改变所有制性质的前提下，实行"两权"分离，以提高企业效益。公共工程承包合同是行政机关为了公共利益的需要与建筑企业签订的建设某项公共设施的协议。高速公路和大型水利工程建设合同即是典型。

4. 公益捐赠合同。公益捐赠合同指作为相对人的组织或个人将特定的物品捐献、赠与行政主体，并用于公益事业，行政主体与捐赠人就此签订的合同。公益捐赠行政合同与民事赠与合同有相似之处，二者都是无偿捐赠一定财物的行为。但二者存在显著差异：①公益捐赠合同的目的在于公益事业，而民事赠与合同的目的一般在于满足个人或组织的经济利益；②公益捐赠合同的主体是相对人和行政主体，民事赠与合同的主体是民事主体；③公益捐赠合同中，行政主体对不履行合同规定义务的相对人，可请求法院强制其履行，也可自己强制其履行，民事赠与合同赠与人不履行义务的，除非为公益目的，受赠人不得请求法院强制其履行。

5. 专业行政管理合同。专业行政管理合同指行政主体以实施专业行政管理为目的，而与相对人签订的行政合同。专业行政管理具有专业性，但又依赖于相对人的合作，因此，采用合同形式，更有利于相对人的参与和配合。如环境管理合同、文化管理合同、交通管理合同、计划生育合同等。计划生育合同是指计划生育管理部门与育龄夫妇之间，就育龄夫妇按国家计划生育指标生育，国家为其提供一定优惠所达成的协议。

6. 公用征收补偿合同。公用征收补偿合同是指行政主体为了社会公共利益，征用相对人的财产并给予补偿的行政合同。公用征收补偿合同中，关于征收部分属于单方行政行为，即征收是行政主体的单方决定；但是行政补偿部分是行政合同的范畴，即如何补偿以及补偿数额的确定等，必须与相对人协商后达成一致。

除此之外，行政合同还包括行政事务委托合同、公共工程特许合同、公共工程捐助合同、科研合同、交通安全保障合同、房屋拆迁合同、移民安置及补偿合同、国家计划合同、安全保卫责任制合同、消防合同、承诺制合同、供电合同等。

三、行政合同的缔结

（一）行政合同的缔结原则

由于行政合同当事人之间地位的不平等以及行政主体在合同中具有主导权，因此为了规范行政合同依法履行，促进依法行政工作的顺利开展，必须使行政合同的缔结和履行过程遵循一定的原则，我们认为，这些原则包括以下几点：

1. 公开竞争原则。公开竞争原则是指行政合同一般应当在公开竞争的基础上订立。公开竞争原则是行政公开原则在行政合同订立过程中的体现，是行政主体通过行政合同有效地实现行政职能的基本保障，也是行政相对方维护其合法权益的重要原则。行政合同的公开竞争原则可从以下几个方面理解：①行政主体须事先公开需要通过订立行政合同来完成的具体行政事务；②行政合同相对方能够得到平等对待，并拥有均等的机会来展示自己的优势和实力。公开竞争有利于减少行政成本、提高行政效益，有利于防止腐败，也有利于保护行政合同相对人的合法权益。

2. 适应行政需要、符合行政目标原则。即行政主体缔结行政合同首先要符合行政目标并适应行政管理的需要，而不能随心所欲订立。行政需要是行政主体订立行政合同的根据，这种需要并非一定要由法律、法规明确规定，而是由行政主体根据法律的原则、精神，结合实际情况作出的具体分析、判断。

3. 不得超越行政权限原则。行政行为必须在权限范围内行使，这是各国行政法的通例，由于行政合同是行政行为的一种方式，因此，每个行政主体只能在其管辖的事务范围和权限范围内缔结行政合同，否则该行政合同则是无效合同。一般认为，每个行政机关只能在自己管辖事务的权限范围内行使缔结行政合同的权利。

4. 合同内容必须合法原则。行政合同虽然不一定要有明确的法律依据，但是行政主体不得就国家法律和政策明确禁止的事项与行政相对人缔结行政合同。对于法律和政策所明确禁止的内容，行政机关均不得与任何个人或组织签订行政合同。

(二) 行政合同的缔结方式

行政合同的缔结主要包括招标、拍卖、邀请发价、直接磋商四种：

1. 招标。招标是由行政主体制定合同条款并确定标底，并以一定方式向公众发出订立合同的意思表示，相对人根据招标人公布的资格和条件进行投标，行政主体对相对人的承诺方案和条件进行比较、评议，然后选择最优者与之缔结合同。

2. 拍卖。拍卖是由行政主体以公开竞价的形式，将特定物品或者财产权利转让给最高应价者的买卖方式。

3. 邀请发价。邀请发价是行政主体为了实现一定的行政目的，提出一定的条件邀请相对人发价，然后由行政主体综合各方面的因素，选择最为恰当的相对人与之缔结合同。

4. 直接磋商。直接磋商是指行政主体自由地选择与任意当事人进行直接磋商，缔结合同。在这一方式中行政主体的自由选择度最大，该缔结方式一般有明确限制，并应尽量控制其应用范围。

四、行政合同的变更与解除

行政合同缔结后，并不是不可变更和解除。与民事合同的变更与解除不同的是，行政主体在这个问题上享有特权，它可以单方面作出变更和解除决定，但对相对人所造成的损失要予以补偿。

(一) 行政合同的变更

行政合同的变更是指由于公共管理目标的调整或者客观情况发生了变化，在不改变现有合同性质的基础上，对涉及合同内容的有关条款作出相应的修改、补充或限制。行政合同的变更基于以下两种理由：①行政主体为了公共利益的需要而单方面变更合同；②因一定法律事实出现而导致行政合同的变更，如不可抗力等。

行政合同变更后导致原合同不再履行，双方当事人按变更后的合同所确定的权利义务关系行使权利、履行义务；行政主体单方面变更合同时，应给相对人补偿因此而遭受的损失。

（二）行政合同的解除

行政合同的解除是指合同当事人一方未履行或未全面履行合同时，当事人双方提前结束约定的权利、义务关系。行政合同解除的方式有两种：①行政主体基于公共利益的需要而单方解除合同；②相对人提出解除合同的意思表示，在征得行政机关同意下提前终止行政合同的效力。

行政合同解除后，双方当事人之间的合同关系终止，彼此不再享有合同约定的权利，也不再承担相应的义务。如果是行政机关因公共利益的需要单方面变更或解除合同的，则行政机关应对相对人由此而受到的损失予以补偿；如果行政机关非因公共利益的需要而是由于其过错导致合同变更或解除的，则行政机关要对由此给相对人造成的损失予以赔偿。

五、行政合同当事人的权利与义务

（一）行政主体的权利与义务

1. 行政主体在行政合同中的权利主要体现在如下几个方面：

（1）选择缔约方的权利。行政主体在订立行政合同时，可以根据实际情况和要求选择适当的缔约方。这种选择并不一定是出价最高者，而应当是综合评价最优者。作为相对方的组织或者个人原则上不能拒绝行政机关的选择。

（2）要求相对人本人履行合同的权利。行政合同的相对人是行政主体根据综合考虑而选择出来的，因而在缔约后相对人应当亲自履行合同，即合同相对人必须本人履行合同，不能擅自委托或转由他人代为履行，不得将权利义务转移给其他人。

（3）对合同履行的指导、监督与指挥权。行政主体有权指导、监督和指挥相对人对行政合同义务的履行，有权要求相对人选择或者直接指令相对人选定符合公共利益的履行方式。行政主体对行政合同履行的指导、监督与指挥权主要体现为检查权和命令权。所谓检查权，即行政机关对行政合同的履行过程进行经常性检查的权力。所谓命令权，即行政机关要求相对人采取措施，实施某项活动的权力。

（4）强制履行权和制裁权。对不履行或不适当履行合同义务的相对人，行政主体具有采取强制手段强制其履行的权利；对于违反合同约定的相对人，行政主体有权予以制裁。

（5）单方面变更与解除合同的权利。行政主体在合同履行过程中，可以变更合同的条款，增加或减少相对人的权利义务，在某些情况下甚至可以终止与相对人之间的权利义务关系。在我国，行政机关单方面变更或解除合同，须具备法定的事由并符合以下条件：①确属公共利益的需要；②仅限于解除与公共利益密切相关的条款；③因变更或解除合同给当事人造成损失的，应予以补偿。

2. 行政主体的义务主要有：

(1) 依法缔结合同并履行合同的义务。行政机关作为合同的一方当事人，应当依法履行合同规定的义务，不能以自己地位优越而不履行合同义务。

(2) 保证兑现其应给予合同相对人的优惠或照顾的义务。

(3) 给予相对人物质损害赔偿或补偿的义务。在合同履行过程中，凡是因行政机关的原因引起合同的变更、解除，从而使相对人受到物质损害的，行政机关有赔偿或补偿的义务。

(4) 按照行政合同的约定支付价金的义务。即当相对人履行了行政合同所确定的义务时，行政机关应支付相应的报酬。

(二) 行政相对人的权利与义务

1. 在行政合同中，行政相对人的权利主要表现在如下几个方面：

(1) 取得报酬或者获得优惠或照顾的权利。相对人在履行了合同规定的义务后，有依照合同取得报酬或收益的权利，或者有获得某些优惠的权利。

(2) 损害赔偿请求权和损失补偿请求权。在合同履行过程中，如果行政主体违法变更或解除合同给行政合同相对人造成损失的，相对人有请求赔偿损失的权利；如果行政主体依法变更或解除合同给行政合同相对人造成损失的，相对人有请求补偿的权利。

(3) 因不可预见的困难造成损失时的补偿请求权。在出现不可预见的客观情况，从而使得相对人继续履行合同极其困难或者将会受到重大损失时，行政合同相对人也有请求补偿的权利。

2. 相对人的义务主要表现在如下几个方面：

(1) 按照合同规定的要求和期限，认真履行合同规定的义务；

(2) 接受行政机关的管理、监督和指挥的义务。

第二节 行政征收与行政征用

一、行政征收

(一) 行政征收的概念和特征

行政征收是国家行政机关，依据一定的法定标准和条件，向公民、法人等强制征收实物或货币的行政行为。

行政征收具有以下特征：

1. 强制性。行政主体实施行政征收，实质上是履行国家所赋予的行政权力，这种权力具有强制他人服从的效力。因此，行政征收可以在不必征得行政相对方同意，甚至在违背行政相对方意志的情况下进行。行政相对方必须予以服从，否则要承担相应的法律责任。

2. 无偿性或有偿性。在行政征收中，如果是国家进行税费的征收，则表现为财产的单向性流转，行政相对方的财产一经征收，其所有权就转移为国家所有，成为国家财产的一部分，国家无需向被征收主体偿付任何报酬，具有无偿性；如果是为了公共利益需要而征收农村集体土地或者城乡居民房屋，则应当给予补偿，表现为有偿性。

3. 法定性。由于行政征收直接指向行政相对方的经济利益，而且具有无偿性，因而征收必须依法进行。表现为：征收主体具有法定性，只有法律明确规定的享有征税、收费权的行政机关才能够实施行政征收行为；征收程序的法定性；征收标准的法定性。

（二）行政征收与行政没收的区别

行政没收是指行政主体将违法行为人的违法所得和非法财物收归国有的行政处罚方式。二者的主要区别在于前提条件不同。行政征收以行政相对方依法负有缴纳义务为前提条件，而行政没收则以相对方违反行政法律规范为条件。

（三）行政征收的种类

目前我国行政征收主要包括三类：

1. 行政征税。行政征税，是指国家税收机关凭借行政权力，依法无偿地取得财政收入的一种手段。行政征税按照征税对象的不同，可以分为征收流转税、征收资源税、征收收益税、征收财产税和征收行为税五种。按照征税支配权的不同，可以分为征收中央税、征收地方税和征收中央地方共享税。

行政征税的主体只能是特定的国家行政机关，包括税务机关和海关。

2. 行政收费。行政收费，即征收各种社会费用，是一定的国家行政机关凭借行政权力，为行政相对方提供一定的公益服务或者授予其国家资源和资金使用权而收取的金钱上的代价。目前，我国行政收费的对象主要包括公路运输管理费、车辆购置附加费、公路养路费、车辆通行费、港口建设费、排污费、河道工程修建维护管理费和教育附加费等。

3. 征收土地和房屋。根据我国《宪法》《物权法》《国有土地上房屋征收与补偿条例》等的规定，国家为了公共利益的需要，可以依照法律规定的权限和程序征收集体所有的土地和单位、个人的房屋及其他不动产，并给予补偿。

（四）行政征收的作用

国家基于公共利益需要，征收公民、法人或其他组织的财物，具有一定的作用。以国家征收税费为例，其作用主要体现在以下三个方面：

1. 行政征收是国家及时、足额地取得财政收入和其他收入的重要手段。行政征收能够把应缴纳的各种应征款征收过来，成为国家的财政收入或其他国家事业费收入，由国家统一支配使用，以保证自身运转，满足国家建设事业及其他社会经济发展的需要。

2. 行政征收具有调节生产、调节收入的经济杠杆作用。在调节生产方面，行政征收按照反映价值规律的法律的要求，对一些生产不足、市场短缺的产品，可以规定低税率和减免措施，以增加行政征收后的利润，刺激生产者的积极性，促进产品的生产。对一些应该限制生产的产品，可以规定较高的税率来减少税后利润，抑制生产者的积极性，以减少其产量。行政征收在调节收入方面的作用也是必不可少的。国家通过行政征收，即规定不同的税种、税率以及各种减免办法，在一定程度上可以合理调节企业间的级差收入，把企业因外部条件好而多得的利润收入国库，使主观努力基本相同的企业能够取得大体上相等的利润。

3. 行政征收有利于正确处理国家、集体和个人三者之间的经济利益关系。集体经济、个体经济所实现的收入，国家只能制定法律，通过行政征收的方式来收取和集中他们的部分收入用于国家建设。国有企业的纯收入，长期以来就是采用利润方式上缴国家，企业所需资金又伸手向国家要，造成了国有企业吃国家的"大锅饭"、职工吃企业的"大锅饭"的被动局面。实行"利改税"以后，国家制定了有关对其进行行政征收的法律，用法律形式把国家对企业的收入分配方式固定下来，国家拿多少，企业留多少，必须按照法律办事，谁也不能任意侵占。企业和职工的个人利益不是取决于国家给多少，而是取决于生产者主观努力与否、企业经营管理好坏、经济利益高低，真正体现了以按劳分配为原则，能正确处理好国家、集体和个人三者之间的关系。

二、行政征用

（一）行政征用的概念和特征

行政征用是指行政主体基于公共利益的需要，依法强制取得行政相对方的财产使用权并给予一定补偿的行政行为。

行政征用具有以下特征：

1. 强制性。行政征用是一种国家的单方性行为，具有强制性，不以被征用财物所有权人和使用权人的同意为前提条件。我国《宪法》第10条第3款明确规定："国家为了公共利益的需要，可以依照法律规定对土地实行征收或者征用并给予补偿。"《土地管理法》第 21 条第 5 款则明确规定:"土地利用总体规划一经批准,必须严格执行。"意即在国家基于建设需要而征用集体土地时,国家可以不经土地所有者同意而径行征用。

2. 处分性。行政征用对于财产权的处分并不完全相同。有的行政征用,如国家对集体土地的征用,表现为对征用对象所有权的处分;有的行政征用,如紧急情况下对交通工具的征用,则表现为对征用对象使用权的处分。

3. 法定性。尽管不是所有的行政征用都导致对被征用财产所有权的处分,但是行政征用毕竟是对行政相对方财产的一种不利处分和限制,所以,必须完全依据法律进行。包括行政征用的主体、条件、对象、方式和范围等都必须有法律和法规的明文依据。

4. 有偿性。行政征用的有偿性表现为行政主体在征用有关财物时,必须向被征用人支付补偿金。如征用集体所有的土地,用地单位应当向被征地单位支付一定的土地补偿费、安置补助费和青苗费等,并须妥善安排被征地单位农民的生产和生活。

(二) 行政征用与行政征收的区别

行政征用是指行政主体为了公共利益的需要,依照法定程序强制征用相对方的财产或劳动,并给予相对方适当补偿的具体行政行为。二者的区别在于:①从法律后果看,行政征收的结果有时是财产所有权人从个人或者组织转为国家;行政征用有时不导致财产所有权的转移,如紧急情况下对交通工具的征用,有时导致财产所有权的转移,如国家对集体所有土地的征用。②从行为对象看,行政征收的对象一般是财产,表现为货币;而行政征用的对象除了财产之外,还可能是劳务。③有偿性不同。行政征收是一种无偿或有偿的强制性行为;而行政征用总是有偿的,征用方应支付购买金、补偿金或者其他费用。

第三节 行政给付与行政奖励

一、行政给付

(一) 行政给付的概念和特征

行政给付,又称行政物质帮助,是指行政机关对公民在年老、疾病或丧失劳动能力等情况或其他特殊情况下,依照有关法律、法规规定,赋予其一定的物质权益或与物质有关的权益的具体行政行为。行政给付的宪法学基础是我国宪法对公民获得物质帮助权的规定。根据我国《宪法》第 45 条的规定,中华人民共和国公民在年老、疾病或者丧失劳动能力的情况下,有从国家和社会获得物质帮助的权利。国家发展为公民享受这些权利所需要的社会保险、社会救济和医疗卫生事业。国家和社会保障残废军人的生活，抚恤烈士家属，优待军人家属。国家和社会帮助安排盲、聋、哑和其他有残疾的公民的劳动、生活和教育。

行政给付行为具有以下特征：

1. 行政给付是一种依申请的行政行为。行政给付是一种授益性行政行为，表现为国家对特定对象的一种物质帮助，只有相对人提出申请，行政主体才能进一步了解其物质需要，进而实施给付。一般情况下，绝大多数行政给付都需要以给付对象的申请为前提条件，少数情况下除外，如自然灾害情况下政府的紧急救济。

2. 行政给付是一种授益性行政行为，是行政主体向特定对象给付金钱或者实物的行政行为。一般情况下，行政给付的对象是财物，而不是荣誉称号。行政机关对于在抗灾过程中表现优异者授予的荣誉称号是行政奖励中的精神奖励，而不是行政给付。

3. 行政奖励的对象既可以是特定的个人，也可以是特定的组织。前者如向因战、因公伤残人员发放的抚恤金、向受灾群众发放的救灾物资和款项；后者如发放给社会福利机构的社会福利金。

4. 行政给付的对象是处于某种特殊状态之下的行政相对方。何种特殊状态之下的行政相对方可以成为行政给付行为的对象，必须由规范性法律文件作出明确的规定。一般而言，行政给付的对象是因为某种原因而使生活陷入困境的公民与对国家、社会曾经作出过特殊贡献的公民，如灾民、残疾人、鳏寡孤独的老人、儿童与革命军人及其家属、革命烈士家属等。

（二）行政给付的种类

根据我国有关行政给付的法律、法规，我国的行政给付形式主要包括如下几类：

1. 抚恤金。抚恤金的发放对象主要是烈士和因公殉职、负伤、病故、残废的军人、人民警察或者其家属；其主要形式又包括革命军人牺牲病故抚恤金，革命残疾军人抚恤金、护理费、治疗费等。

2. 生活补助费。生活补助费的发放对象主要是烈军属、复员退伍军人，以及因工伤事故致残的公民；其主要形式包括复员退伍军人与烈军属定期、定量生活补助费、临时补助费，因公伤残补助费，等等。

3. 安置。安置，即从工作、生活和居住上给予安排，通常是指对复员、转业和退伍军人的安排。安排的形式主要有发放安置费与提供一定的住所等，如复员军人建房补助费。

4. 救济。救济是对因某种情况而生活陷入困境的公民，如农村的"五保户"、贫困户、城镇的贫困户、发生自然灾难的地区的灾民等给予的物质帮助，形式包括发放救济金与发放救济物资等。

5. 优待。优待是对生活上处于某种困境的公民或者法律、法规规定应该予以优待的特定社会成员，如对贫困学生、独生子女等给予的照顾和帮助，如享受某种待遇、免费入学、减免义务等。

6. 社会福利。社会福利的对象既包括一般的公民，又包括某些特殊身份的社会成员，其基本方式是举办社会福利事业或者发放社会福利金。社会福利事业一般由政府采取资金扶助及政策优惠的方式扶植某些社会福利机构的发展，如社会福利院、儿童福利院、敬老院，以及安置机构、社会残疾人团体、福利生产单位与科研机构（如假肢科研机构与生产企业）等。

二、行政奖励

（一）行政奖励的概念和特征

行政奖励，是运用于国家行政管理领域的一种表扬措施。指行政机关或者法律授权的组织，对自觉遵纪守法、工作成绩显著、为国家和社会作出重大贡献的行政相对方，给予的某种精神或物质鼓励。

在我国，行政奖励行为具有如下特征：

1. 行政奖励的主体一般是国家行政机关或法律、法规授权的组织。国家行政机关是行政奖励的当然主体，各级人民政府、各级行政主管部门，在实施国家行政管理的过程中，有权对符合条件的对象给予行政奖励，成为行政奖励的主体；由法律、法规明确授权的组织或单位，也可以在授权范围内实施行政奖励。而一般企事业单位或社会组织，依其内部管理规则对所属成员给予的奖励，则不是行政奖励。

2. 行政奖励的对象主要为行政相对方，包括个人和组织。同时，也包括行政机关对其公务员的奖励。

3. 行政奖励属于赋予受奖人权利或利益的行政行为，但它不同于行政机关进行扶贫助残等福利救济。前者以行政相对方作出一定的为国家和社会所倡导的行为为前提，后者则主要以行政相对方的生存需要等为出发点。

4. 行政奖励行为既可以由行政机关基于行政职权而实施，也可由符合法定条件的行政相对方向有关行政机关提出申请，要求行政机关履行这一法定职责。

5. 行政奖励的目的在于鼓励先进、推动后进，向所有的社会成员昭示哪些行为是国家和社会所需要、提倡并予以弘扬的，以调动和激发公众的积极性和创造性。

（二）行政奖励的种类

行政奖励根据不同的标准，可以划分为如下的种类：

1. 赋予权利的奖励和赋予能力的奖励。这是依据行政奖励的内容所作的分类。赋予权利的奖励，是指行政奖励主体依法为受奖人设定其本不享有的法律上的权利。例如，授予某种荣誉称号。赋予能力的行政奖励是指为受奖人设定其原来没有的法律上的能力，即为某种行为的资格。例如，给予工作人员的晋职奖励。

2. 荣誉性奖励、财物性奖励或职位性奖励。这也是依据行政奖励的内容所作的分类。荣誉性奖励是指给受奖人某种荣誉，如通令嘉奖，授予先进生产者、劳动模范、战斗英雄称号等。财物性奖励指发给受奖人一定奖金、奖品等实物的奖励。职位性奖励指晋升级别或职位的奖励。

3. 通报表扬、通令嘉奖、记功、晋级、晋职等。这是依行政奖励的形式所作的分类。通报表扬，即对受奖的行政相对方在一定的范围内以一定的形式公开赞扬；通令嘉奖，指人民政府通过在所辖范围内的报刊上予以登载的方式，对行政相对方在较大的范围内进行公开表彰；记功，包括记功和记大功，还可分为记特等功、一等功、二等功、三等功等几个等级；晋级，指提高工资级别，一般提高一至两级，特别突出的可达三级；晋职，指提高行政相对方职务，一般升一至两级。此外还有授予荣誉称号、颁发奖金或奖品等。

（三）行政奖励的原则

行政奖励的原则应体现在以下方面：

1. 依法奖励原则。行政奖励行为属于具体行政行为的一种，因而也必须遵循依法实施的原则。具体包括：

（1）标准法定。行政奖励必须坚持法定的标准和条件，不得擅自和随意地变通标准和条件。

（2）形式法定。奖励的形式有多种，如通报表扬、记功、晋级、晋职、通令嘉奖等。行政奖励应该针对不同的奖励对象，依照不同的奖励条件，根据法律规定的形式授予。

（3）权限法定。行政主体必须根据法律规定其所享有的奖励权限，授予行政相对方某种形式的奖励，超越权限任意决定授予奖励是无效的。例如，按照法律、法规的规定，只有国务院、省级人民政府和国务院各部委才有权授予"通令嘉奖"的奖励形式，其他任何行政主体如果使用了这种奖励形式，都不具有法律效果。

（4）程序法定。行政奖励作为一种法律行为，必须符合法定程序，包括提出、审核、公布、授奖、存档等程序。

2. 公正、平等原则。这一原则要求行政奖励真正面对所有社会成员，保证行政相对方在行政奖励中适用相同的标准和尺度，拥有同等的受奖权利和机会。具体体现在：

(1) 机会均等。指每个人在同等的条件下，都享有同等的受奖机会和权利，没有任何例外和特殊。不搞唯亲、唯派，或以金钱、权势作为获奖的交易。

(2) 标准同一。我国的《国家科学技术奖励条例》明确规定了行政奖励的法定条件、标准。这些条件、标准适用于所有的社会成员。相同的行为、贡献应得到相同的奖励，不同的行为、贡献则不应得到相同的奖励。

(3) 论功行赏。即实事求是地按功绩、贡献大小授予不同程度的奖励。有功获奖，无功不受奖，不搞"大锅饭"、绝对平均主义、"轮流坐庄"等。对于成绩突出、功绩卓著者则应给予重奖，适度拉开奖励的档次。

(4) 公平对待。负责颁奖的行政主体应以公正平等的态度对待行政奖励行为的行政相对方，而不分身份、地位、级别、职业等。对由行政主体主动颁奖的和申请要求获奖的行政相对方以相同态度对待，不带偏见、不凭主观好恶。

3. 公开原则。指行政奖励的主持机构和人员，奖励的目的、原则、内容、范围，奖励的标准和条件、类别、等级，奖励的过程、方法、步骤等一律对外公开。允许行政奖励的行政相对方以及外界了解情况、发表意见、参与评议、进行监督。评奖的整个过程中都须发扬民主精神，应把公开作为民主化评奖的先决条件。

4. 物质奖励与精神奖励相结合，并以精神奖励为主的原则。行政奖励包括物质奖励和精神奖励，精神激励侧重于满足人们高层次的精神追求；而物质奖励则更多地体现多劳多得、公平报酬，赋予受奖人一定的物质利益。人的需要是多方面、多层次的，既有物质需求，也有精神需求。因此，应将二者结合起来，同时，还要以精神奖励为主。这一原则的确立根据在于：①强调两者的结合，是因为人的需要包括物质和精神需要两个方面，故应将两者结合起来运用去调动人的积极性。并且，对给国家和社会作出重大贡献和牺牲的行为进行奖励，也是社会主义社会按劳分配原则的要求与体现。②提出以精神奖励为主，目的在于体现以追求精神文明、高尚思想道德情操为主的价值取向。注意发挥现阶段政治工作的效能，考虑满足人们高层次的精神追求。

第四节 行政裁决与行政调解

一、行政裁决

(一) 行政裁决的概念和特征

行政裁决指行政机关依照法律的明确授权，裁决与行政管理有关的非合同民事纠纷的活动。行政裁决在新中国成立初期就已经存在，改革开放以后，行政裁决逐步发展成为一项广泛适用的行政管理手段。例如，医疗卫生部门对医疗纠纷的处理、交通管理部门对交通运输引起的纠纷的处理、土地管理部门对土地权属争议的处理，都是行政机关裁决平等主体之间发生的民事纠纷的活动。但到目前为止，我国尚缺乏有关行政裁决的统一立法，关于行政裁决的规定散见于单行法律、法规之中。

行政裁决具有如下特征：

1. 行政裁决的主体是行政机关，而且多是对某类违反行政法律规范的行为拥有处理权或处罚权的行政机关。如果一个民事侵权行为同时违反了行政法规范，那么负责执行该行政法律或法规的行政主管机关可能就拥有了对该民事纠纷的行政裁决权。但某一具体的行政机关是否享有行政裁决权，还需要有法律、法规的明确授权。

2. 行政裁决的对象主要是与合同无关的民事纠纷。行政裁决的对象具有特定性，并不是所有的行政机关都享有行政裁决权；同时，即使是享有行政裁决权的行政机关，也不是对所有的民事纠纷都有裁决权，而只是裁决法律、法规规定的与行政管理职权密切相关但与合同无关的民事纠纷。

3. 在行政裁决中，行政裁决机关主要是以居间裁决的公断人的身份出现的。这要求行政机关在实施裁决时，只能公正、客观地审查证据、确认事实，然后依法作出裁决。不过，作为法律授权的行政机关行使行政权的一种方式，它也体现行政机关单方的意志。这主要是因为行政裁决着眼于维持正常的社会秩序和环境，一旦作出便具有执行力。有的法律、法规，如《治安管理处罚法》《专利法》，便赋予了行政裁决机关强制执行权。

（二）行政裁决的种类

根据我国目前的法律、法规规定，行政裁决的种类大致如下：

1. 因自然资源的所有权、使用权而引起的权属纠纷的裁决。依照我国《森林法》《土地管理法》《渔业法》等规定，我国的土地、森林、草原、矿产等属国家所有或集体所有，行政机关依法行使管理权，任何单位或个人非经有关行政机关及其主管部门批准，都无权占有和使用。而一旦获得批准和许可，则单位或个人对自然资源拥有排他的所有权或使用权。因自然资源所有权和使用权的权属引起的纠纷，除了受民法调整，也被纳入行政法的范畴，成为行政裁决的对象。

2. 侵权纠纷的裁决。这是指当行政机关可以向当事人行使保护性职权时，一方当事人认为他方当事人的行为损害了自己的合法权益，依法向行政机关提出制止该侵权行为的申请，由行政机关对此类争议作出的裁决。例如，根据我国《商标法》和《专利法》的规定，权利人有权就侵犯商标专用权和专利权的行为，向商标评审委员会和专利委员会提出申请，要求制止未经许可的侵权行为。

3. 损害赔偿纠纷的裁决。损害赔偿纠纷是指一方当事人的权益受到侵害后，要求侵害者给予赔偿所引起的纠纷。这类纠纷存在的范围广，在医疗卫生、产品质量、食品卫生、环境保护、版权、物价、运输等各个领域发生赔偿纠纷时，权益受到侵害者均可以依法要求有关行政机关作出裁决，确定损害赔偿数额。

（三）行政裁决的作用

行政裁决制度对于现代行政管理是必不可少的手段。它的作用体现在：

1. 行政裁决可以充分发挥行政机关的专业优势，有利于有效地解决纠纷，保护当事人的合法权益。属于行政裁决受案范围的民事纠纷，诸如专利、商标、卫生、医疗等方面的纠纷，一般都具有较强的专业性、技术性，行政裁决机关比较全面系统地了解、掌握其各自管辖领域的专门知识、专业技术，能够做到准确地判断、裁决。

2. 从行政救济与司法救济的衔接看，行政机关对此进行裁决，一是能够及时地裁断，使当事人之间的纠纷得到快速解决，免去了旷日持久的司法途径；二是民事纠纷经过行政机关的裁决，大多数可以得到解决，当事人不必再起诉到法院，大大减轻了法院承受案件的负担；三是如果当事人认为这种保护和补救并未达到目的，仍可以不服行政裁决为由，可向人民法院提起诉讼，寻求司法的最终保护。

3. 行政裁决较之法院的司法审判程序，具有收费低廉、程序简便等特点，可以相对减轻当事人的经济负担和精力投入。

4. 行政机关通过对各个领域发生的纠纷进行裁决，可以及时发现行政管理过程中出现的某些问题和矛盾，并通过事前预防、行政立法或采取某些具体的措施，予以克服、纠正，保证行政管理活动的顺利进行，实现国家对社会有效的微观管理和宏观调控。

（四）行政裁决的原则

行政裁决作为行政司法活动，除应遵循以事实为根据、以法律为准绳的原则，公正原则，事先调解原则，双方自愿原则，及时原则等一般原则外，还应遵守行政先行处理原则，即凡是由行政机关主管的非合同民事纠纷，除法律、法规有特殊规定外，当事人应先申请行政机关裁决，对裁决结果不服的，方可向法院提起诉讼。不过，随着我国行政诉讼制度的建立和健全，实行行政裁决前置的情形越来越少，公民、法人和其他组织在非合同民事纠纷发生后，通常可以直接向法院起诉。

二、行政调解

（一）行政调解的概念和特征

行政调解一般指由国家行政机关对其主管范围内的民事纠纷和特定行政纠

纷，以国家法律和政策为依据，以自愿为原则，通过说服教育等方法，促使双方当事人友好协商、互让互谅、达成协议，消除纠纷的诉讼外活动。

行政调解具有下列特点：

1. 行政调解的主体是行政机关。它既不同于法院所主持的司法调解，也不同于群众调解组织所主持的人民调解。

2. 行政调解的对象或由法律、法规规定何种纠纷可以通过行政调解的方式解决，或由行政相对方事先在合同或协议中约定若发生纠纷向行政机关申请调解。其具体范围，可以是行政相对方之间发生的纠纷，也可以是行政主体与行政相对方之间发生的纠纷。

3. 行政调解须以自愿为原则。行政机关既不能强制当事人接受调解，也不能强制当事人接受某种决定，违反自愿原则的强制调解不发生效力，从而不同于行政机关单方强制作出的行政决定。

4. 行政调解属于诉讼外的活动，除个别情形外，一般不具有法律上的强制力。调解活动之所以进入行政管理领域，主要是因为调解的事项与行政管理活动密切相关，由行政机关居中调解更为便利，而不是因为行政职权的强制性特征。因此，调解协议的履行也应当依靠当事人的自愿而非强制手段，而且，当事人不能通过调解解决纠纷的，依然有权申请仲裁或者提起诉讼。

(二) 行政调解的种类

1. 以行政调解的主持机关为标准，行政调解可分为：

（1）基层人民政府主持的行政调解。指设在乡政府、城镇街道办事处的司法助理员领导或主持的调解。司法助理员不是专门调解纠纷的专职人员，一般只负责指导人民调解委员会的工作或参与调解疑难民事纠纷。民政助理员主要参与同政府有关的民间纠纷的调解工作。

（2）主管行政机关主持的行政调解。指主管行政机关在其行政职责的范围内，对有关的民事纠纷或行政纠纷进行的调解。例如公安机关对治安违法行为造成他人损害案件的调解；交通管理部门对交通肇事造成他人损害案件的调解；民政部门自身或者会同其他部门，对于行政区域边界争议的调解；等等。

（3）行政仲裁机关主持的行政调解。例如，根据我国《仲裁法》和《劳动法》等法律的规定，经济合同仲裁委员会和劳动争议仲裁委员会受理的案件，都应先行调解，调解不成的再行仲裁。

（4）行政机关的内部调解。指行政机关对其所属成员之间，以及行政机关所属成员与其他单位成员之间的民事纠纷进行的调解。

2. 依行政调解的对象，行政调解还可分为对民事争议的调解和对行政争议的调解。根据我国现行法律规定，行政调解以民事争议为主要对象，行政争议的调解仅限于行政赔偿争议和行政补偿争议。

(三) 行政调解的原则

1. 自愿原则。是指行政机关的调解过程应当始终尊重当事人的意愿，使当事人在自愿、自觉的前提下参加调解，在互相理解的基础上达成共识。具体而言，当事人双方是否接受调解，完全取决于其自身的意愿，由其自己决定，不得强迫当事人接受调解行为；调解过程中，能否达成协议，乃至达成什么样的协议，必须建立在双方自愿和同意的基础之上，不得违背其中的一方或双方当事人的意志；调解协议须由当事人自愿履行。

2. 平等原则。指在行政调解过程中，双方当事人地位完全平等，不存在高低贵贱之分，都有自愿、充分、真实地表达自己的理由和意见的权利。行政机关必须以平等的态度对待双方当事人，一碗水端平，不偏听、偏信，不厚此薄彼，不先入为主，抱有偏见、成见等。尤其当出现一方坚持己见、不妥协让步，或者达成协议后又后悔的情况之时，其也不能因之失去公平对待的态度。

3. 合法原则。行政调解活动所达成的协议虽然并不具有强制执行效果，但是，调解协议也可能被争议双方接受而自愿履行，如果行政调解不依法进行，就可能损害争议一方或双方的合法权益。因此，行政调解活动必须依法进行，不得违反国家的法律、政策，不得损害国家、集体的利益和他人的合法权益。

4. 如实调解原则。指行政调解必须查明事实、掌握证据、分清责任、明白是非，而不能无原则地"和稀泥"。这一原则要求行政机关查清和掌握纠纷的事实和争执的焦点、发生的原因、发展过程和其他相关联情况等，坚持以理喻人、以法服人，使纠纷双方及早达成共识，圆满解决纠纷。

学术视野

关于行政合同、行政奖励、行政给付、行政调解等，理论界的争议焦点主要在于：行政合同是否必须要有法律依据或者授权依据？行政合同所设定的权利和义务是否可以改变法律规定的权利义务？行政奖励与行政给付都属于授益行政行为范畴，则行政主体在实施此种授益行政行为时，是否必须要有法律依据？奖励或给付的数额是否可以超过法定标准？当事人是否可以拒绝受领？行政机关撤回奖励或给付，当事人可否寻求法律救济？行政调解是否可以超越民事争议和行政补偿及赔偿争议领域而普遍适用于行政管理之中？行政调解所达成的协议结果，是否可以与法律规定相冲突？

理论思考与实务应用

一、理论思考

（一）名词解释

行政合同　行政征收　行政征用　行政奖励　行政给付

（二）简答题

1. 行政合同的特征有哪些？
2. 行政调解的原则有哪些？
3. 行政裁决的对象有哪些？

（三）论述题

1. 论行政合同订立和执行过程中行政主体的权利和义务。
2. 论行政征收和行政征用的区别。

二、实务应用

（一）案例分析示范

案例一

原告佟某某等 10 人均为某市某区某街路边临时商亭业主。1994 年 9 月该街临时商亭动迁时，原告 10 人分别与受某石油化纤公司委托的被告某区城建设局签订了临时商亭动迁协议书。协议书中规定："动迁业主可优先租用或购买建在某街的商业住宅，购买位置可按原批准位置就近选择；按动迁面积购买时可优惠社会价格的 5%～10%。"协议签订后，10 名原告在协议规定的时限内拆迁了各自的商亭。新建门面房竣工后，原告按协议请求购买商业门市房时，被告告知原告其没有出售该门市房的资格，不能履行协议中关于原告购买商业门市房的条款，但原告可优惠租房。原告认为被告违反合同约定，请求法院判令被告某区城建设局按协议约定的条款卖房，并要求其局赔偿经济损失。

问：本案中，被告不履行原行政合同中规定的房屋买卖条款，是变更行政合同的行为，还是违反行政合同的行为？说明理由。

【评析】被告告知原告其不能履行协议中有关买卖房屋的条款，是违反行政合同的行为。变更行政合同是指在不改变现有合同性质的基础上，对涉及合同主体或内容的条款作相应的修改、补充或限制，且行政合同的变更必须基于以下两种理由：①行政主体为了公共利益的需要而单方面变更合同；②因一定法律事实出现而导致行政合同的变更，如不可抗力等。但是本案中被告告知原告其不能履行合同部分条款的行为并不是基于上述任意一个理由，因此不符合变更行政合同的条件，被告的行为明显是违约行为。

案例二

1999年1月10日,洛阳市公安局涧西分局民警马某在值夜班时被突然闯入值班室的歹徒崔某某、崔某二兄弟残忍杀害。为迅速侦破此案,洛阳市公安局于1999年1月26日发出通告,"……对举报重要线索或抓获扭送犯罪分子的,将奖励现金5万元。"1999年5月8日,陈某在守候几天后,终将崔某抓获,并同其弟一起将崔某扭送至警方。同年7月22日,此案顺利侦破。案件侦破后,陈某与其母曾多次到市公安局"1·10"专案组和其他有关部门谈兑现承诺一事,市公安局一直未有答复。2000年3月27日,陈某一纸诉状将洛阳市公安局诉至法庭,洛阳市西工区法院依法受理了此案。之后,经西工区法院依法主持调解,因洛阳市公安局主动履行承诺,积极付给陈某5万元现金及承担案件诉讼费1100元和其他费用2365元,陈某自愿撤诉。

问:本案中,谁是奖励义务主体?亦即是由警方"埋单",还是由案件当事人(一般是被害人或者其近亲属等)"埋单",或者是由警方和案件当事人共同"埋单"?

【评析】案件当事人不适宜成为"悬赏破案"的"埋单者",悬赏的义务主体应当是公安机关。①"悬赏破案"不同于有酬失物招领。有酬失物招领是合同法上的一种要约行为,其性质是发生在平等民事主体之间的涉及财产关系的民事行为,该民事法律关系的标的物是所丢失财物。而对于"侦破案件"来说,因为涉及国家权力和义务的运作,如果允许受害人参与破案,则无异于承认私人对国家公权的处分权,所以受害人不能取代公安机关成为侦破刑事案件的主体。②既然"破案"是公安机关的法定义务,那么,为了提高案件的侦破率而"悬赏",就应当看做是履行法定义务的一种方式,所悬之赏自然就应当由作为义务主体的公安机关来承担,如果允许受害人"悬赏破案",无异于将侦破案件的义务转移给了受害人。③如果允许受害人参与悬赏,那么,极有可能使公安机关在履行法定义务的时候有所推卸或者懈怠,不利于依法行政的实现,而且允许受害人悬赏,可能会因为受害人之间经济状况的差别而产生社会的不公正。

(二)案例分析实训

案例一

2006年3月8日,原告崔某家建房时,因郭某在其家宅基后大路上堆放200余顶砖影响施工,崔某要求郭某将砖挪开,为此双方发生口角、相互辱骂并厮打,互有伤情。2006年4月17日,某县公安局认定郭某辱骂他人,依法给予其警告处罚;认定崔某殴打他人,依法予以警告处罚;并根据《治安管理处罚法》第9条,对崔某作出要求其赔偿郭某经济损失、负担医疗费用共计10 008元的决定。

问:(1)某县公安局对崔某作出的要求其赔偿郭某经济损失和医疗费用的

行为是什么行政行为？为什么？
(2) 某县公安局是否有权作出该行为？
(3) 某县公安局对于崔某与郭某之间的损失赔偿问题，正确的做法是什么？

案例二

1997年9月18日，张某某向浑源县国家税务局实名书面举报某花岗岩矿1995～1996年度严重偷税。因该矿系涉外企业，浑源县国税局按税务机关查处案件管辖规定，上报大同市国税局查处。经大同市国税局调查，认定某花岗岩矿偷漏税属实，于1997年11月20日作出处理决定书，决定该矿补缴增值税724 286.56元，并处罚10万元。某花岗岩矿在被查处期间自行申报了80万元，大同市税务局进行复查后又于1998年6月30日作出处理决定书，再次追缴税款426 181.13元，两次共计1 250 467.69元，由浑源县国税局征收入库并留成25%。张某认为自己举报的事实已得到查处，遂申请浑源县国税局按规定给付应得的举报奖金，但浑源县国税局和大同市国税局互相推诿，未予解决。张某遂向浑源县人民法院提起诉讼。

问：(1) 原告张某是否应该获得举报奖金？
(2) 国税局向张某支付举报奖金的行为是行政行为吗？如果是，是一种什么行政行为？

案例三

某县委、县政府下发17号文件，其中第14条规定："鼓励国内外任何单位和个人为本县引进外资牵线搭桥。对成功引进外资5万元以上的有功人员，按引进外资的15%给予一次性奖励，……属独资企业的由县政府负责奖励。"刘某响应政府号召，将一美国独资企业引进本县，项目总投资为5.7万美元。资金到位，企业投入生产。刘某请求县政府兑现许诺，但县政府长时间拖延。为得到应得的奖金，刘某具状向某县人民法院起诉，请求法院判令被告兑现其许诺的奖金36万元；承担原告为引进外资花销的住宿费、电话费、误工费等1.18万元。

问：(1) 原告能否针对被告的不作为行为提起行政诉讼？
(2) 被告是否有义务兑现奖励金？
(3) 行政奖励行为是否属于我国行政诉讼的受案范围？

主要参考文献

1. 傅红伟：《行政奖励研究》，北京大学出版社2003年版。

2. 崔卓兰、蔡立东:"非强制行政行为",载罗豪才主编:《行政法论丛》(第4卷),法律出版社2001年版。

3. 沈开举:《行政征收研究》,人民出版社2001年版。

4. 方世荣:《论具体行政行为》,武汉大学出版社1996年版。

5. 金伟峰、姜裕富:《行政征收征用补偿制度研究》,浙江大学出版社2007年版。

6. 余凌云:《行政契约论》,中国人民大学出版社2006年版。

7. 沈开举主编:《行政补偿法研究》,法律出版社2004年版。

第九章

行政复议

【本章概要】行政复议是行政系统内部实施的一种对行政相对方受侵害权益的救济方式，是行政法的一个重要内容。本章主要阐述行政复议的概念、原则、受案范围、管辖、参加人、程序等内容。

【学习目标】通过本章学习，使学生了解行政复议在我国行政法治建设过程中的重要作用，使学生掌握行政复议的概念、基本原则、参加人、范围、管辖和程序。

第一节 行政复议概述

一、行政复议的概念

按照我国《行政复议法》的规定，行政复议是指公民、法人或者其他组织认为具体行政行为侵犯其合法权益，依照法定的条件和程序，向法定行政机关提出重新审议的申请，受理申请的行政机关依法对该具体行政行为是否合法、适当进行审查并作出决定的活动。

行政复议具有如下特征：

1. 行政复议是依申请的行政行为，一般实行类似于诉讼中的"不告不理"原则，以作为行政相对方的公民、法人或其他组织为申请人，以一定的行政主体为被申请人。有关机关有时主动对自己或下级行政机关的行政行为进行监督、检查，如果不是因行政相对方申请而引起，就不是行政复议行为。

2. 行政复议以行政争议为前提。所谓行政争议，就是指行政主体在实施行政行为过程中，与行政相对方之间发生的争议，意即行政相对方认为行政主体及其工作人员的具体行政行为侵犯了自己的合法权益而引起的争议。

3. 行政复议由特定的行政机关主持。所谓特定的行政机关，是指对引起行政争议的具体行政行为依法享有审查并作出裁决的复议权的行政机关，即行政复议机关。

4. 行政复议的审查对象是具体行政行为。行政规范性文件不能被单独提起复议，但是，公民、法人或者其他组织认为行政机关的具体行政行为所依据的行政规范性文件不合法，在对具体行政行为申请行政复议时，可以一并向行政复议机关提出对该规范性文件进行审查。这类一并进入行政复议审查范围的仅限于部分而不是全部行政规范性文件。

二、行政复议的基本原则与基本制度

（一）行政复议的基本原则

行政复议的基本原则，指在行政复议活动中应当遵守的基本行为准则。它贯穿于行政复议的全过程，对行政复议具有普遍的指导意义。它集中体现了行政复议法的基本精神和实质，突出体现了行政复议法律制度的特征。

我国行政复议法主要有如下基本原则：

1. 合法原则。合法原则是指承担复议职责的行政复议机关必须在法定职责范围内活动，一切行为都必须符合法律的要求。包括以下内容：

（1）履行复议职责的主体应当合法，即必须是依法成立并享有法定复议权的行政机关。

（2）复议机关审理行政复议案件的依据应当合法。

（3）复议机关审理复议案件的程序应当合法，不能简化或者放弃法定步骤，不能省略或者改变法定的形式，不能颠倒法定的顺序，不能违反法定时限的规定。

（4）行政复议决定的内容应当合法，即行政复议机关在复议决定中所赋予或者确认的权利、设定或免除的义务必须符合法律、法规的规定。

2. 公正原则。公正原则是指行政复议机关对被申请的具体行政行为不仅应当审查其合法性，而且应当审查其合理性。只有这样才能真正保障行政相对方的合法权益。包括以下内容：

（1）行政复议机关在对申请人的行政复议申请进行审查之后，对符合行政复议法关于复议的范围规定的，应当立案受理，不得无理拒绝或无故推诿。

（2）在复议过程中，要以公正、平等的态度对待当事人，把申请人和被申请人置于平等的地位上。

（3）行政复议决定要在证据确凿、事实清楚，经过双方当事人辩论、质证的基础上依法作出。

（4）基于同类情形，基于相同的事实、情节和行为性质的行为，行政复议的结果应当保持基本相同。

3. 公开原则。公开原则是指行政复议机关在复议过程中，除了涉及国家秘密、商业秘密和个人隐私外，整个复议过程都应当向复议当事人以及社会公开。具体包括以下内容：

（1）行政复议过程公开。行政复议机关应当尽可能听取申请人、被申请人和第三人的意见，让他们更多地参与到行政复议过程中。《行政复议法》第22条对此作了明确的规定，即行政复议原则上采取书面审查的办法，但是申请人提出要求或者行政复议机关负责法制工作的机构认为有必要时，可以向有关组织和人员调查情况，听取申请人、被申请人和第三人的意见。

（2）行政复议信息公开。在行政复议中，行政复议机关在申请人、第三人的请求下，应当公开与行政复议案件有关的一切材料，确保申请人和第三人能够有效地参与行政复议程序。根据《行政复议法》第23条第2款的规定，申请人、第三人可以查阅被申请人提出的书面答复以及作出具体行政行为的证据、依据和其他有关材料，除涉及国家秘密、商业秘密或者个人隐私外，行政复议机关不得拒绝。

4. 及时原则。及时原则是指行政复议机关应当在法定期限内，尽可能迅速地完成行政案件的审查，并作出复议决定。具体地说，及时原则包括以下内容：①及时审查行政复议申请，对经审查符合受理条件的，要及时立案受理；②及时进行复议；③及时作出复议决定；④及时处理复议决定执行中的问题。

5. 便民原则。便民原则是指行政复议机关在行政复议过程中应当尽量为复议当事人，尤其是申请人提供必要的便利，以确保当事人参加行政复议的目的的实现。遵守便民原则，要求行政复议机关做到：

（1）有关行政复议规定应尽可能考虑为申请人提供便利条件，如在能够通过书面审理解决问题的情况下，尽量不采用其他方式审理复议案件，不得向申请人收取费用等。

（2）行政复议机关应当在法定范围内为当事人提供进行复议活动的便利条件。例如，对于不能提供书面申请的相对方，应允许其通过口头方式申请复议，受理复议的工作人员应当当场记录申请人的基本情况、行政复议请求、申请行政复议的主要事实、理由和时间，以其作为行政相对方正式提出申请的材料。

（二）行政复议的基本制度

1. 一级复议制度。一级复议制度，是指行政争议经过行政复议机关一次审理并作出裁决之后，申请人即使不服也不得向有关行政机关再次申请复议，除法律另有规定外，只能向人民法院提起行政诉讼的一种法律制度。

实行行政复议一级复议制度的理由在于：行政复议是行政系统内部解决行政争议的一项制度，由于可能存在认识问题角度的相同等缺陷，行政复议有时难以完全客观、公正地审查被申请的具体行政行为，如果实行多级复议制度，也只能使行政争议不必要地被延长，不能有效地解决争议，也就不能更大限度地保护相对一方的合法权益。

一级复议制度包括以下内容：

（1）行政复议申请人不服具体行政行为的，只能行使一次申请权。一个合法、有效的行政复议申请可以引起一个行政复议程序，作出复议决定在法律上意味着具体行政行为在行政程序上已经被审查过了。申请人即使对行政复议决定不服，也已经丧失了通过行政程序再次审查该具体行政行为的申请权，只能向人民法院提起行政诉讼。

（2）行政复议过程中，申请人撤回复议申请的，也同样丧失了再次申请的权利。根据《行政复议法》第25条的规定，行政复议决定作出前，申请人要求撤回行政复议申请的，经说明理由，可以撤回；撤回行政复议申请的，行政复议终止。

（3）一级复议是一般原则，多级复议是例外。《行政复议法》之外的其他法律有特殊规定的，按特殊规定办理。

2. 书面复议制度。书面复议制度，是指行政复议机关对行政复议申请人提出的申请和被申请人提交的答辩以及有关被申请人作出具体行政行为的规范性文件和证据进行非公开对质性审查，并在此基础上作出复议决定的制度。

行政复议的书面复议制度具有重要法律意义：一方面，书面复议制度有利于提高行政争议解决的效率，符合行政复议立法的指导思想；另一方面，可以有效地减少行政复议中申请人与被申请人的对抗情绪，有利于行政争议在行政程序中得到解决。

复议机关在执行书面复议制度过程中，应当注意以下内容：

（1）行政复议机关主要是通过书面材料审查被申请的具体行政行为，对书面材料中涉及的问题如需进一步了解的，可以要求复议当事人提供补充材料。

（2）行政复议机关可以召集行政复议当事人了解案件情况，但召集应当以单方形式进行，不必让当事人双方互相对质。

（3）行政复议机关在必要时，如认为复议案件属于重大、复杂的类别，也可以采用开庭形式审查复议案件。

第二节　行政复议参加人

行政复议参加人，是指依法参加行政复议活动的当事人和与当事人地位相类似的代理人。行政复议当事人，是指因具体的行政法律关系中的权利义务发生争议，以自己的名义参加复议，并受行政复议机关复议决定约束的人。限于篇幅，这里只阐述行政复议申请人、被申请人和第三人。

一、行政复议申请人

（一）行政复议申请人的概念和特征

行政复议申请人，是指认为行政机关的具体行政行为侵犯其合法权益，依法向行政复议机关申请复议，要求撤销或变更原具体行政行为的公民、法人或者其他组织。

行政复议申请人具有以下特征：

1. 申请人是作为行政相对方的公民、法人或者其他组织。

2. 申请人与被申请复议的具体行政行为有利害关系，包括直接的利害关系和间接的利害关系。

3. 申请人是认为具体行政行为侵犯了其合法权益的公民、法人或者其他组织。

4. 申请人是以自己的名义提起复议的公民、法人或者其他组织。

（二）行政复议申请人的范围

一般情况下，具体行政行为侵害的当事人是行政复议的申请人，认为合法权益被侵害的公民、法人和其他组织可以以自己的名义申请行政复议。在特定情况下，行政复议申请人的资格可能发生转移。根据《行政复议法》第10条的规定：①有权申请行政复议的公民死亡的，其近亲属可以申请行政复议。近亲属包括其配偶、父母、子女、兄弟姐妹、祖父母、外祖父母、孙子女和外孙子女。②有权申请行政复议的公民为无民事行为能力人或者限制民事行为能力人的，其法定代理人也可以申请行政复议，但是法定代理人并不是复议申请人，因为其不能以自己的名义申请。这种情况下，无民事行为能力人和限制民事行为能力人是申请人。③有权申请行政复议的法人或者其他组织终止的，承受其权利的法人或者其他组织可以申请行政复议。

（三）行政复议申请人的权利和义务

在我国，行政复议申请人通常包括公民、法人和法人以外的其他组织三种。根据《行政复议法》的规定，复议申请人在行政复议中依法享有以下权利：复议申请权、申请停止具体行政行为执行的权利、撤回复议申请的权利、委托代理权、请求行政赔偿权、提起行政诉讼权等；复议申请人的义务包括按法定的程序和方式提出复议申请的义务、继续执行具体行政行为的义务和履行生效的复议决定的义务。

二、行政复议被申请人

（一）行政复议被申请人的概念和特征

行政复议被申请人，是指由申请人指控其具体行政行为违法侵犯申请人的合法权益，并经由行政复议机关通知参加复议的行政机关以及法律、法规授权的组织。

行政复议被申请人具有如下特征：

1. 被申请人须是行政主体，包括行政机关或者法律、法规授权的组织。

2. 被申请人须是作出一定具体行政行为的行政主体，即行政机关或法律、法规授权的组织。

3. 必须是被公民、法人或者其他组织申请行政复议，并被行政复议机关通知参加复议活动的行政主体。

（二）行政复议被申请人的种类

根据《行政复议法》的规定，行政复议被申请人主要有以下几种情形：

1. 公民、法人或者其他组织对行政机关的具体行政行为不服申请复议，作出具体行政行为的行政机关是被申请人。

2. 两个或两个以上行政机关以共同的名义作出具体行政行为的，共同作出具体行政行为的行政机关是共同被申请人；行政机关与法律、法规授权的组织以共同的名义作出具体行政行为的，行政机关和法律、法规授权的组织为共同被申请人；行政机关与其他组织以共同名义作出具体行政行为的，行政机关为被申请人。

3. 法律、法规授权的组织以自己的名义作出具体行政行为的，该组织为被申请人。

4. 行政机关委托的组织作出具体行政行为的，以委托的机关为被申请人。

5. 作出具体行政行为的行政机关被撤销的，继续行使被撤销的行政机关的职权的行政机关为被申请人。

6. 县级以上地方人民政府依法设立的派出机关作出具体行政行为的，该派出机关为被申请人。

7. 政府工作部门依法设立的派出机构作出具体行政行为的，以谁作为被申请人要看是否有法律、法规和行政规章的授权以及该行为以谁的名义作出。派出机构如果得到法律、法规和行政规章的授权，并以自己的名义作出具体行政行为的，则该派出机构作为被申请人；派出机构如果未得到法律、法规和行政规章的授权，而以自己的名义作出具体行政行为的，则设立该派出机构的政府工作部门作为被申请人；除此之外，不论派出机构是否得到法律、法规和行政规章的授权，只要派出机构以设立该机构的部门的名义作出具体行政行为的，都由设立该机构的政府工作部门作为被申请人。

8. 下级行政机关依照法律、法规、规章规定，经上级行政机关批准作出具体行政行为的，批准机关为被申请人。

（三）行政复议被申请人的权利和义务

根据《行政复议法》的规定，复议被申请人在行政复议中依法享有答辩权、强制执行权和继续执行其作出的具体行政行为的权利；依法负有答辩和举证的义务、履行行政复议决定的义务。

三、行政复议第三人

（一）行政复议第三人的概念和特征

行政复议第三人，是指同正在行政复议的具体行政行为有利害关系，为了保护自己的合法权益，依申请或由行政复议机关通知，参加到复议活动中来的公民、法人或者其他组织。

行政复议第三人具有如下特征：

1. 第三人必须同正被进行行政复议的具体行政行为有利害关系。

2. 第三人在法律上有独立的复议地位，表现为有独立的复议请求，而不依附于申请人和被申请人中的任何一方。

3. 第三人参加行政复议，须在行政复议开始之后，行政复议机关对行政复议案件审结之前。

4. 第三人参加行政复议，须主动申请，也可由行政复议机关依职权提出，但是第三人拒不参加复议的，复议机关不能强求，须尊重第三人的权利与选择。

（二）行政复议第三人的种类

从行政复议的理论与实践看，行政复议中的第三人有如下种类：①行政处罚案件的共同被处罚人；②行政处罚案件中的受害人或者被处罚人；③行政确权案件中的被确权人；④两个或两个以上行政机关基于同一事实、针对同一个行政相对方作出互相矛盾的具体行政行为，相对方申请复议，作出具体行政行为的另一个行政机关可作为第三人。

第三节 行政复议的范围与管辖

一、行政复议范围

行政复议范围，是指公民、法人和其他组织在不服行政主体针对其作出的具体行政行为时，对哪些行为可以申请行政复议机关进行审查和救济。

（一）可申请行政复议的具体行政行为

依据《行政复议法》第6条，公民、法人或者其他组织对于以下行为可以依法申请行政复议：

1. 行政处罚。我国《行政复议法》第6条第1项规定，相对方对行政机关作出的警告、罚款、没收违法所得、没收非法财物、责令停产停业、暂扣或者吊销许可证、暂扣或者吊销执照、行政拘留等行政处罚决定不服的，可以申请行政复议。

2. 行政强制措施。根据《行政复议法》第6条第2项的规定，行政相对方对行政机关作出的限制人身自由或者查封、扣押、冻结财产等行政强制措施决定不服的，可以申请行政复议。行政强制措施包括限制人身自由的行政强制措施和限制财产流通的行政强制措施，前者如强制戒毒、扣留、强制遣送、强制隔离等，后者如查封、扣押、冻结等。

3. 行政许可变更、中止、撤销行为。根据我国《行政复议法》第6条第3项的规定，行政相对方对行政机关作出的有关许可证、执照、资质证、资格证等证书变更、中止、撤销的决定不服的，有权申请行政复议。许可证、执照、资质证、资格证等证书是指有权行政机关根据行政相对方的申请，经过依法审查后核发的，允许持有人具有某种资格、从事某一职业或进行某种活动的证明文书。此类证书一经颁发，即具有法律效力，意即行政许可行为具有确定力，发放机关不得随意对其变更、中止或者撤销。如果行政机关在证书有效期限内作出变更、中止或撤销的决定，证书持有人不服的，可以申请行政复议。

4. 行政确权行为。行政确权是指公民、法人或者其他组织之间因土地、矿藏、水流、森林、山岭、草原、滩涂、海域等自然资源的所有权或者使用权发生争议，由行政机关依法处理并确定权属的一种行政行为。行政确权行为涉及自然资源的权属界定，一般必定会对被确权人的权利和义务关系产生影响，所以，我国《行政复议法》第6条第4项规定，对行政机关作出的关于确认土地、矿藏、水流、森林、山岭、草原、荒地、滩涂、海域等自然资源的所有权或者使用权的决定不服的，可以依法申请行政复议。

5. 侵犯经营自主权的行为。经营自主权是我国法律、法规赋予公民、法人或者其他组织的自主调配人力、物力和财力的权利，由企业独立自主行使，而不受任何行政机关和其他组织、个人的非法干涉。实践中，时有行政机关违法撤换企业的法定代表人，强制企业兼并、分离或者强制企业转让知识产权的情况发生，使经营者的合法权益受到损害。对此，我国《行政复议法》第6条第5项规定，行政相对方认为合法的经营自主权被侵犯的，可以依法申请行政复议。

6. 变更或废止农业承包合同的行为。农业承包合同是农村集体经济组织与农民就承包经营集体土地、生产资料或者其他财产所达成的明确相互间权利义务关系的协议。双方就农业承包合同条款协商一致，签字盖章，合同即成立，具有法律效力，任何一方不得随意变更或者废止。行政机关更应该维护农业承包合同的严肃性，不得随意变更或者废止合同。行政相对方认为行政机关变更或者废止农业承包合同的行为侵犯其合法权益的，均可以依据《行政复议法》第6条第6项申请行政复议。

7. 违法要求行政相对方履行义务的行为。行政机关在行政管理过程中有权要求公民、法人或者其他组织履行义务，但是必须依法进行，否则就是违法要求履行义务，如违法集资、征收财物、摊派费用等。行政相对方对此不服的，均可以依据《行政复议法》第6条第7项申请行政复议。

8. 不依法办理行政许可行为。行政许可在现代行政中应用得非常广泛，行政相对方要从事某项社会活动，经常需向行政机关申请，取得许可证、执照、资质证、资格证等证书，这些证书是公民、法人或者其他组织实现经济、政治或者其他方面利益的合法证明文件，具有非常重要的作用。当行政相对方依法向有权行政机关提出申请后，有权行政机关对申请人的申请必须认真审查，符合条件的应该在法定期限内予以批准。如果行政机关没有依法办理，如拒绝受理、受理后拒绝批准或者超过法定期限不予答复的，申请人可以根据《行政复议法》第6条第8项申请行政复议。

9. 未履行保护人身权利、财产权利、受教育权利法定职责的行为。我国各级国家行政机关对行政相对方的人身权、财产权和受教育权负有保护义务，这既是其一项职权，也是一项法定职责。如果在行政相对方提出保护申请的情况下，行政机关没有正当理由而拒绝履行该法定职责或者不予答复的，相对方可以根据《行政复议法》第6条第9项规定申请行政复议。

10. 不依法发放抚恤金、社会保险金、最低生活保障费的行为。抚恤金、社会保险金、最低生活保障费是公民在年老、疾病、伤残、失业等情况下依法获得的由国家给予的物质帮助，在行政相对方依法提出申请的情况下，如果行政机关不依法发放，包括拒绝发放、不按照标准发放、不按时发放等，行政相对方可以根据《行政复议法》第6条第10项申请行政复议。

11. 侵犯行政相对方合法权益的其他具体行政行为。这是一项概括性规定，前述具体行政行为之外的其他具体行政行为，只要相对方认为侵犯其合法权益，都可以依法申请行政复议，获取法律救济。

（二）可申请行政复议的抽象行政行为

抽象行政行为是有权行政机关针对不特定的人或事制定的具有普遍约束力的规范性文件，既包括行政立法，也包括其他行政规范性文件。根据《行政复议法》第7条的规定，公民、法人或者其他组织认为行政机关的具体行政行为所依据的下列规定不合法，在对具体行政行为申请行政复议时，可以一并向行政复议机关提出对该规定的审查申请：①国务院部门的规定；②县级以上地方各级人民政府及其工作部门的规定；③乡、镇人民政府的规定。同时又进一步规定，对于国务院各部、委员会的规章和地方人民政府的规章的审查依照法律、行政法规办理。另外，对于国务院制定和发布的行政法规、决定和命令不服的，应当按照《立法法》规定的程序处理。

行政相对人对上述抽象行政行为提出审查申请应具备下列条件：①必须以对具体行政行为申请复议为前提；②被要求审查的抽象行政行为是发生行政争议并引起行政复议程序的具体行政行为的依据；③复议申请人应当在对具体行政行为提出复议审查申请的同时一并提起对抽象行政行为的审查申请，而不能"一先一后"提出或单独提出。

（三）排除行政复议的行为

依据我国《行政复议法》的规定，复议机关不予受理的案件有：

1. 部分抽象行政行为。根据《行政复议法》的规定，不能审查的抽象行政行为包括行政法规、国务院各部和委员会规章、地方人民政府的规章等。如对此类抽象行政行为有不同意见，要依照立法监督程序处理。

2. 内部行政管理行为。《行政复议法》规定，不服行政机关作出的行政处分或者其他人事处理决定的，依照有关法律、行政法规的规定提出申诉。

3. 对民事纠纷的调解和处理行为。《行政复议法》规定，不服行政机关对民事纠纷作出的调解或者其他处理决定的，依法申请仲裁或者向人民法院提起诉讼。

二、行政复议管辖

行政复议管辖，是指在行政系统内部，不同职能及不同层级的行政机关之间，在受理行政复议案件方面的权限及分工。我国《行政复议法》确定了以申请人自行选择管辖为原则、以上一级主管部门管辖为例外的原则。它可分为一般管辖和特殊管辖。

（一）行政复议机关与行政复议机构

1. 行政复议机关。所谓行政复议机关，是指依照《行政复议法》的规定，有权受理行政复议申请，依法对被申请的具体行政行为进行合法性和适当性审查并作出决定的行政机关。

目前我国行政复议机关主要有以下几种：

（1）作出被申请行政行为的行政机关。如国务院部门或者省、自治区、直辖市人民政府的具体行政行为引起的行政复议，以作出该具体行政行为的国务院部门或者省、自治区、直辖市人民政府作为行政复议机关。

（2）作出被申请行政行为的行政主体的上一级行政机关。

（3）作出被申请行政行为的行政主体所属的人民政府。

2. 行政复议机构。行政复议机构是行政复议机关内设的，负责有关复议工作的职能机构。行政复议机构不具有独立的行政法人地位。行政复议机构之间并无业务上的领导关系。

根据《行政复议法》第3条的规定，行政复议机构具体履行下列职责：

（1）受理行政复议申请；

（2）向有关组织和人员调查取证，查阅文件和资料；

（3）审查申请行政复议的具体行政行为是否合法与适当，拟订行政复议决定；

（4）处理或者转送《行政复议法》规定的对规范性文件的审查申请；

（5）对行政机关违反《行政复议法》规定的行为，依照规定的权限和程序提出处理建议；

(6) 办理因不服行政复议决定提起行政诉讼的应诉事项；

(7) 法律、法规规定的其他职责。

2017年9月1日第十二届全国人民代表大会常务委员会第二十九次会议通过《全国人民代表大会常务委员会关于修改〈中华人民共和国法官法〉等八部法律的决定》，对《行政复议法》作出修改，在第3条中增加一款，作为第2款。根据该规定，行政机关中初次从事行政复议的人员，应当通过国家统一法律职业资格考试取得法律职业资格。

（二）行政复议的一般管辖

行政复议的一般管辖，指按照行政机关的上下级隶属关系来确定行政复议案件的管辖制度。根据《行政复议法》的规定，一般管辖主要包括以下几种：

1. 对县级以上地方各级人民政府工作部门的具体行政行为不服的行政复议，该部门的本级人民政府或者上一级主管部门均有管辖权，总的原则是由申请人选择管辖，这里要注意两个问题：

（1）复议申请人不能就同一具体行政行为，同时向两个有管辖权的行政机关提出复议申请；

（2）如果复议申请人同时向两个有管辖权的行政机关提出复议申请，则由最先收到复议申请的行政机关管辖。

2. 对海关、金融、国税、外汇管理等实行垂直领导的行政机关和国家安全机关的具体行政行为不服的，应向上一级主管部门申请行政复议。对经国务院批准实行省以下垂直领导的部门作出的具体行政行为不服的，一般可以选择向该部门的本级人民政府或者上一级主管部门申请行政复议；如果省、自治区、直辖市另有规定的，依照省、自治区、直辖市的规定办理。

3. 对省级人民政府和国务院各部门的具体行政行为不服的，向作出原具体行政行为的行政机关申请复议；对复议决定不服的，可以向国务院申请裁决，也可以向人民法院提起诉讼，国务院依法作出的裁决是最终裁决。

4. 申请人对省级以下的地方各级人民政府作出的具体行政行为不服的，应向其上一级的人民政府申请复议。对此应注意两点：

（1）对省级以下的地方各级人民政府作出的具体行政行为不服的，只能向上一级地方人民政府申请复议，而不能向上一级人民政府的工作部门申请复议；

（2）设区的市人民政府，有的管辖县级人民政府，这时，不服县（区）级人民政府的具体行政行为的，应当向市人民政府申请复议。

5. 对于省、自治区人民政府依法设立的派出机关，即行政公署所属的县级人民政府的具体行政行为不服的，向该派出机关申请复议；对于该派出机关所属的县级人民政府的工作部门的具体行政行为不服的，除了该县级人民政府有管辖权外，该派出机关也有管辖权。

（三）行政复议的特殊管辖

行政复议的特殊管辖，是指行政复议管辖的特殊情况，即不能按照一般管辖的原则来确定的特殊管辖。主要有以下几种：

1. 对县级以上地方人民政府依法设立的派出机关的具体行政行为的复议管辖。我国现有的派出机关主要有三种：省、自治区人民政府依法设立的派出机关，即行政公署；县、自治县人民政府经省级人民政府批准设立的区公所；市辖区、不设区的市人民政府经上一级人民政府批准设立的街道办事处。根据《行政复议法》的规定，对于上述派出机关作出的具体行政行为不服的，应向设立该派出机关的人民政府申请复议。

2. 对政府工作部门依法设立的派出机构的具体行政行为的复议管辖。所谓派出机构，是指人民政府的工作部门根据法律、法规或者规章的规定，为实施行政管理活动而设立的机构。

根据《行政复议法》，对于根据法律、法规和规章的规定，能以自己的名义作出具体行政行为的派出机构，当事人如不服其以自己名义作出的具体行政行为，应当向设立该派出机构的部门或者该部门的本级人民政府申请复议。根据《行政复议法》第12条，对于不能以自己的名义作出具体行政行为的派出机构，当事人如不服其对外以自己名义作出的具体行政行为，可以向设立该机构的部门的上一级主管部门申请复议，也可以选择向该部门的本级人民政府申请复议。除此之外，不论派出机构是否得到法律、法规和行政规章的授权，只要当事人不服派出机构以设立该机构的部门的名义作出具体行政行为的，都应向设立该机构的部门的上一级主管部门申请复议，或者选择向该部门的本级人民政府申请复议。

3. 对法律、法规授权的组织的具体行政行为的复议管辖。法律、法规授权的组织其本身并不是行政机关，可能是事业单位甚至企业单位，但在经过法律、法规授权的前提下，取得了行使某些行政管理职权的资格。根据《行政复议法》，这类组织的行政复议机关是直接管理该组织的地方人民政府、地方人民政府的工作部门或者国务院的工作部门。

4. 对接受行政委托的组织或个人的具体行政行为的复议管辖。行政委托指行政机关把一定的行政事务委托给一定的组织、个人或其他行政机关去完成，其行为效果归属于委托人的法律制度。对受委托的组织或个人等作出的具体行政行为不服的复议，应由委托机关的上一级行政机关管辖，而不应由委托机关直接管辖。

5. 对法律、法规规定需要逐级批准的具体行政行为的复议管辖。所谓逐级批准的具体行政行为，是指需要一级一级报经有关机关批准，才能发生法律效力的具体行政行为。对于此种复议由最终批准的行政机关的上一级行政机关管辖。

6. 对共同行政行为的复议管辖。所谓共同行政行为，是指两个或两个以上的行政机关以共同的名义作出的具体行政行为。根据《行政复议法》的规定，两个或两个以上的行政机关以共同的名义作出的具体行政行为，其共同的上一级行政机关为复议机关。但是，根据《行政复议法实施条例》的规定，申请人对两个以上国务院部门共同作出的具体行政行为不服的，可以向其中任何一个国务院部门提出行政复议申请，由作出具体行政行为的国务院部门共同作出行政复议决定。

7. 对被撤销的行政机关在撤销前所作出的具体行政行为的复议管辖。行政机关的撤销，主要是指该机关的行政主体资格的丧失或转移。行政机关被撤销的，继续行使其职权的行政机关为被申请人，其上一级机关为复议机关；没有继续行使其职权的行政机关的，撤销该机关的行政机关为被申请人，其上一级行政机关为复议机关。

第四节　行政复议程序

我国《行政复议法》对行政复议程序和规则作了明确的规定。

一、行政复议申请

行政复议申请是指复议申请人认为行政主体的具体行政行为违法或不当，在法定期限内要求行政复议机关撤销或者变更该具体行政行为，以保护自己的合法权益的行为。我国的行政复议采取"不告不理"形式，即没有相对方的主动申请，行政复议机关不会主动处理。所以，复议申请是行政机关进行行政复议的必要前提，是启动行政复议程序的必要步骤。

（一）申请行政复议的条件

对具体行政行为不服申请行政复议，必须具备以下几个条件：

1. 复议申请人必须是认为具体行政行为直接侵犯其合法权益的公民、法人或者其他组织。

2. 必须有明确的被申请人。没有明确的被申请人，行政复议机关可以拒绝受理。行政复议机关受理复议申请之后，如果发现被申请人不合格，可以依法要求其更换。

3. 有具体的复议请求和事实依据。

4. 属于申请行政复议范围。即必须是《行政复议法》第 6 条所规定的可以申请行政复议的事项。

5. 属于受理行政复议机关管辖。申请人必须向有管辖权的行政复议机关申请，对于不属于自己管辖的复议申请，有关机关应当告知申请人向有管辖权的复议机关申请复议。

（二）申请行政复议的法定期限

公民、法人或者其他组织认为具体行政行为侵犯其合法权益的，可以自知道该具体行政行为之日起 60 日内提出行政复议申请；但是法律规定的申请期限超过 60 日的除外。因不可抗力或者其他正当理由耽误法定申请期限的，申请期限自障碍消除之日起继续计算。

（三）申请行政复议的方式

我国《行政复议法》第 11 条和《行政复议法实施条例》第 18 条规定，申请行政复议可以口头或书面的形式提出；申请人书面申请行政复议的，可以采取当面递交、邮寄或者传真等方式提出行政复议申请；有条件的行政复议机构可以接受以电子邮件形式提出的行政复议申请。《行政复议法实施条例》第 19 条规定，复议申请书应包含以下内容：①复议申请人的基本情况；②被申请人的名称；③申请复议的主要事实和理由；④申请人的签名或者盖章；⑤申请复议的日期。

口头申请的，行政复议机关应当当场记录申请人的基本情况、行政复议请求、申请行政复议的主要事实、理由和时间。

二、行政复议的受理

行政复议的受理，是指复议申请人在法定期限内提出复议申请后，复议机关通过对复议申请进行审查，对符合法定条件的复议申请予以立案审理的活动。申请人的申请行为与行政复议机关受理行为的结合标志着行政复议程序的开始。对复议申请的审查和处理，目的在于解决复议机关是否接受申请、决定是否立案而进行复议活动。

1. 应审查复议申请的下列内容：
（1）行政复议申请是否符合法定条件；
（2）复议申请是否超过法定期限，超过法定期限的，有无正当延期理由；
（3）是否属于重复申请；
（4）复议提出前是否已向人民法院起诉，如已起诉，则不予受理；
（5）是否属于本机关管辖。

2. 根据《行政复议法》的规定，复议机关应在收到复议申请 5 日内进行审查，并分别作出以下处理：
（1）对不符合本法规定的行政复议申请，决定不予受理，并书面告知申请人；

(2) 对符合本法规定, 但是不属于本机关受理的行政复议申请, 应当告知申请人向有关行政复议机关提出;

(3) 复议申请符合法定条件的, 自行政复议机构收到复议申请之日起即为受理。

三、行政复议的审理

（一）行政复议的审理的概念

行政复议审理, 是指行政复议机关对被申请人作出的具体行政行为, 依照法定程序进行审查的行为。它是行政复议的中心环节和核心阶段, 是行政复议机关正确行使复议权的关键步骤。

（二）审理前的准备

行政复议机构审理行政复议案件之前, 首先要做好下列准备工作:

1. 确定行政复议人员。

2. 明确复议参加人。

3. 发送复议申请书副本或口头复议申请笔录复印件。行政复议机关负责法制工作的机构应当自行政复议申请受理之日起7日内, 将行政复议申请书副本或者行政复议申请笔录复印件发送被申请人。被申请人应当自收到行政复议申请书副本或者行政复议申请笔录复印件之日起10日内, 提出书面答复, 并提交当初作出具体行政行为的证据、依据和其他有关材料。

4. 审阅复议材料和相关证据。

5. 决定是否停止对原具体行政行为的执行。根据《行政复议法》的规定, 具体行政行为一般在复议期间不停止执行, 只有在出现了下列情况之一时, 才可以停止执行: ①被申请人认为需要停止执行的; ②行政复议机关认为需要停止执行的; ③申请人申请停止执行, 行政复议机关认为其要求合理, 决定停止执行的; ④法律规定停止执行的。

（三）行政复议的审理范围

行政复议应确定全面审理的原则。所谓全面审理, 就是对被申请人作出的具体行政行为所依据的事实和适用的法律进行全面审查, 不受复议申请人复议请求范围的限制, 也不受被申请人所作出的具体行政行为的限制。全面审理包括以下几个方面内容:

(1) 行政复议要全面审查, 不受复议申请请求的限制。

(2) 行政复议要审查具体行政行为的合法性。包括事实是否清楚、主要证据是否充分、程序是否合法以及适用依据是否正确等。

(3) 行政复议要审查具体行政行为的适当性。

(4) 行政复议要审查具体行政行为的法律依据的合法性。

（四）行政复议的审理方式

按照《行政复议法》的规定，行政复议审理原则上采取书面审理方式。所谓书面审理，是指行政复议机关审理行政复议案件，不需要开庭调查，也不需要当事人到庭辩论，只需要通过对申请人提交的申请书和被申请人提交的答辩书以及有关材料进行审查认定，并在此基础上依法作出复议裁决。书面审理是行政复议区别于司法审查制度的显著特征，也是行政复议效率高于司法审查的原因所在。当然，行政复议必要时也可以向申请人、被申请人等当事人收集材料，举行双方座谈、辩论等。

（五）行政复议申请的撤回

行政复议申请的撤回，是指行政复议申请人提出复议申请后，在复议决定作出之前，向复议机关提出不再要求审查原具体行政行为的申请，要求复议机关不再作出裁决的一种意思表示。行政复议申请的撤回应符合以下几方面的条件：

（1）撤回复议申请的请求必须在行政复议决定作出以前提出。

（2）申请人主动、自愿提出撤回复议申请。

（3）复议机关要查明撤回复议申请的理由是否违法或者有损公共利益、国家利益，如果没有违法或不合理的因素，应予同意撤回。

（4）撤回复议申请一经批准，复议即告终止。同时，申请人以后也不得就同一事实和理由对同一具体行政行为再行申请复议。

（六）行政复议的审理期限

行政复议的审理期限是复议机关的法制机构自接到复议申请到作出复议决定所需要的时限。按照《行政复议法》的规定，行政复议的审理期限为60日。对于单行法律规定的期限少于60日的从其规定；单行法律规定的复议期限超过60日的，按《行政复议法》的规定办理。

四、行政复议决定

行政复议决定，是指行政复议机关在查清复议案件事实的基础上，根据事实和法律，对有争议的具体行政行为的合法性和适当性所作出的具有法律效力的裁判。

（一）维持具体行政行为的决定

维持决定是行政复议机关作出维持被申请的具体行政行为的决定。根据《行政复议法》第28条第1款第1项的规定，作出维持决定的条件是：①具体行政行为认定事实清楚；②证据确凿；③适用依据正确；④程序合法；⑤内容适当。五项要件必须同时具备。

（二）撤销具体行政行为的决定

撤销具体行政行为的决定，是指具体行政行为违法，行政复议机关否定其效力的复议决定。根据《行政复议法》第 28 条第 1 款第 3 项的规定，作出撤销具体行政行为决定的条件是：①主要事实不清、证据不足；②适用依据错误；③违反法定程序；④超越或者滥用职权；⑤具体行政行为明显不当。这五项要件只要满足其一，行政复议机关就可以作出撤销具体行政行为的决定。

（三）责令被申请人履行法定职责的决定

责令被申请人履行法定职责的决定，是指行政复议机关经过对行政复议案件的审理，认定被申请人具有不履行或者拖延履行法定职责的情形，作出要求被申请人履行其法定职责的决定。

适用责令被申请人履行法定职责的决定，应当符合以下条件：①被申请人对行政相对一方依法负有履行职责的义务；②须有申请人向被申请人提出申请，被申请人拒绝履行、拖延履行的行为，或者对其申请不予答复；③申请人向被申请人提出申请，应当符合法定条件。

行政复议机关责令被申请人作出具体行政行为，应当指出行为的内容和作出期限。

（四）变更具体行政行为的决定

即行政复议机关经过审理，全部或者部分改变被申请人的具体行政行为。实践中，变更具体行政行为多是变更明显不当的具体行政行为，如畸轻、畸重的行政处罚。

根据《行政复议法》第 28 条第 1 款第 3 项的规定，适用变更决定的情形是：①主要事实不清、证据不足；②适用依据错误；③违反法定程序；④超越或者滥用职权；⑤具体行政行为明显不当。

（五）确认具体行政行为违法的决定

行政复议机关经审理，认为具体行政行为违法，但不适用撤销、变更或者责令其履行职责的，可以确认该具体行政行为违法。

（六）给予行政赔偿的决定

申请人在申请行政复议时可以一并提出行政赔偿请求，行政复议机关对符合《国家赔偿法》的有关规定应当给予赔偿的，在决定撤销、变更具体行政行为或者确认具体行政行为违法时，应当同时决定被申请人依法给予赔偿。

申请人在申请行政复议时没有提出行政赔偿请求的，行政复议机关在依法决定撤销或者变更罚款，撤销违法集资，没收财物，征收财物，摊派费用以及对财产的查封、扣押、冻结等具体行政行为时，应当同时责令被申请人返还财产，解除对财产的查封、扣押、冻结措施，或者赔偿相应的价款。例如，张某因不服税务局查封财产决定向上级机关申请复议，要求撤销查封决定，但没有提出赔偿请求。复议机关经审查认为该查封决定违法，决定予以撤销。对于查封决定造成的财产损失，复议机关应在解除查封的同时决定被申请人赔偿相应的损失。

（七）对抽象行政行为的处理决定

申请人在申请行政复议时，一并提出对有关抽象行政行为的审查申请的，行政复议机关对该抽象行政行为有权处理的，应当在30日内依法处理；无权处理的，应当在7日内按照法定程序转送有权处理的行政机关依法处理，有权处理的行政机关应当在60日内依法处理。此外，行政复议机关在对被申请人作出的具体行政行为进行审查时，认为其依据不合法，本机关有权处理的，应当在30日内依法处理；无权处理的，应当在7日内按照法定程序转送有权处理的国家机关依法处理。处理期间，中止对具体行政行为的审查。

行政复议机关作出行政复议决定，应当制作行政复议决定书，复议决定书应包括以下内容：①行政复议申请人的姓名、性别、年龄、职业、住址，法人的名称、法定代表人姓名、职务；②被申请人名称、地址、法定代表人姓名、职务；③申请复议的主要请求和理由；④复议机关认定的事实、理由，适用的法律、法规、规章以及其他规范性文件；⑤复议结论；⑥不服复议决定向人民法院起诉的期限，或终局的复议决定，当事人履行的期限；⑦复议决定的年、月、日。复议决定必须加盖复议机关印章。行政复议决定书一经送达，即发生法律效力。

被申请人应当履行行政复议决定。被申请人不履行或者无正当理由拖延履行行政复议决定的，行政复议机关或者有关上级行政机关应当责令其限期履行。

申请人逾期不起诉又不履行行政复议决定的，或者不履行最终裁决的行政复议决定的，如果是维持具体行政行为的行政复议决定，由作出具体行政行为的行政机关依法强制执行，或者申请人民法院强制执行；如果是变更具体行政行为的行政复议决定，由行政复议机关依法强制执行，或者申请人民法院强制执行。

五、行政复议决定的执行

行政复议决定书一经送达即发生法律效力，有关当事人必须按照行政复议决定书的要求，履行相关义务。

被申请人应当履行行政复议决定。被申请人不履行或者无正当理由拖延履行行政复议决定的，行政复议机关或者有关上级行政机关应当责令其限期履行。这里的不履行，是指被申请人对行政复议决定置之不理，甚至明确表示不予执行的情况。这里的无正当理由拖延履行，是指被申请人虽然表示要执行行政复议决定，但却寻找种种借口，千方百计拖延落实行政复议决定的要求。行政复议机关或者有关行政机关对被申请人不履行或者无正当理由拖延履行行政复议决定的，不仅应当责令其限期履行，还应依法追究有关人员的法律责任，可以对直接负责的主管人员和其他直接责任人员依法给予警告、记过、记大过的行政处分；经责令履行仍拒不履行的，依法给予降级、撤职、开除的行政处分。

申请人对终局的行政复议决定不服，不能向人民法院提起行政诉讼。依法不属于行政诉讼范围的行政复议决定，当事人也不能向人民法院提起行政诉讼。除这两种情况外，申请人对行政复议决定不服的，可以在收到行政复议决定之日起15日内，或者在法律、法规规定的其他期限内，向人民法院提起行政诉讼。如申请人逾期不起诉又不履行行政复议决定，就要承担被强制执行的法律后果。

对行政复议决定的强制执行一般有两种做法：①由行政机关依法强制执行；②申请人民法院强制执行。我国大多数行政机关没有强制执行权，遇有当事人不履行生效的行政复议决定时，应当在规定期限内向人民法院提出强制执行申请。根据行政复议决定内容的不同，维持具体行政行为的行政复议决定，由作出具体行政行为的行政机关依法强制执行，或者申请人民法院强制执行；变更具体行政行为的行政复议决定，由行政复议机关依法强制执行，或者申请人民法院强制执行。

学术视野

在我国，行政复议还存在以下若干问题：

1. 行政复议受案范围过窄，大量行政争议还游离于行政复议渠道之外，是否应该扩大行政复议的受案范围，就成为理论上热烈讨论的问题。比如，我国行政复议法对抽象行政行为的审查是否应在范围上进一步扩大？行政复议作为上级机关的监督形式，是否应该将内部行政行为纳入到调整范围？

2. 行政复议制度整体设计和功能定位还偏重于政府内部层级监督，还不能很好地适应构建更加有效、便捷、公正的行政争议解决机制的社会需求，如何解决这一问题，成为理论和实践中的难点问题。

3. 行政复议的审理方式上，是否允许更多地采用调解的方式。

理论思考与实务应用

一、理论思考

（一）名词解释

行政复议　一级复议制度　行政复议参加人　行政复议第三人　行政复议管辖

（二）简答题

1. 简述行政复议制度的功能。
2. 简述行政复议被申请人的种类。

3. 简述行政复议的原则。
(三) 论述题
1. 论我国行政复议的受案范围。
2. 论我国行政复议决定。

二、实务应用
(一) 案例分析示范

案例一

2005年某市某中心小学按照国家要求举行小学升初中的考试。黄某是该中心小学六年级的一名学生，该生生性顽劣，在日常的学习中从不认真刻苦。该生班主任张某曾在一次教育过程中告诫黄某："如果你再不好好学习，不让你参加升初中考试……"黄某听后并未在意，依然我行我素。在举行小学升初中考试当天，黄某准时到达考场并完成了所有考试科目。1个月之后发下成绩单时黄某父母发现黄某所有科目不及格，因此不能顺利升入初中，所以希望能在该中心小学重读六年级，准备明年再升入初中，遂到该中心小学找相关负责人商量。但是校方认为黄某在学校期间表现恶劣，生性顽皮，没有继续教育的价值，不允许黄某在学校重读。

黄某家长见商议无果遂向该中心小学上级主管部门单位——某市教育局反映问题，他们认为：虽然黄某生性顽皮，但是他有接受九年义务教育的权利。该中心小学剥夺了其受教育的权利，对孩子未来的成长极为不利，希望教育局通过一定方法要求黄某所在的中心小学履行对黄某进行教育的义务，允许黄某回到学校六年级重读1年，准备明年的升初中考试。

黄某家长在等待中度过了3个月仍未收到学校和市教育局任何答复，于是向省教育局递交了行政复议申请书，对市教育局未履行保护黄某受教育权利的法定职责的不作为行为申请行政复议。

问：黄某父母的申诉是否在行政复议受案范围内？

【评析】本案黄某因为升初中考试没有及格，原中心小学不同意其重读，他又不能升入初中，使得黄某接受九年义务教育的权利不能落到实处。黄某父母在向市教育局提出申请保护黄某受教育权时，市教育局不作为的行为侵犯了黄某受教育的权利。根据《行政复议法》第6条的规定，申请行政机关履行保护人身权利、财产权利、受教育权利的法定职责，行政机关没有依法履行的，公民、法人或者其他组织可以依照该法申请行政复议。

在本案中，市教育局这种不作为的行为间接侵害了黄某受教育的权利，但是由于黄某是未成年人，黄某父母可否代替黄某进行行政复议？在我国《行政复议法》中并没有关于多大年龄才可以进行行政复议的相关规定，也没有未成年人是否具有申请行政复议的权利等问题。本案中，黄某是六年级毕业生，根据我国《民法通则》的相关规定，黄某是限制行为能力人。我国《行政复议法》第10条第2款规定："……有权申请行政复议的公民为无民事行为能力人或者限制民事行为能力人的，其法定代理人可以代为申请行政复议……"黄某父母作为黄某的法定代理人可以对行政复议机关进行行政复议申请。申请行政复议权作为一种权利能力，是每一位公民、法人或者其他组织本身应该拥有的权利，这项权利不会因为年龄大小而区分。根据上述分析，我们认为：黄某父母的申请是在行政复议受案范围内进行的，符合法律规定。

案例二

山水纸业有限责任公司（以下简称"山水公司"）是位于大昌市壮丁县的一家以经营纸张、印刷品为主的公司。它成立于1999年，该公司成立不久因经营不善自2000年3月起向县国税局提出申请，要求对相关税款进行减免。大昌市壮丁县国税局经审查认为该公司不符合减免税款的规定，于同年4月决定驳回其申请并下达通知，要求该公司缴纳3月份税款，同时告知该公司逾期不缴税款将按规定收取滞纳金，然而该公司并未缴纳税款。直至2003年1月国税局共下达了五次欠缴税款通知书，但该公司仍未补缴所欠税款。2003年2月经县国税局集体研究决定，对山水公司所欠税款以及滞纳金63 127元进行强制征收，并处以2万元罚款。同月扣押了该公司价值12万元的货物，并通知该公司可以提供担保、要求听证，该公司未予理会。2003年5月县国税局决定拍卖该批扣押货物，并通知了该公司。山水公司法定代表人林某说："……货反正我们也卖不出去，你们就卖吧……"同年5月28日县国税局拍卖了该批货物，共得款项91 300元整，扣除63 127元的税款和滞纳金与2万元的罚款，支付拍卖费用2000元后，将余款6173元于当日交给了山水公司。此时，该公司认为县国税局的这种做法不合理，遂于6月5日向大昌市国税局申请行政复议。山水公司向市国税局申请行政复议后，其法定代表人赵某要求其在某市政府工作的姐夫宋某向市国税局领导疏通，请求返还税款。市国税局拒绝了宋某的请求。山水公司继而又提出要求市国税局对此事进行调解，亦被拒绝。2003年7月，市国税局根据申请人和被申请人所提供的材料，经过书面审查，认为县国税局的具体行政行为合法，处罚依据适用正确，程序合法，遂决定维持县国税局的处罚决定。并告知山水公司不得就此事再次申请复议，如果不服可提起行政诉讼。

问：（1）具体行政行为可否进行二次复议？

（2）行政复议过程中，可否通过调解方式解决该争议？

【评析】（1）具体行政行为的复议以上一级国家行政机关的复议决定为终局

决定。复议下达后，行政相对方不得再向上级国家行政机关要求复议，本案中市国税局的复议就是终局的，不能再向其他任何行政机关申请复议，而只能在不服的情况下向人民法院提起行政诉讼。

(2) 在本案复议过程中，山水公司曾申请要求调解解决此事，后被复议机关拒绝。那么市国税局的拒绝行为是否合法呢？行政复议有一个不调解的原则。调解原则是在民事诉讼中产生的，它强调产生民事纠纷的双方当事人通过自愿协商、互谅互让，以达成协议的方式解决民事纠纷。调解是以当事人自由处分的民事权利为前提的。行政复议是解决行政争议的，国家行政机关在依法作出某个具体行政行为时，必须确保依法作出的具体行政行为的合法性和适当性。在行政复议过程中，对行政机关所作的具体行政行为是否合法、适当，行政复议机关只能作出肯定性或否定性的判断，而不能由行政争议双方当事人自行解决，因此不适用调解。

案例三

2005年10月3日，农民陈某挑着一担苹果到城里去卖，当走到某单位门口时，正赶上该单位下班时间，该单位职工见苹果新鲜、价格又便宜，就围着买。没过多久，陈某就卖出了几十斤。之后，陈某收拾担子正准备去别的地方做生意时，李某过来问苹果多少钱一斤。陈某见是一位妇女，加上刚才生意做得好，心里高兴，就对李某说："如果你叫我一声叔叔，我就送给你一个苹果，不收你的钱。"李某听到陈某的话后，本不高兴，但她很快镇定下来，叫了陈某一声"叔叔"，陈某就送给李某一个苹果。这样，李某连叫了数十遍，陈某的苹果已经所剩无几，就反悔不再给李某苹果，而李某不同意。为此二人发生争吵，引来群众围观。某派出所的工作人员赶来后问明了基本情况，决定当场罚款50元。陈某当场认错，但是仍然按要求当场缴纳了罚款。过了一个半月，陈某与做律师的亲戚谈起此事，才发觉派出所的罚款有误，遂于2005年11月20日向上级公安机关提起行政复议的口头申请。上级公安机关在接到陈某的复议申请后，进行了初步审查，认为符合法律规定的条件，于11月23日决定对本案予以受理。在审理过程中，上级公安机关对案件的合法性和适当性作了认真审查后认为：主要事实不清，并且该派出所所作的行政处罚行为明显不当。遂于2006年1月18日作出复议决定：撤销某派出所的行政处罚决定。

问：(1) 陈某过了一个半月才提起复议申请是否仍在行政复议申请的范围内？

(2) 陈某的口头申请是否可以？

(3) 上级公安机关的做法是否符合行政复议的程序？

【评析】(1) 在本案中，陈某过了一个半月才提起复议申请是否仍在行政复议申请的范围内以及陈某的口头申请是否可以，两个问题都是涉及行政复议的申请问题。行政复议的申请是行政复议程序的出发点，也是行政复议程序不可缺少的环节。

《行政复议法》第9条规定，申请行政复议的期限是60日，自知道该具体行政行为之日起开始计算。如遇到不可抗力或其他正当理由耽误法定申请期限的，申请期限自障碍消除之日起继续计算。与此同时，对现有法律规定短于60日的情况作了特别规定，即行政复议期限短于60日的按60日计算。所以在本案中，陈某虽然过了一个半月才提起复议申请，但是仍在行政复议申请的范围内，符合我国法律规定。

（2）可以。《行政复议法》第11条规定："申请人申请行政复议，可以书面申请，也可以口头申请；口头申请的，行政复议机关应当当场记录申请人的基本情况、行政复议请求、申请行政复议的主要事实、理由和时间。"因此，陈某以口头方式提出申请，是符合要求的。

（3）关于行政复议的受理期限，我国《行政复议法》第17条第1款规定："行政复议机关收到行政复议申请后，应当在5日内进行审查，对不符合本法规定的行政复议申请，决定不予受理，并书面告知申请人；对符合本法规定，但是不属于本机关受理的行政复议申请，应当告知申请人向有关行政复议机关提出。"因此，上级公安机关在11月23日决定受理该复议申请，是符合法律规定的。

关于行政复议的审理期限。根据我国《行政复议法》第31条的规定，行政复议机关应当自受理申请之日起60日内作出行政复议决定；但是法律规定的行政复议期限少于60日的除外。情况复杂，不能在规定期限内作出行政复议决定的，经行政复议机关的负责人批准，可以适当延长，并告知申请人和被申请人；但是延长期限最多不超过30日。本案中，上级公安机关于11月23日决定受理，但是，《行政复议法》第17条第2款规定："……行政复议申请自行政复议机关负责法制工作的机构收到之日起即为受理。"因此，上级公安机关的行政复议受理日期是11月20日。而该行政复议决定的作出日期是2006年1月18日，还在法定的60日审理期限之内。因此，上级公安机关的复议审理期限是符合法律规定的。

（二）案例分析实训

案例一

排菲特医疗保健器械有限责任公司系国营企业小汤山医疗器械厂与荷兰曼海姆科技开发公司合资组建的中外合资企业。1999年，合资企业所在地的小汤山市质量技术监督局大企业办公室对其生产的超人牌视力矫正仪进行了抽查，发现其不符合国家质量技术监督局发布的质量标准，遂根据市质量技术监督局的授权对其作出罚款500万元的处罚。排菲特医疗保健器械有限责任公司对此不服，向市质量技术监督局申请行政复议。

问：(1) 排菲特医疗保健器械有限责任公司对处罚决定不服，欲申请复议，复议被申请人是哪个机关？为什么？
(2) 排菲特医疗保健器械有限责任公司应向哪个复议机关申请行政复议？
(3) 行政复议机关接到复议申请后最迟多长时间内应作复议决定？复议机关如果逾期不作复议决定，应以谁为被告？为什么？

案例二

王某与赵某系某乡农民，一日两人发生争执，王某趁赵某不备朝其腰间踢了一脚，赵某被送往医院后经诊断后认定为软组织损伤，未造成严重后果。乡派出所对此事调查后对王某作出拘留10天的行政处罚。王某不服，委托其兄长申请行政复议。复议机关以行政复议不能由他人代为提起为由不予受理。

问：(1) 王某是否有权委托其兄长申请行政复议？
(2) 本案的复议被申请人是谁？
(3) 哪个机关对该复议申请具有管辖权？

案例三

张某在某大学附近开了一家个体餐厅。2006年6月5日，卫生局对张某的餐厅进行卫生监督检查时发现：该餐厅没有2006年度卫生许可证和从业人员健康证；两名从业人员原系乙型肝炎病携带者；餐厅的灶间卫生不洁、生熟不分，餐厅不消毒，大米生虫，且有少许鼠蝼。卫生局根据张某的上述违法事实，作出责令停业和罚款300元的决定。张某对此处罚决定不服，提出行政复议申请。在行政复议期间，张某向卫生局提出：现在是学校毕业生毕业前夕，客源充足，生意很好，暂时停止执行"责令停业"的处罚，以免造成本餐厅更大的损失。卫生局对此予以拒绝。张某又以现在正在行政复议，谁对谁错还不清楚为由，不执行卫生局"责令停业"的决定，继续经营。卫生局发现后，对张某再次作出了行政处罚。

问：(1) 行政复议期间，具体行政行为可以停止执行吗？
(2) 张某的做法正确吗？

案例四

令狐某（男）与公孙某（女）于2012年5月12日经尉迟某介绍开始谈恋爱。
2012年10月12日，双方到某镇政府去办理结婚登记，因公孙某身份证丢失、证件不齐而被镇政府婚姻登记员司马某拒绝；令狐某便与婚姻登记员司马某发生争吵，事后，令狐某与公孙某未办任何手续被人劝走回家。

10月13日，媒人尉迟某到镇政府为当事人令狐某与公孙某填写了《结婚登记申请书》，并在规定签名与按指纹处签了令狐某和公孙某的名字并按上自己的指纹。婚姻登记员司马某是尉迟某的前男友，违反规定办理了婚姻登记手续，《结婚证》由此被尉迟某领出。尉迟某将该《结婚证》交给了公孙某。当晚，令狐某之母欧阳某招待亲友吃喜宴。令狐某在喜宴上因喝假酒过多而中毒身亡。

2013年1月12日，公孙某生下一女。令狐某之母欧阳某怀疑公孙某所生之女并非令狐某之血脉，进而双方发生争吵。

其后，欧阳某欲将公孙某扫地出门，并与公孙某就令狐某的五千万遗产分割产生争议。公孙某以《结婚证》为依据，提起民事诉讼。欧阳某在应诉中发现，该《结婚证》并非其子令狐某与公孙某亲自申领，而是由尉迟某一手操办，于是向上一级民政部门申请行政复议，要求撤销民政部门所发的《结婚证》。

问：公孙某之母欧阳某是否具备行政复议的申请人资格？

主要参考文献

1. 崔卓兰主编：《新编行政法学》，科学出版社2004年版。
2. 方军编著：《行政复议法律制度实施问题解答》，中国物价出版社2001年版。
3. 张步洪编著：《中国行政法学前沿问题报告》，中国检察出版社2003年版。
4. 蔡小雪：《行政复议与行政诉讼的衔接》，中国法制出版社2003年版。
5. 曹康泰主编：《中华人民共和国行政复议法释义》，中国法制出版社2009年版。
6. 曹康泰主编：《中华人民共和国行政复议法实施条例释义》，中国法制出版社2007年版。
7. 张越：《行政复议法学》，中国法制出版社2007年版。

第十章 行政诉讼法概述

【本章概要】本章主要概括介绍行政争议及其解决途径、行政诉讼的概念和特征、行政诉讼法、行政诉讼基本原则等内容。

【学习目标】了解行政诉讼的概念，理解行政诉讼的特征，掌握行政诉讼的基本原则。

第一节 行政诉讼

一、行政争议的概念、特征和解决途径

（一）行政争议的概念

所谓行政争议，是指行政主体与行政相对人因行政管理而发生的纠纷。

（二）行政争议的特征

行政争议的特征主要有：

1. 行政争议发生在特定的主体之间。其中，一方是代表国家进行行政管理的国家行政机关或者法律、法规、规章授权的组织。另一方是在行政管理中处于被管理地位的公民、法人或者其他组织。如果发生争议的当事人不是该两方，例如发生在公民之间的争议，则不属于行政争议。

2. 该两方只有在行政管理中发生的争议才属于行政争议。如果国家行政机关因进行民事活动而与公民发生争议，则这种争议不属于行政争议。

（三）行政争议的解决途径

根据行政争议发生的范围，行政争议可以分为内部行政争议与外部行政争议。在我国，内部行政争议只能通过行政系统按内部行政程序处理。外部行政争议，除法律另有排除性规定外，可以通过行政复议或者行政诉讼解决。

二、行政诉讼的概念和特征

（一）行政诉讼的概念

何谓行政诉讼，我国行政诉讼法学界有不同看法，归结起来主要分为以下四种：

第一种观点认为，行政诉讼是公民、法人或者其他组织认为行政机关及其工

作人员作出的行政行为侵犯自己的合法权益，依法向法院请求司法保护，并由法院对行政行为进行审查和裁判的诉讼活动。

第二种观点认为，行政诉讼是指公民、法人或者其他组织认为行政机关工作人员作出的行政行为侵犯自己的合法权益，依法向法院提起诉讼，并由法院对行政行为是否合法进行审查并作出裁判的活动。

第三种观点认为，行政诉讼是指公民、法人或者其他组织认为行政机关及其工作人员行使职权的行为侵犯其合法权益，向法院提起诉讼，并由法院审理该行政争议的活动。

第四种观点认为，行政诉讼是指人民法院依法按司法程序处理行政争议的活动。

我们认为，上述学者从不同角度来表述行政诉讼，为研究行政诉讼提供了多种视角，有助于对行政诉讼的研究。不过，上述各种观点似有不够确切之处。例如，第一种观点和第二种观点，将行政侵权的主体限于国家行政机关，事实上，在行政管理中，行政侵权的主体还包括法律、法规、规章授权的组织。又如，第三种观点将行政侵权行为限制在行政机关行使职权的行为，没有包括不履行行政职责的行为。至于第四种观点的表述，似乎过于简略。

根据对我国行政诉讼法的理解和对我国行政审判实践的考察，我们认为，在我国，行政诉讼是指公民、法人或者其他组织认为国家行政机关或者法律、法规、规章授权的组织作出的行政行为侵犯其合法权益，依法定程序向人民法院提起诉讼，由人民法院按照行政诉讼程序对行政行为的合法性进行审理并作出裁判的制度。

（二）行政诉讼的特征

行政诉讼主要具有如下特征：

1. 行政诉讼是与国家行政活动直接有关的诉讼活动，其直接目的是解决行政管理过程中引起的行政争议。

2. 行政诉讼是在争议双方以外的第三方主持下进行的活动。该第三方以公断人的身份出现，与争议双方没有利害关系。其可以是法院，也可以是具有行政司法职能的行政裁判机关。

3. 行政诉讼依照行政诉讼程序进行，这一程序大多由法律加以规定。

4. 行政诉讼主要以裁判方式解决争议，这种裁判以国家强制力作为后盾。

三、行政诉讼与相关法律制度的关系

（一）行政诉讼与行政复议的关系

1. 行政诉讼与行政复议的联系。这两种救济制度的联系主要为：

（1）它们共同构成我国解决行政争议的主要法律救济途径。

（2）它们实施的直接目的都是解决行政争议。

2. 行政诉讼与行政复议的区别。这两种救济制度的区别主要为：

（1）它们的性质不同。行政诉讼属于司法行为，行政复议属于行政行为。

（2）它们的审理机关不同。行政诉讼的审理机关是人民法院，行政复议的审理机关是行政复议机关。

（3）它们案件审理的程序不同。在行政诉讼中，人民法院审理行政案件实行二审终审，一审必须开庭等。在行政复议中，行政复议机关审理行政案件实行一次复议原则和书面审理原则。

（二）行政诉讼与刑事诉讼的关系

1. 行政诉讼与刑事诉讼的联系。这两种诉讼的根本目的都是维护社会秩序。

2. 行政诉讼与刑事诉讼的区别。这两种诉讼的区别主要表现为：

（1）案件性质不同。行政诉讼解决的是行政争议，属行政案件。刑事诉讼解决的是被告人的行为是否构成犯罪以及如果构成犯罪应受何种刑事处罚，属刑事案件。

（2）参加的主体不同。行政诉讼的原告是行政相对人，被告是行政主体。刑事诉讼的起诉人主要是人民检察院，被告人是被指控犯罪的人。

（3）举证责任的分配不同。行政诉讼的举证责任主要由被告承担。刑事诉讼的举证责任则由起诉人承担。

（4）适用的法律不同。在行政诉讼中，人民法院审理行政案件适用行政法和行政诉讼法。在刑事诉讼中，人民法院审理刑事案件则适用刑法和刑事诉讼法。

（三）行政诉讼与民事诉讼的关系

1. 行政诉讼与民事诉讼的联系。这两种诉讼都是为解决特定主体之间发生的非敌对性争议。

2. 行政诉讼与民事诉讼的区别。这两种诉讼的区别主要表现为：

（1）案件性质不同。行政诉讼解决行政争议，属行政案件。民事诉讼解决民事争议，属民事案件。

（2）举证责任分配不同。行政诉讼实行被告负主要举证责任原则。民事诉讼实行当事人分担原则。

（3）适用法律不同。在行政诉讼中，人民法院审理行政案件适用行政法和行政诉讼法。在民事诉讼中，人民法院审理民事案件适用民法和民事诉讼法。

第二节 行政诉讼基本原则

一、行政诉讼基本原则的概念与特征

行政诉讼基本原则是指行政诉讼法规定的，贯穿于行政诉讼整个过程，调整行政诉讼行为的基本准则。其特征在于：

1. 行政诉讼基本原则具有普遍性。行政诉讼基本原则应当贯穿于行政诉讼整个过程，而不是某些行政诉讼环节。

2. 行政诉讼基本原则具有基础性。行政诉讼中其他具体的规则必须反映和服从行政诉讼的基本原则，而不是与之相抵触。

3. 行政诉讼基本原则具有特殊性。行政诉讼的基本原则应当是行政诉讼中特有的基本原则，而不是适用于各类诉讼的基本原则。

二、行政诉讼基本原则

我国的行政诉讼有六条基本原则：

1. 人民法院特定主管原则。行政争议并非都可以由人民法院受理和审理。人民法院不受理和审理内部行政争议。根据我国行政机关组织法的规定，内部行政争议由行政机关系统内部处理。人民法院只受理和审理法律、法规规定的外部行政争议案件，并且这类行政案件的标的是行政行为，但不包括抽象行政行为。因为《宪法》《国务院组织法》及《地方各级人民代表大会和地方各级人民政府组织法》将国家行政机关实施抽象行政行为的监督权授予国家权力机关和国家行政机关行使。

2. 审查行政行为合法性原则。人民法院审理行政案件只对被诉行政行为的合法性进行审查，一般不审查被诉行政行为是否合理。

行政诉讼法之所以确定这一原则主要是考虑两方面的因素：①政治体制。在我国，司法权与行政权是分立平行的两种国家权力。司法权由人民法院和人民检察院行使，行政权由国家行政机关及法律、法规、规章授权的组织行使。两权之间没有隶属关系。只不过考虑到在行政管理中，行政相对人处于被管理地位，其合法权益可能受行政主体侵害，为了有效地对其合法权益提供司法救济，行政诉讼法才规定了司法权对行政权实行有限监督。从性质上看，审查行政行为无非包括合法和合理两个方面。如果人民法院既审查被诉行政行为的合法性也审查其合理性，那么，这种监督属无限监督，不符合行政诉讼法确定这一原则的初衷。②专业优势。行政行为的合法性可以以法律为准绳进行判断；而其合理性则要根据行政处理时的具体情况，凭借丰富的行政经验进行评判，有些还涉及专业性、技术性问题。由于分工的不同，法官的临场处置、行政经验和专业技术能力一般都不如行政人员，让其审查行政行为的合理性是强人所难。

3. 被告负主要举证责任原则。举证责任的分配，涉及败诉风险的承担。行政诉讼法在行政诉讼中没有规定行政诉讼举证责任由当事人分担的原则，而规定被告负主要举证责任原则。这是因为行政案件的审查对象是被诉行政行为，而该行为是被告作出的。根据依法行政的要求，被告在行政管理过程中作出的行政行为应基于事实和法律。因而，在行政诉讼中，理应由被告对其作出的被诉行政行为的合法性进行举证。如果其不能举证或者举证不充分就应承担不利法律后果。当然，原告和第三人也需要对某些事项承担一定的举证责任。

4. 不适用调解原则。人民法院审理行政案件，既不可以在审理过程中对当事人进行调解，也不可以用行政调解书方式结案。行政诉讼法之所以确定这一原则是基于两个因素：①被告对行政职权和职责无自由处分权。司法调解的前提是当事人对自己的权利享有处分权。但是，行政诉讼的被告依法只能行使行政职权，履行行政职责，无权自由处分，这就使得人民法院在行政诉讼中缺少进行调解的前提条件。②人民法院审查被诉行政行为是否合法，只能依据法律来认定，而不能通过调解由原告和被告相互妥协来解决。例外情况是，根据《行政诉讼法》第60条的规定，行政赔偿、补偿以及行政机关行使法律、法规规定的自由裁量权的案件可以调解。

5. 司法变更权有限原则。人民法院对被诉行政行为经过审理，如果认为其虽然合法但不合理，除非行政处罚明显不当，或者是其他行政行为涉及对款项的确定和认定确有错误的，否则，不得对被诉行政行为作出变更判决。行政诉讼法确定这一原则，是因为司法变更权涉及司法权与行政权的关系。在行政诉讼中，既要考虑到司法权对行政权的制约和对行政相对人合法权益的保护，也要兼顾行政权的独立性。

6. 行政行为不因诉讼而停止执行原则。行政主体作出行政行为后，如行政相对人不服提起行政诉讼，除非法律有例外规定，原告仍然应当按照行政行为确定的内容履行自己的义务。行政诉讼法确定这一原则是基于两方面的考虑：一方面，行政主体代表国家作出的行政行为具有公定力，而公定力非因法定事由并经法定程序撤销，任何人、任何组织无权否定其效力。既然行政行为具有公定力，那么，其自然具有执行效力。另一方面，为了保证行政管理的连续性，不能因行政主体作出的行政行为可能侵犯行政相对人的合法权益而因原告的起诉便停止该行政行为的执行。如果在行政诉讼过程中停止被诉行政行为的执行，极有可能会因原告对被诉行政行为合法性的误解而给国家利益和社会公共利益造成严重危害。退一步讲，即使被诉行政行为真的违法并侵害了行政相对人的合法权益，这种损害后果也是有限的，完全可以通过行政判决予以事后弥补。

但是，特殊情况下，可以停止行政行为的执行。根据《行政诉讼法》第56条第1款的规定，诉讼期间，有下列情形之一的，裁定停止执行：①被告认为需要停止执行的；②原告或者利害关系人申请停止执行，人民法院认为该行政行为的执行会造成难以弥补的损失，并且停止执行不损害国家利益、社会公共利益的；③人民法院认为该行政行为的执行会给国家利益、社会公共利益造成重大损害的；④法律、法规规定停止执行的。

学术视野

一、我国应否设立行政法院

鉴于我国目前法院的人、财、物受制于政府，为避免行政干预，有利行政审判公正，有学者提出我国应当设立独立的行政法院来审理行政案件。但是，也有学者认为，设立行政法院涉及宪法的修改和法院体制的改革，问题十分复杂。为了避免行政干预，有利行政审判公正，目前可以提高行政案件管辖法院的级别来解决该问题。

二、我国应否设立公益诉讼制度

考虑到充分发挥行政相对人监督行政主体的积极性和国家利益、社会公共利益被侵害而无人起诉的情况，有的学者提出我国行政诉讼法应当设立公益诉讼制度。但是，也有学者认为，我国行政诉讼活动应逐步展开，目前不宜设立公益诉讼制度。

理论思考与实务应用

一、理论思考

（一）名词解释

行政争议　行政诉讼　司法变更权有限原则　行政诉讼基本原则

（二）简答题

1. 为什么我国行政审判只审查行政行为的合法性而不审查其合理性？
2. 简述行政诉讼与行政复议的区别。
3. 简述行政诉讼与民事诉讼的区别。

（三）论述题

1. 论我国行政诉讼的特有原则。
2. 论我国行政审判不审查抽象行政行为。

二、实务应用

（一）案例分析示范

案例一

某住宅小区××号903室业主刘女士常年按期足额向小区物业管理服务公司交纳物业管理费。某年3月的一天中午，她和家人正在吃午饭，突然楼下发出一阵巨响。刘女士奔到楼下，发现803室内有几个装修工人正在砸毁承重墙。刘女士认为该举动给自己的住宅带来安全隐患，便向小区物业管理服务公司投诉，要求其责令 803 室业主恢复承重墙。物业管理服务公司接到投诉后多次找 803 室业主交涉未果。随后，物业管理服务公司作出《整改通知书》并送达该业主，遭到拒收。于是，物业管理服务公司便将《整改通知书》贴在 803 室门口。然而，该业主仍置若罔闻。在这种情况下，刘女士为了解决她与 803 室业主的装修纠纷，向某律师事务所进行法律咨询。该所律师告诉她：你不能直接起诉 803 室业主，但可以起诉物业管理服务公司行政不作为。

问：刘女士是否有权向法院提起行政诉讼？

【评析】刘女士是否有权向法院提起行政诉讼，其前提之一就是该案纠纷源属于何种性质的社会关系。本案中，刘女士和物业管理服务公司之间具有物业管理服务合同，根据《物业管理条例》第 35 条的规定，这种合同关系属于民事关系。因此，如果刘女士认为物业管理服务公司处理她与 803 室业主装修纠纷不力，可以以物业管理服务公司为被告向人民法院提起民事诉讼，但无权提起行政诉讼。此外，刘女士与 803 室业主的装修纠纷，依据《民法通则》第 2 条的规定（中华人民共和国民法调整平等主体的公民之间、法人之间、公民和法人之间的财产关系和人身关系），其属于民事关系，故刘女士可以依据《民事诉讼法》第 3 条之规定（人民法院受理公民之间、法人之间、其他组织之间以及他们相互之间因财产关系和人身关系提起的民事诉讼），以 803 室业主为被告向人民法院提起民事诉讼。

不过，为了降低维权成本，刘女士也可以考虑通过行政程序和司法程序解决本案纠纷。根据《物权法》第 32、35、38、71 条之规定，803 室的违法装修行为使其在房屋装修管理方面与住宅小区所在地的区房地产管理局产生行政关系，同时也使刘女士在房屋安全使用方面与住宅小区所在地的区房地产管理局产生行政关系。因此，刘女士可以先向区房地产管理局申请处理本案，如该局拒绝受理或者不予答复，根据《行政诉讼法》第 12 条第 1 款第 6 项的规定，人民法院受理公民、法人或者其他组织申请行政机关履行保护人身权、财产权等合法权益的法定职责，行政机关拒绝履行或者不予答复而提起的行政诉讼，刘女士可以以区房地产管理局为被告向人民法院提起行政诉讼。

案例二

2004 年 12 月 21 日，某航空股份有限公司的一架飞机在航行中失事，乘客和机组人员 54 人全部遇难。在空难赔偿中，某航空股份有限公司只同意向空难者家属按每个乘客 7 万元的标准给予赔偿，其依据是 1993 年国务院以第 132 号令颁布的《国内航空运输旅客身体损害赔偿暂行规定》（现已失效），该规定的赔偿限额是7万元。但是，空难者家属认为，1996年3月1日实施的《民用航空法》第128条第1款规定："国内航空运输承运人的赔偿责任限额由国务院民用航空主管部门制定，报国务院批准后公布执行。"然而，在该法实施至该案空难发生的8年内，作为国务院直属机构的民航总局迟迟未依法制定相应规定。这种行政不作为损害了广大乘客的利益。空难者陈某某的妻子桂某某以民航总局为被告，向北京市第二中级人民法院提起行政诉讼，请求法院判令被告履行《民用航空法》第128条的规定，制定相关规定。

问：北京市第二中级人民法院应否受理本案？

【评析】以行政机关作出的行政行为是否针对特定的行政相对人为标准，可以将行政行为分为具体行政行为和抽象行政行为。行政机关针对特定行政相对人的有关事项作出的行政行为属具体行政行为；行政机关针对不特定的行政相对人的有关事项作出的行政行为属抽象行政行为。对于行政行为中抽象行政行为的监督权，我国宪法和行政机关组织法赋予有关国家权力机关和国家行政机关。因此，如公民、法人或者其他组织认为行政机关作出的抽象行政行为侵犯了其合法权益而向人民法院提起行政诉讼，受案法院应当根据《行政诉讼法》第13条第2项规定，人民法院不受理公民、法人或者其他组织对行政法规、规章或者行政机关制定、发布的具有普遍约束力的决定、命令提起的诉讼。

公民、法人或者其他组织认为行政机关作出的行政行为侵犯了其合法权益而向人民法院提起行政诉讼，则除法律另有例外规定外，受案法院应当依据《行政诉讼法》第12条之规定立案受理。

本案争议涉及的被告未制定有关规定的行为，属行政机关的抽象行政行为范畴，因此，北京市第二中级人民法院应当依法作出不予受理的行政裁定。

(二) 案例分析实训

案例一

为反映有关拆迁事宜，某化工公司向某镇政府邮寄特快专递信件一封，在信封上注明某镇政府的名称和地址。次日，邮递员将该封信件送达某镇政府收发室，收发人员以该信件未注明具体收件人姓名为由，予以拒收并退回。化工公司认为镇政府拒收信件的行为显属违法，向某区人民法院提起行政诉讼，请求确认该行为违法并赔偿邮资费人民币10元。

问：某区人民法院应否受理本案？

案例二

公民方C于1986年出生后，其父用"方C"向公安机关进行了户籍登记。2005年方C又用"方C"向公安机关申请了第一代身份证，当年6月16日某区公安分局签发了身份证。但是，在 2006 年 8 月，当方 C 到某区公安分局核发第二代身份证时民警却告诉他，公安部有通知，公民名字里面不能有"C"，要求其改名，方 C 不同意。2007 年 7 月 6 日，方 C 向某市公安局提出申请，要求继续使用"方 C"。当年 11 月 9 日，某市公安局作出批复，要求他改名。为留住自己的名字，2008 年 1 月 4 日，方 C 向某市某区人民法院提起行政诉讼。2008 年 6 月 6 日，某市某区人民法院对本案作出一审判决，方 C 胜诉。一审判决后，被告不服提起上诉。某市中级人民法院在二审开庭审理时，上诉人与被上诉人的法庭辩论持续了 3 个多小时。双方争论的焦点是，"C"是不是《居民身份证法》规定可以使用的符合国家标准的数字符号。后在二审法院反复协调下，当事人双方在庭外都表示愿意妥协，双方最后达成和解。二审法院于 2009 年 2 月 26 日对本案作出二审裁定，裁定撤销一审法院判决，方 C 将用规范汉字更改名字，某区公安分局将免费为方 C 办理更名手续。

问：二审法院的行政裁定是否合法？

主要参考文献

1. 应松年主编：《行政诉讼法教程》，中国政法大学出版社 1999 年版。
2. 黄杰主编：《行政诉讼法释论》，中国人民公安大学出版社 1989 年版。
3. 罗豪才主编：《中国司法审查制度》，北京大学出版社 1993 年版。
4. 关保英主编：《行政法与行政诉讼法》，中国政法大学出版社 2007 年版。
5. 樊崇义主编：《诉讼原理》，法律出版社 2003 年版。

第十一章
行政诉讼受案范围与管辖

【本章概要】 行政诉讼受案范围和管辖是行政诉讼的重要问题,涉及行政相对方的合法权益受到侵犯时能否寻求诉讼救济以及到哪级、哪个法院寻求救济。本章主要阐述行政诉讼受案范围的概念、确定方式、人民法院应当受理的案件、不能受理的案件、行政诉讼的级别管辖、地域管辖、裁定管辖等问题。

【学习目标】 通过本章学习,了解行政诉讼受案范围的确定方式,掌握行政诉讼的受案范围、行政诉讼的级别管辖、地域管辖、裁定管辖。

第一节 行政诉讼受案范围

一、行政诉讼受案范围的概念

行政诉讼受案范围,是指人民法院受理行政案件、裁判行政争议的范围,亦即人民法院对行政行为进行司法审查,对行政机关依法行使行政权力进行监督的范围。如从行政相对方获得司法救济的可能性上看,它通常被理解为行政相对方可以提起诉讼的范围。在此涵义上,行政诉讼的范围确定着行政相对方诉权和法律给予救济的边界。从行政机关的角度看,行政诉讼的范围,就是其行为接受司法审查监督的范围。就行政权与司法权的关系而言,行政诉讼受案范围又体现着两者的界限。

在我国,《刑事诉讼法》和《民事诉讼法》都没有专门规定人民法院的受案范围,而《行政诉讼法》却以专章规定人民法院对行政案件的受案范围,原因在于:行政诉讼涉及国家行政权与司法权的关系,行政行为的性质决定了它不可能无限度地接受司法审查。根据国家职权分工制约的原理,行政权的行使要接受司法权的一定监督和制约,但不能是无限度的。这是因为,行政行为不同于民事行为或公民、法人及其他组织的行为,它涉及国家和社会公益,有些行政行为特别需要保密,如通过司法程序可能泄密;有些行政行为特别紧急,需要迅速处理,进入司法程序可能贻误时机;有的行政行为具有极强的政治性,需要适应一定时期、一定地区形势的变化,此种行为的争议,进入司法程序后,法院不可能找到明确的法律标准衡量、评判。为了不使国家的职权分工出现混乱,避免给国家和公众利益造成重大损失，就需要为司法权对行政权的监督范围划出一个明确的界限，明确规定哪些行政行为可受司法审查，哪些则不受司法审查。

当前，各个国家对行政诉讼受案范围的确定方式不尽相同。多数大陆法系国家以制定法的方式明确规定受案范围。在这些国家，只有法律规定的行政案件才能归于法院的受案范围。在英、美等国家，则采用判例的方式确立受案范围，即某一案件是否属于法院的受案范围，要看其是否符合法院判例形成的一些规则。以制定法规定受案范围的又分为以下三种方式：

1. 概括式。是指由统一的行政诉讼法典对法院的受案范围作出原则性的概括规定。凡在概括规定范围内的行政争议，均可由法院受理。这种方式的优点是：法院受案范围较宽，也更有利于保护行政相对方的合法权益，但也因受案范围过于宽泛而不易具体掌握。因此对行政诉讼制度的其他组成部分以及社会条件、法院审判人员素质等要求较高。这种方式一般为行政诉讼制度比较发达的国家所采用。

2. 列举式。指法律明确规定哪些行政案件归或不归法院或行政法院主管的方式。列举式分为肯定的列举式和否定的列举式两种。肯定的列举式指出行政诉讼法或其他法律对属于行政诉讼受案范围的事项作逐个列举规定。否定的列举式也称排除式，指法律对不属于行政诉讼受案范围的事项作逐个列举规定，未作排除列举的事项则都属于受案范围。列举式的优点是简单明了，易于掌握；缺点是繁琐且容易出现遗漏。采用列举式规定的受案范围较窄，一般为行政诉讼制度初建的国家采用。

3. 结合式。又称相对概括式，指法律对行政案件作出种类区分，对其中的某一种或某几种采取概括式规定，对另一种或几种采取列举式规定，或法律作出列举式规定时又对某部分采取概括式规定。此种方式是将上述两方式混合使用，以发挥各自所长，避免各自不足。优点在于既能依据各国的具体情况确定相应的范围，又能为以后不断扩大受案范围提供基础。

二、人民法院受理的事项

根据我国《行政诉讼法》第 12 条和《行政诉讼法解释》第 1 条第 1 款的规定，公民、法人或者其他组织对行政机关及其工作人员的行政行为不服，依法提起诉讼的，属于人民法院行政诉讼的受案范围。人民法院对行政诉讼的具体受案范围包括：

（一）对行政处罚不服的

行政处罚是国家主管行政机关依法对违反行政管理法律、法规的公民、法人或者其他组织给予的行政制裁。行政处罚的种类包括行政拘留、罚款、吊销许可证和执照、责令停产停业、没收非法财物等。在我国，可以实施行政处罚的行政机关很多，包括工商、公安、税务、环保、卫生、计量、海关等行政机关。

不服行政处罚提起诉讼的常见理由有：认为处罚无证据或证据不足；认为适用法律、法规错误；认为处罚机关超越职权；认为处罚机关滥用职权；认为处罚违反法定程序。一般说来，被处罚人的起诉理由大都是认为行政处罚违法，但在司法实践中，以行政处罚不当为由的起诉屡见不鲜。根据《行政诉讼法》第77条的规定，对行政处罚明显不当的，法院不仅应立案受理，且可判决变更，故以处罚不当为由提起的诉讼，也属于行政诉讼的受案范围。

（二）对行政强制措施和行政强制执行不服的

行政强制措施，是指行政机关在行政管理过程中，为制止违法行为、防止证据损毁、避免危害发生、控制危险扩大等情形，依法对公民的人身自由实施暂时性限制，或者对公民、法人或者其他组织的财物实施暂时性控制的行为。行政强制措施的种类包括：限制公民人身自由；查封场所、设施或者财物；扣押财物；冻结存款、汇款；其他行政强制措施。

行政强制执行，是指行政机关或者行政机关申请人民法院，对不履行行政决定的公民、法人或者其他组织，依法强制其履行义务的行为。行政强制执行的方式有：加处罚款或者滞纳金；划拨存款、汇款；拍卖或者依法处理查封、扣押的场所、设施或者财物；排除妨碍、恢复原状；代履行；其他强制执行方式。

当行政相对方认为行政机关所作出的行政强制措施和行政强制执行侵犯自己合法权益时，可以提起行政诉讼。

（三）对行政许可不服的

所谓行政许可，是指行政机关根据公民、法人或者其他组织的申请，经依法审查，准予其从事特定活动的行为。《行政许可法》对行政许可的实施程序作了规定。公民、法人或者其他组织申请行政许可而行政机关拒绝或者在法定期限内不予答复的，或者对行政机关作出的有关行政许可的准予、变更、延续、撤销、撤回、注销等决定不服的，可以向法院提起行政诉讼。

（四）对行政机关作出的关于确认土地、矿藏、水流、森林、山岭、草原、荒地、滩涂、海域等自然资源的所有权或者使用权的决定不服的

根据《土地管理法》《矿产资源法》《水法》《森林法》等法律的规定，县级以上地方政府对土地、矿藏、水流、森林、山岭、草原、荒地、滩涂等自然资源的所有权或使用权予以确认和核发相关证书。此处的"确认"，既包括颁发确认所有权或使用权证书，也包括所有权或使用权发生争议时由行政机关作出的裁决。

（五）对征收、征用决定及其补偿决定不服的

广义的行政征收，包括征税、收费和征收土地等行为。《行政诉讼法》第12

条第 1 款第 5 项所指的征收，是行政机关为了公共利益的需要，依法将公民、法人或其他组织的财物收归国有的行政行为。例如，为了公共设施、基础设施建设需要，人民政府征收农村集体土地和城乡房屋。第 5 项所指的征用，学理上称为行政征用，是行政机关为了公共利益需要，依法强制使用公民、法人或其他组织财物或者劳务的行政行为。根据法律规定，行政征收和行政征用，都应当依法给予权利人相应的补偿。公民、法人或其他组织对征收、征用决定不服，或者对补偿决定不服，一般都可以提起行政诉讼。

（六）认为行政机关不履行保护人身权、财产权等合法权益法定职责的

人身权、财产权是公民、法人或其他组织的两大主要权利。人身权主要是针对公民而言，指人本身具有的一些权利，如人身自由、名誉权等。财产权主要是指财产的所有权、占有权、使用权、获益权等。所谓行政机关拒绝履行或者不予答复的，是指某些行政机关负有保护公民、法人或者其他组织的人身权、财产权的法定职责，应当履行法定职责而不履行的行为。《行政诉讼法》第 12 条第 1 款第 6 项中的合法权益，主要是人身权和财产权，但不限于这两项权利。只要法律、法规明确规定行政机关应当积极作为去保护的权利，行政机关不作为，公民、法人或者其他组织都可以提起行政诉讼。

（七）认为行政机关侵犯其经营自主权或者农村土地承包经营权、农村土地经营权的

经营自主权，是指企业和经营组织等，依照法律、法规的规定，对自身的机构、人员、财产、销售、原材料供应等事项的自主管理、经营的权利。企业和经济组织包括国有企业、集体企业、合资企业、外资企业、私营企业和各种个体经营户、承包户等。常见的行政主体侵犯经营自主权的几种表现形式有：乱摊派、随意抽调企业人员、滥收费、非法征税、非法下达指令性计划、强令企业对职工晋级增薪、无偿调拨企业留用资金、下令企业关停并转等。

农村土地承包经营权是农村集体经济组织的成员或者其他承包经营人依法对其承包的土地享有的自主经营、流转、收益的权利。农村土地承包经营一般采取承包合同的方式约定双方的权利和义务，如果行政机关干涉农村土地承包，变更、接触承包合同，或者强迫、阻碍承包方进行土地承包经营权流转的，可以提起行政诉讼。

农村土地经营权是从农村土地承包经营权中分离出的一项权能，指承包农户将其承包土地流转出去，由其他组织或个人经营，其他组织或个人取得土地经营权。如果行政机关干涉农村土地经营权的流转，可以提起行政诉讼。

（八）认为行政机关滥用行政权力排除或者限制竞争的

公平竞争权是市场主体依法享有的在公平环境中竞争以实现其经济利益的权

利。对于市场主体的公平竞争权，我国《反垄断法》和《反不正当竞争法》等法律、法规都规定，行政机关不得滥用行政权力，排除和限制竞争。如果行政机关违反相关规定，经营者可以向法院提起行政诉讼。

（九）认为行政机关违法集资、摊派费用或者违法要求履行其他义务的

公民、法人或者其他组织对于法定的义务，有责任履行并应自觉履行，如纳税、服兵役等。行政机关对于不履行法定义务的公民、法人或者其他组织，可以采取行政处罚、行政强制执行等手段督促其履行或依法强制执行，这是为了维护国家的整体利益。但是，行政机关无权要求公民、法人或者其他组织在履行法定义务之外，再承担义务。因此，如果行政相对方认为行政机关违法要求其履行义务，则有权提起行政诉讼。

（十）认为行政机关没有依法支付抚恤金、最低生活保障待遇或者社会保险待遇的

抚恤金是指军人、国家机关工作人员、参战民兵、民工等因公牺牲或伤残后，国家为死者家属或伤残者设立的一项基金，用以补助他们的生活和有关费用。

最低生活保障是国家对共同生活的家庭成员人均收入低于当地最低生活保障标准的家庭给予社会救助，以满足低收入家庭维持基本的生活需要。

社会保险待遇是公民在年老、疾病、工伤、失业、生育等情况下，由国家和社会提供的物质帮助。

在行政相对方依法提出申请的情况下，如果行政机关不依法支付抚恤金、最低生活保障待遇或者社会保险待遇，包括拒绝发放、不按照标准发放、不按时发放等，行政相对方可以根据《行政诉讼法》的规定提起行政诉讼。

（十一）认为行政机关不依法履行、未按照约定履行或者违法变更、解除政府特许经营协议、土地房屋征收补偿协议等协议的

政府特许经营，是指在某些社会公用产品或服务领域，由政府根据有关法律、法规的规定，通过市场竞争机制选择公用事业投资者或者经营者，并授权其在一定期限和范围内经营某种公用事业产品或者提供某项服务的制度。政府特许经营一般采取协议的方式约定双方的权利和义务。土地房屋征收补偿，是指政府依法征收农村集体所有的土地、国有或集体土地上的房屋所给予的补偿。政府在征收土地或房屋时，可以或应当采取协议的方式确定补偿数额，以减少纠纷。

（十二）认为行政机关侵犯其他人身权、财产权等合法权益的

这是指除了上述11项规定以外，只要是属于行政机关侵犯公民、法人或者其他组织的人身权、财产权等合法权益的行为，均在受案范围之内。

(十三）法律、法规规定可以提起诉讼的其他行政案件

我国《行政诉讼法》第12条第2款规定："除前款规定外，人民法院受理法律、法规规定可以提起诉讼的其他行政案件。"即除第1款规定外，公民、法人或者其他组织对法律、法规规定由人民法院受理的其他行政案件，可以提起诉讼。

这样规定可以更为全面地保护行政相对方的合法权益。因为《行政诉讼法》第12条第1款规定的12项内容仅限于行政机关对公民、法人或其他组织的人身权、财产权的侵犯，这对于行政机关为数众多的行政行为来说，只占有限的一部分。事实上，根据我国《宪法》规定，公民的基本权利除了人身权、财产权以外，还有政治权利，如选举权和被选举权，有言论、出版、集会、结社、游行、示威的自由，还有受教育的权利等。行政机关对公民的政治权利等也可能造成侵害。因而，作概括性的规定，表示今后可以采取由单行法律、法规规定的办法，逐步扩大人民法院的受案范围。

三、人民法院不予受理的事项

我国《行政诉讼法》除明确规定了属于行政诉讼受案范围的各类行政案件以外，还专门规定了人民法院不予受理的几类事项。同时，《行政诉讼法解释》第1条第2款、第2条也就行政诉讼的排除范围作了专门规定。具体而言，人民法院不受理公民、法人或者其他组织对下列事项提起的诉讼：

（一）国防、外交等国家行为

国家行为也称"政治行为"，国家行为是指有权代表整个国家的特定国家机关，根据宪法和法律规定的权限，以国家的名义所实施的一种国家统治行为。一般是有关政治性或涉及政府政策的行政行为。

各国对国家行为的范围认识不一，但一般都将国防和外交这两种行为视为国家行为。国防是保卫国家安全、领土完整和全民族利益而抵御外来侵略、颠覆所进行的活动，如进行军事演习、调集军队、发动战争等。外交是为实现国家的对外政策而进行的国家间交往活动，如签订国际条约、协议，建交等。根据最高人民法院《行政诉讼法解释》第2条第1款的规定，国家行为是指国务院、中央军事委员会、国防部、外交部等根据宪法和法律的授权，以国家的名义所实施的有关国防和外交事务的行为，以及经宪法和法律授权的国家机关宣布紧急状态等行为。其主要特征有：国家行为应当是由有权代表国家的机关，以中华人民共和国名义作出的行为，其他机关如镇政府则无此权。国防行为有特定所指，指直接的国防事务，如军队演习调集军队，作出或实施战争动员、宣战等。有些地方把征地行为、签证行为甚至慰问军烈属都列为国家行为是不对的。

国防、外交等国家行为不能被提起行政诉讼，一般都是为各国的理论和实践

所承认的，成为各国行政诉讼制度的通例。因为这些行为已不是行政机关就通常的行政管理事项作出的一般的行政行为。国家行为上的利弊得失问题，各国通例是通过政治途径解决，如在国内关系上，由政府对权力机关承担责任；在国际关系上，通过外交协商解决争端等。

（二）行政法规、行政规章或者行政机关制定、发布的具有普遍约束力的决定、命令

抽象行政行为是行政机关针对广泛、不特定对象作出的具有普遍约束力的、能反复适用的行政规范性文件的行政行为，包括行政法规、行政规章、行政机关发布的规章以下的具有普遍约束力的决定、命令等。

根据《行政诉讼法》第13条第2项的规定，抽象行政行为不属于我国行政诉讼的受案范围。但根据《行政诉讼法》第53条的规定，公民、法人或者其他组织认为行政行为所依据的国务院部门和地方人民政府及其部门制定的规范性文件（不含规章）不合法，在对行政行为提起诉讼时，可以一并请求对该规范性文件进行审查。

（三）行政机关对其工作人员的奖惩、任免等决定

根据我国《行政诉讼法》的规定，行政机关对行政机关工作人员的奖惩、任免等决定不属行政诉讼受案范围。因行政机关任免、奖惩等内部行政行为遭受利益损害的公务员，可以向上级行政机关、人事部门或监察部门申诉。

（四）法律规定由行政机关最终裁决的行政行为

引起行政纠纷的行政行为，如果是法律规定由行政机关作最终裁决的，不得提起行政诉讼。

根据最高人民法院《行政诉讼法解释》第2条第4款的规定，此处所讲的法律，仅指全国人民代表大会及其常委会，依照立法程序制定、通过并颁布的规范性文件，不包括法规和规章。如果是法规或者规章规定行政机关对某些事项可以作最终裁决，而公民、法人或其他组织不服行政机关依据这些法规或者规章作出的裁决，依法向人民法院提起诉讼的，人民法院应予受理。

在我国，目前由行政机关行使最终裁决权的有以下三种情况：

1.《出境入境管理法》第36条规定："公安机关出入境管理机构作出的不予办理普通签证延期、换发、补发，不予办理外国人停留居留证件、不予延长居留期限的决定为最终决定。"第64条第1款规定："外国人对依照本法规定对其实施的继续盘问、拘留审查、限制活动范围、遣送出境措施不服的，可以依法申请行政复议，该行政复议决定为最终决定。"第81条第1、2款规定："外国人从事与停留居留事由不相符的活动，或者有其他违反中国法律、法规规定，不适宜在中国境内继续停留居留情形的，可以处限期出境。外国人违反本法规定，情节

严重，尚不构成犯罪的，公安部可以处驱逐出境。公安部的处罚决定为最终决定。"

2.《行政复议法》第 14 条规定："对国务院部门或者省、自治区、直辖市人民政府的具体行政行为不服的，向作出该具体行政行为的国务院部门或者省、自治区、直辖市人民政府申请行政复议。对行政复议决定不服的，可以向人民法院提起行政诉讼；也可以向国务院申请裁决，国务院依照本法的规定作出最终裁决。"

3.《行政复议法》第 30 条第 2 款规定："根据国务院或者省、自治区、直辖市人民政府对行政区划的勘定、调整或者征收土地的决定，省、自治区、直辖市人民政府确认土地、矿藏、水流、森林、山岭、草原、荒地、滩涂、海域等自然资源的所有权或者使用权的行政复议决定为最终裁决。"

（五）依照《刑事诉讼法》明确授权实施的刑事司法行为

所谓刑事司法行为，主要指公安、国家安全等机关依照《刑事诉讼法》明确授权所实施的刑事侦查、刑事拘留或逮捕等行为。

行政行为与刑事司法行为可主要从以下三个方面区分：①行为的主体。刑事司法行为的机关，目前仅限于公安机关、国家安全机关、海关、军队保卫部门、监督等特定机关。②行为的形式。刑事司法行为，根据《刑事诉讼法》规定，主要包括侦查、刑事拘留、逮捕、预审、拘传、取保候审、监视居住、通缉、搜查、扣押物证、书证、冻结存款、汇款等行为。而没收、违法收审等非《刑事诉讼法》所明确规定的，则不属刑事司法行为。③行为的目的。刑事司法行为的目的，主要是查清犯罪事实，打击犯罪，使无罪的人免受刑事制裁，有效实施对犯罪的监管等。行政行为则表现为其他目的。有的公安机关就是出于干预经济纠纷的目的，使用刑事侦查手段。

（六）调解行为

这里的调解指行政调解，即行政机关出面主持的，对发生在其行政管理范围内的民事主体之间的纠纷，以纠纷当事人的自愿为原则，通过说服、教育等方式，促使当事人互谅互让，达成和解协议。调解协议能否发生效力，取决于纠纷当事人而不是行政机关。当事人一方或双方有异议的可以不在调解协议上签字。即便当时签了字，事后也是允许反悔的。故没有必要通过行政诉讼程序解决。但是，如果行政机关借调解之名，不尊重当事人的意志强行调解或强迫当事人接受调解结果，如在调解协议上签字、画押，那该行为实质上就成为违背当事人意志的行政命令，当事人对此就可以提起行政诉讼。

（七）法律规定的仲裁行为

仲裁行为，是指法律规定的仲裁机构，以中立者的身份，对当事人之间的民事争议，按照法定的程序，作出具有法律效力的裁决的行为。仲裁行为的确与调解不同，可以违背一方或双方当事人的意志进行裁决，仲裁行为对当事人而言也具有强制性。但是，我国法律已规定，当事人对仲裁裁决不服的可以向人民法院申请撤销，以中间裁判人为被告而提起行政诉讼是没有必要的。

需要明确的是，这里所说的法律指狭义的法律，即仅指全国人民代表大会及其常务委员会所制定的法律。如果某一仲裁行为不是由法律而是由行政法规、地方性法规甚至规章规定的，那么对这种"仲裁"行为不服，就可以向人民法院起诉。

（八）行政指导行为

行政指导是行政主体在实施行政管理的过程中，所作出的具有建议、引导等性质的行为，不产生相对一方必须接受、服从的法律效果，属于非强制行政行为。即便当事人拒绝接受行政指导，也不会给其带来不利的法律后果。基于此因，行政指导行为被排除在我国行政诉讼的范围之外。我国《执行行政诉讼法解释》（现已失效）中曾使用"不具强制性的行政指导"提法，并非说除了不具强制性的行政指导还有强制性的行政指导。加上这种限制，是要特别强调这里所说的行政指导不应具有强制性质，属于一种提示性的而非分类性表述。

（九）重复处理行为

重复处理行为又称重复处置行为，此为德国行政法学上的概念。是指行政主体所作出的没有改变原有行政法律关系，没有对当事人的权利义务发生新影响的行为。这种行为通常发生在以下情形：当事人对已过复议期限的行政行为或行政机关具有终局裁决权的行为不服，向行政机关提出申诉，行政机关经过审查，维持原有的行为，驳回当事人的申诉。这种驳回申诉的行为，在行政法中称为重复处置行为。对这类行为不能提起诉讼，主要是基于两点考虑：①重复处理行为并非新的实体性决定，未形成新的行政法律关系，其性质只是维持或加强既存之权利义务关系的重复行为；②如果对这类重复处理行为可以提起诉讼，就是在事实上取消复议或者提起诉讼的期间，就意味着任何一个当事人在任何时候都可以通过申诉的方式重新将任何一个行政行为提交行政机关或法院进行重新审查。

（十）内部行为

对外性是可诉的行政行为的重要特征之一。行政机关在行政程序内部所作的行为，如行政机关的内部沟通、会签意见、内部报批等行为，不产生外部法律效力，不对公民、法人或者其他组织的权利义务产生影响，因此属于不可诉的行为。

（十一）过程行为

可诉的行政行为应当具备成熟性和终结性。行政机关在作出行政行为之前，一般要为作出行政行为而进行准备、论证、研究、层报、咨询等，这些行为因为不具备最终的对外效力，一般被称为过程行为，属于不可诉的行为。

（十二）协助执行行为

可诉的行政行为必须是行政机关基于自身的意思表示而作出。当行政机关根据人民法院的生效裁判、协助执行通知书而作出执行行为，就属于履行生效裁判的行为，而并非依职权主动作出的行为，因此属于不可诉的行为。但是，当行政机关的协助执行行为扩大了执行范围或者采取了违法方式，当事人提起行政诉讼的，人民法院应当受理。

（十三）内部层级监督行为

内部层级监督属于行政机关上下级之间管理的内部事务，如《国有土地上房屋征收与补偿条例》第6条第1款规定："上级人民政府应当加强对下级人民政府房屋征收与补偿工作的监督。"上级行政机关基于内部层级监督关系对下级行政机关作出的听取报告、执法检查、督促履责等内部层级监督行为，并不直接设定当事人新的权利义务关系，因此属于不可诉的行为。

（十四）信访办理行为

信访工作机构是各级人民政府或政府工作部门授权负责信访工作的专门机构，其根据针对信访事项作出的登记、受理、交办、转送、复查、复核意见等行为，对信访人不具有强制力，对信访人的实体权利义务也不产生实质影响，因此不属于可诉的行为。2005年12月12日，最高人民法院立案庭对湖北省高级人民法院《关于不服县级以上人民政府信访行政管理部门、负责受理信访事项的行政管理机关以及镇（乡）人民政府作出的处理意见或者不再受理决定而提起的行政诉讼人民法院是否受理的请示》作出的答复［（2005）行立他字第4号］明确指出："一、信访工作机构是各级人民政府或政府工作部门授权负责信访工作的专门机构，其依据《信访条例》作出的登记、受理、交办、转送、承办、协调处理、督促检查、指导信访事项等行为，对信访人不具有强制力，对信访人的实体权利义务不产生实质影响。信访人对信访工作机构依据《信访条例》处理信访事项的行为或者不履行《信访条例》规定的职责不服提起行政诉讼的，人民法院不予受理。二、对信访事项有权处理的行政机关根据《信访条例》作出的处理意见、复查意见、复核意见和不再受理决定，信访人不服提起行政诉讼的，人民法院不予受理。"

（十五）对公民、法人或者其他组织的权利义务不产生实际影响的行为

这里主要指还没有最终正式作出的，尚在形成中的行政行为。将这类行为排除在行政诉讼的范围之外，是因为行政诉讼的一个重要目的，就是消除非法行政行为对行政相对方权利义务的不利影响。而如果某一行为没有对行政相对方的权

利义务产生实际影响，提起行政诉讼就没有实际意义。

第二节 行政诉讼管辖

一、行政诉讼管辖概述

行政诉讼管辖，是人民法院系统内受理第一审行政案件的权限分工。即明确当事人在哪一个人民法院起诉，由哪一个人民法院受理的法律制度。行政诉讼管辖对于行政相对方来说，是解决向哪一个人民法起诉的问题，而对人民法院来说，是解决人民法院之间对第一审行政案件的管辖权问题。其特点是：

1. 行政诉讼管辖是依法规范人民法院之间的权限和分工问题，即对人民法院之间对行政案件的管辖权限的划分。因此它并不涉及人民法院与其他国家机关之间处理行政争议的权限划分问题。而在人民法院系统内部，根据有关司法解释，我国的行政案件概由普通的人民法院管辖。

2. 行政诉讼管辖是在人民法院系统内部解决上下级人民法院、同级人民法院之间受理和审判行政案件的权限与分工问题。既包括"纵向"即不同级人民法院，也包括"横向"即同级人民法院之间的权限划分问题。

3. 行政诉讼管辖是关于人民法院受理第一审行政案件的权限及分工问题。这就是说，在审判程序上，管辖所涉及的范围具有确定性，它仅仅是初审管辖权的划分问题，而不包括第二审和再审的问题。

根据《行政诉讼法》和《行政诉讼法解释》，我国人民法院内部管辖行政案件的机构为各级人民法院的行政审判庭。行政审判庭负责审理行政案件和审查行政机关申请执行其行政行为的案件。在我国，人民法庭不审理行政案件，也不审查和执行行政机关申请执行其行政行为的案件。一般情况下，军事法院、海事法院、知识产权法院、林业法院、油田法院、铁路运输法院等专门人民法院不审理行政案件。但根据我国《行政诉讼法》第18条第2款的规定，经最高人民法院批准，高级人民法院可以根据审判工作的实际情况，确定若干专门人民法院跨行政区域管辖行政案件。

二、级别管辖

级别管辖是指划分由哪一级人民法院审理第一审行政案件的管辖，亦即上下级人民法院之间审理第一审行政案件的分工和权限划分。划分级别管辖的标准，包括行政案件的性质及其重大、复杂程度。根据《行政诉讼法》的规定，我国行政诉讼的级别管辖分为四级：基层人民法院管辖、中级人民法院管辖、高级人民法院管辖和最高人民法院管辖。

（一）基层人民法院管辖

《行政诉讼法》第 14 条规定："基层人民法院管辖第一审行政案件。"这一规定说明，除上级人民法院管辖的第一审行政案件外，一般来说行政案件都由基层人民法院管辖，即把一般大量的行政案件放在基层人民法院审理。

基层人民法院是我国审判机关的最基层单位。它遍布全国各个地区，在多数情况下，基层人民法院既是原告和被告所在地，又是行政行为和行政争议的发生地。如此规定便于人民群众和行政机关参加诉讼，节省开支，便于调查取证、执行等，有利于人民法院及时公正地处理行政争议。

但是，由基层法院管辖第一审行政案件也存在一定问题。基层法院的人、财、物都由同级政府管理，法院的行政审判工作受当地政府影响较大。在《行政诉讼法》修改过程中，有许多人建议取消基层法院的行政审判庭，由中级人民法院管辖第一审行政案件。根据十八届三中全会和四中全会司法体制改革的精神，从既积极又稳妥的角度出发，法律没有取消基层法院对行政案件的管辖权，而是在第 18 条增加一款，规定经最高人民法院批准，高级人民法院可以根据审判工作的实际情况，确定若干人民法院跨行政区域管辖行政案件。

（二）中级人民法院管辖

根据《行政诉讼法》第 15 条的规定，中级人民法院管辖的案件包括以下四类：

1. 对国务院部门或者县级以上地方人民政府所作的行政行为提起诉讼的案件。规定这类案件由中级人民法院管辖，是由于这些机关、部门所作的行政行为，往往影响广泛、牵涉面大，有较强的政策性，因而必须慎重对待。一般来说，这样更有助于管辖人民法院排除干扰，公正审理行政案件。

2. 海关处理的案件。海关处理的案件，是指公民、法人或者其他组织对海关作出的行政处罚决定、扣押决定、缴纳关税决定等不服，向人民法院提起行政诉讼的案件。这类案件具有较强的专业性，属于较为疑难复杂的行政案件。审理这类行政案件，需要较高的业务水平和法律水平，中级人民法院在这些方面优越于基层人民法院。由中级人民法院审理这类案件，有利于正确适用法律，提高办案质量。

3. 本辖区内重大、复杂的案件。这是一项比较灵活的规定。"重大复杂"包括案情的疑难和轻重程度、政策性与专业性的深度与广度、判决结果可能产生的社会影响大小等。根据《行政诉讼法解释》第 5 条的规定，该类案件主要包括以下三种情形：

（1）社会影响重大的共同诉讼案件。当事人一方或者双方为 2 人以上，其诉讼标的是共同的，或者诉讼标的是同一种类，人民法院认为可以合并审理并经当事人同意的，为共同诉讼。《执行行政诉讼法解释》（现已失效）第 8 条第 2 项的表述是"社会影响重大的共同诉讼、集团诉讼案件"。《行政诉讼法解释》第 5 条沿用了《执行行政诉讼法解释》的规定，但是将"集团诉讼"予以删除，以避免表述重复。集团诉讼是共同诉讼的一种特殊形式，是指当事人一方人数众多，其诉讼标的是同一种类的，由其中一人或数人代表全体相同权益人进行诉讼，法院判决效力及于全体相同权益人的诉讼。社会影响相对较小的共同诉讼，可由基层人民法院审理。如果社会影响重大，关系到社会的安定，事关重大的公共利益或公众利益的共同诉讼案件，则应归中级人民法院管辖。从审判实践中反映的情况看，这部分案件主要有农民负担案件和城市房屋拆迁案件。

（2）涉外或涉及港、澳、台案件。涉外行政案件指原告、第三人是外国人、无国籍人或者外国组织的行政案件。外国人指具有外国国籍的人。无国籍人指不具有任何国家国籍的人或者国籍不明的人。外国组织包括外国法人组织和非法人组织。中外合资经营企业、中外合作经营企业，以及依照我国法律在我国国境内设立的外资企业均不属于外国组织。

涉及港、澳、台的行政案件，指原告、第三人是香港特别行政区、澳门特别行政区、我国台湾地区的公民或者组织的案件。

《执行行政诉讼法解释》（现已失效）第 8 条第 3 项的表述是"重大涉外或者涉及香港特别行政区、澳门特别行政区、台湾地区的案件"，《行政诉讼法解释》第 5 条将"重大"删除，意味着所有的涉外及涉及港、澳、台的案件，都由中级人民法院管辖。将此类案件提升至中级人民法院管辖，主要是考虑到该类案件一般在政治上或者经济上有较大影响。在政治上有较大影响，主要是指当事人或者诉讼标的涉及的人和事在政治上有较大影响。如原告或者第三人是在国外或者港、澳、台有重大政治影响的个人或者组织，被行政行为处理的事项涉及外国或者港、澳、台的政治关系等。经济上有较大影响，主要是指被行政行为处理的事项金额较大或经济价值较高，或者可能给涉外及涉港、澳、台的公民和组织造成较大经济损失，或者可能给国家和国内公民和组织造成较大经济损失等。

（3）其他重大、复杂案件。这是一个兜底规定。指上述两种情形没有包括的重大、复杂案件。至于哪些案件属于"其他重大、复杂案件"，赋权给各中级人民法院自由裁量。

4. 其他法律规定由中级人民法院管辖的案件。

（三）高级人民法院管辖

《行政诉讼法》第 16 条规定："高级人民法院管辖本辖区内重大、复杂的第一审行政案件。"由此可见，高级人民法院只直接管辖极少数行政案件，大多数行政案件应由基层和中级人民法院管辖，这样规定的目的在于保证高级人民法院集中力量，对下级人民法院的工作进行监督，并有效完成对本省、自治区、直辖市范围内的重大、复杂行政案件的审理。

（四）最高人民法院管辖

《行政诉讼法》第 17 条规定："最高人民法院管辖全国范围内重大、复杂的第一审行政案件。"最高人民法院的第一审行政案件的管辖范围，理所当然地要比地方各级人民法院的第一审行政案件的管辖范围小得多，它只审理在全国范围内有重大影响或者极为复杂的行政案件。《行政诉讼法》关于最高人民法院管辖的规定，有利于它完成自己的主要任务。

三、地域管辖

地域管辖，又称区域管辖、土地管辖。它确定同级人民法院之间受理第一审行政案件的分工和权限。

《行政诉讼法》规定的地域管辖，通常可以概括为：一般地域管辖和特殊地域管辖两种。

（一）一般地域管辖

按照最初作出行政行为的行政机关所在地来确定管辖人民法院的，称一般地域管辖。

《行政诉讼法》第 18 条第 1 款规定："行政案件由最初作出行政行为的行政机关所在地人民法院管辖。经复议的案件，也可以由复议机关所在地人民法院管辖。"

公民、法人或其他组织依法未经过行政复议直接向人民法院提起诉讼的案件，由最初作出行政行为的行政机关所在地人民法院管辖。之所以采取这种"原告就被告"的管辖原则，主要是便于法院审查，人民法院在审理行政案件时调查、取证、执行主要在行政机关的所在地进行，由行政机关所在地的人民法院管辖有利于审判。经过行政复议的案件，不论复议机关改变还是维持原行政行为，既可以由最初作出行政行为的行政机关所在地人民法院管辖，也可以由复议机关所在地人民法院管辖，由当事人自行选择。根据《行政诉讼法》第 21 条的规定，两个以上人民法院都有管辖权的案件，原告可以选择向其中一个人民法院提起诉讼。原告向两个以上有管辖权的人民法院提起诉讼的，由最先立案的人民法院管辖。《行政诉讼法解释》第 4 条确立了管辖恒定原则，即立案后，受诉人民法院的管辖权不受当事人住所地改变、追加被告等事实和法律状态变更的影响。这样的规定体现了对原告权利的保护，方便当事人诉讼。

（二）特殊地域管辖

特殊地域管辖，是指法律针对特别案件所列举规定的特别管辖。该管辖优先适用于所针对的行政案件。

根据《行政诉讼法》第19、20条和《行政诉讼法解释》第8、9条的规定，特殊地域管辖主要有三种行政案件：

1. 因不动产提起行政诉讼的案件，由不动产所在地人民法院管辖。《行政诉讼法》第20条这一规定中的所谓不动产，是指形体上不可移动或者移动就会损失其经济价值的财产，如土地、建筑物、水流、山林、草原等。法律之所以规定不动产的诉讼由不动产所在地的人民法院管辖，其根本原因在于便于就近调查、勘验、测量，更便于人民法院就地执行。根据《行政诉讼法解释》第9条第1款的规定，"因不动产提起的行政诉讼"是指因行政行为导致不动产物权变动而提起的诉讼，即必须是被诉行政行为产生了不动产物权设立、变更、转让或消灭的法律效果，而并非只要行政诉讼中涉及不动产物权的因素即为"因不动产引起的纠纷"。此外，根据《行政诉讼法解释》第9条第2款的规定，不动产已登记的，以不动产登记簿记载的所在地为不动产所在地；不动产未登记的，以不动产实际所在地为不动产所在地。

2. 对限制人身自由的行政强制措施不服而提起的诉讼，由被告所在地或原告所在地的人民法院管辖。关于原告所在地，按照《行政诉讼法解释》第8条的规定，包括原告户籍所在地、经常居住地和被限制人身自由地。在我国，公民的户籍所在地一般就是其住所地。所谓公民的经常居住地，是指公民离开住所地之日起连续居住1年以上的地方，但公民住院就医的地方除外。被限制人身自由地，是指作为原告的公民被收容、拘留、扣留、强制隔离或治疗等被限制人身自由的场所所在地。

3. 对行政机关基于同一事实，既采取限制公民人身自由的行政强制措施，又采取其他行政强制措施或者行政处罚不服的，由被告所在地或者原告所在地的人民法院管辖。

四、裁定管辖

依照我国《行政诉讼法》的规定，遇到某些特殊情况，由人民法院自行确定的管辖，叫裁定管辖。裁定管辖分为移送管辖、指定管辖和管辖权的转移三种类型。

（一）移送管辖

移送管辖，是指人民法院将已受理的案件，移送给有管辖权的人民法院审理。

根据《行政诉讼法》的规定，移送管辖包括三项内容：①移送人民法院已受理该案件，诉讼虽已开始，但并未审结；②移送人民法院发现自身对该案件没有管辖权，因而必须移送；③受移送的人民法院应当受理。

移送管辖裁定对接受移送的人民法院具有约束力，接受移送的人民法院不能再自行移送。就是说，既不能退回移送的人民法院，也不能自行转送其他人民法院。如果确有移送错误或者审理有困难的，应说明理由，报请上级人民法院指定管辖。经上级人民法院作出指定管辖裁定后移送的案件不属"自行移送"。

移送管辖一般都发生在同级异地的人民法院之间，属于地域管辖的一种补充形式。但从法律上来讲，它也可能发生在不同审级人民法院之间，这主要有两种情况：一种情况是不同区域的不同级人民法院之间；另一种情况是发生在级别管辖的领域内。

（二）指定管辖

指定管辖，是指上级人民法院以裁定的方式，将行政案件交由下级人民法院管辖的制度。《行政诉讼法》第23条规定，有下列两种情况之一的，由上级人民法院指定管辖：

1. 由于特殊原因，致使有管辖权的人民法院不能行使管辖权的。其特殊原因有两个：①事实原因。由于自然灾害、战争、意外事故等不可抗拒的客观事实，致使该人民法院实际不能行使职权。②法律原因。由于某些事实的出现符合法律规定，从而使有管辖权的人民法院在法律上不能审理或继续审理本案。如当事人申请回避，或属本法院工作人员为当事人的案件，本院不宜审理等。

2. 由于人民法院之间对管辖权发生争议，而又协商不成的。下级人民法院之间如果就特定行政案件的管辖权发生争议，应当依法互相协商。如果协商不成，可报他们共同的上一级人民法院，由该上一级人民法院以指定形式解决管辖冲突或争议。

如人民法院间发生管辖权冲突或争议时，其依法处理的程序是：先由争议人民法院互相协商，如果协商不成，则由争议的人民法院各自上报他们共同的上一级人民法院。也有争议人民法院单一上报的。上报应各自行文，陈述自己的理由。如果是涉及跨省区的两个人民法院之间的争议，且协商不成的，则各自上报所在省、市、自治区高级人民法院，由高级人民法院上报最高人民法院予以指定。上级人民法院接到报告呈文后，应进行审查，并及时地作出指定管辖的决定，以人民法院公函形式下达。

应当强调指出：指定管辖就是通过指定行为而确定的管辖。因此，指定须是具体、明确地指定，不可以含糊不清，或进行类别指定。指定行为在法律上有确定无疑的效力。一经指定，管辖人民法院即被确定，而被指定人民法院无权另行指定或转移案件。

《行政诉讼法》规定指定管辖主要是为了避免在一些特殊情况下拖延对行政诉讼案件的审理，从而减少当事人诉累，及时稳定行政诉讼法律关系，保证正确、及时审理行政诉讼案件。

(三) 管辖权的转移

管辖权的转移是裁定管辖的又一形式，它的实质是在人民法院管辖权明确无误而又没有管辖纠纷的前提下依法产生的管辖权的转移。

1. 管辖权转移的条件。依据《行政诉讼法》规定，管辖权的转移必须同时具备以下三个条件：①必须是人民法院已受理的案件。②移交的人民法院对此案具有管辖权。③移交的人民法院与接受的人民法院之间具有上下级审判监督关系。即管辖权的转移只能发生在有隶属关系的上下级人民法院之间。

可见，管辖权的转移与移送管辖，都是将某一已受理的案件，由一个法院移送到另一个法院审理。但是，两者在性质上完全不同。

2. 管辖权转移的情况。根据《行政诉讼法》第24条的规定，管辖权的转移有以下两种情况：

（1）上级人民法院有权审判下级人民法院管辖的第一审行政案件。

（2）下级人民法院对其管辖的第一审行政案件，认为需要由上级人民法院审理或指定管辖的，可以报请上级人民法院审判。这是指一些重大、复杂、专业技术性强、受干扰严重等案件，下级人民法院确实无法审判，需要由上级人民法院审判。下级人民法院报请上级人民法院审判，应由上级人民法院决定。上级人民法院不同意的，仍由报请的人民法院审判。

《行政诉讼法》规定管辖权的转移，主要是由于行政案件情况复杂，各地区情况差异很大，各地人民法院的实际情况也不尽相同。这样规定可以根据第一审行政案件的具体实际情况，由适当的人民法院审判，这是原则性与灵活性相结合的体现。

五、管辖权异议与处理

（一）管辖权异议

1. 管辖权异议的概念。行政诉讼管辖权异议，是指由当事人所提出的对管辖权的异议。即行政诉讼的当事人对已经受理案件的人民法院的管辖权提出异议，申明管辖有误。

2. 管辖权异议的特点。行政诉讼管辖权异议的特点是：

（1）管辖权异议的主体是行政诉讼案件的当事人，即原告、被告、第三人。其他诉讼的主体或诉讼外主体即使有不同意见，也不能成为法律上的管辖权异议主体。

（2）管辖权异议须当事人正式向受理案件的人民法院提出。一般应以书面的形式，而且须向受理该案件的人民法院提出。

（3）异议的内容是对受理人民法院有管辖权持不同意见，认为应由其他人民法院管辖，或者虽对管辖权没有异议，但认为应当依法转移管辖权。

(4) 管辖权异议应在法定期间内提出。即人民法院受理案件以后，进行实体审理以前。

(二) 管辖权异议的处理

受理案件的人民法院对于当事人提出的异议，应当视为当事人在程序上的一种法律行为，是当事人行使自己的诉讼权利。因此，必须予以足够的重视，及时认真地予以审议。

对当事人所提出的管辖权异议，根据《行政诉讼法解释》等规定，人民法院处理的主要程序依次是：

1. 当事人提出管辖权异议。原告和第三人应当自接到人民法院应诉通知之日起 10 日内以书面形式提出，被告应当在收到起诉状副本之日起 15 日内提出。

2. 对当事人提出的管辖异议，人民法院应当进行审查，并作出书面裁定。

3. 异议成立的，裁定将案件移送有管辖权的人民法院。异议不成立的，裁定驳回。

4. 当事人在接到裁定后，如果对裁定不服，有权在裁定送达后 10 日内向上一级人民法院提出上诉。

5. 接到上诉的人民法院应在法定期限以内，对当事人的上诉进行审查，并作出最终裁定。当事人在接到该最终裁定后，必须到上诉裁定书中所确定的有管辖权的人民法院参加诉讼。否则，即视为自动撤诉或不应诉。

6. 一、二审人民法院驳回管辖权异议的裁定发生法律效力后，当事人提出申诉的，人民法院应当继续审理。人民法院对案件作出的判决发生法律效力后，当事人对驳回管辖权异议的裁定和判决一并申诉的，人民法院经过复查，发现管辖裁定错误但判决正确的，应当根据《行政诉讼法》的有关规定，不再改变管辖裁定；如果经过复查，认为管辖裁定和判决均有错误的，应当按照审判监督程序提起再审。

在管辖权异议这一问题上，《行政诉讼法解释》也规定了管辖恒定原则。根据《行政诉讼法解释》第 10 条第 3 款的规定，人民法院对管辖异议审查后确定有管辖权的，不因当事人增加或者变更诉讼请求等改变管辖，但违反级别管辖、专属管辖规定的除外。

学术视野

我国行政诉讼受案范围的扩大

由于市场经济条件下政府需要采取多种手段对市场经济进行调控和干预，同时也需要加强政府的社会服务功能，许多新兴部门的出现和发展也要求政府进行管理和调控,因此,政府行政行为的方式将逐步增加,行政行为的内容将会越来越丰富,政府行政行为的复杂化和专门化是市场经济发展的必然结果。现行法律排除的内部行为也应作为可诉性行政行为而成为可诉对象,因为外部行政行为与内部行政行为从发展的角度看,二者之间没有一条不可逾越的鸿沟,随着法治的发展与对权益的重视,会有越来越多的内部行政行为步入外部行政行为的调整领域。

另外,对于抽象行政行为,有学者认为,只把具体行政行为置于受案范围内而把抽象行政行为排除于受案范围之外,而两者的区别仅仅是因为行为与对象的联系形式不同,由这样一个技术性问题决定受案范围的原则问题是不合理的。随着我国依法治国这一宪政原则的推进,对行政行为允许司法救济的程度和范围也必将得到拓展,允许对部分抽象行政行为提起行政诉讼是法治国家的重要标志。因此,有人认为,将来修改行政诉讼法,应当从权益被调整、被影响的原则出发建立受案范围制度,将除行政法规以外的其他抽象行政行为,如规章、具有普遍约束力的决定与命令都纳入行政诉讼的受案范围。

理论思考与实务应用

一、理论思考

(一) 名词解释

行政诉讼管辖　级别管辖　地域管辖　裁定管辖　国家行为

(二) 简答题

1. 人民法院受理的事项有哪些?
2. 人民法院不受理的事项有哪些?
3. 简述行政诉讼的地域管辖。

(三) 论述题

1. 论行政诉讼受案范围。
2. 论中级人民法院的管辖事项。

二、实务应用

(一) 案例分析示范

案例一

1992年底征兵工作顺利完成。为欢送入伍新兵,某镇政府组织盛大的欢送会。但是由于镇政府经费不足,无法提供足够资金,于是要求本镇政府辖区内的所有企业出资。其中某家具厂被要求上交4000元。该家具厂认为本厂资金周转困难,无力交纳。镇政府下达了最后交款通知,提出如不参加本次活动,将在全镇以不关心国家的国防建设事业为名给以通报批评。家具厂以镇政府的行为属于乱摊派为由，向法院提起行政诉讼，请求撤销镇政府的缴款通知。

问：镇政府要求家具厂缴款的这种行为是否是国家行为，法院能否受理？

【评析】镇政府为组织拥军活动而向家具厂收取4000元作经费情况属实，这种行为是国家行为吗？表面上是，但实质上该行为只是行政行为，而不是国防、外交等国家行为。依据《行政诉讼法》第13条第1项的规定，人民法院不予受案的国防、外交等国家行为有其特定含义：①国家行为应当是由有权代表整个国家的行政机关以中华人民共和国的名义作出，而并非任何一个行政机关以自己名义就能作出。如果这样就会导致国家行为泛滥，激化社会矛盾。镇政府既不是实施国防、外交等国家行为的特定国家行政机关，也无权代表整个国家以国家的名义实施活动，因而其行为不可能是国家行为。②国防是民族强盛的标志，是为保卫国家安全、领土完整和全民族利益而抵御外来入侵、颠覆而进行的活动，它关系到民族存亡，民族的强大。这类行为所处置的应当是直接的国防事务，如军事演习、调集军队、作出和实施战争动员等。据此，镇政府组织的拥军活动，虽对加强国家的国防建设有帮助，但这种行为绝非国家行为。至于为组织这项活动而实施的费用摊派，更不属于国家行为，而是一种运用行政权力作出的收费决定，是行政机关作出的影响特定对象权利义务的行政行为，而且这种行为是可诉的。

案例二

2015年5月1日，A市C区某粮油经营部将卖给B市面粉厂的面粉用汽车运往B市，途中被A市D区工商行政管理局扣押，并作出没收处理。粮油经营部不服，于同年5月10日向位于同区的市工商行政管理局申请复议。7月20日，粮油经营部在没有接到任何答复的情况下，向C区人民法院提起行政诉讼，请求法院撤销A市D区工商行政管理局的扣押和没收决定。

问：（1）本案原告起诉应以谁为被告，为什么？
（2）C区人民法院是否有管辖权，为什么？

【评析】（1）应以D区工商行政管理局为被告。《行政诉讼法》第26条第2、3款规定："经复议的案件，复议机关决定维持原行政行为的，作出原行政行为的行政机关和复议机关是共同被告；复议机关改变原行政行为的，复议机关是被告。复议机关在法定期限内未作出复议决定，公民、法人或者其他组织起诉原行政行为的，作出原行政行为的行政机关是被告；起诉复议机关不作为的，复议机关是被告。"在本案中，原告在5月10日向市工商行政管理局申请复议，至7月20日仍未收到复议决定，而且也没有收到关于延长期限的告知，因此，原告对原行政行为不服而向人民法院起诉，应以作出原行政行为的行政机关为被告。本案原行政行为是由 D 区工商行政管理局作出的，应以 D 区工商行政管理局为被告。

(2) C 区人民法院有管辖权。我国《行政诉讼法》第 18 条第 1 款规定："行政案件由最初作出行政行为的行政机关所在地人民法院管辖。经复议的案件，也可以由复议机关所在地人民法院管辖。"在本案中，粮油经营部向市工商局申请行政复议，虽然市工商局在法定期限内没有答复，但仍然属于经过了行政复议，所以，应该以 D 区工商行政管理局作为被告，C 区和 D 区人民法院都有管辖权。

案例三

丙县的梁某有吸毒史，于 2013 年 5 月开始住在某市甲区的姑妈家，照顾生病的姑妈，2015 年 7 月，甲区公安局根据举报以其再次吸毒为由，将其送往乙区某戒毒所强制治疗，并同时对其处以 200 元罚款。梁某不服该强制治疗措施和行政处罚，欲提起行政诉讼。

问：哪些法院对该起诉具有管辖权？

【评析】对于管辖法院，则可能出现以下情况：对于强制治疗的行政行为，因为属于限制人身自由的行政行为，所以被告所在地、原告户籍地、经常居住地和被限制人身自由地的基层法院都有管辖权，即丙县、甲区、乙区的基层法院都有管辖权；对于行政罚款行为，由于属于对财产的行政处罚行为，因此，应该根据一般管辖原则确定管辖法院，由作出行政行为的行政机关所在地的法院管辖，即由甲区法院管辖。如果梁某选择丙县或者乙区的法院进行诉讼，则丙县法院和乙区法院只能对限制人身自由的行政强制措施进行审理，而对行政罚款行为没有管辖权；对于行政罚款行为，梁某只能请求甲区人民法院。这就可能导致同一个案件，由不同的法院分别审理，既不经济，也可能出现互相矛盾的法院判决。因此，司法解释明确要求，对于此类案件，可以向被告所在地和原告所在地的法院提起诉讼，受诉法院可以一并管辖。

(二) 案例分析实训

案例一

甲公司与乙公司签订建设工程施工合同，甲公司向乙公司支付工程保证金 30 万元。后由于情况发生变化，原合同约定的工程项目被取消，乙公司也无资金退还甲公司，甲公司向县公安局报案称被乙公司法定代表人王某诈骗 30 万元。公安机关立案后，将王某传唤到公安局，要求王某与甲公司签订还款协议书，并将扣押的乙公司和王某的财产移交给甲公司后将王某释放。

问：县公安局的行为是否属于行政行为，是否属于行政诉讼的受案范围？

案例二

某县凤林镇人民政府为加强全镇的园林绿化管理工作，于 1994 年 9 月 4 日发布了《关于园林绿化工程管理体制规定》的文件，文件称注销全镇 12 家经营绿化的园艺场、工程队的营业执照，要求这些单位从即日起到镇政府重新办理营业执照。该镇南风园艺场是于 1992 年经该县工商行政管理局核准登记并取得法人资格的村办集体企业，对镇政府的行为不服，欲提起行政诉讼。

问：镇人民政府发布该文件的行为是否属于行政诉讼的受案范围？

案例三

李某是某市岩前县高头村人，其自小住在南民县城其舅妈处，长大后才离开。后来因其舅妈年老体弱李某又搬回到其舅妈处照顾她。2001 年 2 月其舅妈去世，将其在南民县城南岗区的一栋住宅交由李某继承。2002 年 5 月李某在没有向有关部门提出申请审批手续的情况下，在其居住的住宅楼外侧私自搭建起长 11 米的院墙。南民县城乡建设委员会的下属机构南民县监察大队发现后曾对李某的行为进行制止，但李某并未停止建墙行为。同时建墙行为严重影响了附近居民的日常起居。6 月 3 日该县监察大队发出通知限李某于 6 月 25 日前自行拆除违章建筑的围墙。然而李某未在规定的期限内拆除违章建筑。2002 年 7 月，县监察大队以李某未经规划部门批准，擅自兴建院墙，违反了《城市规划法》第 32 条、南民县《关于城镇管理若干规定》第 1 条的规定为由，作出了强制拆除李某违章建筑的决定。并于 7 月 15 日会同公安部门强制拆除李某的违章建筑。在拆除过程中李某不断阻挠，请来一些社会青年意图阻止拆迁。监察大队于是强行将李某带离现场。李某不服，以南民县监察大队为被告，对强制拆除和将其强制带离现场的行为向人民法院提起行政诉讼。

问：本案应由哪个法院管辖？

案例四

2016 年 4 月，经某县政府批准，某食品公司成为某县的生猪定点屠宰单位之一。在分别领取了相关部门颁发的企业法人营业执照、动物防疫合格证、税务登记证等证件后，某食品公司开始经营生猪养殖、收购、屠宰、销售和深加工等业务。2017 年 5 月 18 日，某县政府下设的临时办事机构县生猪办向该县各宾馆、饭店、学校食堂、集体伙食单位、肉食品经营单位以及个体经营户发出《屠宰管理通知》。根据该通知，县城所有经营肉食品的单位及个体户，从 5 月 20 日起到县指定的生猪定点屠宰厂（即某县肉联厂）采购生猪产品，个体猪肉经销户一律到定点屠宰厂（即某县肉联厂）屠宰生猪。2017 年 5 月 22 日，某县政府分管兽医卫生监督检验工作的副县长电话指示县兽检所,停止对县肉联厂以外的单位进行生猪检疫。某食品公司报请县兽检所对其生猪进行检疫时,该所即以分管副县长有指示为由拒绝。

  问:(1)某食品公司是否可以针对《屠宰管理通知》仅将县肉联厂标注为生猪定点屠宰厂的做法提起行政诉讼?假设可以提起行政诉讼,起诉的理由是什么?

  (2)某食品公司是否可以就分管副县长的电话指示提起行政诉讼?

主要参考文献

1. 杨小君:《我国行政诉讼受案范围理论研究》,西安交通大学出版社 1998 年版。
2. 应松年主编:《行政诉讼法教程》,中国政法大学出版社 1999 年版。
3. 黄杰主编:《行政诉讼法释论》,中国人民公安大学出版社 1989 年版。
4. 罗豪才主编:《中国司法审查制度》,北京大学出版社 1993 年版。
5. 蔡小雪:《行政复议与行政诉讼的衔接》,中国法制出版社 2003 年版。

第十二章 行政诉讼参加人

【本章概要】本章主要对原告、被告、第三人、诉讼代理人这四类基本的行政诉讼参加人进行概括介绍，讲述每类行政诉讼参加人的概念、特征、与其他参加人的区别等。

【学习目标】通过本章学习，应该掌握行政诉讼参加人的概念和特征、原告的概念、被告的确定标准、行政诉讼第三人的概念和诉讼地位，了解共同诉讼人的种类，委托代理人的诉讼权利等内容。

第一节 行政诉讼参加人概述

一、行政诉讼参加人

行政诉讼参加人，是指依法参加行政诉讼活动，享有诉讼权利，承担诉讼义务，并且与诉讼争议或者诉讼结果有利害关系的人。行政诉讼参加人具体包括原告、被告、第三人、诉讼代理人（委托代理人、法定代理人和指定代理人）。

诉讼参加人与诉讼主体的概念不同，诉讼主体除了诉讼参加人外，还包括人民法院。人民法院是诉讼活动和诉讼法律关系的主持者和支配者，是当然的诉讼主体。诉讼参加人与诉讼参与人的涵义也有区别。诉讼参与人除了包括诉讼参加人，还包括参与诉讼活动的证人、鉴定人、翻译人员和勘验人员。审判人员、书记员，是人民法院的工作人员，也不包括在行政诉讼参加人范围之内。

二、行政诉讼当事人的概念及特征

行政诉讼当事人，是指因行政法上的权利义务关系发生争议，以自身名义进行诉讼，并受人民法院裁判约束的利害关系人。主要是指原告和被告。当然，广义上的当事人还包括第三人，在此限于狭义。行政诉讼当事人是行政诉讼最主要的参加人。

行政诉讼当事人不同于民事诉讼当事人。民事诉讼中的当事人可以双方都是法人或自然人，而在行政诉讼中，必有一方当事人是行政主体。此外，民事诉讼中的当事人，在实体法中的地位是平等的，在诉讼法中的地位也是平等的。而行政诉讼的当事人，在行政法律关系中，行政主体处于主导地位，而在行政诉讼法律关系中，行政主体只能作被告，没有起诉权和反诉权。

行政诉讼当事人，在行政诉讼的不同程序中有着不同的称谓。在第一审程序中，称为原告和被告；在上诉审程序中，称为上诉人和被上诉人；在执行过程中，称为申请执行人和被申请执行人。不同的称谓表明当事人在不同的诉讼阶段，享有不同的权利，承担不同的义务。

行政诉讼当事人有以下三个特征：

1. 行政诉讼当事人是以自身名义进行诉讼的人。如果在诉讼活动中不是以自身名义，而以他人名义进行诉讼的人，不能称为诉讼当事人，而称诉讼代理人。

2. 行政诉讼当事人与案件有直接的利害关系。原告之所以起诉，是因为其认为自身合法权益受到行政主体的不法侵害，诉讼旨在救济他的权益；被告之所以参加行政诉讼，旨在维护其合法行为。

3. 行政诉讼当事人是受人民法院裁判或调解书约束的人。由于行政诉讼当事人与案件有直接的利害关系，他们进入诉讼就是为了解决与自己有直接利害关系的争执，所以人民法院一旦作出裁判，当事人必须执行。如果当事人不执行，另一方当事人可以申请人民法院强制执行。而对于行政诉讼中诉讼代理人、第三人等，则不存在可以申请人民法院对其强制执行的问题。

第二节 行政诉讼的原告、被告和共同诉讼人

一、行政诉讼的原告

（一）行政诉讼的原告的概念

行政诉讼的原告，是指对行政机关的行政行为不服，依照《行政诉讼法》，以自己名义向人民法院提起诉讼的公民、法人或者其他组织。

（二）行政诉讼的原告的特征

1. 原告是在行政法律关系中，处于行政相对方地位的公民、法人或其他组织。《行政诉讼法》第25条第1款规定："行政行为的相对人以及其他与行政行为有利害关系的公民、法人或者其他组织，有权提起诉讼。"这一条规定说明，在行政诉讼中，行政机关不具有原告资格。因为行政机关在行政法律关系中处于优越地位，作为管理者其有能力使处于被管理地位的公民、法人和其他组织服从其管理，而无需求助于司法帮助。但公民、法人和其他组织由于处于被管理的地位，其合法权益的保护对他们来说就显得十分重要。因此，《行政诉讼法》只赋予行政相对方享有起诉权，目的是使他们能够通过行政诉讼，防止违法行政行为

的侵犯和保护自己的合法权益。

2. 认为行政行为侵犯了自己的合法权益。

（1）"认为"侵犯其合法权益。首先，公民、法人或其他组织只要认为行政行为侵犯其合法权益，即可提起行政诉讼。因为其合法权益是否真正受到行政行为侵犯，需开庭审理后才能得出结论，故合法权益是否实际被侵犯，不影响原告资格的取得。其次，公民、法人和其他组织不能毫无根据地"认为"某一行政行为侵犯其合法权益。凭空想象与凭空捏造是不行的，至少应说明他与行政行为有利害关系，他的受损权益与该行政行为有法律上的因果关系。

（2）"行政行为"侵犯其合法权益。首先，行政机关的行政行为必须是行政行为，而不是其他行为；其次，是属于人民法院受案范围的行政行为，即必须是具有可诉性的行政行为（或者可诉性不作为）；最后，可诉性行政行为必须是意思表示已经确定的行政行为，所以正在裁决、处理，正在拟议报批过程中的行为都不属于这一范围。行政行为已经确定的标志是：行政主体已经作出了正式的决定并送达给了当事人；虽然没有将书面决定送达当事人，但将决定内容口头告诉了当事人；虽然没有作出任何正式决定，但公民、法人或其他组织的人身权、财产权或其他权益已经受到了损害。

（3）侵犯了"自己的"合法权益。如果公民、法人或其他组织认为行政机关的行政行为侵犯了别人的合法权益，则不能作为原告起诉。

（三）行政诉讼的原告的资格

我国《行政诉讼法》第25条对原告资格作出了修改。既没有采用司法解释中的"法律上的利害关系"，也没有采用民事诉讼法中的"直接利害关系"，而是采用"利害关系"标准。主要原因是，在目前法院不愿受理行政案件的情况下，对"法律上的利害关系"的不同理解，也可能会客观上限制公民的起诉权利；用"直接利害关系"作为标准，原告可能会被解释成行政行为的相对人，所以，无论是用"法律上的利害关系"还是"直接利害关系"，都不利于解决当前行政诉讼中存在的立案难问题。采取"利害关系"作为标准，有助于司法实践根据实际需要，将应当纳入受案范围的行政争议纳入受案范围。当然，这里的"利害关系"，也并非漫无边际，需要在实践中根据具体情况作出判断。参照最高人民法院2018年《行政诉讼法解释》的规定，除行政相对人外，本条规定的"其他与行政行为有利害关系的公民、法人或者其他组织"至少应当包括下列情形：

1. 被诉的行政行为涉及其相邻权的公民、法人或其他组织。相邻权是一个民法概念，指不动产的占有人在行使物权时，对相毗邻的他人的不动产享有一定的支配权。《物权法》第84条规定："不动产的相邻权利人应当按照有利生产、方便生活、团结互助、公平合理的原则,正确处理相邻关系。"第92条规定:"不动产权利人因用水、排水、通行、铺设管线等利用相邻不动产的,应当尽量避免对相邻的不动产权利人造成损害,造成损害的,应当给予赔偿。"从《物权法》的规定看,相邻关系属民事关系,相邻权属民事权利。但事实是,民事主体侵犯他人相邻权的行为,有些时候与行政主体作出的行政行为有密切、直接的关系,这些行为主要指是经过行政主体的批准、许可后实施的。

2. 被诉的行政行为涉及其公平竞争权的公民、法人或者其他组织。公平竞争权属于法律赋予民事主体的民事权利。通常情况下,对公平竞争权的侵害主要来自于其他竞争者违反公平竞争原则的行为。但在有的情况下,行政机关也可能成为公平竞争的侵权者。

3. 要求主管行政机关依法追究加害人法律责任的受害方。这里的受害方,不是指某一行政行为的受害方,而是指某一公民、法人或者其他组织,作为另一公民、法人或者其他组织不法行为的受害方。例如,甲对乙的治安伤害、工厂向居民住宅超标排污,受伤害、遭污染的一方是否具有原告资格,即起诉到法院要求法院判决主管行政机关依法追究加害人的法律责任。这个问题从前仅在治安案件中有明确规定,根据我国《治安管理处罚法》的规定,受害人对公安机关的决定不服可以提起行政诉讼。《行政诉讼法解释》的该条规定则意味着将这扩大到所有的行政案件。要求主管行政机关依法追究加害人法律责任的受害方作为原告的情形大致有两种:①受害人要求主管行政机关依法追究加害人的法律责任,而主管行政机关不作为;②认为主管行政机关或复议机关对加害人的处罚过轻或不服撤销处罚的复议决定。

4. 与撤销或者变更的行政行为有法律上利害关系的当事人。例如,某工商局对某商店处以责令停业整顿的行政处罚,后发现错误,决定撤销该处罚,而该案中权益受到侵害的消费者对此不服,即可以原告的身份提起行政诉讼,要求法院判决维持该行政处罚决定。

关于企业的原告资格问题,在法律上已明确规定,并无疑问。但目前情形是企业因资金来源的不同而性质不同。如果联营企业、中外合资、中外合作企业以及企业的各方认为行政机关的行政行为侵犯了企业或自己一方合法权益的,能否起诉以及以什么名义起诉的问题,曾一直困扰法院。例如,某市工商局作出一个吊销某中外合资企业营业执照的决定,该企业的法定代表人刘某是中方甲企业的董事长,他愿意接受这个处罚决定,且想就此中止与外方的合作。而外方乙企业因投资尚未收回,故不欲终止经营,而要提起行政诉讼。这个问题实际是联营企业的组成部分是否具有原告资格。《行政诉讼法解释》第16条就此作出了明确规定。即联营企业、中外合资或者合作企业的联营、合资、合作各方,认为联营、合资、合作企业权益或者自己一方合法权益受具体行政行为侵害的,均可以自己的名义提起诉讼。

5. 为维护自身合法权益向行政机关投诉,具有处理投诉职责的行政机关作出或者未作出处理的。此项作为 2018 年《行政诉讼法解释》中增添的内容,旨在进一步维护行政相对人的合法权益,使得行政相对人的投诉权利得到具体的法律保障,也增加了具有处理投诉职责的行政机关的责任。

6. 其他与行政行为有利害关系的情形。

(四)行政诉讼的原告资格的转移

我国《行政诉讼法》第 25 条第 2、3 款规定:"有权提起诉讼的公民死亡,其近亲属可以提起诉讼。有权提起诉讼的法人或者其他组织终止,承受其权利的法人或者其他组织可以提起诉讼。"

1. 有权提起行政诉讼的公民死亡,其近亲属可以提起行政诉讼。《行政诉讼法解释》第 14 条对"近亲属"的范围作了明确规定。包括配偶、父母、子女、兄弟姐妹、祖父母、外祖父母、孙子女、外孙子女和其他具有扶养、赡养关系的亲属。

关于亲属提起行政诉讼问题,应明确以下三点:

(1)近亲属提起行政诉讼必须以自己的名义,即由自己代替死去的公民作原告。同时,承受死亡公民在诉讼中的权利义务。胜诉了,获得赔偿;败诉了,对被诉具体行为未执行的财产,如罚款,须从该死亡公民的遗产中支付。若需要执行的财产超过死亡公民的遗产,法院不得执行近亲属的财产。

(2)由于近亲属提起行政诉讼是作为特殊原告起诉,行政机关对于死亡公民的人身处罚,如果没有执行,不能对败诉的近亲属执行。这是由人身权不可分离的特征决定的。法院对死亡公民的人身处罚的维持判决,只表明其近亲属不得再就同一事实和理由再次向人民法院提起诉讼。

(3)近亲属提起行政诉讼没有先后排列顺序,只要是近亲属范围内的人,就可以单独或者共同提起诉讼。共同提起诉讼若胜诉且获得赔偿的,作为共同原告的近亲属可根据遗产继承的规则分配赔偿金。

2. 有权提起行政诉讼的法人或者其他组织终止,承受其权利的法人或者其他组织可以提起行政诉讼。根据《行政诉讼法》第 25 条第 3 款的规定,法人或者其他组织因为并入其他组织、分立、撤销或破产等原因导致法人或者其他组织终止,只要有承受其权利的法人、组织,原告资格就可以转移为其享有,可以就同一案件,向人民法院起诉,但应同时向人民法院提交新的法定代表人的身份证明书。

承受权利的新组织以自己的名义向人民法院起诉或者继续诉讼。属继续诉讼的,原法人、组织已进行的诉讼活动对于继续诉讼的新法人、组织具有约束力。

当前，企业被行政机关强制终止或改变形态的案件为数不少。对于这种行为是否可以提起行政诉讼是需要给予明确答复的。对于国有企业，最高人民法院1994年法函34号《关于当事人对行政机关作出的全民所有制工业企业分立的决定不服提起诉讼人民法院应作为何种行政案件受理的复函》中规定，对此类案件应当作为"侵犯法律规定的经营自主权的"行政案件受理。对于非国有企业不服这类行政行为的，则由《行政诉讼法解释》作出了规定。《行政诉讼法解释》第16条第3款规定，非国有企业被行政机关注销、撤销、合并、强令兼并、出售、分立或者改变企业隶属关系的，该企业或者其法定代表人可以提起诉讼。有人提出，当企业被行政机关强制终止，应如何解释这种法律上已经不存在的企业的原告资格？甘文在其《行政诉讼法司法解释之评论》一书中指出：被终止的企业，在一般情况下，在法律上应当视为无行为能力，不能对外实施某些具有法律意义的行为，如经营活动、提供担保等。但如果企业是被行政机关强制终止的，则应当赋予其诉讼权利，以寻求司法救济。因此，被终止的企业具有诉讼权利能力和诉讼行为能力。该企业的诉权内容应当与未终止时是一致的。

通常情况下，企业的法定代表人应当代表该企业提起行政诉讼。但是有些企业的法定代表人，不愿提起行政诉讼，而企业的内部权力机关，例如股份制企业的股东大会等可否以企业的名义起诉呢？从理论上讲，一个企业能代表其实施法律行为的只能是法定代表人，除非法定代表人进行授权，否则其他主体不能提起诉讼。但考虑到我国当今法人制度不够完善，如果严格按照法人制度要求确定原告资格，可能会使一些违法行为得不到纠正。故《行政诉讼法解释》第16条作了变通规定，即股份制企业的股东大会、股东会、董事会等认为行政机关作出的行政行为侵犯企业经营自主权的，可以企业名义提起诉讼。这就是说，企业法定代表人不愿意起诉的，企业内的权力机关可以以企业的名义提起行政诉讼。关于非股份制企业内部权利人的原告资格问题，《行政诉讼法解释》中没有作明确规定。但根据我国企业法的规定，企业中的职工大会是企业的权力机关，应当有权决定企业的重大事宜，包括提起行政诉讼。从道理上说，职工大会提起行政诉讼是没有问题的。例如，某县政府作出一个行政决定，将甲企业与乙企业合并，甲企业的法定代表人认为县政府的处理决定侵犯了甲企业的经营自主权，决定向法院提起行政诉讼。县政府下发一个撤换法定代表人的文件，重新任命一位法定代表人。新的法定代表人决定不对县政府合并企业的处理决定提起行政诉讼，但该企业的职工大会应可以推选诉讼代表人提起诉讼。

（五）行政诉讼中原告的权利和义务

原告在行政诉讼中享有以下权利：

1. 起诉、撤诉权利，变更或增加诉讼请求的权利。原告有权提起行政诉讼，引起行政诉讼法律关系；原告在人民法院宣告判决和裁定前，有权主动申请撤诉，或者在被告改变行政行为后，同意其改变而撤诉；原告在人民法院宣告判决或裁定前，有权申请增加诉讼请求或变更诉讼请求。

2. 请求司法保护，委托他人代理的权利。原告有权在其认为行政行为对他的合法权益产生侵害时请求司法保护，有权委托律师、社会团体、近亲属、其单位推荐之人或人民法院许可的其他公民为诉讼代理人，代理其参加诉讼和实施有关诉讼行为。

3. 提供证据、申请保全证据、申请回避、进行辩论、查阅庭审材料的权利。原告在起诉和诉讼过程中，有权向人民法院提供证据以支持自己的诉讼请求，并在认为某证据有可能丧失或难以取得的情况下，有权申请保全措施以保全证据；在原告认为审判人员、书记员、翻译人、鉴定人、勘验人与本案有利害关系可能影响公正审判时，有权申请相应人员回避；原告有为维护自己的合法权益、支持自己的诉讼请求而进行辩论的权利；原告在开庭审理后，有权申请查阅庭审笔录，并进行摘抄，但不得擅自复印。

4. 申请保全财产和申请先予执行权。原告在行政诉讼过程中，如认为可能因被告或其他原因使其后的判决不能或难以执行时，有权向人民法院申请财产保全；原告有权申请先予执行，如在行政机关没有依法发给其抚恤金的案件中，有权在人民法院判决尚未作出前，申请人民法院裁定行政机关先予给付。

5. 申请强制执行的权利。人民法院作出发生法律效力的判决、裁定后，如被告拒绝履行，胜诉的原告有权申请人民法院依法强制执行。

6. 上诉、申诉的权利。原告对人民法院作出的第一审判决或裁定不服，有权依法向上一级人民法院提起上诉，请求再次审理；原告有对已经发生法律效力的判决、裁定提出申诉的权利。

原告在行政诉讼中应履行以下义务：

1. 依法正确行使诉讼权利，不得滥用诉权。

2. 遵守诉讼程序，服从法庭指挥，尊重对方当事人和其他诉讼参加人的诉讼权利，不得妨碍诉讼正常进行。

3. 自觉履行人民法院作出的发生法律效力的判决、裁定。

二、行政诉讼的被告

（一）行政诉讼的被告的概念

行政诉讼中的被告，是指由原告指控其行政行为违法、侵犯其合法权益，并经人民法院通知应诉的行政机关或法律、法规授权的组织。

（二）行政诉讼的被告的特征

1. 行政诉讼的被告必须是行政主体。行政诉讼的被告必须是国家依法成立的行政机关或法律、法规授权行使一定行政管理职能的组织。并且，被告只能是抽象的集合体，而不能是个人，即行政机关工作人员不能成为行政诉讼的被告。因为他是代表行政机关，以国家名义而不是以自己的名义行使行政职权。

2. 行政诉讼的被告是实施了被诉行政行为的行政主体。行政诉讼的被告是作出行政行为，而被行政相对方指控侵犯其合法权益的行政机关或其他组织。

3. 行政诉讼的被告应由人民法院予以确认并通知其应诉。行政主体并不因原告的起诉而当然地成为被告，只有经人民法院审查予以确认并通知其应诉时才成为被告。即原告起诉所指向的"被告"只是一种假定，究竟是不是被告还需人民法院予以确认。

4. 行政诉讼的被告没有起诉权、反诉权、撤诉权，并对作出的行政行为承担举证责任。

（三）行政诉讼的被告的确定

1. 公民、法人或者其他组织直接向人民法院提起诉讼的，作出行政行为的行政机关是被告。在法律、法规未明确规定必须经复议才可起诉的情况下，是经过复议再起诉，还是直接向人民法院起诉，由行政相对方自己选择。如果行政相对方选择直接向人民法院起诉，则作出行政行为的行政机关为被告。

2. 经复议的案件，复议机关维持原行政行为的，原行政机关和复议机关是共同被告；复议机关改变原行政行为的，复议机关是被告。《行政诉讼法》第26条第2款对原法作了重要修改，明确复议机关维持原行政行为，作出原行政行为的行政机关和复议机关是共同被告。原法规定复议机关决定维持原行政行为的，作出原行政行为的行政机关是被告。之所以作这样的修改，主要是解决目前行政复议维持率高、纠错率低的问题。从制度上讲，行政复议具有方便、便捷、成本低等特点，应当是解决行政争议的主渠道。但从实践的情况看，事实并非如此。为了发挥行政复议作为解决行政争议主渠道的作用，从制度上促使行政机关发挥监督下级机关的行政行为、救济公民权利的作用，《行政诉讼法》作了如上修改。

3. 复议机关在法定期限内未作出复议决定，公民、法人或者其他组织起诉原行政行为的，作出原行政行为的行政机关是被告；起诉复议机关不作为的，复议机关是被告。也就是说，复议机关不作为的，由当事人选择原行政机关还是复议机关作被告。复议机关在法定期间内不作复议决定，当事人对原行政行为不服提起诉讼的，应当以作出原行政行为的行政机关为被告。因为，复议机关在未作出行政行为的情况下，对公民、法人或者其他组织的权利义务发生拘束力的是原行政行为。若当事人不服原行政行为，作出原行政行为的行政机关应为被诉机关。从另一方面讲，复议机关在法定期间内不作出复议决定，应视为其同意原行政机关的处理意见，人民法院可视其为维持原行政处理决定。此种情况下，根据法律规定，由作出原行政行为的行政机关为被告；当事人对复议机关不作为不服提起诉讼的，应当以复议机关为被告。例如，某行政复议申请人要求复议机关纠正被申请复议的行政行为不合理、不适当的问题，这是要求复议机关履行职责，而复议机关不予纠正，那么被告就应被确定为复议机关。

4. 两个以上行政机关作出同一行政行为的，共同作出行政行为的行政机关是共同被告。例如，我国为了稳定市场经济秩序，每年都进行"物价、工商、税务联合大检查"，被处罚单位不服，可以以工商局、物价局或税务局为共同被告提起诉讼。

5. 当事人不服经上级行政机关批准的行政行为，向人民法院提起诉讼的，应当以在对外发生法律效力的文书上署名的机关为被告。适用《行政诉讼法解释》中的这一规定应当明确以下几点：①所谓"经上级行政机关批准"中的"批准"，应作广义理解。既包括经上级行政机关批准，也包括经上级机关同意或认可，还包括上级行政机关在下级行政机关所提交的请示报告上的批复。但这种批准必须是具备书面形式的。②这种"书面"必须是"对外发生法律效力的文书"，即对公民、法人或者其他组织的权利义务具有法律效力的法律文书，不可以仅是行政机关的内部公文。③在对外发生法律效力的文件上加盖的是哪个机关的印章，哪个机关就是被告。

6. 行政机关组建并赋予行政管理职能但不具有独立承担法律责任能力的机构，以自己的名义作出行政行为，当事人不服提起诉讼的，应当以组建该机构的行政机关为被告。这里主要指地方政府设置的某些带有临时性质的，实施某一方面行政管理职能，例如生猪屠宰、市容整顿、房屋拆迁等职能的机构。这些机构有的有法律、法规、规章的明确授权，具有独立承担法律责任的能力。而有的尽管也可以以自己的名义作出行政行为，但由于没有法律、法规的授权，其并不能独立地承担法律责任尤其是赔偿责任，在这种情况下，该机构不能做被告，被告应为组建并赋予其行政管理职能的行政机关。原则上讲，行政机构的责任能力，应当以该机构是否具有法律、法规、规章规定的组织形式和管理职权来确定。

7. 行政机关的内设机构或者派出机构在没有法律、法规或者规章授权的情况下，以自己的名义作出行政行为，当事人不服提起诉讼的，应当以该行政机关为被告。《行政诉讼法解释》中的这一条规定，明确提出了规章授权的字样。关于规章授权，是指行政规章授权给行政机关的内设机构、派出机构或者其他组织实施行政职权。行政机关的内设机构是指公安局内设的治安科、户籍科等，为该机关的组成部分。关于派出机构，在理论上也应为设立该机构的机关的组成部分。派出机构与派出机关不同，派出机关指人民政府派出到某一区域进行行政管理的机关，如作为省政府派出机关的行政公署。派出机关有法律明确赋予的地位，有独立的财政预算，具备独立承担责任的能力，而派出机构并不具备以上条件。对内设机构、派出机构作出的行政行为不服，原则上应以其从属的或设立它的机关为被告。当然，这一规定若反过来解释，也可以说，行政机关的内设机构或者派出机构在有法律、法规或者规章授权的情况下，以自己的名义作出行政行为的，该内设机构或者派出机构便可以成为适格被告。

8. 法律、法规或者规章授权行使行政职权的行政机关的内设机构、派出机构或者其他组织，超出法定授权范围实施行政行为，当事人不服提起诉讼的，应当以实施该行为的机构或者组织为被告。以往出现前述情形的时候往往是把其所属的行政机关作为被告。事实上，这里如果发生行政违法的问题，不是其所属的机关而是被授权的内设机关、派出机构或者其他组织超越职权的问题。

9. 行政机关委托其他组织作行政行为的，委托机关是被告。行政机关在没有法律、法规或规章规定的情况下，授权其内设机构、派出机构或者其他组织行使行政职权的，应当视为委托。当事人不服提起诉讼的，应当以该行政机关为被告。《行政诉讼法解释》之所以作如此规定，理由在于，从行政法理论上讲，没有法律、法规或规章授权的执法主体，不具有独立的行政执法主体资格。行政机关的内设机构、派出机构或其他组织要具备独立的执法主体资格，必须是法律、法规或规章授权才有效。除此之外，一般行政机关的授权是无效的，只能视为行政委托，而行政委托行为所产生的法律后果应由委托方承担。

10. 公民、法人或者其他组织对行政机关与非行政机关共同署名作出的处理决定不服，向人民法院提起行政诉讼的，应以作出决定的行政机关为被告，非行政机关不能成为被告。但侵犯公民、法人或者其他组织合法权益，需要进行赔偿的，人民法院可以通知非行政机关作为第三人参加诉讼。

（四）行政诉讼中被告的变更和追加

在行政诉讼中，有时原告把不适格的被告当作被告起诉到法院，而由于疏忽遗漏、错误判断或其他原因"放纵"了真正的原告。例如，行政机关的派出机构经法律、法规、规章的授权对原告作出了行政行为，原告不服，却起诉了设立派出机构的行政机关。人民法院发现后，就应当告知原告并征得原告的同意变更被告。如果原告不同意变更被告，意味着其起诉不成立，因为原告所起诉的被告并非是应当承担法律责任的机关。故人民法院应裁定驳回起诉。关于"告知"原告，应当明确告知谁为适格被告，而不能只简单告知被告不适格了事，致使有的当事人仍不知谁为适格被告。如果人民法院认为某一行政案件有必要追加被告，但原告不同意的，人民法院则应当通知本应被追加为被告的当事人作为第三人参加诉讼。

（五）行政诉讼中被告的权利和义务

被告在行政诉讼中享有以下权利：

1. 辩论的权利。被告对原告的起诉，有进行答辩的权利，以证明自己所作出的行政行为的合法性和正确性。但被告无反诉的权利。

2. 委托诉讼代理人进行诉讼的权利。

3. 有申请回避的权利。

4. 在诉讼过程中变更原行政行为权。被告在人民法院宣告判决或裁定前（在第一审程序中），有权改变原作出的行政行为。

5. 上诉和申诉的权利。对一审法院的判决或裁定，在法定期限内有上诉的权利；对已经发生法律效力的判决、裁定认为有错误而提出申诉的权利。

6. 对已生效的判决、裁定有向人民法院申请或依法自己强制执行的权利。被告对于原告拒绝履行人民法院已经发生法律效力的判决、裁定，不仅可以申请人民法院强制执行，而且自己有权依法强制执行。

被告在行政诉讼中应履行以下义务：

1. 遵守法庭秩序，服从法庭指挥。现实中，有的行政机关在行政诉讼中出现拒不出庭应诉、咆哮公堂等妨碍诉讼正常进行的情况。因此，必须对诉讼中被告行政机关遵守法庭秩序，服从人民法院指挥的义务加以特殊强调。法律面前人人平等，没有"官贵民贱"，也没有任何人和任何组织能不受法律约束而任意行为。在这一方面，行政机关和其他公民、法人和组织一样负有相同的义务。

2. 被告负主要举证责任。被告有提供作出的行政行为合法的事实依据和所依据的规范性文件的义务。

3. 对人民法院已经生效的判决、裁定，败诉的被告必须认真履行。

三、行政诉讼的共同诉讼人

（一）行政诉讼的共同诉讼人的概念

原、被告至少一方为两人以上的共同诉讼当事人，为共同诉讼人。两个或两个以上当事人对同一行政行为不服，向人民法院提起诉讼的，是共同原告。两个以上行政机关共同作出同一行政行为的，共同作出行政行为的行政机关是共同被告。

在行政案件中，原告或者被告为两人以上的情况非常普遍，这样的诉讼就叫共同诉讼。《行政诉讼法》第27条规定："当事人一方或者双方为2人以上，因同一行政行为发生的行政案件，或者因同类行政行为发生的行政案件，人民法院认为可以合并审理并经当事人同意的，为共同诉讼。"共同诉讼是诉讼合并的一种形式，它的突出特点是对当事人的合并审理，即诉讼主体合并。它与诉讼客体合并是不同的，诉讼客体合并是指一个原告向一个被告提出几个独立的诉讼请求，由人民法院合并起来审理。

构成共同诉讼必须具备以下条件：
1. 当事人一方或双方必须为2人以上，否则不能构成共同诉讼。
2. 有共同的或同样的诉讼标的，即因同一行政行为或因同样的行政行为发生的行政案件。
3. 属同一人民法院管辖。

共同诉讼在行政诉讼中很重要。因为争议往往由行政机关执行职务引起，而行政相对方又常常是数人以上，合并审理是解决争议的有效手段。

（二）必要的共同诉讼人

当事人一方或双方为2人以上，其诉讼标的是共同的，这样的共同诉讼称为必要的共同诉讼。在这种共同诉讼中的当事人即为必要共同诉讼人。

在必要的共同诉讼中，共同诉讼人对诉讼标的有共同的权利义务。这种诉讼是不可分之诉。人民法院不能将其分为几个独立的案件进行审理。必须一并审理，合议作出判决，以避免可能出现相互矛盾的判决或裁定。

对于必要的共同诉讼，人民法院应当主动通知未参加诉讼的共同诉讼人参加诉讼，并根据案件追加当事人，不能因为其没有起诉或未能起诉而将其排斥在诉讼之外。

（三）普通的共同诉讼人

普通的共同诉讼，是指当事人一方或双方为2人以上，其诉讼标的是同样的行政行为，并由人民法院进行合并审理的行政诉讼。这种共同诉讼的当事人即是普通共同诉讼人。

普通共同诉讼实质上是两个或两个以上的行政诉讼案件，但因为被诉的行政行为有相同或相类似的性质，人民法院在审判程序上统一起来，将这些行政案件一并审理。所以，在普通共同诉讼中，普通共同诉讼人之间在事实上或法律上并无当然的不可分割的联系，共同诉讼人对诉讼标的并没有共同的利害关系。由于既可合并，也可以分离，故称"可分离之诉"。法院在审理这类共同诉讼时，在确认每个诉讼主体的权利义务上，仍然应当分别作出判决。

第三节 行政诉讼的第三人和诉讼代理人

一、行政诉讼的第三人

（一）行政诉讼的第三人的概念

第三人，是指同被起诉的行政行为有利害关系，为了维护自己的合法权益，参加到诉讼中来的，相对于原告、被告而言的第三人。

（二）行政诉讼的第三人的特征

1. 第三人同被诉的行政行为有利害关系，而且人民法院的判决也必然会影响其权益。所谓"利害关系"，是指第三人同被诉的行政行为有法律上的权利义务关系，包括行政行为使其权利义务增减或者使其权益受到某种有利或不利影响。公民、法人或者其他组织与某一行政行为有利害关系，则必然与人民法院对这一行政行为的裁判结果有关系，从而决定了人民法院的判决必然会影响其权益。

2. 第三人在法律上有独立的诉讼地位。第三人参加诉讼是为了维护自己的合法权益，可以提出既不同于原告又不同于被告的独立主张，他既不必然地依附于原告，也不必然地依附于被告，有自己的独立诉讼地位。人民法院判决第三人承担义务或者减损第三人权益的，第三人有权依法提起上诉。

3. 第三人在诉讼期间参加诉讼。行政诉讼第三人必须是在诉讼开始后、法院裁判前参加诉讼。这与原告、被告自始至终参加诉讼不同。

4. 经本人申请或人民法院通知参加诉讼。第三人参加诉讼不同于原告和被告，其参加诉讼有两种方式：①第三人主动向人民法院提出申请，经人民法院同意后参加诉讼；②人民法院通知其作为第三人参加诉讼。按照《行政诉讼法解释》第30条的规定，人民法院通知没有起诉的第三人参加诉讼，是人民法院必须履行的法定职责。

行政诉讼中的第三人与民事诉讼中无独立请求权的第三人十分相似，两者均属第三人，同样对他人之间的诉讼标的没有独立的实体权利，以及均受判决结果的影响等。但是，两者是有区别的：①民事诉讼的无独立请求权的第三人一般是对他所参加的法律关系的一方当事人享有法律上的义务；而行政诉讼的第三人不仅可能享有法律上的义务，而且可能享有法律上的权利。②民事诉讼的无独立请求权的第三人与原告和被告之间存在的是民事法律关系；而行政诉讼的第三人可能与原告存在着民事法律关系，而与被告存在着行政法律关系。③判决的结果，对民事诉讼中无独立请求权的第三人而言可能是使其承担某种义务；而对行政诉讼第三人的影响可能主要是影响其合法权益的实现。④民事诉讼中无独立请求权的第三人总要支持一方的主张，反对另一方的主张；而行政诉讼第三人更多的时候是维护自己的权益，不参加到任何一方之中。

（三）行政诉讼的第三人的种类

行政诉讼第三人，根据《行政诉讼法》及有关司法解释的规定，主要有以下几种：

1. 行政处罚案件中的受害人或被处罚相对一方。在行政处罚案件中有受害人、被处罚人，如果被处罚人不服处罚作为原告起诉，另一方受害人则可以作为第三人参加诉讼；如果是受害人对处罚不服而以原告身份向人民法院起诉，相应地，被处罚人也可以以第三人名义参加诉讼。

2. 行政机关就同一违法事实处罚了两个以上共同违法的人，其中一部分人对处罚决定不服，向人民法院起诉的，人民法院发现没有起诉的其他被处罚人与被诉行政行为有法律上的利害关系，应当通知他们作为第三人参加诉讼。

3. 公民、法人或者其他组织对行政机关与非行政机关共同署名作出的处理决定不服，向人民法院提起行政诉讼的，应以作出决定的行政机关为被告，非行政机关不能成为被告，但侵犯公民、法人或者其他组织合法权益，需要进行赔偿的，人民法院可以通知非行政机关作为第三人参加诉讼。

4. 在专利确权、土地确权等确权案件中，被行政机关驳回的权利申请人是起诉人，被授予权利的人及其他被驳回申请的人则应该是第三人。这是因为，驳回申请和确认权利归属互为因果，被驳回申请的人不服行政机关的确权决定而起诉，必然会涉及其他被驳回申请和被授予权利的人的权益，他们因此有权参加诉讼。

5. 两个以上的行政机关如果作出相互矛盾的行政行为，并且是基于同一事实，针对相同的行政相对方作出，其中一个行为被诉，作出另一个或另几个行为的行政机关则应该是第三人。

6. 在越权案件中，被越权的行政机关作为第三人参加诉讼。比如，某药店将他人的注册商标贴在质量低劣的六神丸上出售，工商局以侵犯注册商标权为由对该药店处以罚款并没收其非法所得。但依据《商标法》第60条的规定，工商局并没有没收非法所得的处罚权，而依照《药品管理法》第75条的规定，卫生局有权没收出售劣药的企业的非法所得。因此，工商局的决定显然是越权，是行使了卫生局的职权。在该药店起诉后，这个没收非法所得的决定应当判决撤销。但为不使该药店的违法行为逃避处理，法院就应当批准卫生局的申请，允许它作为第三人参加诉讼。当然，依《行政诉讼法》第二章关于受案范围的规定，人民法院不应受理行政机关之间职权纠纷案件。但是，依照《行政诉讼法》第70条的规定，人民法院有权对越权的行政行为作出撤销的判决。作这样的判决，有时不可能不说明乙行政机关行使的是甲行政机关的职权，不能不涉及行政机关之间的权限纠纷。所以，有关行政机关之间的权限纠纷作为本诉虽然不应受理，但作为附带之诉并非不能涉及。

（四）行政诉讼中第三人的权利、义务

行政诉讼第三人在诉讼中享有陈述意见、参加辩论的权利和提出自己的主张、请求、委托代理人的权利。依据最高人民法院的司法解释，行政诉讼中的第三人，如果对人民法院的一审判决不服，有权提出上诉。但是，第三人无权处分原、被告的实体权利和诉讼权利，如变更诉讼理由或标的，承认或放弃诉讼，申请人民法院执行判决等,也不能以原告和被告为共同被告,应以独立的实体权利人的资格,向人民法院提起一个新的诉讼。第三人具有与原、被告相似的义务。

二、行政诉讼的诉讼代理人

(一) 行政诉讼的诉讼代理人的概念

行政诉讼代理人,是以被代理人的名义,在法律规定或行政诉讼当事人委托授予的权限范围内,代理实施诉讼行为,参加诉讼的人。

行政诉讼在一般情况下,当事人应该亲自参加诉讼,但也有因当事人因未成年、精神病、其他疾病或缺少法律知识、工作繁忙等原因不能亲自参加诉讼的,故《行政诉讼法》也规定了诉讼代理人。

(二) 行政诉讼的诉讼代理人的特征

1. 行政诉讼代理人只能以被代理人的名义进行诉讼活动。这意味着代理人不能以自己的名义参加诉讼,只能代理一方当事人而不能同时代理双方当事人。

2. 行政诉讼代理人只能在代理权限范围内活动。代理人的代理权限或者取决于法律的规定,如法定代理人的代理权;或者由当事人授权,如委托代理人的代理权。诉讼代理人无论通过何种方式取得代理权,都必须认真地行使权利,履行职责,既不能随意放弃权利,也不能超越权限。

3. 行政诉讼代理人不承担诉讼行为的法律后果。代理行为是帮助他人所实施的行为,不是为了代理人自身的利益,因而其行为的法律后果由被代理人承担,而不是由代理人承担。只有代理人越权代理,代理人方才承担相应的责任。

4. 行政诉讼代理人必须具有诉讼行为能力。这是能够成为诉讼代理人,为被代理人提供帮助的首要条件。不具有诉讼行为能力的人,不能成为诉讼代理人。如果诉讼代理人在诉讼过程中丧失诉讼行为能力,就不能继续担当代理人。

(三) 行政诉讼的诉讼代理人的种类

根据我国《行政诉讼法》第30~32条的规定,行政诉讼代理人的分类如下:

1. 法定代理人。法定代理人指由法律规定行使代理权,代替无诉讼行为能力的原告进行行政诉讼的人。

《行政诉讼法》第30条规定:"没有诉讼行为能力的公民,由其法定代理人代为诉讼。"法定代理人包括:被代理人的父母、养父母、成年子女、监护人和负有保护责任的机关、团体代表。法律将法定代理人的诉讼行为视为当事人的诉讼行为,与当事人的诉讼行为具有同等的法律效力,法定代理人行使当事人的诉讼权利,履行当事人的诉讼义务,与当事人处于相似的诉讼地位。当然,如果代理人故意损害被代理人的权益,则属非法,即属无效。

法定代理人的代理权在出现下列情况后消灭,主要有:被代理的未成年人达到成年;精神病人恢复正常,具有行为能力;被代理人与代理人之间的收养关系被合法解除；代理人死亡或丧失行为能力，等等。

2. 指定代理人。指定代理人指被人民法院指定代理无行政诉讼能力的当事人进行行政诉讼的人。

法院指定代理人一般发生在下列情况下：①对没有诉讼行为能力，又没有法定代理人的，由人民法院指定代理；②法定代理人之间互相推诿代理责任的，由人民法院指定其中一人代为诉讼。

人民法院指定代理人的范围不受限制，可以从律师、当事人的近亲属或其他适当的公民中指定。指定代理人的资格在人民法院指定后就取得，不必经过当事人认可，而且其诉讼地位同法定代理人是一样的。指定代理人在维护被代理人合法权益的前提下，可以处分其实体权利。但是，由于指定代理人同当事人不存在法定代理人同当事人那样的法律上的关系，因此人民法院对指定代理人处分被代理人实体权利的行为，应当进行监督和审查。合法的、不违反被代理人利益的，承认其处分行为有效，反之则不承认其有效。

指定代理权的终止情况有两个：①指定代理人死亡或丧失诉讼行为能力；②指定代理的原因消失。如案件终结，当事人产生或恢复行为能力，或法定代理人可以行使代理权等情况发生时，指定代理人即告消失。

3. 委托代理人。委托代理人指受当事人、法定代表人、法定代理人的委托，以委托人的名义，在授予的权限内，代理进行诉讼的人。

《行政诉讼法》第31条第2款规定："下列人员可以被委托为诉讼代理人：①律师、基层法律服务工作者；②当事人的近亲属或者工作人员；③当事人所在社区、单位以及有关社会团体推荐的公民。"

委托代理人的类型分为：

（1）律师。《行政诉讼法》第32条第1款规定，代理诉讼的律师，有权按照规定查阅、复制本案有关材料，有权向有关组织和公民调查、收集与本案有关的证据。对涉及国家秘密、商业秘密和个人隐私的材料，应当依照法律规定保密。这里有必要指出的是，律师和其他诉讼代理人在行政诉讼中，对于查阅案件有关材料和调查取证所享有的权利不同。律师可以查阅与案件有关的材料，以及向有关组织和公民调查、收集与本案有关的证据。而其他诉讼代理人只能在人民法院许可的情况下，查阅非涉及国家秘密和个人隐私的材料，且不能进行调查和收集证据。

应当明确，《行政诉讼法》尽管原则上规定了律师调查、收集证据的权利。但是，应当仅限于律师作为原告代理人的情形下。因为《行政诉讼法》第35条规定，在诉讼过程中，被告及其诉讼代理人不得自行向原告、第三人和证人取证。

（2）当事人的近亲属或者工作人员，当事人所在社区、单位以及有关社会团体推荐的公民。这条规定主要参照了民事诉讼法的相关规定。

《行政诉讼法解释》中，就当事人委托诉讼代理人的方式等有关问题，作了专门规定。具体包括：

（1）当事人委托诉讼代理人，应当向人民法院提交授权委托书。授权委托书是委托代理人代为诉讼的证明。委托书应有委托人的签名，同时要载明被委托人的基本状况，特别是委托的事项和授权的范围。通过委托的事项和授权的范围，要能够判明是一般委托代理还是特别委托代理。一般委托代理中，代理人只能代理被代理人进行诉讼行为，而无权处分被代理人的实体权利。特别委托代理中，代理人则可以根据被代理人的特别授权，代当事人承认、放弃或者变更诉讼请求，进行和解和提起上诉。如果不在委托书中载明委托事项和具体权限，人民法院将无从确认该代理是属于一般委托代理还是特别委托代理。

（2）公民在特殊情况下无法书面委托的，也可以由他人代书，并由自己捺印等方式确认。《行政诉讼法解释》这一规定取缔了《执行行政诉讼法解释》中口头委托的规定。但依据《行政诉讼法解释》第14条第2款，公民因被限制人身自由而不能提起诉讼的，其近亲属可以依其口头或者书面委托以该公民的名义提起诉讼。该条主要针对公民在被限制人身自由的情况下，通过口头委托亲属或其他人代为提起行政诉讼。适用口头委托的条件、程序有三：①公民在特殊情况下无法书面委托；②人民法院须核实是否为委托人的真实意思表示，应详细记录该委托事项及具体权限的范围，同时记录在案；③在人民法院进行核实时，有关机关有义务为人民法院提供协助。但有义务协助的机关拒绝协助，如拒绝人民法院向当事人核实的，则采用推定委托制度，即推定该委托成立。

（3）变更或者解除委托的，应当及时书面报告人民法院，以防发生无权代理、越权代理的情况。人民法院负责将委托代理人变更或解除的情况，通知其他当事人。当事人变更代理人权限或解除代理后，原则上，代理人在代理期间、授权范围内的行为，仍应对委托人继续有效，不因以后的变化而影响以前行为的效力。例如，代理人原来被授予了处分权，并且处分了当事人的诉讼权利或实体权利，之后虽然当事人取消了代理人的处分权，代理人的原处分行为对当事人仍然有效。但如果代理人与对方当事人恶意串通，故意损害委托人的合法权益，人民法院可以认定代理人的代理行为无效。

学术视野

1. 关于行政诉讼原告资格中的"利害关系"，不同学者有不同的理解。有的认为应限定在直接利害关系的范围，而有的学者认为不应局限于直接利害关系的范围，而应扩展至间接利害关系的范围。

2. 在我国，行政机关不具有行政诉讼原告资格。但从世界范围来看，有的国家中行政机关可以具有行政诉讼原告资格。

理论思考与实务应用

一、理论思考

（一）名词解释

行政诉讼参加人　原告　第三人　诉讼代理人

（二）简答题

1. 行政诉讼原告的资格与类型有哪些？
2. 行政诉讼被告的确定标准有哪些？
3. 委托代理人的诉讼权利有哪些？

（三）论述题

1. 论行政诉讼被告的种类。
2. 论行政诉讼原告资格的转移。

二、实务应用

（一）案例分析示范

案例一

2005年7月6日，原告启东市天外天饮用水有限公司以特快专递形式向被告江苏省南通市工商行政管理局举报启东市长龙街有多家商店公开零售、批发冥币，希望火速查处，并把处理结果函复举报人。次日，南通市工商行政管理局领导作出批示，责成涉嫌违法经营行为发生地的南通市启东工商行政管理局进行查处并回复举报人。启东工商行政管理局于2005年7月11日，对启东市汇龙镇长龙街的部分经营户进行了查处，并依据《投机倒把行政处罚暂行条例》（现已失效）的有关规定，对涉案财物予以扣留。原告认为，被告接到举报后，没有履行法定职责，也没有书面答复原告，遂于2005年9月27日向南通市崇川区人民法院提起行政诉讼。

问：举报人是否具有原告资格？

【评析】公民或者法人对涉及公共利益的违法经营行为向工商行政管理机关举报，应予提倡和鼓励。但工商行政管理机关对于举报行为是否作出答复的行政行为，与举报人不存在行政法上的利害关系。因此，举报人不具有行政诉讼的原告主体资格。

案例二

1978年3月,吉某与徐某结婚,婚后生育一女吉A。1987年,双方因感情不和离婚。1990年,吉某与李某相识结婚,婚后生育一女吉B。1993年,两人经法院调解离婚,吉B由李某抚养。此后,吉某独自一人生活。1998年,吉某患食道癌住院治疗,手术期间,徐某前去照料。1999年12月8日,吉某与徐某自愿复婚,并举行了复婚仪式,此时吉某已处于癌症晚期。12月16日,徐某向镇政府申请结婚登记,并提供了印有吉某私章的结婚登记申请书及其他有关证明文件。镇政府根据申请为两人颁发了结婚证,但吉某所持结婚证日期与徐某的不一致,分别被错填为1999年3月30日、3月10日,且吉某的婚姻状况证明被镇政府遗失。2000年2月17日,吉某办理公证遗嘱,将自己位于南京的一套房子及家用电器留给徐某。存款4万元中2万元归吉B继承,另外2万元分别遗赠给自己的两个胞弟(因吉A已参加工作,吉某在遗嘱中未考虑其继承份额)。3月24日吉某病故。吉B与徐某因遗产继承引起民事诉讼。诉讼中吉B发现徐某持有的结婚证日期与吉某的不一致,即向民政部门反映。镇政府以吉某无婚姻状况证明和没有在申请书上签名不符合规定为由,作出41号决定:撤销吉某与徐某的婚姻登记,收回结婚证。徐某申请行政复议,镇政府经复议认为41号决定认定事实不清,适用法律不当,遂作出42号决定:撤销41号决定,结婚证日期更正为1999年12月16日。吉B不服,以镇政府的行政登记及变更登记侵犯了自己的继承权为由,向法院提起行政诉讼。

问:吉B是否具有原告资格?

【评析】根据行政诉讼原告资格确定的利害关系标准和原告所请求保护的权利性质分析,吉B具备原告主体资格,具体分析如下:吉B虽然不是镇政府的婚姻登记行为的直接相对人,但是与该行政行为有法律上的利害关系。镇政府作出的该行政行为涉及的是吉某与徐某的婚姻关系这一特殊的人身权,这种行政行为的相对人和与之有利害关系的公民有吉某、徐某和吉B。吉B是吉某与前妻李某的婚生女,吉某与徐某的婚姻关系是否有效的结果,影响其对吉某遗产的继承份额。

案例三

张某和王某因土地使用权发生争议,县政府将所争议的土地确权给张某使用。王某不服,向县政府的上一级市政府提出申请复议。市政府经审查,以县政府的处理决定事实不清为由,将县政府的决定予以撤销。张某不服,就该复议决定向法院提起行政诉讼。

问：本案中，县政府是否能作为第三人参加诉讼？

【评析】县政府不应作为第三人参加该案行政诉讼。理由是：①行政诉讼第三人参加诉讼的目的是维护自身合法权益。在行政管理过程中，只有处在被管理人地位的公民、法人或者其他组织才可以成为行政诉讼的原告，而处于管理者地位的行政机关，因为其行使的是公共权力，并不需要司法救济。②无直接利害关系。张某和王某对所争议的土地有实体上的利害关系，县政府与所争议的土地并无实体上的利害关系。县政府作出的行政行为既已被复议机关依法撤销，在行政诉讼中，根据《行政诉讼法》规定的受案原则，法院只能对复议机关作出的复议决定本身进行审查，判决撤销或维持复议决定。而这种结果并不对县政府产生直接影响，即使复议错了，也只能依法责令复议机关重新作出决定。③本案中，县政府作出原行政行为是职权行为，与复议机关市政府是上下级行政关系，对复议决定，县政府只有服从的义务。如果认为复议决定确实错误，可以通过内部程序解决，而不是申请作为第三人参加诉讼，更不能通过司法途径进行救济。如允许县政府作为第三人参加诉讼，就意味着复议决定的被申请人原行政行为机关享有了诉权，下级机关对上级的裁决是否享有诉权，涉及行政体制问题。这违背了在行政管理中行政机关上下政令统一的基本原则。

（二）案例分析实训

案例一

某县林业局批准原告李某砍伐公路边的林木，县公路局为此对原告作出处罚决定。由于林业局与公路局的行政行为相矛盾，所以当原告起诉公路局时，公路局的处罚决定和林业局之间就形成了特殊的权利义务关系。如法院维持了公路局的处罚行为，就意味着林业局所作出的批准行政行为是错误的；如法院撤销公路局的处罚决定，就意味着林业局的批准行政行为是合法、正确的。

问：越权的林业局可否作为本案的第三人参加诉讼？

案例二

某卫星公司与中央电视台签订有卫星通信服务协议。北京市国家税务局涉外分局稽查局认为依照中国的税法，某卫星公司应当依法纳税，以自己的名义作出了征收税款的决定。某卫星公司不服该决定，以北京市国税局为被申请人向国家税务总局提出复议申请，国家税务总局退回复议申请，认为应当由北京国税局涉外分局作为复议机关。某卫星公司向涉外分局提出复议申请后，涉外分局维持了稽查局的征税决定。某卫星公司向北京市中级人民法院起诉，要求撤销纳税决定。

问：本案应当以谁为行政诉讼的被告？

案例三

中国科学院物理所将一处归自己使用的观测塔支架锚地（临时建筑）出租给某个体户经营使用。该个体户将房屋装修之后开办了一个酒吧。后海淀区规划局针对中科院物理所作出了拆除该临时建筑的决定。

问：如果中科院物理所不起诉，该酒吧是否具有原告资格？

主要参考文献

1. 马怀德主编：《行政诉讼原理》，法律出版社2003年版。
2. 胡锦光主编：《中国十大行政法案例评析》，法律出版社2005年版。
3. 姜明安：《行政诉讼法》，法律出版社2007年版。
4. 关保英主编：《行政法与行政诉讼法》，中国政法大学出版社2007年版。
5. 樊崇义主编：《诉讼原理》，法律出版社2003年版。

第十三章

行政诉讼程序

【本章概要】 本章主要围绕行政诉讼中的起诉、受理、审理、执行几个环节集中阐释整个行政诉讼过程应当遵循什么样的法定程序。行政诉讼的起诉环节主要介绍了起诉的一般条件、起诉的期限条件、行政复议与行政诉讼的衔接以及起诉方式等四个问题;行政诉讼的立案受理环节则包括对起诉的立案审查、对审查结果的救济;审理环节方面包含的内容较多,行政诉讼一审程序、二审程序、审判监督程序以及行政诉讼的阻却都是非常重要的内容;本章的最后对行政诉讼案件的执行程序进行了简要说明。

【学习目标】 通过本章学习,应掌握行政诉讼的受理条件、行政诉讼的阻却、行政诉讼的判决和裁定种类;了解行政诉讼的一审、二审和审判监督程序的过程。

第一节 起诉与立案受理

一、起诉

所谓行政诉讼的起诉,是指公民、法人或者其他组织认为行政主体的行政行为侵犯了自己的合法权益,依诉讼程序向人民法院提出请求,要求人民法院对行政主体的行政行为进行审查,以保护自己权益的法律行为。

(一) 起诉的一般条件

起诉的一般条件是法律对提起行政诉讼所作出的最基本、最普遍的要求,根据《行政诉讼法》第 49 条的规定,提起行政诉讼的一般条件包括以下四点:

1. 原告适格。意即提起诉讼的原告应该具有起诉资格。根据《行政诉讼法》第 25 条的规定,起诉人应当是行政行为的相对人以及其他与行政行为有利害关系的公民、法人或者其他组织;有权提起诉讼的公民死亡的,其近亲属可以提起诉讼;有权提起诉讼的法人或者其他组织终止的,承受其权利的法人或者其他组织可以提起诉讼。

2. 提起行政诉讼必须有明确的被告。诉讼行为是对某一主体的指控,没有被指控的对象诉讼活动便无法存在。行政诉讼的起诉也不例外,必须有明确的被告。《行政诉讼法》第 49 条第 2 项明确规定,只要原告的起诉"有明确的被告",就是适法和有效。立法机关在法律释义中曾指出:"所谓明确,就是指原告所诉被告清楚、具体，可以指认。"[1]由此可知，《行政诉讼法》第49条第2项对于适格被告的规定，仅要求"明确"，而非"正确"。何谓"明确"？根据《行政诉讼法解释》第67条第1款的规定，原告提供被告的名称等信息足以使被告与其他行政机关相区别的，可以认定为"有明确的被告"。该条第2款同时规定了原告所起诉的被告不明确的情况下原告所应承担的法律后果，即起诉状列写被告信息不足以认定明确的被告的，人民法院可以告知原告补正；原告补正后仍不能确定明确的被告的，人民法院裁定不予立案。

3. 提起行政诉讼必须有具体的诉讼请求和事实根据。对于起诉而言这是基本内容，它要求行政诉讼原告所主张的权益必须是明确的，如果没有明确的权益主张，人民法院的审判活动就没有一个明确的方向。《行政诉讼法解释》第68条明确规定，"有具体的诉讼请求"是指：①请求判决撤销或者变更行政行为；②请求判决行政机关履行特定法定职责或者给付义务；③请求判决确认行政行为违法；④请求判决确认行政行为无效；⑤请求判决行政机关予以赔偿或者补偿；⑥请求解决行政协议争议；⑦请求一并审查规章以下规范性文件；⑧请求一并解决相关民事争议；⑨其他诉讼请求。其中，当事人单独或者一并提起行政赔偿、补偿诉讼的，应当有具体的赔偿、补偿事项以及数额；请求一并审查规章以下规范性文件的，应当提供明确的文件名称或者审查对象；请求一并解决相关民事争议的，应当有具体的民事诉讼请求。当事人未能正确表达诉讼请求的，人民法院应当要求其明确诉讼请求。

4. 必须属于人民法院受案范围和受诉人民法院管辖。原告所提起的行政纠纷必须在人民法院的受案范围之内，有一些纠纷不在人民法院受案范围之内，就不能通过提起行政诉讼的方式进行解决，而应当通过复议等其他途径加以解决。此外，人民法院内部在受理行政案件时也有着较为详细的分工，如果原告起诉的行政案件不属于受诉人民法院管辖，该法院应当告知起诉人向有管辖权的人民法院进行起诉；如果人民法院已经受理某一行政案件之后才发现该案不属于本院管辖，应当将该行政案件移送给有管辖权的法院。

(二) 起诉的期限条件

行政案件的起诉除了必须满足一般条件要求之外，还必须满足法律对起诉期限的要求。起诉期限是行政诉权行使的有效期间，一旦超过法定的起诉期限，当事人就将丧失行政诉权。具体到行政诉讼实践中，人民法院对于已经超过起诉期限的行政案件一律裁定不予受理，如果已经受理，裁定驳回起诉。

---

[1] 全国人大常委会法制工作委员会行政法室编著：《中华人民共和国行政诉讼法解读》，中国法制出版社2014年版，第135页。

根据《行政诉讼法》，行政诉讼的起诉期限如下：

1. 直接起诉的一般期限。一般情况下，公民、法人或者其他组织直接向人民法院提起诉讼的，应当在知道或应当知道作出行政行为之日起6个月内提出，法律另有规定的除外。

2. 行政机关未告知起诉期限的起诉期限计算以及最长起诉期限。行政机关作出行政行为时，未告知公民、法人或者其他组织起诉期限，致使当事人逾期向法院起诉的，其起诉期限从公民、法人或者其他组织知道或者应当知道起诉期限之日起计算，但从知道或者应当知道行政行为内容之日起最长不得超过1年。复议决定未告知公民、法人或者其他组织起诉期限的，也适用这一规定。

3. 当事人不知道行政行为内容的起诉期限计算及最长起诉期限。公民、法人或者其他组织不知道行政机关作出的行政行为内容的，其起诉期限从知道或者应当知道该行政行为内容之日起计算，但不得超过最长保护起诉期限的规定，即，因不动产提起诉讼的案件自行政行为作出之日起超过20年，其他案件自行政行为作出之日起超过5年提起诉讼的，人民法院不予受理。

4. 行政不作为案件。公民、法人或者其他组织申请行政机关履行保护其人身权、财产权等合法权益的法定职责，行政机关在接到申请之日起2个月内不履行的，公民、法人或者其他组织自行政机关履行法定职责期限届满之日起6个月内向人民法院提起诉讼，人民法院应当依法受理。法律、法规对行政机关履行职责的期限另有规定的，从其规定。紧急情况下，公民、法人或者其他组织请求行政机关履行保护其人身权、财产权等合法权益的法定职责，行政机关不履行的，起诉期间不受2个月的限制。

5. 起诉期限的延长和扣除。①公民、法人或者其他组织因不可抗力或者其他不属于自身的原因耽误起诉期限的，被耽误的时间不计算在起诉期限内。②公民、法人或者其他组织因其他特殊情况耽误起诉期限的，在障碍消除后10日内，可以申请延长期限，是否准许由人民法院决定。

（三）行政复议与行政诉讼的衔接

行政复议与行政诉讼是行政救济的两种重要方式，当公民、法人或者其他组织与行政主体发生行政争议，作为行政相对人的公民、法人或者其他组织能够采取何种救济方式是由我国法律详细规定了的，行政相对人必须遵循这些规定，我们把这些规定称为行政复议与行政诉讼的衔接。在我国，行政复议与行政诉讼的衔接基本上是以当事人自由选择行政复议或者行政诉讼为原则，以行政复议选择兼终局、行政复议前置为例外。

1. 在绝大多数情况下，公民、法人或者其他组织可以自由选择采取行政复议或者行政诉讼途径来进行行政救济。对于既属于行政复议受案范围又属于行政诉讼受案范围的行政案件，公民、法人或者其他组织可以先向上一级行政机关或者法律、法规规定的行政机关申请复议，对复议不服的，再向人民法院提起诉讼；也可以直接向人民法院提起诉讼。但是，在这种情况下当事人也只能在行政复议与行政诉讼之中选择其一，不得同时提起行政复议和行政诉讼。根据《行政诉讼法解释》第57、58条的规定，法律、法规未规定行政复议为提起行政诉讼必经程序，公民、法人或者其他组织既提起诉讼又申请行政复议的，由先立案的机关管辖；同时立案的，由公民、法人或者其他组织选择。公民、法人或者其他组织已经申请行政复议，在法定复议期间内又向人民法院提起诉讼的，人民法院裁定不予立案。法律、法规未规定行政复议为提起行政诉讼必经程序，公民、法人或者其他组织向复议机关申请行政复议后，又经复议机关同意撤回复议申请，在法定起诉期限内对原行政行为提起诉讼的，人民法院应当依法立案。

2. 行政复议选择兼终局。公民、法人或者其他组织有权自由选择采取行政复议或者行政诉讼途径来进行行政救济，但是，与上述第一种情况有所不同，此时的选择属于排他性选择，一旦当事人选择申请行政复议而且行政复议机关作出了复议决定，就不能再向人民法院提起行政诉讼。在我国，这种情况较为少见，如《行政复议法》第14条规定："对国务院部门或者省、自治区、直辖市人民政府的具体行政行为不服的，向作出该具体行政行为的国务院部门或者省、自治区、直辖市人民政府申请行政复议。对行政复议决定不服的，可以向人民法院提起行政诉讼；也可以向国务院申请裁决，国务院依照本法的规定作出最终裁决。"

3. 行政复议前置。行政复议前置，是指法律、法规规定应当先向行政机关申请复议，对复议不服再向人民法院提起诉讼。在这种情况下，如果公民、法人或者其他组织未申请复议直接提起诉讼，人民法院将裁定不予立案。行政复议前置的情形仅占行政案件的极少部分，例如，《行政复议法》第30条规定，公民、法人或者其他组织认为行政机关的具体行政行为侵犯其已经依法取得的土地、矿藏、水流、森林、山岭、草原、荒地、滩涂、海域等自然资源的所有权或者使用权的，应当先申请行政复议；对行政复议决定不服的，可以依法向人民法院提起行政诉讼。

（四）起诉方式

根据《行政诉讼法》第50条的规定，起诉应当向人民法院递交起诉状，并按照被告人数提出副本。书写起诉状确有困难的，可以口头起诉，由人民法院记入笔录，出具注明日期的书面凭证，并告知对方当事人。

二、立案受理

所谓立案受理，是指人民法院对起诉进行审查，接受符合法定条件的起诉并予以立案的法律行为。起诉与立案受理是引起行政诉讼程序开始的两个必要环节，若公民、法人或者其他组织不提起行政诉讼，人民法院"不告不理"，行政诉讼程序无法启动；若公民、法人或者其他组织提起行政诉讼，也必须由人民法院立案受理之后行政诉讼程序才正式开始。《行政诉讼法》规定了立案登记制度，最高人民法院的《行政诉讼法解释》也对立案登记作了更细致的规定。

（一）立案受理的方式

1. 登记立案。党的十八届四中全会通过的《中共中央关于全面推进依法治国若干重大问题的决定》提出，改革法院案件受理制度，变立案审查制为立案登记制，对人民法院依法应该受理的案件，做到有案必立、有诉必理，保障当事人诉权。2014年《行政诉讼法》在修改时增加了立案登记制度。对起诉审查时，起诉人只要满足起诉条件，法院就应当当场登记立案。

2. 审查后决定立案。对当场不能判定是否符合起诉条件的，法院应当接收起诉状，出具注明收到日期的书面凭证，并应当在接收起诉状后7日内决定是否立案。经审查认为符合起诉条件的，应当立案。7日内仍不能作出判断的，应当先予立案；经审查认为不符合起诉条件的，作出不予立案的裁定；裁定书应当载明不予立案的理由；原告对裁定不服的，可以提起上诉。

3. 补正后决定立案。起诉状内容或者材料欠缺的，人民法院应当给予指导和释明，并一次性全面告知当事人需要补正的内容、补充的材料及期限。在指定期限内补正并符合起诉条件的，应当登记立案。当事人拒绝补正或者经补正仍不符合起诉条件的，退回诉状并记录在册；坚持起诉的，裁定不予立案，并载明不予立案的理由。因起诉状内容欠缺或者有其他错误通知原告限期补正的，立案期限从补正后递交人民法院的次日起算。

4. 特殊情况下的立案处理。①人民法院裁定准许原告撤诉后，原告以同一事实和理由重新起诉的，人民法院不予立案。准予撤诉的裁定确有错误，原告申请再审的，人民法院应当通过审判监督程序撤销原准予撤诉的裁定，重新对案件进行审理。②原告或者上诉人未按规定的期限预交案件受理费，又不提出缓交、减交、免交申请，或者提出申请未获批准的，按自动撤诉处理。在按撤诉处理后，原告或者上诉人在法定期限内再次起诉或者上诉，并依法解决诉讼费预交问题的，人民法院应予立案。③人民法院判决撤销行政机关的行政行为后，公民、法人或者其他组织对行政机关重新作出的行政行为不服向人民法院起诉的，人民法院应当依法立案。④行政机关作出行政行为时，没有制作或者没有送达法律文书，公民、法人或者其他组织只要能证明该行政行为存在，并在法定期限内起诉的，人民法院应当依法立案。

（二）不予立案的救济

为了更好地保护公民、法人或者其他组织应当享有的诉权，我国《行政诉讼法》第51、52条和《行政诉讼法解释》第6条还规定了一套对人民法院审查结果的救济制度。

1. 人民法院不接收起诉状、接收起诉状后不出具书面凭证，以及不一次性告知当事人需要补正的起诉状内容的情况。这种情况下，当事人可以向上级人民法院投诉，上级人民法院应当责令下级法院改正，并对直接负责的主管人员和其他直接责任人员依法给予处分。

2. 人民法院既不立案，又不作出不予立案裁定的情况。这种情况下，当事人可以向上一级人民法院起诉。上一级人民法院认为符合起诉条件的，应当立案、审理，也可以指定其他下级人民法院立案、审理。《行政诉讼法解释》对此种情况作了进一步的规定。根据《行政诉讼法解释》第6条的规定，当事人认为有管辖权的基层人民法院既不立案，又不作出不予立案裁定，可以向中级人民法院起诉，中级人民法院应当根据不同情况在7日内分别作出以下处理：①决定自行审理；②指定本辖区其他基层人民法院管辖；③书面告知当事人向有管辖权的基层人民法院起诉。

3. 法院作出不予立案裁定的情况。这种情况下，当事人可以在裁定书送达之日起10内向上一级法院提起上诉。

第二节 行政诉讼审理与执行程序

一、第一审普通程序

（一）审理前的准备

审理前的准备是合议庭开庭审理行政案件之前必须经过的诉讼阶段。人民法院审理一审行政案件，必须根据《行政诉讼法》第68条的规定，由审判员或审判员、陪审员组成合议庭。合议庭成员应当是3人以上的单数。根据《行政诉讼法》第67条的规定，人民法院应当在立案之日起5日内，将起诉状副本发送被告。被告应当在收到起诉状副本之日起15日内向人民法院提交作出行政行为的有关材料，并提出答辩状。人民法院应当在收到答辩状之日起5日内，将答辩状副本发送原告。被告不提出答辩的，不影响人民法院审理。行政案件都必须开庭审理。开庭审理的具体方式有两种：公开审理与不公开审理。人民法院应当在这一阶段作出是否公开审理的决定。

审判人员应当通过审阅诉讼材料、核实诉讼证据来全面了解案件的事实真相，找出双方争议的焦点和疑点，为开庭审理做好准备。在审核诉讼材料时，应当着重审查被诉行政行为作出的事实根据和规范性文件依据，并要求被告提供作出行政行为的事实根据和所依据的规范性文件。对被告所提供的证据，还应当查明其是否是在诉讼期间向原告和证人收集获得的，以排除被告违法所取得的证据。审判人员在认真审核诉讼材料的基础上，对需要由人民法院进一步核实、查明的案件事实和需要收集的证据，应当有针对性地主动调查、收集。

《行政诉讼法解释》第 26 条规定："原告所起诉的被告不适格，人民法院应当告知原告变更被告；原告不同意变更的，裁定驳回起诉。应当追加被告而原告不同意追加的，人民法院应当通知其以第三人的身份参加诉讼，但行政复议机关作共同被告的除外。"法院在审理前的准备工作中，如果发现存在不合格的诉讼当事人，应当依法加以更换和追加。

此外，审判人员还应当审查、决定是否进行财产保全以及先予执行。

（二）开庭审理

开庭审理行政案件主要有出庭情况审查、法庭调查、法庭辩论和合议庭评议等程序环节。

1. 出庭情况审查。①查明当事人和其他诉讼参与人是否到庭。如果诉讼参与人均已到庭，则由书记员宣布法庭纪律，审判长宣布开庭；如果出现诉讼参加人没有到庭的情况，由合议庭决定是否延期审理、按撤诉处理或者缺席判决等。②核对当事人身份，审查双方诉讼代理人的授权委托书和代理权限。③宣布案由、宣布合议庭和工作人员名单、告知当事人的诉讼权利和义务。④当事人申请回避。申请回避应当在案件开始审理时提出；回避事由得知或者发生在审理开始以后的，也可以在法庭辩论终结前提出。申请回避可以口头提出，也可以书面提出。被申请回避的人员，应当暂停执行职务。但是，案件需要采取紧急措施的除外。人民法院对当事人提出的回避申请，应当在申请提出的 3 日内，以口头或者书面形式作出决定。对当事人提出的明显不属于法定回避事由的申请，法庭可以依法当庭驳回。申请人对决定不服的，可以在接到决定时申请复议一次。人民法院对复议申请，应当在 3 日内作出复议决定，并通知复议申请人。

2. 法庭调查。法庭调查的内容主要有以下几个方面：①明确诉讼争议。合议庭根据起诉状和答辩状的内容分别概述原告的诉讼请求和理由、被告答辩的基本观点和理由，询问原告、被告及其法定代理人、法定代表人或者诉讼代理人有无异议和补充。②当事人陈述和询问当事人。③询问证人、审查证人证言材料。④询问鉴定人、勘验人，审查鉴定意见、勘验笔录。⑤审查书证、物证及视听资料。当事人在法庭上有权提出新的证据，还可以要求重新鉴定、调查或者勘验，是否准许，由人民法院决定。如果合议庭认为案件事实已经查清，审判长即可宣布法庭调查结束，进入辩论阶段。

3. 法庭辩论。法庭辩论的顺序是：先由原告及其诉讼代理人发言，再由被告及其诉讼代理人答辩，然后双方相互辩论。第三人参加诉讼的，应在原、被告发言后再发言。法庭辩论由审判长主持，任何人发言须经审判长许可。辩论时，当事人重复陈述、陈述与案件无关的内容，甚至侮辱、攻击、谩骂双方的，审判长有权制止。辩论中提出与案件有关的新的事实、证据，由合议庭决定是否停止辩论，恢复法庭调查。当审判长认为应该查明的事实已辩论清楚，即可宣布结束辩论。审判长在按顺序征询原、被告的最后的意见后，宣布休庭，合议庭进行评议。

4. 合议庭评议。在评议时，合议庭成员可以平等地表明自己对案件的处理意见。合议庭成员意见不一致时，适用少数服从多数的原则，按多数意见作出裁决。评议过程制成评议笔录，评议中的不同意见必须如实记入笔录，由合议庭全体成员签名。

5. 公开宣判。行政案件无论是否公开审理，都应当公开宣判。能够当庭宣判的，由审判长在休庭结束、恢复开庭后当庭宣判，并在一定日期内向当事人发送判决书。不能当庭宣判需要报审判委员会讨论决定的案件，应当定期宣判。审判长可以当庭告知当事人定期宣判的时间和地点，也可以另行通知。定期宣判的，宣判后立即发给当事人判决书。

二、第一审简易程序

简易程序，是法院在一审程序中对于一些事实清楚、法律关系明确、争议不大的案件所适用的一种简便易行的程序。

（一）简易程序的适用范围

法院适用简易程序的基本条件是认为该案件事实清楚、法律关系明确、争议不大。具体适用范围包括：①被诉行政行为是依法当场作出的；②案件涉及款额2000元以下的；③属于政府信息公开案件；④当事人各方同意适用简易程序的其他案件。

另外，根据《行政诉讼法》第82条的规定，一审中适用简易程序，应该是普通的一审案件，发回重审、按照审判监督程序再审的案件不得适用简易程序。

（二）简易程序的特殊规定

适用简易程序审理案件，由审判员1人独任审理，并且应当在立案之日起45日内审结。其他方面的制度，与一审普通程序相同。

（三）简易程序向普通程序的转变

法院在审理过程中，发现案件不宜适用简易程序的，例如发现案件不属于可以适用简易程序的类型，或者不符合事实清楚、权利义务关系明确、争议不大等适用简易程序的前提条件的，应当裁定转为普通程序。《行政诉讼法解释》第105条规定："人民法院发现案情复杂，需要转为普通程序审理的，应当在审理期限届满前作出裁定并将合议庭组成人员及相关事项书面通知双方当事人。案件转为普通程序审理的，审理期限自人民法院立案之日起计算。"

三、第二审程序

（一）第二审程序的概念

第二审程序是指上级人民法院对下级人民法院，就第一审案件所作的判决、裁定，在发生法律效力以前，基于当事人的上诉，依据事实和法律，对案件进行审理的程序。

《行政诉讼法》第7条规定，人民法院审理行政案件实行两审终审制度。除了最高人民法院所作的第一审判决、裁定是终审判决、裁定外，当事人不服地方各级人民法院所作的第一审判决、裁定，都有权依法向上一级人民法院提起上诉，从而引起第二审程序的开始。因而，第二审程序又称为上诉审程序。又由于第二审的判决、裁定是终审判决、裁定，不得再行上诉，所以又称终审程序。

第二审程序是一种独立的审判程序，但并不是案件的必经程序。有些案件经过第一审程序审理，双方当事人认为第一审裁决正确，或者上诉期内没有提出上诉，第二审程序就不会发生。

（二）第二审程序的特征

1. 第二审程序是由当事人上诉引起的。无论是原告还是被告，如不服第一审人民法院所作的尚未发生法律效力的判决或裁定，并在法定期限内，以法定形式提起上诉，均会导致第二审程序的发生。

2. 适用第二审程序的只能是第一审人民法院的直接上级人民法院。所以基层人民法院无权适用第二审程序，而当事人越级上诉也是不允许的。

3. 适用第二审程序所作出的判决、裁定是终审的判决、裁定，不得再行上诉。当事人对第二审的判决、裁定仍有异议，可以提出申诉，但不影响判决、裁定的执行，这是由我国两审终审的审级制度决定的。

（三）第二审程序与第一审程序的区别

第二审程序作为当事人不服第一审程序的判决、裁定，提起上诉而引起的独立的审判程序，自然和第一审程序存在紧密的联系。但它们的区别也是明显的：

1. 审级不同。一审是原审人民法院进行审理的程序；二审是原审人民法院的上一级人民法院进行审理的程序。

2. 对象不同。一审的对象是行政管理相对方所不服的行政行为，二审的对象是一审人民法院所作的判决、裁定。

3. 程序发生的基点不同。一审程序是基于行政管理相对方的起诉权而引起，故一审程序只能由原告一方提起。二审程序是基于当事人的上诉权而引起，故提起上诉的可以是原告或被告任何一方当事人。此外，有独立请求权的第三人及法院判决认定其承担责任的无独立请求权的第三人也可依法提起上诉。

4. 审理的方式与审判组织的组成不同。二审人民法院如果认为一审裁决事实清楚，可以进行书面审理；而一审行政案件的审判不能进行书面审理。二审的合议庭必须由审判员组成；一审则可以由审判员组成，也可以由审判员和陪审员共同组成。

5. 审理的期限不同。一般情况下，一审须在6个月内结案，二审须在3个月内结案。

6. 审理的地点不同。第二审案件，既可以在第二审人民法院所在地审理，也可以到案件发生地或原审人民法院所在地就地审理。

（四）第二审程序的意义

1. 有利于上级人民法院检查和监督下级人民法院的审判工作。上级人民法院通过对上诉案件的审理，可以发现下级人民法院在认定事实、适用法律和审判作风中存在的问题，加强审判监督，帮助下级人民法院总结审判工作经验，提高审判工作水平和办案质量，保证人民法院正确行使审判权。

2. 有利于保护当事人的合法权益。当事人不服第一审人民法院的判决、裁定，依法提起上诉后，第二审人民法院根据当事人的上诉请求对第一审判决、裁定在认定事实、适用法律、审判程序的适用等方面是否正确予以审查，原判决、裁定正确的予以维持，原判决、裁定错误的，可以及时得到纠正。由此，案件经过两级人民法院审理，就可以尽量避免当事人的合法权益因人民法院的错误裁判而受到损害。

3. 有利于审判权的独立行使。设立第二审审判程序，在当事人上诉至二审人民法院后，由原审人民法院的上一级人民法院重新审查行政机关的行政行为的合法性，有利于人民法院摆脱地方政府的干扰，保证行政案件的公正审理。

（五）第二审程序的过程

1. 提起上诉。所谓上诉，是指当事人不服第一审人民法院的裁决，在法定期限内提出上诉状，请求上一级人民法院进行审判的诉讼行为。

上诉基于上诉权而提起。无论一审裁决是否正确，当事人都可提起上诉，只要提起上诉，就必然引起第二审程序。上诉权是当事人的一项重要诉讼权利，这是由审级制度决定的。当事人有权决定自己是否上诉，任何人不得限制和剥夺。保证当事人自由行使这项权利，是人民法院的一项重要职责。

行政诉讼当事人行使上诉权，提起上诉，必须具备六个条件：

（1）必须是法定的上诉人。凡第一审程序中的原告、被告和第三人及其法定代理人、指定代理人、法人的法定代表人，都有权提起上诉。委托代理人必须经过被代理人的特别授权，才能以被代理人的名义提起上诉。

（2）必须有法律允许提起上诉的对象。能够成为上诉对象的，只能是地方各级人民法院第一审尚未发生法律效力的判决或裁定，对最高人民法院的判决和裁定不准上诉。对于裁定，除驳回起诉、不予受理及管辖异议的裁定可以上诉外，其他裁定都不准上诉。

（3）上诉理由必须成立。包括：第一审人民法院认定事实有错误；第一审人民法院在适用法律、法规上有错误；第一审人民法院在审理案件过程中违背法定程序；第一审人民法院的判决或裁定缺乏理由等。

（4）必须在法定的期限内提起上诉。当事人不服人民法院第一审判决的，有权在判决书送达之日起15日内向上一级人民法院提起上诉。当事人不服人民法院第一审裁定的，有权在裁定书送达之日起10日内向上一级人民法院提起上诉。逾期不提起上诉的，人民法院的第一审判决或者裁定发生法律效力。

（5）提起上诉的方式必须符合法律规定。如提起上诉应当用上诉状，提供上诉状副本。上诉状副本应当按照对方当事人的人数提供。上诉状的内容包括：上诉人和被上诉人的情况（如是法人或其他组织，还应写明法人或其他组织的全称、法定代表人或主要负责人的姓名和职务）、原审人民法院的名称、案件的编号和案由、上诉的请求和理由。

（6）必须交纳上诉费。上诉人在第二审人民法院宣判之前，有权申请撤回上诉。撤回上诉后，诉讼费由撤回上诉人负担，但下列几种情况不准撤回上诉：

第一，第二审人民法院经全面审查，认定原审人民法院的判决或裁定确有错误，必须加以纠正，或者依法发回原审人民法院重新审理的案件，不能撤回上诉。

第二，第二审人民法院审理过程中，上诉人处于明显败诉情况下，如果同意上诉人撤回上诉，将会侵害被上诉人的合法权益，因此，第二审人民法院应裁定不准上诉人撤回上诉。

第三，遇有双方当事人先后或同时提出上诉的情况，为了维护另一方当事人的上诉权利，不能因一方当事人申请撤回上诉而终止诉讼。

第四，上诉人如因行政机关在第二审程序中改变其原行政行为而申请撤回上诉的，人民法院不予准许。因为根据法律规定，在第二审程序中，行政机关不得改变其原行政行为。

2. 受理上诉。上诉的受理，主要应遵循以下程序：

（1）当事人提出上诉，应当按照其他当事人或者诉讼代表人的人数提出上诉状副本。

（2）一审人民法院收到上诉状后，应当进行审查。如果上诉人起诉超过法定期限，应由一审人民法院及时作出裁定，驳回上诉。因为超过上诉期限，当事人的上诉权即告丧失。并且，此时当事人与上一级人民法院尚未发生诉讼法律关系。同时，人民法院对其他不符合要求的上诉状，应限期补充修改。

（3）上诉人在法定期限内将上诉状及其副本提交一审人民法院，一审人民法院应在 5 日内将上诉状副本送达被上诉人，被上诉人收到上诉状副本后，应当在 10 日内提交答辩状。一审人民法院应当在收到答辩状之日起 5 日内将副本送达上诉人。但如果被上诉人逾期不提出答辩的，应不影响二审人民法院审理，因为被上诉人也可以在法庭辩论时答辩。

（4）一审人民法院收到上诉状、答辩状后，应对上诉的事实和理由提出看法和意见，附在卷内，供上一级人民法院审理时参考，并连同全部案卷和证据包括已预收的诉讼费用，在 5 日内报送二审人民法院。二审人民法院收到全部案卷、上诉材料和证据后，经审查认为符合法律规定的条件，即可立案，按第二审程序进行审理。

（5）当事人直接向第二审人民法院提起上诉的，第二审人民法院应当在法定期限内将上诉状转交原审人民法院。

3. 上诉的审理。人民法院审理上诉案件，是在一审程序已经结束的基础上进行的，是针对一审法院所作出的判决、裁定是否合法而展开的司法审查。

人民法院审理行政案件，无论是一审程序还是二审程序，都必须采用合议制。与一审程序不同的是，二审法院审理上诉案件，只能由审判员组成合议庭，合议庭的组成人员中不得有陪审员。合议庭应当全面审查一审法院的判决或裁定认定的事实是否清楚，适用法律是否正确，诉讼程序是否合法，审查不受上诉人在上诉状中上诉范围和上诉内容的限制。

二审的审理方式有两种：①书面审理。书面审理适用于一审裁判认定事实清楚的上诉案件。二审法院对一审法院报送的案卷材料、上诉状、答辩状、证据材料等，经审查认为事实清楚的，可以不再传唤当事人、证人和其他诉讼参与人到庭调查核实，只通过书面审查后即可作出裁判。②开庭审理。二审法院开庭审理的程序与一审相同，主要适用于当事人对一审法院认定的事实有争议，或认为一审法院认定的事实不清、证据不足等情形。

四、审判监督程序

（一）审判监督程序的概念

审判监督程序是指人民法院发现已经发生法律效力的判决、裁定违反法律、法规的规定，依法对案件再次进行审理的程序，故又称再审程序。

审判监督程序是检验人民法院已结案件办案质量的一种程序。各级人民法院对已发生法律效力的判决、裁定，无论是否已经执行，只要发现违反法律、法规，都要按审判监督程序进行审理。

(二) 审判监督程序的特征

1. 审判监督程序具有补救性质。适用审判监督程序并不是审理每一个行政案件的必经程序，只有在发现已经发生法律效力的判决、裁定确有错误，需要进行再审的，才能适用审判监督程序。它是一审、二审以外不具有审级性质的一种特殊的审判程序，是人民法院进行审判监督的一种方式，目的是保证人民法院审判工作的质量。

2. 审判监督程序由特定主体提起。包括原审人民法院、原审人民法院的上级人民法院、人民检察院。按照审判监督程序审理的案件，既有当事人申诉申请再审的案件、人民检察院提起抗诉的案件，也有人民法院提起再审的案件。

3. 审判监督程序审理的对象是已经发生法律效力的判决、裁定，再审的原因是原判决、裁定确有错误。无论是人民检察院抗诉，还是人民法院提起的再审案件，其判决、裁定不论是第一审人民法院还是第二审人民法院作出的，都是已经发生法律效力的判决、裁定，并且确有错误。即只有当判决、裁定已经发生法律效力，并且发现确有错误的，才能通过审判监督程序进行纠正。

4. 审判监督程序适用程序的特殊性。审判监督程序既不是全部适用一审程序，也不是全部适用二审程序。只经过第一审程序审结的案件，适用第一审程序；经过第二审程序审结的案件，则适用第二审程序。

(三) 审判监督程序与第二审程序的关系

审判监督程序与第二审程序具有较密切的关系。两者的相同之处在于：

1. 两者的审理对象都是人民法院作出的判决、裁定。

2. 两者的目的都是审查、纠正人民法院判决、裁定的错误。

但是两者也有明显的区别：

1. 性质不同。第二审程序是对第一审行政案件的继续审理，是正常的审理程序。再审则不是二审程序的继续，而是依法重新开始的新的程序，是审判的补救程序。

2. 审理的对象不同。第二审程序审理的案件只能是一审尚未发生法律效力的判决、裁定。再审程序审理的对象是已经发生法律效力的判决、裁定，不论是一审还是二审的判决、裁定，只要是发生法律效力的都可能成为再审的对象。

3. 启动诉讼的主体不同。二审程序是由当事人依法行使上诉权而引起的。提起再审程序的主体，则是原审人民法院、原审人民法院的上级人民法院、人民检察院。

4. 启动的理由不同。提起二审程序的案件，不管当事人理由如何，只要提起上诉，第一审人民法院都应把案件移送到上一级人民法院进行审理。而启动再审程序的案件，必须是判决或裁定在认定事实或适用法律上确有错误。

5. 启动的期限不同。提起二审程序的时间，有法定时效的限制，必须是在当事人一审判决书送达之日起15日内、一审裁定书送达之日起10日内。而审判监督程序的启动则不受时间限制，它可在裁定、判决生效后的任何时间内提起。

6. 审理的法院不同。第二审程序审理案件的只能是原审人民法院的上一级人民法院。而适用再审程序审理案件的不仅可能是上一级人民法院，而且还包括原审人民法院。

（四）审判监督程序的意义

1. 有利于保证人民法院裁判的正确性、合法性。通过审判监督程序的设立，建立和完善人民法院审判工作的监督机制，便于及时纠正错案，同时帮助提高审判人员的法律水平，排除一、二审人民法院意见的不一致，从整体上提高人民法院的办案质量。

2. 有利于保护当事人的合法权益。行政诉讼案件较其他案件的审理更具复杂性、艰巨性，更易受多种因素干扰。因此，更有可能因为人为因素而发生案件的非公正审理，从而损害当事人的合法权益。设立审判监督程序，可以使发生错误的判决、裁定，通过法律程序得到纠正，从而切实保护当事人的合法权益。

（五）审判监督程序的过程

1. 审判监督程序的发动方式。审判监督程序有以下三种发动方式：

（1）当事人申请。当事人对已经发生法律效力的判决、裁定，认为确有错误的，可以向上一级人民法院申请再审，是否再审由法院决定。但判决、裁定不停止执行。

（2）法院的决定。各级人民法院院长对本院发生法律效力的判决、裁定，发现需要再审的，提交审判委员会讨论决定是否再审；最高人民法院对地方各级人民法院已经发生法律效力的判决、裁定，上级人民法院对下级人民法院已经发生法律效力的判决、裁定，发现应当再审的，有权提审或指令下级人民法院再审。

（3）检察院的抗诉。最高人民检察院对各级人民法院已经发生法律效力的判决、裁定，上级人民检察院对下级人民法院已经发生法律效力的判决、裁定，认为违法需要再审的，有权按照审判监督程序提出抗诉。地方各级人民检察院对同级人民法院已经发生法律效力的判决、裁定，认为需要再审的，可以向同级人民法院提出检察建议，并报上级人民检察院备案；也可以提请上级人民检察院向同级人民法院提出抗诉。各级人民检察院对审判监督程序以外的其他审判程序中审判人员的违法行为，有权向同级人民法院提出检察建议。对于检察院抗诉的案件，法院应当再审。

2. 审判监督程序的适用范围。有下列情形之一的，人民法院应当再审：①不予立案或者驳回起诉确有错误的；②有新的证据，足以推翻原判决、裁定的；③原判决、裁定认定事实的主要证据不足、未经质证或者系伪造的；④原判决、裁定适用法律、法规确有错误的；⑤违反法律规定的诉讼程序，可能影响公正审判的；⑥原判决、裁定遗漏诉讼请求的；⑦据以作出原判决、裁定的法律文书被撤销或者变更的；⑧审判人员在审理该案件时有贪污受贿、徇私舞弊、枉法裁判行为的。

法院决定再审的，除了前述 8 种情形，还包括调解违反自愿原则或者调解书内容违法的情形；检察院抗诉引起再审的，除了前述 8 种情形，还包括调解书损害国家利益、社会公共利益的情形。

3. 再审案件的审理。凡按审判监督程序决定再审的案件，均应裁定中止原判决的执行。裁定由院长署名，加盖人民法院印章。人民法院审理再审案件，应当另行组成合议庭，原合议庭成员应当自行回避。不允许原来审理该案的审判人员参加再审案件的审理，有利于案件错误的发现、纠正。

发生法律效力的判决、裁定如果原来是由第一审法院作出的，则按照第一审程序审理，由此作出的判决、裁定，当事人不服的可以提起上诉；生效的判决、裁定如果原来是由第二审法院作出的，或者再审时是由上级法院按照审判监督程序提审的，均按照第二审程序审理，由此作出的判决、裁定是终审裁判，当事人不得提起上诉。此外，人民法院审理抗诉案件时，应当通知人民检察院派员出庭。

五、行政诉讼的阻却

行政诉讼的阻却，是指在行政诉讼过程中出现了一些阻碍行政诉讼继续进行的因素，使得行政诉讼无法按照通常的普通程序完整实现的情形。我国《行政诉讼法》上所规定的导致行政诉讼阻却的情况大致可以归纳为以下几种：

（一）延期审理

行政诉讼的延期审理是指人民法院已经确定某一行政案件的审理日期或者正在审理的过程中，发生某些特殊情况不得不将审理日期延后到另一日期再行审理的制度。延期审理的原因是发生了某些不影响其他审理环节的特殊合理情况。《行政诉讼法解释》第 72 条规定，有下列情形之一的，可以延期开庭审理：①应当到庭的当事人和其他诉讼参与人有正当理由没有到庭的；②当事人临时提出回避申请且无法及时作出决定的；③需要通知新的证人到庭，调取新的证据，重新鉴定、勘验，或者需要补充调查的；④其他应当延期的情形。

（二）延长审限

《行政诉讼法》规定了行政诉讼第一审程序和第二审程序的审理期限，当人民法院遭遇特殊情况无法在法定期限内完成案件审理时，就需要适当延长审限。对于第一审行政案件，人民法院应当自立案之日起 6 个月内作出判决，但是鉴定、处理管辖异议和中止诉讼的期间不计入审理期限。若人民法院在一审程序中遭遇特殊情况需要予以延长，由高级人民法院批准；高级人民法院审理一审行政诉讼案件需要延长的，由最高人民法院批准。对于第二审行政案件，人民法院应当自收到上诉状之日起 3 个月内作出终审判决，由于特殊情况需要延长的，由高级人民法院批准；高级人民法院需要延长的，由最高人民法院批准。

（三）撤诉

撤诉可以分为申请撤诉和视为申请撤诉两种类型。申请撤诉是人民法院对行政案件宣告判决或者裁定之前，原告或者上诉人申请撤诉，或者在一审程序中被告改变其所作的行政行为，原告同意并申请撤诉。对于原告的撤诉申请，由人民法院裁定是否予以准许。视为申请撤诉又包括两种情形：①原告或者上诉人经人民法院合法传唤，无正当理由拒不到庭或者未经法庭许可中途退庭，人民法院可以按照自动撤诉予以处理；②原告或者上诉人未按规定的期限预交案件受理费，又不提出缓交、减交、免交申请，或者提出申请未获批准，人民法院按照自动撤诉予以处理。除未按规定预交案件受理费的情形外，原告撤诉后以同一事实和理由重新起诉的，人民法院不予受理。

（四）缺席判决

所谓缺席判决，是指行政诉讼的原告（上诉人）或者被告（被上诉人）经合法传唤无正当理由拒不到庭，人民法院在原告（上诉人）、被告（被上诉人）缺席法庭的情况下作出审理并判决。一般来说，行政诉讼的原告或者上诉人应当出席法庭，原告或上诉人经合法传唤无正当理由拒不到庭的应当视为撤诉。但是也有例外情况，当原告或者上诉人申请撤诉，人民法院裁定不予准许的，原告或者上诉人经合法传唤无正当理由拒不到庭，或者未经法庭许可中途退庭的，人民法院可以缺席判决。这一规定的目的在于限制原告或者上诉人的撤诉权，防止有违法行为的原告或者上诉人通过撤诉逃避法律制裁。对于被告（被上诉人）来说，经人民法院两次合法传唤无正当理由拒不到庭的，人民法院可以缺席判决。

（五）诉讼中止

诉讼中止是指在行政诉讼过程中出现了某些无法克服或者难以避免的特殊情况，诉讼程序暂时完全停止，等引起诉讼中止的情况消除后，再恢复诉讼程序的一种制度。与延期审理有所不同，诉讼中止是所有诉讼程序的暂时完全停止，而延期审理只是将审理期限延后，其他诉讼程序如调查、取证等仍在继续。《行政诉讼法》规定的引起诉讼中止的情形有七种：①原告死亡，须等待其近亲属表明是否参加诉讼的；②原告丧失诉讼行为能力，尚未确定法定代理人的；③作为一方当事人的行政机关、法人或者其他组织终止，尚未确定权利义务承受人的；④一方当事人因不可抗力的事由不能参加诉讼的；⑤案件涉及法律适用问题，需要送请有权机关作出解释或者确认的；⑥案件的审判须以相关民事、刑事或者其他行政案件的审理结果为依据，而相关案件尚未审结的；⑦其他应当中止诉讼的情形。

（六）诉讼终结

诉讼终结是指在行政诉讼过程中出现了某些特殊情况，导致继续诉讼已无可能或者已经没有意义，人民法院裁定完全终止整个行政诉讼程序的一种制度。引起行政诉讼终结的法定情形有：①原告死亡，没有近亲属或者近亲属放弃诉讼权利的；②作为原告的法人或者其他组织终止后，其权利义务的承受人放弃诉讼权利的；③因原告死亡须等待其近亲属表明是否参加诉讼，原告丧失诉讼行为能力尚未确定法定代理人，或者作为一方当事人的行政机关、法人或者其他组织终止，尚未确定权利义务承受人的，中止诉讼满90日仍无人继续诉讼的，裁定终结诉讼，但有特殊情况的除外。

（七）被告改变被诉行政行为

在行政诉讼过程中，作为行政主体一方的被告只有在第一审程序中才能改变被诉行政行为，在第二审程序中，不能再改变行政行为。第一审程序中，若被告改变行政行为，应当书面告知人民法院。原告或者第三人对改变后的行为不服提起诉讼的，人民法院应当就改变后的行政行为进行审理。被告改变其所作的行政行为，原告同意并申请撤诉的，是否准许，由人民法院裁定。被告改变原行政行为，原告不撤诉，人民法院经审查认为原行政行为违法的，应当作出确认其违法的判决；认为原行政行为合法的，应当判决驳回原告的诉讼请求。原告起诉被告不作为，在诉讼中被告作出行政行为，原告不撤诉的，参照上述原则处理。

（八）移送

人民法院在审理行政案件过程中，认为行政机关的主管人员、直接责任人员违反政纪的，将有关材料移送该行政机关或者其上一级行政机关或者监察、人事机关。认为有犯罪行为的，应当将有关材料移送公安、检察机关。应当注意的是，人民法院之间因管辖权问题发生移送管辖不是这里所称的"移送"。案件移送有可能会影响到行政案件的审理工作，符合诉讼中止的有关条件的，人民法院应裁定中止诉讼。如果案件全部移送有关机关处理，导致该案已不属于行政案件，人民法院应当裁定终结诉讼。

六、行政诉讼执行程序

（一）行政诉讼执行的概念

行政诉讼执行，是指人民法院或者有权行政机关对已生效的判决、裁定等在义务人逾期拒不履行时，依法采取强制措施，从而使判决、裁定、调解书得以实现的活动。

(二) 行政诉讼执行的特征

1. 行政诉讼执行的主体是人民法院或者有权行政机关。即不仅人民法院是行政诉讼执行的主体，而且行政机关依法律规定，对经过行政诉讼、已经发生法律效力的法院的判决、裁定，行政相对方不履行义务的，也有行政诉讼上的执行权，此时的行政机关亦为行政诉讼执行主体。

但应该明确，行政机关成为《行政诉讼法》所规定的"有权行政机关"是有一定条件的，即行政机关只有在执行行政诉讼的司法文书的有关内容时，才是行政诉讼执行主体。而其作为行政管理主体，在行政实体法律关系中的行政程序中作出处理决定，并依法在行政程序中强制执行，则与行政诉讼无关，此时的行政机关则不是行政诉讼执行的主体。

2. 执行申请人或被申请人必有一方是作为行政主体的行政机关。因为行政诉讼中行政机关是恒定的被告一方，所以在行政诉讼执行中的申请执行人与被申请执行人中必有一方为行政机关。

3. 执行的是已生效的行政判决书、行政裁定书、行政赔偿判决书和行政赔偿调解书。而行政程序中的行政决定则不是行政诉讼执行的根据。

(三) 行政诉讼执行的条件

1. 有执行根据。执行根据就是据以执行的法律文书，包括生效的判决书、裁定书和赔偿调解书。

2. 有可供执行的内容。并非所有的裁判文书都有执行的可能，只有裁判文书确定了义务人的作为义务时才有执行的可能。一般来讲，作为可供执行内容的义务有：给付义务，如赔偿；实施特定行为的义务，如拆除违章建筑、重新作出行政行为。

3. 被执行人有能力履行而拒不履行义务。

4. 申请人在法定期限内提出了执行申请。

(四) 行政诉讼执行的具体程序

1. 执行审查。这是执行组织在接到执行申请书或移交执行书后，在法定期限内，对有关文书、材料进行审查，对案情进行了解，并决定是否立案执行的过程。执行员在接到执行申请书或移交执行书后，应当在10日内了解案情，审查下列事项：申请人是否具备申请资格，执行的文书、材料是否齐备，执行根据是否生效，执行申请的提出是否在法定期限内，执行文书的内容是否正确、合法，以及其他需要审查的事项。如果经过审查认为不符合条件，则不予立案、不予执行，并将有关文书、材料退回。如果经过审查发现材料不足，则通知申请人和移交机构补充材料。如果执行事项不清、不准确或文书制作错误，则应当通知有关机构予以裁定补正后，立案执行。《行政诉讼法解释》第 155 条第 3 款规定，人民法院对符合条件的申请，应当在 5 日内立案受理，并通知申请人；对不符合条件的申请，应当裁定不予受理。行政机关对不予受理裁定有异议，在 15 日内向上一级人民法院申请复议的，上一级人民法院应当在收到复议申请之日起 15 日内作出裁定。

2. 执行实施。经决定立案执行的，执行机构在实施执行之前，应做好一系列准备工作，尤其是要了解被执行人拒不履行义务的原因，是否有履行能力及其财产状况等，还要制定强制执行的方案，决定所要采取的执行措施，确定执行的时间、地点，划分执行范围，明确执行对象，并办理好有关执行批准手续，通知执行参与人以及有关人员到场，然后予以实施。

3. 执行中止。在执行过程中，有下列法定事由之一的，执行中止：①申请执行人表示可以延期执行的；②案外人对执行标的提出确有理由的异议；③作为一方当事人的公民死亡，需要等待继承人继承权利或承担义务的；④作为一方当事人的法人、其他组织终止的，尚未确定权利义务承受者的；⑤法院认为应当中止执行的其他情形。当上述法定事由消失后，人民法院执行机构应主动恢复执行，也可以由申请人提出恢复执行的申请，经法院批准后恢复执行。中止以前所进行的执行活动，仍然有效。

4. 执行终结。这是指在执行过程中，因法定事由出现，使执行已无必要或不可能继续进行下去，从而结束执行程序。它与执行中止不同，执行中止是指执行暂时中断；而执行终结是执行被结束。执行终结的法定事由有：申请人撤销执行申请的；作为执行根据的法律文书被撤销的；作为被执行人的公民死亡，无遗产可供执行，又无义务承担人的；享受赡养费、抚养费、抚育费以及抚恤金的权利人死亡的；法院认为应当终结执行的其他情形。终结执行的，法院制作终结执行裁定书，并送达当事人。当事人对于终结执行的裁定不得上诉。

5. 执行完毕。这是执行案件在内容和程序上的终结，当申请执行人的权利得以实现，执行结束。执行完毕与执行终结在结束执行程序这一点上是相同的。但执行完毕是通过采取执行措施，实现了执行根据所确定的义务，完成了执行目的与任务；而执行终结并未完成原执行任务。

第三节 行政诉讼证据和法律适用

一、行政诉讼证据的概念

证据是指能证明案件真实情况的一切事实材料。对于证据要求其必须同时具备三个特性：①客观性。证据必须具有客观真实性，必须是曾经发生过的真实存在的事实，而不是人们主观推测或者臆想出来的事情。只要是真实发生过的事情，它总会留下一定的痕迹或者留在人们的记忆中，将它们收集起来后所形成事实材料，就是证据材料。②关联性。曾经客观真实存在过的事实还必须与待证案件事实有关联，即有因果关系，否则，即使是真实的事实，也不能成为证据。例如，某企业曾经制售伪劣产品被工商管理局处罚过，但不能凭此证明市场上又出现的伪劣产品一定就是该企业所生产，如果再次在该企业仓库中查获伪劣产品，那么它就是证明其违法的证据。③合法性。证据的形式必须符合法律规定的形式要件，获取证据的手段也必须符合法定的程序性要求，否则，非法获取的证据或者不符合法定形式的证据，即使是客观真实的、与案件相关联的，也不能成为法院定案的依据。例如私设公堂、非法拘禁获得的证词，法官不予采信。总之，要成为法官认定案件事实的依据，其要求是很高的，必须同时具备客观性、关联性与合法性三个特征。

行政诉讼证据作为证据也应当具备证据的"三性"，如果实践中存在比较大的问题，就导致行政机关收集、审定并最终采纳的作为认定事实的证据违法，导致事实认定瑕疵。其根源在于证据缺乏客观性、关联性，证据的形式不符合法律要求，或者违反法定程序获得的证据。[1]因此，尽管行政诉讼在证明对象、证明任务方面有着其特殊性，证据也必须符合客观性、关联性与合法性的特点。行政诉讼证据是指用来证明行政案件真实情况的一切事实材料。能够用来证明行政法律关系发生、变更与终止的事实，并且是通过合法手段获取，在法定期限内向法院提供的，才可以作为法院认定案件事实的依据。行政诉讼证据要证明的对象和任务是被诉行政行为是否合法，是否侵害了行政相对方的合法权益，损害结果如何等；行政诉讼的被告负有证明行政行为合法的举证责任；所举的证据必须是当初作出行政行为时形成的案卷材料，即被告在行政诉讼中的取证活动受到限制；法院一般不为被告代为调查取证。这些特点都是有别于民事诉讼、刑事诉讼的证据制度，是行政诉讼证据的显著特征。

二、行政诉讼证据的种类

行政诉讼证据有法定的分类与法理上的分类两种，前者指《行政诉讼法》规定的证据种类；后者则是法理上的分类。

（一）法定的证据种类

根据《行政诉讼法》第33条的规定，行政诉讼的证据有：书证，物证，视听资料，电子数据，证人证言，当事人的陈述，鉴定意见，勘验笔录、现场笔

---

[1] 张步洪：《中国行政法学前沿问题报告》，中国法制出版社1999年版，第217页。

录，共8种。

1. 书证。书证是指以其记载的思想、内容、含义等证明案件事实的文字、符号、图表或者图案等。书证是行政诉讼中适用频率最高的、最重要的证据之一，如行政处罚裁决书、专利证书、营业执照、会计账本，等等。由于它记载或者表达的内容与案件有联系，因此能够作为认定案件事实的根据。

书证的类型依据不同的标准可以划分为不同的种类，根据制作方式，书证有原本、正本、副本、节录本之分。原本、正本由于是最初制作形成的对外界具有效力的文书，其证明力一般要高于后两者，因此，一般要求当事人向法院递交原本与正本。根据书证的内容，书证可以分为实质性与情况性书证。前者指记载有引起法律关系产生、变更或者消灭的内容，具有处分性的，可引起一定法律后果的书证。后者是情况性的记载，并不直接涉及新的法律关系的变化，所以不直接产生法律后果。实质性书证证明力比较大，往往是法院认定案件事实的重要依据。根据制作主体的不同，书证还可以分为公文与非公文的书证。前者的制作主体是国家机关、企事业组织、社会团体，相对而言其真实性比较大，被伪造、假冒的可能性较小，因此它的证明力一般高于公民个人制作的书证。书证的分类告诉人们，应该重视对原件的书证、处分性的书证以及公文性书证的收集和提供，当然，也不可忽视另几类书证的作用，因为它们还是具有一定的证明力，或者能提供一定的线索。

由于书证对认定案件事实有重要作用，因此对书证要进行审查，审查书证的出处、书证的真伪、提供书证者的表现、书证的形式与程序要件等，进行审查后才能确定它能否作为认定案件事实的根据使用。

2. 物证。物证是指以其形状、性质、特征等证明案件事实的痕迹、物品等，物证有广义与狭义之分，广义的物证与人证相对应，包括了书证在内，而狭义的物证不包括书证。它与书证的区别在于：是以其表达的思想内容还是以其外观性质等证明案件事实的不同；法律是否对其形式上的要求不同，法律不可能对物证有形式上的要求，而对书证有一定的形式与程序要求。因此，很容易将两者相区分。但是也不排除兼具书证与物证特点的证据，例如工商局以制售用有害塑料制作的、宣传恐怖内容的幼儿玩具为由，对厂商予以行政处罚，执法者是通过该玩具图文表达的内容以及测定塑料性质，认定其对幼儿身心构成毒害的。因此，该证据既是书证又是物证。根据法律的规定，物证要求提供原物，只有在提供原物有困难的情况下，才允许提供复制品或者照片等，例如假冒劣质产品的原件的照片、交通事故中受损车辆的录像。

物证的特点是具有客观性和可靠性，不像人证那样易受到人的主观因素和其他情况的影响，失真的可能性比较小，因而常常被用来证实与鉴别其他证据的真伪，是重要的证据类型之一。但是，物证不会自己开口，需要注意收集与提供，有些物证还容易受到时间或其他因素影响而损坏、消失或者不易收集，需要及时地加以固定和保全。

对物证也要进行审查判断，辨别其真伪，看其与其他证据之间是否相一致，并经过当事人在法庭上的认证、质证，无异议后才能成为法院认定案件事实的根据。

3. 视听资料。视听资料是指利用科技手段制作的录音、录像、传真资料、微型胶卷、计算机软盘等具有再现功能的，以其声音、图像、资料等证明案件事实的证据。视听资料具有书证、物证不具有的特点，它能全方位、生动地展现案件发生的过程，有很强的说服力。但是，由于受到制作设备、制作技术或者其他人为因素（如设备故障收录材料不全或者被人为地剪接）的影响，视听资料也有失真的可能性，需要法庭审查、检查、判断摄制设备是否完好，摄制的技术水平如何，视听资料与本案的其他证据材料是否相一致、有无矛盾等，最后才能作为法院认定案件事实的证据。

4. 电子数据。电子数据是指以数字化形式存储、处理、传输的数据。

5. 证人证言。证人是指案件当事人以外的了解案件事实并可以到法庭作证的人。只有耳闻目睹案件事实，且能够正确表达自己意思的人才能成为证人。根据法律的规定，在证人资格方面，首先，证人必须是自然人，机关、社团或者其他组织不能成为证人；其次，必须是了解案情的人，凡通过道听途说得来消息的人不能成为证人；最后，必须是能正确表达意思的人。生理上、精神上有缺陷或者年幼不能辨别是非、不能正确表达的人，不能作为证人。对于未成年人或者聋哑人，只要能够正确表达意思的，都不排除其作为证人的资格。例如，聋哑人可以通过书写证词或者用哑语反映其所见所闻，帮助法院查明案件事实。

证人证言是指证人就其了解的案件情况，向人民法院所作的陈述。证人证言可以是口头形式的，也可以采用书面的形式，书面的证言可以由证人自己书写，对于法院制作的证人笔录，证人有权要求查阅与修改。法庭应当告知证人故意作伪证或者隐瞒案件事实应负的法律责任。由于受到证人的认识与表达能力等的限制，证人证言也有可能具有虚假性，法院应当认真分析证人证言，看其与其他证据是否一致。通过分析证人证言，可以了解证人证言的来源是直接的、间接的还是道听途说得来的，还可以了解证人与当事人之间的关系如何，有无受到外界影响等，去伪存真后，证人证言才能作为法院认定案件事实的根据。

6. 当事人的陈述。当事人是行政争议的亲历者，十分清楚案件的有关情况，他们的如实陈述能够向法院提供重要的事实材料，有利于查明案件事实，因而是重要的证据种类之一。但是，由于是本案的当事人，与案件审理结果有直接利害关系，有可能有意无意地歪曲案件事实，强调或者夸大对自己有利的案情，淡化或者缩小对自己不利的案情，甚至虚构事实，作不真实的陈述。也有一些当事人限于认识能力、记忆能力和表达能力等方面的缺陷也会影响其陈述的真实性、完整性。鉴于当事人陈述有可能存在片面性与虚假性，所以，对于当事人陈述既不能不信也不能盲从，需要法院认真分析、判断，通过审查当事人的一贯表现，了解当事人的认知能力、记忆能力与表达能力，与其他的证据进行比对看它们之间是否一致、有无矛盾等，经过去伪存真后才能作为法院认定案件事实的根据。

当事人向法院陈述的内容一般有两部分：①法律事实或者法律关系发生、变更、消灭的事实；②对案件适用法律的意见、建议等评价部分的内容。但是，作为证据种类之一的当事人陈述，其内容仅限于第一部分的内容，而不包括意见、建议等分析、判断性质的内容。

7. 鉴定意见。所谓鉴定，是指具有专门知识与技能的人，运用专门知识对案件中某些专门性问题所进行的鉴别与判断。接受法院指派或者聘请，对案件中专门性问题进行鉴定的人称为鉴定人。鉴定人不同于证人：①资格不同。对案情了解是成为证人的资格条件。而具有专门知识与技能是成为鉴定人的资格条件。②能否加上分析意见的不同。证人只能就案件事实叙述所见所闻，不能加上个人的分析意见。而鉴定人除了提供对专门问题予以鉴定所观察到的事实以外，更着重要求他运用专门知识对这些事实进行分析与鉴别后提出结论性意见。③法院可以选择或者更换与否的不同。证人是以对案情了解成为证人的，法院无权更换证人。而掌握专门知识、技能的人不止受指派或聘请的鉴定人一个，当他不能胜任鉴定任务的时候，法院有权更换鉴定人重新进行鉴定。④需要回避与否的不同。为了保证鉴定的科学性与公正性，鉴定人是本案的当事人或者当事人亲属的，或者与本案有利害关系的，或者担任过本案的证人、代理人的，或者与本案有其他的关系可能影响案件公正审理的，都应当回避。而证人在任何情况下都不发生回避的问题。⑤能否拒绝鉴定或者作证的不同。鉴定人有正当理由（如能力不够）可以不接受指派或者聘请。而证人则不得拒绝作证，这是每一个知道案情的公民的义务。

所谓鉴定意见，是指鉴定人运用自己的专门知识与技能，就法院所指定的案件中某些专门性问题进行鉴定后得出的书面结论。为加强责任感，鉴定人必须亲自制作书面鉴定意见，并且在鉴定书上签名盖章，所在单位也要加盖公章。

鉴定意见是解决行政诉讼中的专门问题、查明案件中的特定问题、进而正确认定案件事实的重要证据之一，也是鉴别其他证据正确与否的重要手段，如书证、物证的真伪，在行政诉讼中具有重要意义。但是，对鉴定意见也要进行审查，看鉴定调取的材料是否可靠，鉴定人员是否具有解决专门问题的专业知识，鉴定人员对工作是否认真负责。

8. 勘验笔录、现场笔录。勘验笔录是指具有勘验、检查权的行政机关及人民法院对与案件争议有关的客体，如现场、物证等进行勘察、检验、测量、摄像、绘图、拍照等的活动，并将整个情况如实记录下来所形成的笔录。勘验、检查人员应当持有勘验、检查证件，并通知当事人或者其成年家属到场，还可以邀请当地基层组织或者有关单位派员参加。当事人或者他的成年家属拒不到场的，不影响勘验的进行。

勘验、检查的情况应当制作成笔录，由参加勘验的人、见证人签名或者盖章。勘验笔录必须如实反映勘验、检查的活动过程，笔录应以准确、简练的文字着重记载勘验和检查的结果。现场笔录必须反映现场的原始状态和发现的各种痕迹和物证，除用文字加以记载以外，还可以进行照相、绘图、制作模型等。

现场笔录是行政诉讼中特有的法定证据，是为了适应行政审判的特殊性而设置的。它是指行政机关进行当场处罚或其他处理时，由于事后难以再取证而在现场制作的笔录。行政机关制作、运用现场笔录时应遵循下列规则。首先，现场笔录只在以下情况下才能适用：①证据难以保全的情况；②事后难以取证的情况；③不可能取得其他证据或者其他证据难以证明案件事实的情况。其次，制作现场笔录应当严格遵循有关程序：①现场笔录应当是在"现场"制作的，而不能事后补作；②现场笔录应当由当事人签名或盖章，在可能的情况下还应当由在场证人签名盖章。

勘验笔录、现场笔录是认定案件事实的重要证据，并且不同于其他的证据，它是由行政机关或者人民法院的工作人员制作的，是他们工作的成果，可以用来印证其他证据的可靠性与正确性。但是，对勘验笔录、现场笔录也要进行审查，它也有可能受到主、客观因素的影响而产生错误。所以，要对勘验、检查是否认真细致、有无遗漏进行审查；要审查现场、物证、痕迹是否被破坏或者伪造过；还要审查勘验、检查工作是否符合法定程序；勘验笔录、现场笔录与其他证据之间有无矛盾等。审查无误后才能作为法院认定案件事实的根据。

（二）法理上的证据分类

除了《行政诉讼法》规定的证据种类以外，理论界总结了长期以来证据在使用中形成的特点，将证据按照不同的标准作了一定的分类，以便在司法实践中能注意到不同证据种类的不同特点，更好地为查明案件事实服务。

1. 原始证据与传来证据。按照证据的不同来源，可以将证据划分为两类，凡是直接来源于案件事实本身的证据材料为原始证据，即通常所说的"第一手证据材料"。例如，行政许可证书的正本、假冒商标原物。凡是经过中间传抄、转述环节获取的证据材料即为传来证据，也称为派生证据。例如，执照的复印件、物品的照片等。这样的分类告诉人们，原始证据由于直接形成于案件事实，其证明力大于传来的证据。因为，经过的中间环节越多，其失真的可能性越大，证明力与传递次数呈反比。因此，应该尽量提供原始证据和以它为认定事实的根据。但是，也不要忽视传来证据对于认定案件事实的作用，依据传来证据可以提供查案的线索，还可以用来辅助证明其他证据的真伪或者可靠程度。另外，在原始证据灭失的情况下，用查证属实的传来证据与其他证据一起还是可以作为法院认定案件事实的根据的。

2. 直接证据与间接证据。根据诉讼证据与待证事实的关系，可以将证据划分为直接证据与间接证据两类。凡是能够单独证明案件主要事实的为直接证据。例如，亲眼看见违章超车的行人所作的证人证言。凡是只能证明案件事实的某一个侧面或者某一个环节，需要与其他证据结合使用才能证明案件事实的为间接证据。例如，群众举报某人有聚众赌博违法行为，警察在其家发现新近购买的大件家电产品，与其收入严重不符。但是，家电有可能用赌资所购买，也有可能为亲戚、朋友所赠送，不能直接证明有无赌博的违法行为。划分直接与间接证据的意义在于，应尽量收集证明案件主要事实的直接证据，孤立的间接证据不能用来认定案件事实，必须使用一组组的间接证据，即以证据锁链来认定事实，证据链必须环环相扣，并且只能得出唯一结论，以严密的逻辑推理来确定案件的事实。直接证据虽然具有很大价值，但往往不易收集，而且它往往是言词证据，而间接证据大都是实物证据，前者的可靠程度不如后者。这就告诉我们也要注意对直接证据的收集工作，它往往是发现直接证据的先导，也可用来鉴别直接证据的真伪，有时完全依靠间接证据形成的证明体系，通过细致严密的收集与推理也能认定案件的事实。

另外值得注意的是，直接证据并不一定是原始证据，间接证据也不一定是传来证据，两类证据之间有交叉关系。例如，医生检查、诊断被害人伤势的病例记载，对于受害程度而言是直接证据，但对于受害人是否受到加害人的违法行为来说，不是直接证据。

3. 言词证据与实物证据。根据证据的表现形式，可以将其划分为言词证据与实物证据两类。凡是能够证明案件情况的事实是通过人的陈述形式表现出来的证据，称为言词证据。凡是能够证明案件情况的事实是通过物品的外部形态特征或者记载的思想内容表现出来的证据，称为实物证据。在七种法定的证据中，属于言词证据的有证人证言、当事人陈述、鉴定意见。属于实物证据的有书证、物证、视听资料、勘验笔录与现场笔录。鉴定意见虽然要求以书面形式作出，但其在本质上仍然属于人的意见的陈述，只不过是书面的陈述，以增强鉴定人的责任感，并且在法庭审理时，鉴定人被要求到场口头回答问题，所以它属于言词证据的一种。视听资料是以录音带、录像带、胶卷、计算机磁盘等物质载体储存的信息资料来证明案件事实的，符合实物证据的特征。至于勘验或者现场笔录为什么属于实物证据，为什么与鉴定人的意见分属两大类别呢？因为，勘验、检查笔录主要是对现场情况的如实记录，对现场物品、痕迹的固定与保全，虽然也有勘验人对勘验结果的文字说明，但是，它要求准确表述勘验时的所见所闻，本质上属于实物证据的一类。

划分言词证据与实物证据的意义在于，提醒人们注意两类证据的不同特点，以便通过审查和判断去伪存真。还要求人们注意全面收集各类证据，以便互相印证地使用。由人们以叙述的方式作出的言词证据，虽然能够回答审理需要的案件事实，但是由于受到人的主观因素的影响，如叙述人的感受能力、判断能力、表述能力、记忆能力、与案件当事人关系、诚信状况等，言词证据有可能存在失真的现象，需要审判人员特别注意；实物证据虽然不能开口回答审判人员的提问，但却是实实在在以自己的形状、特征、性质、记载的文字、符号、图表等反映案件的事实，所以实物证据具有客观性的特点，不易受到人们主观意志的影响。然而，露天的实物证据会遭日晒雨淋、人踩车行的破坏，时间越久越不利于实物证据的收集。因此，必须依靠人们认真、仔细地勘验、检查和及时地收集、固定和保全。

4. 本证与反证。根据是否为负有证明责任的当事人所提出的要证明自己主张的事实依据，可以将证据分为本证与反证两类，凡是由负有证明责任的一方当事人提出的用来证明该方主张事实的证据的，即为本证。凡是为了推翻对方所主张的事实而提出与对方相反的，即相抵消的事实根据的，即为反证。例如，工商管理局主张被处罚人有制售变质食品的行为，举出当事人陈述两份、现场勘验笔录一份，这些证据即为本证；对方当事人即被处罚者提出，当事人陈述中所指的出售时间正值设备检修的停业期间，所谓的制售变质食品一事纯属造谣，并举出相应的书证与证人证言，这些证据即为反证。划分本证与反证的意义在于，两类证据所要证明的事实是互相抵消的关系，法院只要查明其中一方证据为真，另一方的证据即为假。如前例中涉及的"制售"行为究竟有无发生，如果企业停业的话，"变质食品"制售就无从谈起。

需要注意两个问题：①本证与反证的划分，不是依照被告提出主张与证据的关系，尽管行政诉讼的举证责任是由被告方承担，但不等于凡被告提出的证据均为本证，原告提出的证据都是反证。原告提出的主张行政行为违法侵害了自己的财产权或者主张其不作为的证据，也是本证。本证与反证既有行政诉讼被告提出的也有原告提出的。总之，与主张的一方相联系的事实根据为本证，与抵消主张的一方相联系的事实根据为反证。②对于对方主张的事实存在与否没有异议，提不出相反的事实，只是认为对方提供的证据不合法或者虚假从而不具有证明力的，称为反驳。不能将其混同于反证，反驳并没有提出新的抵消对方主张的事实，只是指出了对方证据没有证明力，这并不能推翻对方的诉讼主张，对方还可以以其他证据证明自己的主张。而反证是指出对方所主张的事实根本不存在，如果该事实根据可靠，就可以推翻对方所主张的事实。

法理上的证据除了以上分类外，还可以分为主要证据与次要证据、法院依职权收集的证据与当事人提供的证据、无效证据与有效证据等。法理上的分类可以帮助人们认识不同证据的不同特点，以便更好地为行政诉讼实践服务。各种法理上的分类之间是有交叉的，例如，对违章肇事车辆及其现场的勘验、检查笔录，从证据的来源来看是原始证据，当中没有经过中间环节；从证据与待证的案件主要事实之间的关系来看是直接证据；从证据的形式来看是实物证据；从证据是否为负有证明责任的当事人一方提出来的看是本证。

三、行政诉讼举证责任

（一）举证责任的概念

举证责任一词从英文"Burden of proof"翻译而来，也可以译作"举证负担"或者"证明负担"。前者是指当事人提出与自己主张相应的证据而避免承受法院作出不利于自己裁判的后果。后者是指当事人提出证据证明其主张而避免承受败诉的风险。两个概念的区别在于，前者只要形式上提出证据即可避免不利的后果，后者既要形式上举出证据，更要以所举证据证明其主张，使法官达到确信其主张的程度，从而避免败诉的危险。显然，"证明负担"的要求远远高于"举证负担"的要求。两个概念的共同之处在于，主张者都承受着一定的责任，"责任"也即义务之意，诉讼当事人不履行相应义务带来的是处罚性后果，但是不履行举证责任导致的是败诉的危险或后果，因此，此时用"负担"才能更确切地表达"责任"的涵义。总之，举证责任的主体是与案件有利害关系的诉讼当事人，不是其他诉讼参与人或者人民法院；负有举证责任的当事人不能提供证据证明其主张的将面临败诉风险，举证是为了摆脱这样的负担。

举证责任由主张的一方承担，这并不意味着另一方当事人可以远离败诉的危险，因为对方成功地完成证明责任将使法律天平倾斜于对方，为了使自己胜诉必须提出证据增加对方证明的难度。对于同时出现的双方当事人的举证负担，有必要将它们作一个区分：主张方的举证责任为法定的举证责任，其相对一方的举证责任则称为事实上的举证责任，也可称为转移的举证责任。笔者认为法定举证责任的要求应该严于事实上的举证责任，前者应该达到"证明负担"的要求才能避免败诉后果，即所举证据能够证明自己的主张，否则其诉讼请求将被法院驳回；后者达到"举证负担"的要求即可阻止对方胜诉，所举的证据使对方的举证形成争议，让法官对之产生足够的怀疑，并最终不支持对方的主张。总之，两种举证责任的程度是不同的，在双方提供的证据互相矛盾的情况下，具有法定举证责任一方的证据不占优势的话，应当认定主张一方的证据不足而败诉。

（二）《行政诉讼法》对举证责任的规定

《行政诉讼法》规定了被告负有对被诉行政行为合法性的举证责任原则，即原告作为主张者不承担举证责任，而根据前述的观点我们应该更确切地说，原告在大多数情况下不承担法定的举证责任，只承担事实上的举证责任；被告对被诉行政行为合法性负有举证的责任，即法定的举证责任。

《行政诉讼法》规定了被告所举的证据必须是在行政程序中获取的，《行政诉讼法》第35条规定："在诉讼过程中，被告及其诉讼代理人不得自行向原告、第三人和证人收集证据。"因为常识告诉我们，结论应该产生于调查取证的末尾，不能先作决定后取证。允许被告在诉讼时取证，就等于允许其拿事后获取的证据证明事前所作行政行为的正确性，尽管取得的证据能够印证行政决定正确，但是却改变不了"先决定，后取证"违法行政程序的性质，或者说"在具体行政行为作出时未采用过的证据只能用来证明具体行政行为的违法性"[1]。所以，限制被告在进入诉讼阶段后的取证行为是必须的，即使被告及其诉讼代理人在作出行政行为后自行收集证据，也不能作为认定被诉行政行为合法的依据。上述对于举证行为的规范与限制并没有约束原告、第三人及他们的诉讼代理人等，相反，他们取证有困难时还可申请人民法院调取证据。例如，原告认为被告应当由领导集体作出裁定，但被告严重违反法定程序作出了行政决定的，限于其取证能力向法院提供线索，请求法院查阅有关会议记录或者向有关工作人员询问，查明行政行为有无程序违法。法律并没有对被告取证困难需要法院介入取证的情况作出规定，这是因为它有悖于"先取证，后决定"的行政程序，法院帮助其取证无异于支持行政机关在没有证据时作出行政行为。

在行政诉讼中，由被告行政机关对被诉的行政行为负举证责任，但这并不意味着被告对行政诉讼的所有事实都要承担举证责任，而只是在确定行政行为是否合法的时候，需要由被告承担举证责任。原告在某些情况下也要承担举证责任：

（1）原告在起诉时应当提供相应的证明材料，证明其起诉符合法定条件，并由人民法院对这些事实进行审查。如果人民法院认为这些事实根据成立，原告的起诉符合法定条件，就应当予以立案；否则，裁定不予受理。

（2）在起诉被告不作为的案件中，原告还应当提供必要的证据材料，证明其在行政程序中曾经提出申请的事实。这一规定所针对的是应申请的行政行为。

---

[1] 杨海坤、朱中一："跨入21世纪的中国行政诉讼法学——90年代中国行政诉讼法学研究综述"，载陈光中、江伟主编：《诉讼法论丛》（第4卷），法律出版社2000年版，第352页。

"应申请的行政行为"是指行政机关只有在行政相对人提出申请后才能实施而不能主动采取的行政行为，又被称为被动行政行为或消极行政行为。如果行政相对人向行政机关提出申请而行政机关未予处理，则构成行政不作为，行政相对人有权向人民法院起诉，但行政相对人提起诉讼的时候有义务提出证据，证明其向行政机关提出过申请。

（3）在行政赔偿诉讼中，原告应当对被诉行政行为造成损害的事实提供证据。因为法律上的赔偿是以损害的存在为前提条件的，而证明损害的存在是受害者或要求赔偿者的责任。在行政赔偿诉讼中，相对人所受到的损害是否存在，只能由相对人来证明，而不能要求行政机关举证。同时应当明确的是，被害人仅需提供证据证明损害确已发生并且是因赔偿义务机关及其工作人员的行为所造成的即可，而对于加害人行为的违法性，则按照行政诉讼的一般举证规则加以分配。

原告承担举证责任的例外情形。总的来说，原告在起诉时应当提供证据证明其起诉行为符合法定条件，但在下述三种情况下原告无此义务：

（1）对于被告应当依职权主动履行法定职责的不作为案件，原告无需提供证据证明其曾向被诉行政机关提出过申请的事实。"依职权的行政行为"是和"依申请的行政行为"相对应的概念，它指的是根据法律规定，行政机关根据其职权，无需行政相对人的申请就应主动实施的行政行为，也称主动行政行为。[1]既然这类行政行为无需相对人的申请，当行政机关不履行其法定职责而被诉至人民法院时，起诉人当然没有义务提供证据证明其向行政机关提出过申请。

（2）原告因被告受理申请的登记制度不完善等正当事由而无法提供证据证明其曾经向被诉行政机关提出申请的事实时，经向人民法院作出合理说明，人民法院应当推定原告提出申请的事实存在。

（3）在诉讼过程中被告认为原告的起诉超过起诉期限的，由被告承担举证责任。凡能够证明原告在法定期限内获悉被告作出行政行为而没有起诉，超过起诉期间才起诉的，法院不应受理；凡不能证明原告在法定期限内已得知被告行政行为而没有起诉，便可以推定原告享有诉权，其起诉符合法定的条件。

（三）当事人补证与法院有限的调查取证权

《行政诉讼法》第39条规定："人民法院有权要求当事人提供或者补充证据。"《行政诉讼法解释》第37条规定："根据行政诉讼法第39条的规定，对当事人无争议，但涉及国家利益、公共利益或者他人合法权益的事实，人民法院可以责令当事人提供或者补充有关证据。"当事人的举证行为一般应当在提交起诉

---

[1] 马怀德主编：《行政法与行政诉讼法学》，中国法制出版社2000年版，第176页。

状、答辩状时作出。所谓补证，是指由于在起诉状或者答辩状中提供的证据不充分，而由法院提出要求并由当事人进一步提供充分证据的行为。补证对于法院正确审理行政案件、实现行政诉讼目的具有重要意义，也可以将其包括在广义的举证行为中，因为如同举证规则一样，应当补证而不予以补证的则承担败诉的后果；被告补充的证据限于行政程序中获得的证据。当然，补证也有其自身的特点：补证的时间稍后于举证，是在提交起诉状或者答辩状后至庭前证据交换的阶段；补证的主体是双方当事人，原、被告都是补证的主体；补证的动因有当事人主动进行与法院要求当事人进行两种；补证的目的在于弥补己方提供证据中的疏漏或者反驳对方提供的证据。特别值得我们注意的是，法院是不允许被告无限制地补充证据的，大多数的国家采用绝对的案卷主义，即法律规定法院不得接受行政机关补充的案卷以外的证据。《行政诉讼法》第36条规定："被告在作出行政行为时已经收集了证据，但因不可抗力等正当事由不能提供的，经人民法院准许，可以延期提供。原告或者第三人提出了其在行政处理程序中没有提出的理由或者证据的，经人民法院准许，被告可以补充证据。"也就是说被告补证的形式要件是经法院的准许，实质要件是该证据是在行政程序中获取的，并且由于正当事由而不能提供；或者是被告为应对基于原告等提出的新的反驳理由和证据必须补证的特殊情况。凡是不符合上述形式与实质要件的被告补证行为，法院不得将其作为认定案件事实的根据。综上所述，我国实行的是不完全的"案卷主义"，允许被告补证的情况只是极个别的。这一规定也适用于被告的诉讼代理人。

《行政诉讼法》第40条规定："人民法院有权向有关行政机关以及其他组织、公民调取证据。但是，不得为证明行政行为的合法性调取被告作出行政行为时未收集的证据。"这条规定赋予人民法院依照职权行使调查取证的权力，是其执行审判职能的需要。它与前款规定的不同之处在于：法院不仅有权要求当事人补充证据，还有权依职权调取证据。但是，《行政诉讼法》没有规定法院的调查取证权力有多大，是全面的还是有限的？在什么样的条件下才有权调查取证？这就给法院自由裁量调取证据的权力留下了太大的空间，如果法院对于当事人不能举证和补证的不明事实都有权取证的话，则不利于举证责任原则的实施，不利于及时审理案件，也不利于法院相对超脱的裁断者身份，是我国超职权主义在法条上的反映。

四、行政诉讼法律适用

（一）行政诉讼法律适用的概念

行政诉讼的法律适用，是指人民法院在审理行政案件，审查行政行为合法性的过程中，具体运用法律规则作出裁判的活动。行政诉讼法律适用有广义和狭义之分。广义上的行政诉讼法律适用贯穿行政诉讼的全过程，是人民法院依据法律规范，处理行政纠纷时所进行的各种活动的总和。它是依法审判的要求和体现，是审判权对国家现行法律的贯彻、执行以及对法律实施的监督。这个意义上的法律适用是一个动态过程，包括事实的认定、法律的选择、将特定的法律适用于特定的案件事实并作出裁判的全部内容。狭义上的行政诉讼法律适用，仅指行政诉讼过程在进入案件审理阶段后，法院选择具体法律规范适用于特定案件事实，判断行政行为合法与否的特定过程和活动。它主要指对与行政行为有关的实体法及程序法规范的依据与参照。

（二）行政诉讼法律适用的规则

1. 行政诉讼法律依据的范围。我国《行政诉讼法》规定，人民法院审理行政案件，以法律和行政法规、地方性法规为依据。所谓行政审判的依据，是指人民法院审理行政案件，对行政行为合法性进行审查和裁定必须遵循的根据，详言之，即人民法院审理行政案件，审查行政行为是否合法并进而对其作出裁判时，在有法律、法规具体规定的情况下，法律、法规是人民法院直接适用的根据，人民法院无权拒绝适用。

2. 行政规章的参照适用。人民法院在审理行政案件时，除了以法律、行政法规和地方性法规为依据外，还可以"参照"规章。"参照"是人民法院审理行政案件进行法律适用的一种独具特色的做法。从立法本意上来看，参照就是指人民法院在审理行政案件时可以参考、依照规章的有关规定。由于行政规章和法律、法规在行政、内容、制定依据、法律地位、效力等级等方面存在着明显的差异，为了和"依据"加以区分，行政诉讼立法选用了"参照"这一术语，其实是赋予了人民法院对规章的"选择适用权"。

3. 其他规定性文件在行政诉讼法律适用中的地位。其他规范性文件，是指行政机关制定的，行政法规、行政规章之外的规范性文件。《行政诉讼法》没有规定其他规范性文件的法律效力。人民法院在行政审判中可以对其他规范性文件予以参考，对于合法有效的其他规范性文件可以在裁判文书中予以引用。人民法院在适用一般规范性文件时拥有比对规章更大的取舍权力，不必送有关机关予以裁决，可以直接决定适用与否。

4. 人民法院对司法解释的援引。人民法院审理行政案件，适用最高人民法院司法解释，应当在裁判文书中加以援引。司法解释是最高人民法院对法律在审判应用中的问题所作的解释。法院根据司法解释判案但在判决书中却不引用，将会大大降低判决书的说理性，难以使当事人相信法院是在依法判案。因此，规定允许在裁判文书中援引人民法院的司法解释。

（三）行政诉讼法律规范的冲突

法律规范冲突，指就同一事项，不同的法律规范有不同的内容规定，导致在效力上相互抵触。

1. 法律规范冲突的表现主要有：

（1）层级冲突。指发生于不同位阶的法律规范之间的冲突，又称为法律规范的纵向冲突。法律规范的位阶，也即法律规范的效力等级，处于不同位阶的各种渊源的法律规范——法律、法规、规章及一般规范性文件等，在内容上会发生抵触和矛盾。其表现主要是上下级规范之间的内容相冲突，经常的情形是，下级规范超越上级规范的规定或与上级规范的规定相抵触，即下级规范越权，进行创设性规定或加重相对方负担的规定。此时，下级规范因越权而归于无效。有时法律规范的层级并不完全由其渊源决定，还可能由制定主体的地位来决定。

（2）同级冲突。指位阶相同的法律规范之间的冲突，又可称为法律规范的横向冲突。它可分为效力等级相同的同种法律渊源之间的冲突和效力等级相同的不同种法律渊源之间的冲突。前者如法律之间、法规之间、规章之间、规范性文件之间发生的冲突；后者如相同等级的不同部门制定的规章之间、部门规章与地方政府规章之间、地方性法规与规章之间的冲突。

（3）新旧冲突。新旧冲突又称时际冲突，一般而言，新的规范制定并开始实施后，旧的规范应自然归于失效，但当两个规范为不同的立法主体所制定时，这种自然失效并不必然发生。不同部门分别于不同时间制定和发布的不同规章往往在同一时空并存。

（4）地域冲突。是指不同地域范围内的法律规范之间就相关内容的规定发生的冲突。由于地方立法机关在制定法规和规章时，往往会在不与上位法相抵触的前提下，针对本地方的实际作出规定，因此，地域冲突也就在所难免。

2. 法律规范冲突的适用规则。

（1）上位法优先。低位阶的法律规范与高位阶的法律规范发生冲突时，适用高位阶的法律规范。其中各种法律规范的位阶的排列顺序依《立法法》第87～89条的规定：宪法处于最高的位阶；法律高于行政法规、地方性法规和规章；行政法规效力高于地方性法规和规章；地方性法规的效力高于本级和下级的地方政府规章；省、自治区的人民政府制定的规章的效力高于本行政区域内较大的市的人民政府制定的规章。

（2）同级冲突由有权机关决定或裁决。部门规章之间、部门规章与地方政府规章之间效力等同，在各自的权限范围内实施。地方性法规与部门规章之间发生冲突时，向国务院提出意见，国务院认为应当适用地方性法规的，应决定适用地方性法规；国务院认为应当适用部门规章的，应提请全国人民代表大会常务委员会裁决。根据授权制定的法规与法律规定不一致时，由全国人民代表大会常务委员会裁决。较大市的地方性法规与其省、自治区的人民政府规章相抵触时，由本省、自治区的人民代表大会常务委员会对前者进行审查,作出处理。

(3) 新法优于旧法。同一等级的法律规范,其新、旧规范之间发生冲突的,应当优先适用新的规定。新法优于旧法是法律规范不溯及既往原则的体现,但这一原则也有例外。《行政诉讼法》规定,法律、行政法规、地方性法规、自治条例和单行条例、规章不溯及既往,但为了更好地保护公民、法人和其他组织的权利和利益而作的特别规定除外。作这样的例外规定,是"从新兼从优"原则的体现。

新的一般规定与旧的特别规定的冲突,由有权机关裁决。法律之间对同一事项的新的一般的规定与旧的特别的规定不一致,不能确定如何适用时,由全国人民代表大会常务委员会裁决;行政法规之间对同一事项的新的一般规定与旧的特别规定不一致,不能确定如何适用时,由国务院裁决。

(4) 特别法优于一般法。一般规定与特别规定冲突,优先适用特别规定。这是指调整一般社会关系的规范与调整特定社会关系的规范发生冲突时,特别规定优先适用于一般规定。

第四节 行政诉讼的判决、裁定与决定

一、行政诉讼判决

(一) 行政诉讼判决的概念

行政诉讼的判决是指人民法院通过审理,在查清事实的前提下,对被诉行政行为进行司法审查并作出合法与否判断的法律行为。从上述行政诉讼判决的概念可以看出,行政诉讼判决至少包含了三层意思:

1. 行政诉讼判决是人民法院司法审查的结果。人民法院是唯一行使国家审判权的主体,行政诉讼判决是人民法院行使审判权,对行政诉讼案件进行司法审查之后所得出的结果。除人民法院之外的任何主体无权对行政诉讼案件进行司法审查,更无权作出行政诉讼判决。

2. 行政诉讼判决是对被诉行政行为合法与否的判断。行政诉讼判决的核心,是对被诉行政行为是否合法作出一个判断。而且,行政诉讼判决仅需判断被诉行政行为是否符合法律规定,至于被诉行政行为是否合理,则不属于行政诉讼判决解决的范围。

3. 行政诉讼判决是一种法律行为。行政诉讼判决作为一种法律行为一经作出即具有一定的法律上的效力,对原告、被告、人民法院和社会上的其他主体都产生约束力。即使是尚未生效的行政诉讼判决,如果在法定期限内当事人不提起上诉,该判决也立即发生法律效力。

(二) 行政诉讼一审判决的种类与适用条件

依照《行政诉讼法》以及《行政诉讼法解释》的规定，行政诉讼第一审判决可以分为驳回判决、撤销判决、履行判决、变更判决、确认判决、赔偿判决、对复议决定的判决、对行政合同的判决等八种。

1. 驳回判决。驳回判决是对原告起诉行为中实体权利义务的否定，反过来说是对被审查的行政行为的肯定，不论这种行政行为是作为的行政行为还是不作为的行政行为。驳回判决是2014年修订《行政诉讼法》时新增加的一种行政诉讼判决种类，其目的是弥补原《行政诉讼法》所规定的判决种类的不足，满足司法审判实践的需要。

驳回判决主要适用于下列两种情形：

（1）行政行为合法的，即行政行为证据确凿，适用法律、法规正确，符合法定程序的，这可以包括很多种情形，例如行政行为完全合法、合法但不合理、合法但应改变或者废止等。

（2）原告要求被告履行法定职责或者给付义务理由不成立的。此种情况下，由于被告没有作出任何行政行为，并且又有正当理由的，原告的诉讼请求就不能得到支持，法院可以驳回原告的诉讼请求。

2. 撤销判决。撤销判决是对被诉行政行为的一种否定，依照《行政诉讼法》第70条的规定，在以下六种情形下人民法院可以判决撤销或者部分撤销该行政行为，并可以判决被告重新作出行政行为：

（1）被诉行政行为主要证据不足的。被诉行政行为缺乏必要的证据予以证明，不能充分说明作出被诉行政行为所依据的基本事实。

（2）被诉行政行为适用法律、法规错误的。行政主体在作出行政行为时所援引或者依据的法律、法规错误，比如本应适用此法，行政主体却适用了彼法，等等。

（3）被诉行政行为违反法定程序的。行政主体在作出被诉行政行为时没有遵循法定的方法、步骤或者顺序，造成程序违法。

（4）被诉行政行为超越职权的。依据法律规定，行政主体本无权作出被诉行政行为，但该行政主体却超越职权作出该行政行为。

（5）被诉行政行为滥用职权的。行政主体超越了法律、法规所规定的权限范围，在法定权限范围之外作出行政行为。

（6）被诉行政行为明显不当的。明显不当与滥用职权，都是针对行政自由裁量权而言的，但规范角度不同，明显不当是从客观结果角度提出的，滥用职权是从主观角度提出的。

要求重新作出行政行为判决是撤销判决的补充。被告重新作出行政行为应当遵循禁止雷同原则，即被告不得以同一的事实、理由作出与原行政行为基本相同的行政行为。根据《行政诉讼法解释》第90条的规定，人民法院判决被告重新作出行政行为，被告重新作出的行政行为与原行政行为的结果相同，但主要事实或者主要理由有改变的，不违反禁止雷同原则；同时，人民法院以违反法定程序为由，判决撤销被诉行政行为的，行政机关重新作出行政行为也不受禁止雷同原则的限制。如果被告以同一的事实和理由作出与原行政行为基本相同的行政行为，法院应当重新判决该行为撤销或部分撤销，并依法对被告采取划拨、罚款、公告等执行措施。

3. 履行判决。履行判决主要适用于被告不作为的案件。具体包括以下两种情形：

（1）责令履行法定职责。在被告不履行或者拖延履行法定职责的行政诉讼案件中，人民法院经过审理，如果认为原告请求被告履行法定职责的理由成立，被告违法拒绝履行或者无正当理由逾期不予答复的，可以判决被告在一定期限内履行法定职责。限期履行法定职责的判决主要是针对行政不作为行为而作出的，适用限期履行法定职责判决的前提条件应当是公民、法人或者其他组织依法要求行政主体履行法定职责，行政主体对于依法应当履行的法定职责不予履行或者拖延履行。判断行政主体是否存在拖延履行行为，应当以行政主体是否在合理期限内不履行行政法上的义务、不给予明确的答复为判定标准。人民法院判决被告履行法定职责，应当指定履行的期限，除非因情况特殊难于确定期限。此外，根据《行政诉讼法解释》第91条的规定，如果法院认为被告不履行职责案件，尚需被告调查或者裁量的，应当判决被告针对原告的请求重新作出处理。

（2）责令履行给付义务。根据《行政诉讼法解释》第92条的规定，原告申请被告依法履行支付抚恤金、最低生活保障待遇或者社会保险待遇等给付义务的理由成立，被告依法负有给付义务而拒绝或者拖延履行义务的，人民法院可以判决被告在一定期限内履行相应的给付义务。《行政诉讼法》将履行给付义务判决与履行法定职责判决规定为两个条款，其实，二者有共同点，即都是法院责令被告履行一定的行政行为。应当说，行政机关对当事人负有的给付义务实质上也就是一种法定职责，只是这种职责表现得更加明确、具体而已，直接表现为一种给付义务。

4. 变更判决。变更判决是指人民法院对行政机关的被诉行政行为直接予以变更的一种判决形式。我国行政诉讼法严格限制变更判决的适用范围，绝大多数类型的行政诉讼案件都不能由人民法院直接对被诉行政行为进行变更。

可以适用变更判决的行政诉讼案件包括两种情形：

（1）行政处罚明显不当。所谓明显不当，是指具有通常法律和道德认识水准的人均能发现该行政处罚不具有公正性，这种不公正已经严重违反了法律的目的和精神。明显不当的表现形式包括畸轻畸重、同等情况不同对待、不同情况同等对待,等等,从实质上讲都是公民、法人或者其他组织的违法行为与受到的行政处罚严重不相适应。

(2) 其他行政行为涉及对款额的确定、认定确有错误的。主要是指涉及金钱数量的确定和认定的除行政处罚以外的其他行政行为,如支付抚恤金案件、最低生活保障待遇案件、社会保险待遇案件。

法院在作变更判决时,应当遵守禁止不利变更原则,意即法院依法判决变更行政行为,不能增加原告的义务或者减损原告的权益,使原告处于更为不利的境地。诉讼禁止不利变更原则也有例外,在利害关系人同为原告,且诉讼请求相反时,不再适用这一禁止原则。例如,在治安案件中,受害人和加害人同时对治安处罚决定提起诉讼,加害人认为处罚过重,受害人认为处罚过轻,法院经审理,认为对加害人的处罚确实过轻,就可以判决加重对他的处罚。否则,作为受害人的原告的诉讼请求就没有被满足的可能,其起诉也就失去了意义。

5. 确认判决。确认判决,适用于被诉行政行为虽然违法但不应撤销或变更,或不适合责令被告履行职责的案件。确认判决包括两种,一是确认被诉行政行为违法,二是确认被诉行政行为无效。

(1) 确认违法判决。确认违法判决适用于以下五种情形:

第一,被诉行政行为违法,但不具有可撤销内容。被诉行政行为违法,但不具有可撤销内容的行政诉讼案件主要是指有关事实行为的行政诉讼案件。事实行为是指只直接产生事实效果,不直接发生法律效果的行为。比如,执法人员在执法过程中使用暴力超过合理限度导致公民、法人或其他组织财产损失的行为。对于违法事实行为,人民法院不可能予以撤销,也没有可以撤销的内容,只能判决确认该事实行为违法。

第二,被告改变原违法行政行为,原告仍要求确认原行政行为违法的。被告改变原违法的行政行为,该行政行为已经不存在,为了保护当事人的合法权益,我国行政诉讼法仍允许当事人起诉,但原告胜诉需要撤销原违法行政行为的,已经无行政行为可撤销,只能作出确认判决。

第三,被告不履行法定职责,但判决责令其履行法定职责已无实际意义。在某些不作为行政诉讼案件中,公民、法人或者其他组织申请行政机关履行保护人身权、财产权或者申请行政许可等法定职责,行政机关拒绝履行或者不予答复。而这些案件的时效性又很强,或者是在紧急情况下的即时行为,当案件起诉到人民法院之后,被告履行法定职责对原告来说已经不具有实际意义了。在这种情况下,判决限期强制履行法定职责已无必要,甚至有可能给原告带来不必要的负担。此时人民法院应当确认被告的不作为违法,以判决的形式对不作为行为进行否定,既满足原告对于正义性的要求,也为原告请求赔偿奠定一定的基础。

第四，被诉行政行为违法，但撤销该行政行为将会给国家利益或者公共利益造成重大损害。为避免可能给国家利益或者公共利益所造成的重大损害，人民法院只能以确认违法的判决来取代撤销判决。此时，应当作出确认被诉行政行为违法的判决，并责令被诉行政机关采取相应的补救措施；造成损害的，依法判决承担赔偿责任。

第五，行政行为程序轻微违法，但对原告的权利不产生实际影响的。程序合法是行政行为的合法性要件之一，但如果程序违法的程度较为轻微且对原告的权利义务没有实质影响，此时撤销被诉的行政行为就违背了实质法治的精神，因此，不适合对其予以撤销。但法院仍需对该行政行为作出否定性判决，判决确认其违法。对于程序轻微违法，《行政诉讼法解释》第96条作了进一步规定。根据该规定，有下列情形之一，且对原告依法享有的听证、陈述、申辩等重要程序性权利不产生实质损害的，属于"程序轻微违法"：①处理期限轻微违法；②通知、送达等程序轻微违法；③其他程序轻微违法的情形。

（2）确认无效判决。确认无效判决和确认违法判决都是对违法行政行为的一种处理方式。二者的区别在于，确认无效判决针对的是无效行政行为。无效行政行为在本质上也是一种违法行为，但是，无效行政行为比确认违法判决所针对的违法行为更为严重且明显。意即，确认违法判决针对的是一般性的违法行政行为，确认无效判决针对的是重大且明显的违法行政行为。何为重大且明显的违法行政行为？《行政诉讼法》第75条阐释为"行政行为有实施主体不具有行政主体资格或者没有依据等重大且明显违法情形"。《行政诉讼法解释》第99条更是进一步将"重大且明显违法"列举为四种：①行政行为实施主体不具有行政主体资格；②减损权利或者增加义务的行政行为没有法律规范依据；③行政行为的内容客观上不可能实施；④其他重大且明显违法的情形。

基于两种形式的确认判决针对的都是违法行为，所以司法实践中，有的原告提起的是撤销诉讼，法院经审理后发现被诉行政行为不属于一般违法情形，而是属于重大且明显的无效行为；有的原告提起的是确认无效诉讼，法院经审理后发现被诉行政行为不属于重大且明显的无效行为，而是属于一般违法行为。针对这些情形，《行政诉讼法解释》第94条规定了两种相应的处理方式：①公民、法人或者其他组织起诉请求撤销行政行为，人民法院经审查认为行政行为无效的，应当作出确认无效的判决。②公民、法人或者其他组织起诉请求确认行政行为无效，人民法院审查认为行政行为不属于无效情形，经释明，原告请求撤销行政行为的，应当继续审理并依法作出相应判决；原告请求撤销行政行为但超过法定起诉期限的，裁定驳回起诉；原告拒绝变更诉讼请求的，判决驳回其诉讼请求。

6. 赔偿判决。赔偿判决在普通行政诉讼中一般不单独适用，而是在法院作出了撤销判决、履行判决、变更判决或确认判决之后，所附带作出的判决。赔偿的判决的作出，一般需要符合以下三个条件：①被诉行政行为是违法或明显不当的；②原告在起诉之后到一审庭审结束之前提出了赔偿请求；③符合行政赔偿的其他构成条件。

法院在作出赔偿判决的过程中，如何更好地划定赔偿责任呢？《行政诉讼法解释》第97、98条作了进一步规定。根据该规定：①原告或者第三人的损失系由其自身过错和行政机关的违法行政行为共同造成的，人民法院应当依据各方行为与损害结果之间有无因果关系以及在损害发生和结果中作用力的大小，确定行政机关相应的赔偿责任。②因行政机关不履行、拖延履行法定职责，致使公民、法人或者其他组织的合法权益遭受损害的，人民法院应当判决行政机关承担行政赔偿责任。在确定赔偿数额时，应当考虑该不履行、拖延履行法定职责的行为在损害发生过程和结果中所起的作用等因素。

7. 对复议决定的判决。经过行政复议的案件，在复议改变原行政行为的情况下，由复议机关作为被告。此时，被诉的复议决定，其本质上也是一个行政行为，人民法院按照上述要求作出相应判决即可。需要强调的是，根据《行政诉讼法解释》第89条，如果复议决定改变原行政行为错误，人民法院判决撤销复议决定时，可以一并责令复议机关重新作出复议决定或者判决恢复原行政行为的法律效力。

在复议维持原行政行为的情况下，以原行政机关和复议机关作为共同被告。此时，虽然复议决定和原行政行为的内容相同，但是在形式上属于两个行为，因此，产生了共同诉讼。法院应当分别审查原行政行为和行政复议决定的合法性，并应当在一个判决中对原行政行为和行政复议决定的合法性一并作出裁判。根据《行政诉讼法》和《行政诉讼法解释》的规定：

（1）原行政行为和行政复议决定都合法，应当判决一并驳回原告要求撤销原行政行为和行政复议决定的诉讼请求；

（2）原行政行为和行政复议决定都违法应予撤销的，法院应当判决一并撤销原行政行为和行政复议决定，并可以根据案情判决作出原行政行为的行政机关重新作出行政行为；

（3）行政复议决定违法确认原行政行为违法的，法院原则上也应当同时判决确认行政复议决定违法；

（4）二者都违法，人民法院判决作出原行政行为的行政机关履行法定职责或者给付义务的，应当同时判决撤销复议决定；

（5）原行政行为合法、复议决定违法的，人民法院可以判决撤销复议决定或者确认复议决定违法，同时判决驳回原告针对原行政行为的诉讼请求；

(6) 原行政行为被撤销、确认违法或者无效，给原告造成损失的，应当由作出原行政行为的行政机关承担赔偿责任；因复议决定加重损害的，由复议机关对加重部分承担赔偿责任；

(7) 原行政行为不符合复议或者诉讼受案范围等受理条件，复议机关作出维持决定的，人民法院应当裁定一并驳回对原行政行为和复议决定的起诉。

8. 对行政合同的判决。2014 年修订《行政诉讼法》时，将特许经营协议、房屋土地征收补偿协议等行政合同纳入受案范围。行政合同属于双方行为，法院对这种行为的判决，与对其他行政行为的判决有一定的差别。《适用行政诉讼法解释》对行政协议的判决作了进一步的专门规定：[1]

(1) 人民法院审查行政机关是否依法履行、按照约定履行协议或者单方变更、解除协议是否合法，在适用行政法律规范的同时，可以适用不违反行政法和行政诉讼法强制性规定的民事法律规范。

(2) 针对被告行为违法的判决。被诉行政机关不履行行政协议的情形主要有四种情况：不依法履行、未按照约定履行、违法变更、违法解除。法院经审理，如果认为原告主张被告不依法履行、未按照约定履行协议或者单方变更、解除协议违法，理由成立的，而且被告能够继续履行的，人民法院可以根据原告的诉讼请求判决确认协议有效、判决被告继续履行协议，并明确继续履行的具体内容；如果被告无法继续履行或者继续履行已无实际意义的，判决被告采取相应的补救措施；给原告造成损失的，判决被告予以赔偿。原告请求解除协议或者确认协议无效，理由成立的，判决解除协议或者确认协议无效，并根据合同法等相关法律规定作出处理。

(3) 针对被告行为合法的判决。被诉行政机关变更、解除行政协议合法，但未依法给予补偿的，法院应当判决给予补偿；如果已经依法给予补偿的，应当判决驳回原告的诉讼请求。

(4) 被告因公共利益需要或者其他法定理由单方变更、解除协议，给原告造成损失的，判决被告予以补偿。

---

[1]《行政诉讼法解释》第 163 条规定："本解释自 2018 年 2 月 8 日起施行。本解释施行后，《最高人民法院关于执行〈中华人民共和国行政诉讼法〉若干问题的解释》（法释〔2000〕8 号）、《最高人民法院关于适用〈中华人民共和国行政诉讼法〉若干问题的解释》（法释〔2015〕9 号）同时废止。最高人民法院以前发布的司法解释与本解释不一致的，不再适用。"据此，《适用行政诉讼法解释》已经被废止。但是，由于《行政诉讼法解释》没有对行政协议的相关内容作出明确规定，所以凡是涉及行政协议的相关内容，参照《适用行政诉讼法解释》涉及行政协议的相关规定适用。参见最高人民法院行政审判庭编著：《最高人民法院行政诉讼法司法解释理解与适用》，人民法院出版社 2018 年版，第 780 页。

（三）行政诉讼二审裁判的种类与适用条件

在我国，行政诉讼二审判决属于终审判决，是第二审人民法院审理上诉案件之后所作出的判决。根据我国《行政诉讼法》的相关规定，行政诉讼二审裁判有四种类型：

1. 维持原判。第二审人民法院审理上诉案件之后，确认原判决认定事实清楚，适用法律、法规正确的，应当判决驳回上诉人的上诉，维持原判。可见，适用维持原判的判决应当具备两个条件：①认定事实清楚。这里的认定事实清楚，是指一审判决所认定的有关行政主体和行政相对人的各项事实是清楚的、有充分证据支持的。至于原审被告在作出行政行为时所依据的事实是否清楚、正确，则不属于此处"事实清楚"的范围。②适用法律、法规正确，是指第一审人民法院所适用的法律、法规恰如其分，没有出现错误适用、遗漏适用的情况。

2. 直接改变原裁判。一审判决、裁定认定事实错误或者适用法律、法规错误的，依法改判、撤销或者变更。其中，依法改判是针对一审判决的，撤销或者变更是针对一审裁定的。

3. 发回重审或者直接改判。一审判决认定基本事实不清、证据不足的，发回原审人民法院重审，或者查清事实后改判。

4. 撤销原判、发回重审。如果一审判决存在严重的违反法定程序的情况，如遗漏必须参加诉讼的当事人、遗漏应当判决的诉讼请求的，二审法院应当裁定撤销原判决，发回原审人民法院重审。其中，原审判决遗漏行政赔偿请求，第二审人民法院经审查认为依法不应当予以赔偿的，应当判决驳回行政赔偿请求。原审判决遗漏行政赔偿请求，第二审人民法院经审理认为依法应当予以赔偿的，在确认被诉行政行为违法的同时，可以就行政赔偿问题进行调解；调解不成的，应当就行政赔偿部分发回重审。原审人民法院对发回重审的案件作出判决后，当事人提起上诉的，第二审人民法院不得再次发回重审。

二、行政诉讼裁定

（一）行政诉讼裁定的概念

行政诉讼裁定，是指人民法院在审理行政案件过程中或者在执行行政案件过程中，就有关程序问题而作出的判定。与行政诉讼判决相比，行政诉讼的裁定尽管同样具有法律效力，体现司法权威性，但也具有自身的特点。

1. 行政诉讼裁定是人民法院就有关程序问题所作出的判定，其解决的是行政诉讼案件审理过程中或者执行过程中的程序性问题。而行政诉讼判决则是人民法院就有关实体问题所作出的判定，其解决的是行政诉讼案件的实体性问题。

2. 行政诉讼裁定在行政案件审理、执行过程中的任何阶段都可以作出。只要行政诉讼过程中出现了需要以裁定解决的程序性问题，人民法院都可以作出相关裁定。而行政诉讼判决一般在案件审理终结时作出，不能在案件审理的任何阶段随时作出。对于一个特定的行政案件，人民法院审理一次只能作出一个行政诉讼判决，却可以针对不同的程序问题作出多个行政诉讼裁定。

3. 行政诉讼裁定既可以书面形式作出，也可以口头形式作出。行政诉讼判决则是一个要式行为，必须以书面形式作出，不能以口头形式作出。

4. 大多数类型的行政诉讼裁定不可提起上诉。依照我国《行政诉讼法》的有关规定，只有部分行政诉讼裁定可以提起上诉，法定可上诉范围之外的行政诉讼裁定作出后不可以向上级人民法院提起上诉。行政诉讼判决则有所不同，对于由最高人民法院以外其他人民法院所作出的所有第一审行政诉讼判决，当事人均有权提起上诉。

（二）行政诉讼裁定的种类

根据《行政诉讼法》和《行政诉讼法解释》的规定，行政诉讼裁定可以归纳为以下十五种类型：

1. 不予立案。不予立案裁定主要适用于当事人的诉求不符合法定条件。《行政诉讼法》和《行政诉讼法解释》在不同的条款中分别规定了不同的裁定不予立案。具体适用情形包括：不符合起诉条件的；起诉状内容或者材料欠缺的，经人民法院的指导和释明，当事人拒绝补正或者经补正仍不符合起诉条件并坚持起诉的；法律、法规规定应当先申请复议，公民、法人或者其他组织未申请复议直接提起诉讼的；法律、法规未规定行政复议为提起行政诉讼必经程序，公民、法人或者其他组织已经申请行政复议，在法定复议期间内又向人民法院提起诉讼的；人民法院裁定准许原告撤诉后，原告以同一事实和理由重新起诉的；起诉状列写被告信息不足以认定明确的被告的，经补正后仍不能确定明确的被告的；再审程序中，人民法院准许撤回再审申请或者按撤回再审申请处理后，再审申请人再次申请再审的；人民法院基于抗诉或者检察建议作出再审判决、裁定后，当事人申请再审的。

2. 驳回起诉。对于应当不予立案的行政诉讼案件，如果人民法院在立案审查中未能及时发现原告的起诉属于应当不予立案的情形，已经立案该行政诉讼案件，立案之后才发现原告的起诉本不应予以立案，应当裁定驳回起诉。根据《行政诉讼法解释》第69条的规定，有下列情形之一，已经立案的，应当裁定驳回起诉：①不符合《行政诉讼法》第49条所规定起诉条件的；②超过法定起诉期限且无《行政诉讼法》第48条所规定正当理由的；③错列被告且拒绝变更的；④未按照法律规定由法定代理人、指定代理人、代表人为诉讼行为的；⑤未按照法律、法规规定先向行政机关申请复议的；⑥重复起诉的；⑦撤回起诉后无正当理由再行起诉的；⑧行政行为对其合法权益明显不产生实际影响的；⑨诉讼标的已为生效裁判或者调解书所羁束的；⑩不符合其他法定起诉条件的。

3. 管辖异议。管辖异议是指作为被告的行政主体在接到受案人民法院的应诉通知书之后,认为自己与原告之间的行政纠纷不应由该人民法院进行管辖,要求重新审查应由哪一人民法院管辖该行政诉讼案件的行为。作为被告的行政主体提出管辖异议,应当在收到起诉状副本之日起 15 日内提出。对当事人提出的管辖异议,人民法院应当进行审查,异议成立的,裁定将案件移送有管辖权的人民法院;异议不成立的,裁定驳回。当事人对管辖异议裁定不服的,有权在接到裁定之后 10 日内向上级人民法院提起上诉。

4. 终结诉讼。终结诉讼裁定是指在行政诉讼过程中出现了某些特殊情况,导致继续诉讼已无可能或者已经没有意义,人民法院作出完全终止整个行政诉讼程序的一种裁定。引起行政诉讼终结的法定情形有:原告死亡,没有近亲属或者近亲属放弃诉讼权利的;作为原告的法人或者其他组织终止后,其权利义务的承受人放弃诉讼权利的;因原告死亡须等待其近亲属表明是否参加诉讼,原告丧失诉讼行为能力尚未确定法定代理人,或者作为一方当事人的行政机关、法人或者其他组织终止,尚未确定权利义务承受人的,这三种情况均须中止诉讼,中止诉讼满 90 日仍无人继续诉讼的,裁定终结诉讼,但有特殊情况的除外。

5. 中止诉讼。中止诉讼是指在行政诉讼过程中出现了某些无法克服或者难以避免的特殊情况,人民法院裁定暂时完全停止诉讼程序,等引起诉讼中止的情况消除后,再恢复诉讼程序的一种制度。《行政诉讼法解释》第 87 条规定的引起诉讼中止的情形有七种:①原告死亡,须等待其近亲属表明是否参加诉讼的;②原告丧失诉讼行为能力,尚未确定法定代理人的;③作为一方当事人的行政机关、法人或者其他组织终止,尚未确定权利义务承受人的;④一方当事人因不可抗力的事由不能参加诉讼的;⑤案件涉及法律适用问题,需要送请有权机关作出解释或者确认的;⑥案件的审判须以相关民事、刑事或者其他行政案件的审理结果为依据,而相关案件尚未审结的;⑦其他应当中止诉讼的情形。

6. 移送或者指定管辖。移送管辖与指定管辖都是人民法院内部处理相互之间管辖权问题的方式。如果某一人民法院已经受理一起行政诉讼案件,受理后发现该案件不属于自己管辖时,应当将该案件移送至有管辖权的人民法院,由有管辖权的人民法院进行审理。但是移送仅限一次,对于已经移送过一次的行政诉讼案件,受移送的人民法院发现仍然不属于自己管辖的,不得再自行决定移送到其他人民法院。指定管辖必须由上级人民法院对下级人民法院作出,同级人民法院之间或者下级人民法院对上级人民法院不存在指定管辖的问题。如果某一人民法院对一起行政诉讼案件本来有管辖权,但是由于某些特殊原因不能行使管辖权时,应当由其上级人民法院指定管辖。指定管辖还有一种情况,就是几个人民法院之间对某一行政诉讼案件的管辖权发生了争议,此时应当由争议各方协商解决。经过协商仍然不能解决的,应当报它们的共同上级人民法院,由共同上级人民法院指定管辖。移送管辖与指定管辖都必须以裁定的形式作出。

7. 诉讼期间停止行政行为的执行或者驳回停止执行的申请。在绝大多数情况下,行政诉讼程序不影响行政行为的执行,也就是说,在行政案件诉讼期间,不停止行政行为的执行。但是《行政诉讼法》第 56 条规定了在几种特殊情况下,人民法院应当裁定停止行政行为的执行。具体情形包括:①作为被告的行政主体认为需要停止行政行为的执行的;②原告或者利害关系人申请停止执行,人民法院认为该行政行为的执行会造成难以弥补的损失,并且停止执行不损害国家利益、社会公共利益的;③人民法院认为该行政行为的执行会给国家利益、社会公共利益造成重大损害的;④法律、法规规定应当停止行政行为的执行的。如果某一行政诉讼案件审理过程中出现了上述四种情形之一,人民法院应当裁定诉讼期间停止行政行为的执行。如果某一行政诉讼案件审理过程中,作为原告的公民、法人或者其他组织申请停止行政行为的执行,人民法院认为不需要停止执行的,应当裁定驳回停止执行的申请。

8. 财产保全和行为保全。财产保全和行为保全,统称为保全制度,是一种保障人民法院即将作出的行政诉讼裁判能够顺利得以执行的预防性措施。根据申请保全的时间不同,保全可以分为诉讼中保全和诉讼前保全两种:

(1) 诉讼中保全。诉讼中保全是指人民法院对行政案件作出判决前,对于因一方当事人的行为或者其他原因,可能使行政行为或者人民法院生效裁判出现不能或者难以执行的情况,为保证将来生效裁判得到切实执行,受诉人民法院经对方当事人的申请或依职权对当事人的财产采取临时性强制措施,或者责令其作出一定行为或者禁止其作出一定行为。根据我国《行政诉讼法解释》第 76 条,人民法院采取保全措施,可以责令申请人提供担保;申请人不提供担保的,裁定驳回申请。人民法院接受申请后,对情况紧急的,必须在 48 小时内作出裁定;裁定采取保全措施的,应当立即开始执行。如果当事人对人民法院的保全裁定不服,不能提出上诉,只能申请复议,而且复议期间不停止保全裁定的执行。之所以这样规定,是因为保全是一种紧急性措施,一旦因其他程序受到拖延有可能会造成无法弥补的损失。

(2) 诉讼前保全。诉讼前保全,是指在起诉前,对于因情况紧急,不立即申请保全,将会使利害关系人合法权益受到难以弥补的损害,根据利害关系人的申请而采取的保全措施。根据《行政诉讼法解释》第 77 条,利害关系人申请诉讼前保全,应当向被保全财产所在地、被申请人住所地或者对案件有管辖权的人民法院申请。申请人申请保全,应当提供担保,不提供担保的,人民法院裁定驳回申请。人民法院接受申请后,必须在 48 小时内作出裁定;裁定采取保全措施的，应当立即开始执行。申请人在人民法院采取保全措施后 30 日内不依法提起诉讼的，人民法院应当解除保全。当事人对保全的裁定不服的，可以申请复议；复议期间不停止裁定的执行。

9. 先予执行。先予执行也是人民法院的一种特殊措施，它是在人民法院审理行政诉讼案件时，因原告生活存在重大困难，裁定由作为被告的行政主体预先向原告支付一定钱款的措施。人民法院不能随意裁定先予执行，必须在满足法定条件的情况下才有可能作出先予执行的裁定。采取先予执行措施的前提条件包括：①行政诉讼案件属于被起诉的行政机关没有依法支付抚恤金、最低生活保障金和工伤、医疗社会保险金的案件；②原告向人民法院提出申请；③权利义务关系明确；④原告确实生活存在困难。只有同时满足上述四项条件，人民法院才可以依法以书面形式裁定先予执行。当事人对人民法院先予执行裁定不服的，不能提起上诉，只能申请复议，复议期间不停止先予执行裁定的执行。

10. 准许或不准许撤诉。在行政诉讼过程中，原告是不能随便提出撤诉的，即使原告要求撤诉，也必须要经过人民法院的同意方可。根据我国《行政诉讼法》和《行政诉讼法解释》的规定，人民法院对行政案件宣告判决或者裁定前，原告申请撤诉的，或者被告改变其所作的行政行为，原告同意并申请撤诉的，是否准许，由人民法院裁定。当事人申请撤诉或者依法可以按撤诉处理的案件，当事人有违反法律的行为需要依法处理的，人民法院可以不准许撤诉或者不按撤诉处理。法庭辩论终结后原告申请撤诉，人民法院可以准许，但涉及国家利益和社会公共利益的除外。而且，原告撤诉之后，不得以同一事实和理由重新向人民法院提起行政诉讼，否则，人民法院将对原告的重新起诉不予立案。很显然，与民事诉讼法上当事人的撤诉权相比，行政诉讼法对原告的撤诉给予了更多的限制，这是为了避免行政诉讼原告损害国家利益、社会公共利益或者其他人的合法权益，也是为了避免行政诉讼原告通过撤诉逃避法律责任。即使人民法院准予原告撤诉的裁定确有错误的，原告也不得再以同一事实和理由重新提起行政诉讼，只能申请再审。人民法院应当通过审判监督程序撤销原准予撤诉的裁定，重新对案件进行审理。

11. 补正裁判文书中的笔误。人民法院在裁判文书的制作过程中如果有错写、误算、用词不当、遗漏判决原意、正本与原本个别地方不符等错误，可以通过裁定进行补正，这种裁定就被称为补正裁判文书中笔误的裁定。

12. 中止或者终结执行。在大多数情况下，一旦人民法院对裁判文书强制执行，就应当完全、彻底地执行完毕。然而，在行政诉讼强制执行过程中，有可能会发生一些十分特殊的情况，使得强制执行无法立即进行或者无法继续进行，在这些情况下，人民法院应当作出中止执行的裁定或者终结执行的裁定。对于中止执行和终结执行的法定情形，我国行政诉讼法没有明确规定，可以参照《民事诉讼法》的有关规定。根据我国《民事诉讼法》第256条，人民法院应当裁定中止执行的法定情形有五种，它们是：①申请人表示可以延期执行的；②案外人对执行标的提出确有理由的异议的；③作为一方当事人的公民死亡，需要等待继承人继承权利或者承担义务的；④作为一方当事人的法人或者其他组织终止，尚未确定权利义务承受人的；⑤人民法院认为应当中止执行的其他情形。上述中止的情形消失后，应当恢复执行。《民事诉讼法》第257条规定了人民法院应当裁定终结执行的情形，包括：①申请人撤销申请的；②据以执行的法律文书被撤销的；③作为被执行人的公民死亡，无遗产可供执行，又无义务承担人的；④追索赡养费、扶养费、抚育费案件的权利人死亡的；⑤作为被执行人的公民因生活困难无力偿还借款，无收入来源，又丧失劳动能力的；⑥人民法院认为应当终结执行的其他情形。中止执行的裁定和终结执行的裁定在送达当事人之后立即生效。

13. 提审、指令再审或者发回重审。提审、指令再审和发回重审都是上级人民法院依法对下级人民法院所作出的裁定。其中，提审和指令再审是上级人民法院依据审判监督程序纠正下级人民法院违法裁判的方式，而发回重审则是上级人民法院在审理上诉案件时所采用的一种裁定方式。人民法院在审理上诉案件时，如果认为原判决认定事实不清，证据不足，或者由于违反法定程序可能影响案件正确判决的，裁定撤销原判，发回原审人民法院重审，也可以查清事实后改判。无论提审、指令再审或者发回重审，都应当由上级人民法院作出裁定。

14. 准许或不准许执行行政机关的行政行为。公民、法人或者其他组织对行政行为在法定期限内不提起诉讼又不履行的，行政机关可以申请人民法院强制执行，或者依法强制执行。人民法院可以作出准许执行行政机关行政行为或者不准许执行行政机关行政行为的裁定。行政机关根据《行政诉讼法》第97条的规定申请执行其行政行为，应当具备《行政诉讼法解释》第155条规定的以下条件：①行政行为依法可以由人民法院执行；②行政行为已经生效并具有可执行内容；③申请人是作出该行政行为的行政机关或者法律、法规、规章授权的组织；④被申请人是该行政行为所确定的义务人；⑤被申请人在行政行为确定的期限内或者行政机关催告期限内未履行义务；⑥申请人在法定期限内提出申请；⑦被申请执行的行政案件属于受理申请执行的人民法院管辖。人民法院对符合条件的申请，应当在5日内立案受理，并通知申请人；对不符合条件的申请，应当裁定不予受理。除行政机关外，享有权利的公民、法人或者其他组织也有权申请人民法院强制执行行政行为。行政机关根据法律的授权对平等主体之间民事争议作出裁决后，当事人在法定期限内不起诉又不履行，作出裁决的行政机关在申请执行的期限内未申请人民法院强制执行的，生效行政裁决确定的权利人或者其继承人、权利承受人在6个月内可以申请人民法院强制执行。

《行政诉讼法解释》第161条规定了人民法院应当裁定不准予执行的情形，包括：实施主体不具有行政主体资格的；明显缺乏事实根据的；明显缺乏法律、法规依据的；其他明显违法并损害被执行人合法权益的。

15. 其他事项的裁定。其他需要裁定的事项是指除了上述14种行政诉讼裁定之外的其他需要人民法院以裁定形式加以解决的事项。

对于第一审人民法院所作出的不予受理、驳回起诉和管辖异议裁定，当事人可以在裁定书送达之日起10日内向上一级人民法院提出上诉。对于其他裁定，当事人无权提出上诉，这些裁定一经宣布或者送达，立即产生法律效力。对于不能提起上诉的裁定，当事人如果有异议，可以申请复议，人民法院经复议发现原裁定确有错误的，可以自行撤销或者变更。

三、行政诉讼决定

（一）行政诉讼决定的概念

行政诉讼中的决定，是人民法院为了保证行政诉讼的顺利进行，就诉讼中的某些特殊事项所作出的处理。与行政诉讼判决和行政诉讼裁定相比，行政诉讼决定具有自身的特点：①行政诉讼决定是对行政诉讼中的某些特殊事项所作出的处理；而行政诉讼判决解决的是行政诉讼案件中具有争议的实体性问题；行政诉讼裁定解决的是程序性问题。②作出行政诉讼决定的根本目的在于保证行政诉讼的顺利进行；行政诉讼判决和裁定不以此为根本目的。③当事人对行政诉讼决定不服，只能申请复议；而对行政诉讼判决不服则可以在法定期限内向上一级人民法院提起上诉；对某些行政诉讼裁定不服的，也可以向上一级人民法院提起上诉。可见，行政诉讼决定是与行政诉讼判决和裁定不同的一种必要的司法行为。

（二）行政诉讼决定的种类

在行政诉讼司法实践中，行政诉讼决定主要有以下几种：

1. 有关回避事项的决定。在行政诉讼中，当事人认为审判人员与本案有利害关系或者有其他关系可能影响公正审判的，有权申请审判人员回避。审判人员认为自己与本案有利害关系或者有其他关系，则应当主动申请回避。书记员、翻译人员、鉴定人、勘验人的回避与审判人员相同。无论是当事人申请回避还是相关人员主动申请回避，都应当由人民法院最终决定。其中，人民法院院长担任审判长时的回避，由审判委员会决定；审判人员的回避，由院长决定；其他人员的回避，则由审判长决定。当事人对决定不服的，可以申请人民法院复议一次，但复议并不停止决定的执行。

2. 对妨害行政诉讼的行为采取强制措施的决定。诉讼参与人或者其他人有下列妨害行政诉讼行为之一的，人民法院可以根据情节轻重，予以训诫、责令具结悔过或者处10 000元以下的罚款、15日以下的拘留；构成犯罪的，依法追究刑事责任：①有义务协助调查、执行的人，对人民法院的协助调查决定、协助执行通知书，无故推拖、拒绝或者妨碍调查、执行的；②伪造、隐藏、毁灭证据或者提供虚假证明材料，妨碍人民法院审理案件的；③指使、贿买、胁迫他人作伪证或者威胁、阻止证人作证的；④隐藏、转移、变卖、毁损已被查封、扣押、冻结的财产的；⑤以欺骗、胁迫等非法手段使原告撤诉的；⑥以暴力、威胁或者其他方法阻碍人民法院工作人员执行职务，或者以哄闹、冲击法庭等方法扰乱人民法院工作秩序的；⑦对人民法院审判人员或者其他工作人员、诉讼参与人、协助调查和执行的人员恐吓、侮辱、诽谤、诬陷、殴打、围攻或者打击报复的。如果单位有前述行为，可以对其主要负责人或者直接责任人员依照前述规定予以罚款、拘留；构成犯罪的，依法追究刑事责任。罚款、拘留可以单独适用，也可以合并适用。对同一妨害行政诉讼行为的罚款、拘留不得连续适用。发生新的妨害行政诉讼行为的，人民法院可以重新予以罚款、拘留。罚款、拘留的行政诉讼决定须经人民法院院长批准。当事人不服的，可以向上一级人民法院申请复议一次。复议期间不停止执行。

3. 有关诉讼期限事项的决定。公民、法人或者其他组织因不可抗力或者其他不属于其自身的原因耽误起诉期限的，被耽误的时间不计算在起诉期限内。公民、法人或者其他组织因其他特殊情况耽误起诉期限的，在障碍消除后 10 日内，可以申请延长期限，是否准许由人民法院决定。此外，行政诉讼法规定人民法院应当在立案之日起 6 个月内作出第一审判决。上诉案件应当在收到上诉状之日起 3 个月内作出终审判决。有特殊情况需要延长的，由高级人民法院批准；高级人民法院有特殊情况需要延长的，由最高人民法院批准。无论是否批准，都应当由高级人民法院或者最高人民法院作出行政诉讼决定。

4. 审判委员会对已生效的行政案件的裁判认为应当再审的决定。在审判监督程序中，人民法院院长对本院已经发生法律效力的判决、裁定，发现违反法律、法规规定，认为确实需要再审的，应当提交本院审判委员会决定是否再审。审判委员会决定再审的，应该对该案件进行再审。

学术视野

没有违法行为人签名也没有见证人签名的现场笔录能否作为行政处罚的证据？

某县植物检疫站在对个体水果苗木繁育户王某进行产地检疫时，王某并没有培育杨梅苗木，该站在执行市场检查时发现了王某有小量的杨梅苗木在市场上销售，检疫人员发现后，对其杨梅苗木进行了检疫，并在制作了《现场笔录》后，对王某的违法行为作出当场罚款50元的处罚决定。王某对该《现场笔录》拒绝签名,检疫人员在《现场笔录》上载明了王某违法行为的时间、地点、苗木数量、苗木来源和拒绝签名情况,因当时没有其他见证人在场,故《现场笔录》上也没有其他证人的签名。后来王某不服处罚,将检疫站起诉至人民法院,称现场检查时他不在现场,并出具了一个朋友的证言为其作证。

现场笔录是行政诉讼特有的证据形式。2002年《最高人民法院关于行政诉讼证据若干问题的规定》(以下简称《行政证据规定》)第15条规定,被告向人民法院提供的现场笔录,应当载明时间、地点和事件等内容,并由执法人员和当事人签名。当事人拒绝签名或者不能签名的,应当注明原因。有其他人在现场的,可由其他人签名。

一般认为,当事人的违法事实成立,现场笔录能作为行政处罚的证据。理由如下:①《现场笔录》的形式合法。依据《行政证据规定》第15条的规定,在当事人拒绝签名或不能签名的情况下,执法人员"应当"注明原因,否则,该《现场笔录》不合法。对于有其他人在现场的情况下,该条文的规定是"可由其他人签名",这并不意味着必须要有其他人签名。只要行政机关向人民法院提供的《现场笔录》载明了时间、地点和事件等内容,有执法人员的签名,并注明了当事人拒绝签名或不能签名的原因,即已满足了法律规定的形式要件,即使《现场笔录》上没有当事人的签名,也没有其他证人的签名,该《现场笔录》也符合法律要求的形式。②《现场笔录》的证明效力大于证人证言。根据《行政证据规定》,鉴定意见、现场笔录、勘验笔录、档案材料以及经过公证或者登记的书证优于其他书证、视听资料和证人证言。在本案中,当事人主张当时其不在现场,并有一朋友为其作证,但该证人证言的证明效力依然低于《现场笔录》。在只有《现场笔录》和证人证言的单一证据条件下,《现场笔录》可以作为定案的依据。因此,《现场笔录》的形式合法,证明效力大于证人证言,王某的违法事实成立,即没有违法行为人签名也没有见证人签名的《现场笔录》能作为行政处罚的证据。[1]

理论思考与实务应用

一、理论思考

(一) 名词解释

审判监督程序　撤诉　缺席判决　延期审理　行政诉讼法律适用

---

[1] 李卫刚主编:《行政法与行政诉讼法案例选评》,对外经济贸易大学出版社2007年版,第207~208页。

(二) 简答题

1. 行政诉讼证据有哪些法定种类?
2. 行政诉讼中止的情形有哪些?
3. 行政诉讼裁定有哪些种类?
4. 简述行政诉讼法律规范冲突的适用规则。

(三) 论述题

1. 论行政诉讼的举证责任。
2. 论行政诉讼判决。

二、实务应用

(一) 案例分析示范

案例一

1995年1月,陈某向本村承包了某地的责任田10.4亩,承包期限10年。当年下半年陈某邀李某与其共同在该责任田种植了橘树,同时陈某未经审批,在责任田上建造了一座看管房和一口粪池。2005年1月,陈某的承包期届满后,该责任田继续由陈某承包种植。同年5月,县政府决定拓宽马路,经县公路局测定,拓宽后的马路需从陈某的橘园中间通过。6月中旬,县政府的两名工作人员将此情况通知镇政府,并组织人员砍伐陈某的橘树229株,拆除其看管房1座、粪池1口。县政府按照镇办公益事业每株橘树赔青苗款人民币10元的惯例给予赔偿,对被拆除的未经审批的看管房和粪池除材料归还陈某外,不予赔偿。陈某不服,向县人民法院起诉,请求依法判决镇政府赔偿经济损失6万元,县人民法院一审判决驳回了陈某的诉讼请求。理由如下:①被告镇政府拓宽马路系镇办公共设施,按照镇办公益事业每株橘树赔10元的惯例对原告给予赔偿是正确的;②原告陈某被拆除的看管房1座、粪池1口未经审批系违章建筑,要求赔偿不符合法律规定。陈某不服,向市中级人民法院提起上诉,市中级人民法院经审理认为:①镇人民政府修建公路占用陈某承包经营的责任田,未经有关部门审批,其砍伐陈某橘树的行为属于行政侵权行为,因此本案中陈某提出的赔偿请求是行政赔偿,应按照《国家赔偿法》对直接损失给予赔偿,共计48 963.6元;②陈某被拆除的看管房1座和粪池1口,因未经审批属于违章建筑,且所拆除的材料已归其所有,故不应予以赔偿。如上所述理由,市中级人民法院作出判决如下:①撤销原判第1项,维持原判第2项;②镇人民政府在接到判决之日起1个月内,赔偿陈某直接损失48 963.6元。

问:(1) 行政诉讼中二审的审查对象应包含哪些内容?
(2) 行政诉讼中的二审应采取何种审理方式?

【评析】(1) 行政诉讼中,二审法院审理上诉案件,不仅要对一审判决是否正确进行审查,还要对被诉行政行为是否合法进行审查。

(2) 人民法院对上诉案件,应当组成合议庭,开庭审理。经过阅卷、调查和询问当事人,对没有提出新的事实、证据或者理由,合议庭认为不需要开庭审理的,也可以不开庭审理。

案例二

某市共有甲、乙、丙、丁四家生猪定点屠宰场。2003年8月,该市市政府颁发了一个通告,确认甲企业为该市唯一的一家生猪定点屠宰场,2003年12月13日,该市工商局和该市卫生局根据市政府发布的通告,收缴了乙、丙、丁三家企业的营业执照和卫生许可证。乙、丙、丁三家企业不服,向该市中级人民法院起诉市政府的通告违反法律规定,要求撤销。随后又向该市某区法院起诉该市工商局和该市卫生局收缴证照的行为无事实依据,无法律依据,应予撤销。某区法院受理此案后,作出中止诉讼的裁定。

问:该市某区法院中止诉讼的裁定是否正确?

【评析】该市某区法院中止诉讼的裁定是正确的。《行政诉讼法解释》第87条规定:在诉讼过程中,有下列情形之一的,中止诉讼:①原告死亡,须等待其近亲属表明是否参加诉讼的;②原告丧失诉讼行为能力,尚未确定法定代理人的;③作为一方当事人的行政机关、法人或者其他组织终止,尚未确定权利义务承受人的;④一方当事人因不可抗力的事由不能参加诉讼的;⑤案件涉及法律适用问题,需要送请有权机关作出解释或确认的;⑥案件的审理须以相关民事、刑事或者其他行政案件的审理结果为依据,而相关案件尚未审结的;⑦其他应当中止诉讼的情形。本案中市工商局和市卫生局收缴证照的行为虽是独立的、可诉的行政行为,但其目的是执行市政府的通告内容,因此收缴证照行为是否合法成立取决于市政府的通告是否合法有效。根据《行政诉讼法解释》第87条的规定,案件的审理以民事、刑事或者其他行政案件的审理结果为依据的,而相关案件尚未审理的,应中止诉讼。因此该市某区法院作出中止诉讼的裁定是正确的。

案例三

甲公司于1995年获得国家专利局颁发的9518号实用新型专利权证书,后因未及时缴纳年费被国家专利局公告终止其专利权。1999年3月甲公司提出恢复其专利权的申请,国家知识产权局专利局于同年4月作出恢复其专利的决定。2000年3月,甲公司以专利侵权为由对乙公司提起民事诉讼。诉讼过程中,乙公司向专利复审委员会提出请求,要求宣告9518号专利权无效。2001年3月1日,专利复审委员会作出维持该专利有效的审查决定并通知乙公司。[1]

问：（1）如乙公司对恢复甲公司专利权的决定提起行政诉讼，其是否具有原告资格？为什么？

（2）如乙公司于2002年4月对恢复甲公司专利权的决定提起行政诉讼，是否超过行政诉讼的起诉期限？为什么？

【评析】（1）乙公司具有提起行政诉讼的原告资格。因为专利局恢复甲公司的专利权对乙公司将要且必然产生损害，乙公司与恢复专利权的行政行为具有法律上的利害关系。

（2）乙公司于2002年4月提起行政诉讼已经超过起诉期限。因为乙公司自从2001年3月1日起已经知道或者应当知道提起行政诉讼的诉权或起诉期限。另外，需要注意，2014年修订《行政诉讼法》时已经对诉讼期限作了新的规定，原告的起诉期限为6个月，从知道或者应当知道行政行为作出之日起计算，从知道行政行为内容之日起最长不超过5年。

（二）案例分析实训

案例一

某合资企业的甲、乙两股东就股权转让达成协议。后因情况发生变化，甲、乙两股东又签订了一项合同修正案，约定在该合同批准后1年内甲有权以一定的价格向乙回购已经出让的股权。2001年4月1日，股权转让合同以及合同修正案一同获得批准。7月2日，甲提出回购，乙不同意，并告知甲原审查批准机关于2001年6月1日又作出一批复，该批复指出，2001年4月1日批复只是批准股权转让合同，未批准股权回购条款，股权回购时仍需报批。[2]

问：（1）法院是否应当受理甲对审批机关2001年6月作出的批复提起的诉讼？

（2）甲若在2003年8月对审批机关2001年6月1日作出的批复提起诉讼，是否已经超过诉讼期限？

案例二

2002年2月8日凌晨1时30分，某县粮管所职工宿舍楼王某的住房发生火灾，经扑救灭火后，从当日上午开始，县公安局消防科组织人员对火灾事故进行了调查，经询问王某及有关证人，进行现场勘察，于2月14日作出《火灾原因认定书》，认定这起火灾是从王某房内烧起的，起火地点在房内北面距房门2.35

---

[1] 根据2003年国家司法考试试卷四第7题改编。
[2] 根据2004年国家司法考试试卷二第99题改编。

米的地柜外。由于王某使用电器不慎，导致地柜燃烧引起火灾。但县公安局消防科未将《火灾原因认定书》送达王某，亦未告知王某对火灾原因可以要求重新认定，便于 2002 年 3 月 13 日作出第 02003 号《消防管理处罚裁决书》，以王某使用电器不慎造成火灾事故为由给予其罚款 500 元的处罚。王某不服，向县法院提起行政诉讼。法院受理后，经两次合法传唤，原告王某均无正当理由拒不到庭，法院遂按撤诉处理。

问：本案中原告经两次合法传唤均无正当理由拒不到庭，法院按自动撤诉处理是否正确？

案例三

2002 年 1 月 15 日江苏南京市某工商分局与公安局刑警队联合行动，将位于江苏省南京市浦口长途汽车站内一处无照制售劣质猪油的地下作坊端掉。现场检查发现，该窝点无任何炼油设备，仅靠土灶铁锅煮熬提炼猪油。卫生状况极差，满屋堆塞的油渣饼里夹杂着毛皮猪蹄等异物，气味令人作呕。在查获的账本上发现销售金额达 90 多万元，另外，仓库中尚存储 160 桶（180 公斤/桶，共计 28.40 吨）猪油未销出。执法人员当即将库存猪油封存。由于案值较大，公安机关先行将作坊主郑某与会计郑某关押，以作进一步调查。根据账本销售记录及当事人交待和旁证材料，证实此案猪油被销往饭店、小吃部等处是用于食用的。18 日，某工商分局将库存猪油抽样送检，由于当事人作坊主郑某被关押在看守所未被提出，抽样单上由其老乡蔡某代为签字。20 日，南京市质检所出具检测报告书，判定送检样品主要理化指标不符合食用猪油标准。据此，某工商分局将对其行政处罚的意见告知当事人作坊主郑某（其于 2 月 21 日被关押）。5 天后，案情发生了变化，公安机关经过调查，认为此案未造成危害后果，决定不予追究刑事责任，全案移交某工商分局处理并随案转来当事人郑某被关押期间所退的赃款。由于案情的这一变化，某工商分局依照《投机倒把行政处罚暂行条例》（现已失效）第 3 条第 1 款第 6 项及其《施行细则》（现已失效）第 15 条第 1 款第 9 项之规定，原来拟定之处罚更改为没收猪油 28.40 吨；没收钱款 3 万元；罚款 1 万元。并于 4 月 26 日将此处罚意见告知郑某。5 月 28 日，正式处罚决定送达，作坊主郑某收到后，向南京市工商行政管理局提出复议，复议申请书称：①该案适用法规不当；②告知 2 次违反了程序；③抽样送检程序不合法。南京市工商局审理后作出维持原处罚决定之裁决。当事人作坊主郑某仍旧不服，又于 8 月 17 日以上述同样理由向南京市浦口区人民法院提起行政诉讼。法庭的庭审过程中，双方的焦点集中到抽检程序是否合法上。原告方认为，抽样单上没有自己的签字应属无效，因而检测报告亦无效。某工商分局认为，抽样单有当事人老乡蔡某作为见证人签字,应当真实有效。两方各执一词,相持不下。庭审陷入僵局,法庭宣布休庭后调查走访了各相关单位及证人,终于将案件事实查清并作出倾向于某工商分局的初步结论。最后,原告人作坊主郑某提出撤诉。

问:结合某工商分局的抽样取证程序,你认为抽样取证如何符合行政诉讼的证据要求?[1]

主要参考文献

1. 蔡小雪:《行政复议与行政诉讼的衔接》,中国法制出版社2003年版。
2. 林莉红:《中国行政救济理论与实务》,武汉大学出版社2000年版。
3. 马怀德主编:《行政诉讼原理》,法律出版社2003年版。
4. 高家伟:《行政诉讼证据的理论与实践》,工商出版社1998年版。
5. 方世荣主编:《行政法与行政诉讼法》,中国政法大学出版社1999年版。
6. 刘莘主编:《国内法律冲突与立法对策》,中国政法大学出版社2003年版。
7. 刘恒、所静:《行政行为法律适用判解》,武汉大学出版社2005年版。
8. 最高人民法院行政审判庭编著:《最高人民法院行政诉讼法司法解释理解与适用》,人民法院出版社2018年版。

---

[1] 李卫刚主编:《行政法与行政诉讼法案例选评》,对外经济贸易大学出版社2007年版,第205~206页。

第十四章 行政赔偿

【本章概要】本章的主要内容包括行政赔偿的概念，我国行政赔偿的范围，行政赔偿请求人和行政赔偿义务机关，以及行政赔偿的程序等四个方面。

【学习目标】通过本章学习，掌握行政赔偿制度的发展演变，了解具体的行政赔偿范围和获得行政赔偿的途径。

第一节 行政赔偿概述

行政赔偿，也叫行政赔偿责任，是国家赔偿责任的一种。国家赔偿的第一个重点是国家承担行政机关及其工作人员在主权领域实施违法过错行为的职务责任，这也是法治国家的基本思想。我国《宪法》第41条第3款规定："由于国家机关和国家工作人员侵犯公民权利而受到损失的人，有依照法律规定取得赔偿的权利。"《民法通则》第121条也规定："国家机关或者国家机关工作人员在执行职务，侵犯公民、法人的合法权益造成损害的，应当承担民事责任。"以上立法表明，这种"职务责任首先由民法调整，之后不断扩展，直至得到宪法的确认"。[1]此后，我国在1989年制定的《行政诉讼法》和1994年颁布的《国家赔偿法》全面确立了我国的行政赔偿责任制度。随后，2010、2012年全国人大常委会又对《国家赔偿法》进行了修改，从而使我国的行政赔偿制度日臻完善。

一、行政赔偿的概念及特征

行政赔偿是指国家行政机关及其工作人员执行职务时，侵犯公民、法人或其他组织合法权益造成损害，由国家承担赔偿责任的制度。行政赔偿作为一种法律责任，具有如下特征：

1. 行政赔偿是一种国家责任，行政赔偿的责任主体是国家，而不是行政机关及其工作人员。虽然，侵权行为是由行政机关及其工作人员实施的，但是，对

---

[1] [德]哈特穆特·毛雷尔：《行政法学总论》，高家伟译，法律出版社2000年版，第615页。

此承担赔偿责任的主体不是行政机关，也不是行政机关工作人员，而是国家。这是由国家与行政机关及其工作人员之间的法律关系所决定的。行政机关及其工作人员与国家之间存在委托代理关系，虽然行政机关实施行政管理活动时往往以自己的名义进行，行政机关工作人员实施行政管理活动时也都以所属行政机关的名义进行，但是在法律上都是代表国家实施的，无论是合法还是违法，其法律后果都归属于国家。国家作为赔偿主体的主要表现是赔偿费用由国库支出。

2. 行政赔偿中的侵权行为主体是行政机关和法律、法规授权的组织。这是行政赔偿区别于其他赔偿的主要特征。民事赔偿中的侵权主体是民事主体，司法赔偿中的侵权主体是行使司法权的国家机关。不过值得注意的是，有些国家法律明确规定，军事机关及其人员、国有企事业单位，特别是公立学校、医院等事业单位的行为也能引起国家行政赔偿。

3. 行政赔偿以行政机关及其公务员执行公务造成损害为必要条件。这包括两点内容：首先，这种损害须是在行政机关及其公务员执行公务时造成的。其次，这种损害必须是现实已经产生或必然产生的。没有实际产生或不是必然产生的，国家不予赔偿。如果不是直接的而是间接的损害，国家也不予赔偿。

4. 行政赔偿法定原则。即国家行政机关是否承担赔偿责任，如何承担赔偿责任，赔偿的范围和标准、程序和方式等，完全以法律的明文规定为依据，而不以学理或判例为尺度。这一点尤其体现在我国《国家赔偿法》第2条规定的归责原则上，该条第1款规定："国家机关和国家机关工作人员行使职权，有本法规定的侵犯公民、法人和其他组织合法权益的情形，造成损害的，受害人有依照本法取得国家赔偿的权利。"

二、行政赔偿与相关概念的区别

（一）行政赔偿与国家赔偿

行政赔偿不能等同于国家赔偿，行政赔偿只是国家赔偿的一部分，两者是从属关系，而不是并列关系。在有些西方国家，国家赔偿除行政赔偿外，还包括立法赔偿、司法赔偿。在我国，根据《国家赔偿法》的规定，国家赔偿包括行政赔偿和司法赔偿。

（二）行政赔偿与民事赔偿

行政赔偿与民事赔偿有许多相似的地方，事实上，行政赔偿是从民事赔偿发展而来的，是从民事赔偿中分化出来的一种责任形式。因此，不少国家在民法中规定国家赔偿责任，也有的国家在国家赔偿法中规定可以适用民法的有关规定，但两者的责任性质、责任主体等均不同。具体区别为：

1. 产生的原因不同。行政赔偿是因国家行政权力被违法行使而侵害行政相对方合法权益引起的；而民事赔偿则是由平等主体之间的侵权损害行为引起的，只发生在民事活动领域,不存在公权力的作用和因素。

2. 赔偿主体不同。民事赔偿中,赔偿主体亦是民事主体,赔偿主体与赔偿义务人是一致的;行政赔偿责任主体仅是国家,但具体的赔偿机关为侵权的公务人员所在的国家机关。

3. 归责原则不同。行政赔偿的归责原则是违法和结果并行的多元归责原则;而民事赔偿的归责原则主要是过错原则(少数无过错责任的情形只是过错原则的例外)。

4. 赔偿提起的程序不同。行政赔偿的程序相对民事赔偿的程序复杂,这主要体现于两点:①行政赔偿存在行政先行处理程序。即除了在行政诉讼中附带提起行政赔偿外,单独的行政赔偿诉讼不能直接向法院提起,请求人必须先向赔偿义务机关提出赔偿请求,对赔偿义务机关的决定不服的,才可起诉。民事赔偿中,受害人可以与侵权人自行协商赔偿事宜,也可以直接向法院起诉。②举证规则不同。赔偿请求人只要先证明损害已经发生,并且该损害是行政主体及其公务人员的违法行为所引起的,随后就可以将证明责任转移给被告,而由被告证明自己的行为与损害之间无因果关系,或自己的行为合法,或自己并未从事该行为。而在民事损害赔偿诉讼中则彻底实行"谁主张、谁举证"的证明规则。

5. 赔偿范围不同。行政赔偿与民事赔偿都是对受害人的救济,但在范围上有很大差别。民事赔偿的原则为全部赔偿,即在金钱上无最高限制,侵害人不仅要赔偿受害人的财产损害,还要赔偿精神损害;不仅要赔偿直接损失,还要赔偿间接损失。这是因为,民事赔偿主要是考虑对受害人的救济。而行政赔偿除需考虑对受害人的救济外,还要考虑公务的需要和平衡国家权力与私人权利的需要。故相比较而言,行政赔偿的条件较严。例如,行政赔偿虽然包括精神损害抚慰金,但是主要是物质损害的赔偿,不包括间接损失,在金钱上有最高限额等。

6. 赔偿请求时效不同。行政赔偿的诉讼时效自行政侵权损害行为被依法确认为违法之日起计算。民事赔偿的诉讼时效从权利人知道或应当知道权利受侵害时计算。

7. 赔偿费用来源不同。行政赔偿费用来自国家财政,民事赔偿的费用则来自义务人的自有财产。

(三)行政赔偿与司法赔偿

司法赔偿,指国家司法机关及其工作人员违法行使职权,侵犯公民、法人或其他组织的合法权益并造成损害,由国家承担赔偿责任的制度。行政赔偿与司法赔偿同属于国家赔偿的组成部分,在许多方面存在一致性,如赔偿的计算标准相

同、赔偿的主体均为国家等,两者的区别在于:

1. 发生的基础不同。行政赔偿发生在行政管理活动中,是由行政主体及其公务人员违法行使行政职权所引起。而司法赔偿则发生在司法活动中,由司法侵权所引起,具体而言,是因司法机关及其工作人员在刑事诉讼中违法行使侦查权、检察权、审判权、监狱管理权,以及在民事、行政审判中人民法院违法采取强制措施、保全措施以及执行措施所引起的。

2. 侵权行为主体不同。行政赔偿的侵权行为主体为国家行政机关及其工作人员,法律、法规授权的组织及其工作人员,受委托的组织及其工作人员。司法赔偿中,侵权行为主体为行使司法职能的国家公安机关、安全机关、军队的保卫部门、国家检察机关、国家审判机关、监狱管理机关及上述机关的工作人员。

3. 归责原则不尽相同。行政赔偿采取违法归责原则,以行政主体及其公务人员的致害行为违法为前提。而司法赔偿则在适用违法归责原则的同时,兼采结果责任原则。如一审人民法院判决被告无罪,即使人民检察院对该被告的逮捕决定在实体上和程序上都不违法,国家对该无辜公民仍应予以赔偿。

4. 赔偿的范围不同。行政赔偿的范围比司法赔偿广泛。在我国,国家赔偿法没有特别排除某类行政职权行为的行政赔偿责任,但却明确地将法院在民事、行政审判中的国家赔偿限定为三种情形:违法采取的对妨害诉讼的强制措施、保全措施或对判决、裁定及其他生效法律文书执行错误。

5. 程序的不同。具体表现在:请求行政赔偿不必经过复议等程序;请求司法赔偿则必须经过复议程序(人民法院为赔偿义务人的除外)。赔偿请求被提交至法院后,行政赔偿请求由法院正常的审判组织处理;而司法赔偿则由中级以上法院内特设的赔偿委员会处理。行政赔偿可以向法院提起诉讼;而司法赔偿则不可以提起诉讼,只能申请赔偿委员会作出裁定。

(四)行政赔偿与公有公共设施致害赔偿

公有公共设施致害赔偿,是指因公有公共设施的设置、管理、使用有欠缺和瑕疵,造成公民生命、健康、财产损害的,国家负责赔偿的制度。在有些国家,这类赔偿属于国家赔偿的一部分,受国家赔偿法规范。例如:因桥梁年久失修,有人骑车掉进水里摔伤;公共建筑设计失当,倒塌砸伤人等,均由国家予以赔偿。在我国,国家赔偿法不包括公有设施的致害赔偿。行政赔偿与公有公共设施致害赔偿的最大区别是:前者是行使行政权力引起的国家责任,后者是非权力行为引起的国家责任。两种赔偿的归责原则也不同。在我国,公有公共设施致害的,由该设施的经营管理单位或通过保险渠道赔偿。例如:邮政损害由邮政企业赔偿;铁路、航空损害由保险公司赔偿;道路、桥梁致害由负责管理的单位赔偿。

三、行政赔偿责任的构成要件

行政赔偿构成要件，是指构成行政赔偿责任的一般条件，只有具备这些条件才能产生行政赔偿责任，不具备这些条件，就没有行政赔偿责任的产生。关于行政赔偿责任的构成要件的内容，《国家赔偿法》第2条第1款作了概括性的规定："国家机关和国家机关工作人员行使职权，有本法规定的侵犯公民、法人和其他组织合法权益的情形，造成损害的，受害人有依照本法取得国家赔偿的权利。"大体上，国家承担行政赔偿责任的构成必须具备下列条件：

（一）存在行政侵权行为

这是构成行政赔偿责任的首要条件。包括三个要素：

1. 实施行政侵权行为的人必须是国家行政机关及其工作人员或者法律、法规授权的组织及其工作人员。

2. 行政侵权行为必须是执行行政职务的行为，即必须是要素1中的人员实施的行使职权、执行公务的活动。

3. 行政侵权行为必须是侵犯公民、法人或其他组织的合法权益造成损害的行为。修改前的《国家赔偿法》强调行为的违法性，修改后的《国家赔偿法》则把行为的违法性和结果的危害性共同作为判断行政侵权行为的标准。

（二）损害事实

这是指当事人的合法权益受到了行政侵权行为的客观损害。认定损害事实应注意以下几点：

1. 损害必须是已经发生的、确实存在的损害，这是指两个方面：①损害必须是现实生活中的损害，而不能是想象中的损害；②损害必须是直接的损害，而不能是间接的损害。

2. 受损害的权益必须是合法的、受法律保护的权益，即损害的利益必须是合法的，而不能是法外利益。

3. 损害事实包括物质损害事实、人身损害事实和精神损害事实。这里也有两个问题需要注意：①精神损害已经被纳入了我国国家赔偿的范围；②我国目前赔偿的损害仅限于物质损害、人身损害和精神损害，而其他权益的损害虽然也是法律规定的公民权利，国家却并不承担赔偿责任。例如，侵害公民的受教育权、选举权等。

（三）侵权行为与损害事实之间有因果关系

这是行政主体对损害承担法律责任的前提和基础。只有侵权行为与损害事实之间存在着逻辑上的直接联系，行为人才能对侵权损害承担责任。任何损害结果都由一定的原因导致，如果某一行为是造成损害事实的原因，或与之存在客观内在的联系，行为人可能需要承担赔偿责任；反之，如果某一行为与损害事实之间不存在内在的因果关系，行为人则不必承担责任。

第二节 行政赔偿范围

一、我国行政赔偿的范围

行政赔偿的范围指国家对行政机关及其工作人员在行使职权时，侵犯公民、法人和其他组织的合法权益造成的损害给予赔偿的范围。各国规定行使赔偿范围的法律规范在内容上一般都包括积极事项和消极事项两个部分。所谓积极事项，是指能够引起行政赔偿产生的事项，即国家应承担行政赔偿责任的事项；所谓消极事项，则是指不会引起行政赔偿产生的事项，即国家不承担行政赔偿责任的事项。关于行政赔偿的消极事项，各国一般都以法律、法规明文规定，但有的国家如日本、法国等，则以实务或理论加以确定。

从理论意义上讲，行政机关的违法行为给公民、法人或其他组织的合法权益造成损害的，都应当承担责任。但事实上，各国行政赔偿的范围都有一定的限制，只是限制的大小不同而已。[1]这是因为行政赔偿不仅仅涉及公民、法人或其他组织的合法权益能否得到及时、有效的救济，同时，它也涉及国家的公共利益甚至国家主权问题。因此，在行政赔偿制度中，行政赔偿范围的确定具有十分重要的意义。具体到我国，我国的《国家赔偿法》第二章第一节中对此作了详细的规定。大体上，我国行政赔偿的范围规定了对损害人身权的赔偿和对损害财产权的赔偿以及国家不予赔偿的情形。

（一）对损害人身权的赔偿

1. 违法拘留或违法采取限制人身自由的行政强制措施的行为。行政拘留指公安机关、安全机关对违反治安管理和安全管理的人，剥夺一定时间的人身自由的一种处罚。行政机关及其公务员违反法律规定的权限、程序，或在证据不足、事实不清的情况下拘留公民的，属于违法拘留。因违法拘留造成公民损害的，国家应予赔偿。

行政机关有权采取的限制人身自由的行政强制措施有：收容审查、强制戒毒、强制治疗、强制约束、扣留等。行政机关及其公务员违法实施以上行政强制措施造成损害的，国家应予赔偿。

2. 非法拘禁或者以其他方法非法剥夺公民人身自由的行为。非法拘禁指行政机关及其公务员执行公务时，非法对行政相对方身体实行强制拘禁，例如：捆绑、隔离、监禁，致使被害人失去行动自由。对此，国家应予赔偿。

---

[1] 应松年主编：《国家赔偿法研究》，法律出版社1995年版，第106页。

以其他方法非法剥夺公民人身自由的，例如：私设公堂、私设牢房、用办"学习班"等手段剥夺行政相对方人身自由的，国家也应承担赔偿责任。

3. 以殴打、虐待等行为或者唆使、放纵他人以殴打、虐待等行为造成公民身体伤害或者死亡的。包括：殴打行政相对方致其遭受身体伤害的；或采用其他方式，例如：捆绑、示众、罚跪、罚站以及种种酷刑，造成行政相对方身体伤害或者死亡的；或唆使行政相对方相互殴打或虐待造成伤害死亡的，国家应承担赔偿责任。

4. 违法使用武器、警械。武器、警械指枪支、警棍、警笛、警绳、手铐和其他警械。行政机关及其公务员违反法律规定使用武器、警械故意或失误造成行政相对方身体伤害或者死亡的，国家应予以赔偿。

5. 造成公民身体伤害或者死亡的其他违法行为。指除以上所列4项外，行政机关及其公务员实施的，例如：刑讯逼供、打骂、体罚等，造成行政相对方人身自由或生命权、健康权遭受损害的，国家也应当承担赔偿责任。

(二) 对侵犯财产权的行政赔偿

1. 对违法罚款、吊销许可证和执照、责令停产停业、没收财物等侵犯财产权的，受害人有权取得行政赔偿。

2. 违法对行政相对方的财产采取查封、扣押、冻结等行政强制措施的，受害人有权取得行政赔偿。

3. 违法征收、征用财产的，受害人有权取得赔偿。

4. 造成财产损害的其他违法行为。例如：行政不作为行为、行政检查等行为，给行政相对方造成损害的，国家也应负赔偿责任。

(三) 国家不予赔偿的情形

根据我国《国家赔偿法》的规定，国家不承担赔偿责任的情形主要有：

1. 行政机关工作人员作出与职权无关的个人行为。例如，行政机关工作人员以个人名义从事的民事行为；工商局的公务员因邻里纠纷而将邻人殴打致伤；公务员在行使职权时利用职务之便为商家拉广告、推销商品，以谋私利的行为。

2. 因公民、法人和其他组织自己的行为致使损害发生的。例如，某公民对于公安机关的行政处罚不服，情急之下，病发住院造成的损害，国家不承担责任。再如，某公民心胸狭窄，错误地认为行政机关对其所作的处理决定不公而愤然自杀，对此，死者亲属或继承人不能要求国家赔偿。

3. 法律规定的其他情形。主要是指能够适用民法上的抗辩事由来减免国家赔偿责任的情况，或者侵权行为本身不符合行政侵权赔偿责任的构成要件，不构成行政侵权赔偿责任。但需要注意的是，上述情形必须由全国人民代表大会及其常委会制定的法律规定。

二、国外行政赔偿范围及对我国行政赔偿范围的思考

当今世界各国的国家赔偿制度进入了全面深入发展的新时期。目前行政赔偿制度比较发达的英、美、法、日等国行政赔偿范围已日益具体、细化。从国外典型的立法例来看，西方国家界定行政赔偿范围是以概括性规定为原则、特殊排除为例外，即在规定了行政赔偿责任的构成要件和国家责任豁免的范围之后，就不再对行政赔偿范围作具体规定和详细列举。而国家责任豁免所排除的内容，则主要为侵权行为的排除，对于受损害利益不直接排除。以下简单介绍一下世界各国新发展的行政赔偿范围：

（一）抽象行政行为

从众多国家法制传统看，国家对立法行为原则上不负赔偿责任，但这一原则很少在法律中明确规定。现在有部分国家对抽象行政行为进行赔偿，其条件包括：首先，立法行为已被确认为违宪或违法；其次，立法中并未排除赔偿的可能性；最后，实践证明，很多抽象行政行为因违法而被撤销、废止，对抽象行政行为的监督不断加强。所以，我们认为，考虑抽象行政行为主体对行为相对人损害的部分赔偿或补偿具有其必要性，同时也符合社会发展的需要。

（二）自由裁量行政行为

自由裁量行为属于行政行为。自由裁量权在国外早期一般属于国家责任豁免的范围。美国《联邦侵权求偿法》第2680条规定就有明确表示。在法律规定上，我国没有直接的依据将自由裁量权纳入国家责任豁免范围，但从《行政诉讼法》第70条的规定看自由裁量行政行为仅在滥用职权和显失公正的情况才给予纠正，实行的是有限的国家责任豁免。在赔偿诉讼中，自由裁量行为是否引起国家赔偿，我们认为，行政机关享有的自由裁量主要是合理性问题，如果认为自由裁量行为都存在违法性问题，则设立自由裁量权失去了法律意义；如果实行绝对豁免，则会导致行政机关滥用自由裁量权并在致人损害后以行为合理性为由主张免责，不利于保护受害人合法权益。因此，实行以豁免为原则、以赔偿为例外的相对豁免比较切实符合国家赔偿法的立法精神。

（三）公有公共设施致害行为

对于公有公共设施因设置和管理有欠缺造成损害的情形，许多国家的国家赔偿法都已将其规定为国家赔偿的组成部分。日本早在1916年便有小学生旋转木马塌落致学生死亡的国家赔偿的案例，将公共设置与管理欠缺纳入国家赔偿的范围。但我国现行国家赔偿法没有类似规定。我国国家行政赔偿仅仅基于权力行使行为纳入赔偿范围，排除了因权力行使范围而给公民带来的损害赔偿（即公有公共设施因设置和管理有欠缺造成损害的赔偿），而将其纳入由公有设施的经营、管理单位赔偿或通过保险渠道赔偿的领域。这种立法考虑主要基于我国正处于政

企分开、政事分开的经济、政治转轨变型时期，产权尚未清晰化，将公共设施设置管理欠缺纳入国家赔偿范围的条件尚未成熟。

我们认为，随着我国法治建设的不断深入和发展，《国家赔偿法》在实施过程中出现过不少问题，综观所有问题，关键是赔偿范围过窄，所以建议参照国外立法例，吸收和借鉴上述立法经验。

第三节 行政赔偿请求人和行政赔偿义务机关

在行政赔偿案件中，存在两方当事人：一方为受到行政机关及其公务员违法侵害的赔偿请求人，另一方为承担赔偿义务的行政机关。

一、行政赔偿请求人

行政赔偿请求人，指因行政违法而遭受损害，有权请求国家予以赔偿的行政相对方。在行政赔偿中赔偿请求人包括：

1. 受到行政违法行为侵害的公民、法人或者其他组织。根据我国《民法总则》第19~23条的规定，未成年人及不能辨认自己行为的精神病人属于无民事行为能力人或限制民事行为能力人，当他们的权益受到行政违法行为的侵害时，他们的监护人（包括父母、兄弟、姐妹、成年子女、配偶、近亲属等）为法定代理人。但赔偿请求权人仍为受到侵害的未成人和精神病人。

2. 受害人死亡的，其继承人和其他有扶养关系的亲属也可以成为赔偿请求人。例如：甲某因行政侵权死亡，其继承人为赔偿请求人。其亲属乙某在甲某死亡前一直由甲某赡养，甲某死亡后，乙某随即丧失了赡养请求权。因此，乙某有权作为与甲某有扶养关系的亲属请求国家赔偿。

3. 受害的法人或其他组织终止，其权利承受人有权要求赔偿。例如：某企业被工商行政管理机关违法罚款，后该企业被另一企业兼并，新的兼并企业有权对工商机关的处罚提出赔偿请求。

但在以下情形中，法人或其他组织的赔偿请求权不发生转移：①法人或其他组织只被行政机关吊销许可证或执照，但该法人仍有权以自己的名义提出赔偿请求，不发生请求权转移问题。②法人或其他组织破产，也不发生赔偿请求权转移的问题。在破产程序尚未终结时，破产企业仍有权就此前的行政侵权损害取得国家赔偿。③法人或其他组织被主管行政机关决定撤销，也不发生赔偿请求权转移问题。因为，我国《行政诉讼法》已经赋予上述情形下的法人或其他组织以诉权，受害的法人或其他组织可以通过行政诉讼一并提出赔偿，不发生赔偿请求权转移问题。

二、行政赔偿义务机关

1. 行政机关为赔偿义务机关。行政机关及其公务员在行使职权时侵犯了公民、法人或其他组织的合法权益给其造成损害的，该行政机关或该公务员所在的行政机关为赔偿义务机关。

2. 共同行政赔偿义务机关。所谓共同行政赔偿义务机关，指共同行使行政职权时作出违法行政行为或分别作出相互之间有牵连关系的违法侵权行为时，造成行政相对方的损害，须共同对受害人履行赔偿义务的两个以上行政机关。此外，共同行使行政职权，指两个以上行政机关分别以各自名义就同一对象作出共同职务行为，或两个以上机关以共同名义作出某种行为。分属于两个以上行政机关的公务员共同行使职权侵犯他人权益的，受害人应以这些公务员所在的行政机关为共同赔偿义务机关提出赔偿请求。

3. 法律、法规授权的组织为赔偿义务机关。例如：烟草公司、盐业公司等根据法律、法规授权可以行使行政职权。这些组织在行使被授予的行政权力时侵犯行政相对方合法权益造成损害的，受害人请求赔偿，应当以这些法律、法规授权的组织为赔偿义务机关。

4. 委托机关为赔偿义务机关。受行政机关委托的组织或者个人在行使受委托的行政权力时侵犯公民、法人和其他组织合法权益造成损害的，委托的行政机关为赔偿义务机关。

5. 行政赔偿义务机关被撤销后的责任承担。行政赔偿义务机关被撤销的，继续行使其职权的行政机关为赔偿义务机关，没有继续行使其职权的行政机关的，撤销该赔偿义务机关的行政机关为赔偿义务机关。行政赔偿义务机关被撤销一般有两种情形：①受害人提出赔偿请求，赔偿义务机关尚未作出最终裁决时，该赔偿义务机关被撤销。在这种情形下，由继续行使其职权的行政机关为赔偿义务机关。②受害人已向法院提起行政赔偿诉讼后，赔偿义务机关被撤销。这种情形涉及变更赔偿诉讼被告问题，受害人应以赔偿义务机关被撤销后继续行使其行政职权的行政机关为赔偿诉讼被告，如果没有继续行使其职权的行政机关，则应以撤销赔偿义务机关的行政机关为赔偿诉讼被告。

6. 经行政复议后的赔偿义务机关。经复议的案件，由最初作出行政行为的行政机关为赔偿义务机关。但是，复议机关的复议决定加重损害的，复议机关对加重的部分履行赔偿义务。

第四节 行政赔偿程序

行政赔偿程序，是指行政赔偿请求人向行政赔偿义务机关请求行政赔偿，行政赔偿义务机关处理行政赔偿申请，以及人民法院解决行政赔偿纠纷的步骤、方法、顺序和时限的总称。依照我国《国家赔偿法》第 9 条的规定，我国的行政赔偿程序实行的是"单独提起"与"一并提起"两种请求程序并存的方式，具体程序又可分为行政程序和司法程序两个阶段，这是我国行政赔偿程序的突出特点。[1]

一、行政赔偿请求的提出

（一）提出行政赔偿请求的条件

1. 赔偿请求人的赔偿请求必须向赔偿义务机关提出，其他任何机关均无权直接处理。由于《国家赔偿法》明确规定了不同情形下的赔偿义务机关，这表明赔偿义务机关是法定的，不能由赔偿请求人任意选择。请求人选择不当，可能会导致驳回赔偿请求的法律后果。

2. 赔偿请求人必须具有请求权。一般来说，享有赔偿请求权的人就是其合法权益受到违法行使行政职权行为侵犯并造成损害的公民、法人或其他组织。

3. 赔偿请求人所提出之赔偿请求必须是法律规定应该赔偿之损害。根据我国法律规定，不在法定赔偿范围之列的有：①行政机关及其公务员行使与职务无关的个人行为；②因行政相对方自己的行为致使损害发生；③法律规定的其他情形。

4. 必须在法定的期限内提出赔偿请求。根据我国《国家赔偿法》第 39 条的规定，赔偿请求人请求国家赔偿的时效为 2 年，自其知道或者应当知道国家机关及其工作人员行使职权时的行为侵犯其人身权、财产权之日起计算，但被羁押的期间不计算在内。

5. 提交行政赔偿请求书。赔偿请求书上应写明赔偿请求人的名称、住所、法定代表人或主要负责人的姓名、职务，要求赔偿的理由和事实根据，具体的赔偿请求等。赔偿请求人书写申请书确有困难的，可以委托他人代书；也可以口头申请，由赔偿义务机关记入笔录。赔偿请求人当面递交申请书的，赔偿义务机关应当当场出具加盖本行政机关专用印章并注明收讫日期的书面凭证。申请材料不齐全的，赔偿义务机关应当当场或者在 5 日内一次性告知赔偿请求人需要补正的全部内容。

（二）单独提出行政赔偿请求及其前置程序

所谓单独提出行政赔偿请求，是指受害人单独提起行政赔偿请求。即请求内容仅限于"赔偿"，至于对于行政职权的行使是否违法等，争议双方并没有不同意见。在这种情况下，受害人应当首先向行政赔偿义务机关提出赔偿要求，赔偿

---

[1] 姜明安主编：《行政法与行政诉讼法》，北京大学出版社、高等教育出版社 1999 年版，第 456～457 页。

义务机关不予赔偿或赔偿请求人对赔偿数额有异议的，赔偿请求人才可以向上级行政机关申请复议或直接向人民法院提起诉讼。单独提出赔偿请求的主要情形有三种：

1. 作出行政行为的行政机关承认其行政行为违法，但对赔偿问题，例如赔偿数量多少、赔或不赔，达不成协议的。

2. 行政行为已被复议机关确认违法，或已被复议机关撤销或变更，但赔偿请求人在申请复议时并未提出赔偿请求，复议机关也未对赔偿问题作出决定，复议裁决生效后赔偿请求人又要求赔偿的，或者赔偿请求人对复议机关的赔偿裁决不服的。

3. 行政行为已被法院的判决确认为违法或已被该法院判决撤销或变更，判决生效后，赔偿请求人又提出赔偿请求。

单独提出赔偿请求，必须遵循"先行程序"，即"应先向赔偿义务机关提出"，这是一道必经程序。只有在赔偿请求人向赔偿义务机关提出赔偿请求而被拒绝赔偿，或赔偿请求人对赔偿数额有异议后，赔偿请求人才可以向上级行政机关申请复议，或向人民法院提起诉讼。未经先行程序直接向上一级行政机关申请复议或向人民法院提起行政诉讼的，上一级行政机关或人民法院不予受理。

（三）一并提出行政赔偿请求

一并提出行政赔偿请求，指受害人在申请行政复议或提起行政诉讼中一并提出赔偿要求。其特点为：

1. 一并提出是将两项不同的请求一并向同一机关提出，要求并案审理。首先是要求确认行政行为的违法，并提出撤销或变更该行为；其次是要求赔偿。

2. 一并提出赔偿请求的基本条件是：两项请求之间存在内在联系：①某行政行为违法；②损害事实是由该行为的违法造成的。前为因、后为果。

3. 一并提出赔偿请求后，复议机关或人民法院在审理时，一般须以确认行政行为违法并撤销、变更该行为在先，然后才能就赔偿问题进行审理。如果行政行为经审理并不违法，赔偿请求也就没有审理的必要了。

4. 一并提出赔偿请求可以在申请复议时提出，也可以在提起行政诉讼时提出。在申请复议时提出，按行政复议程序进行；在行政诉讼时提出，按行政诉讼的程序进行。

二、行政赔偿义务机关的受案与处理

行政赔偿义务机关在收到受害人的行政赔偿请求后，首先，应对请求人行政赔偿申请书中所述的事实和理由进行审查和确认。当然，这种审查和确认并不以受害人请求行政赔偿的范围为限。如在审查中发现新的应依法予以赔偿的事实，赔偿义务机关应主动将其列入赔偿范围。其次，在对赔偿请求审查和确认之后分别作出是否给予赔偿以及如何给予赔偿的决定。上述审查、确认和作出决定的期限为 2 个月,自赔偿义务机关收到申请之日起计算,赔偿义务机关作出赔偿决定,应当充分听取赔偿请求人的意见,并可以与赔偿请求人就赔偿方式、赔偿项目和赔偿数额进行协商。赔偿义务机关决定赔偿的,应当制作赔偿决定书,并自作出决定之日起 10 日内送达赔偿请求人。赔偿决定书内容应包括:赔偿方式、赔偿数额、计算数额的依据和理由及履行期限等。赔偿义务机关决定不予赔偿的,应当自作出决定之日起 10 日内书面通知赔偿请求人,并说明不予赔偿的理由。赔偿义务机关在法定期限内如出现以下两种情况的,视为未形成处理:①赔偿义务机关对赔偿申请不予理睬或对自己提出的方案不予实施;②赔偿请求人对赔偿义务机关的方案有异议,包括对赔偿方式、金额、履行期限有不同意见的。赔偿义务机关逾期不予赔偿或者赔偿请求人对赔偿数额有异议的,赔偿请求人可以自 2 个月期间届满之日起 3 个月内向人民法院提起诉讼。

行政赔偿请求人要求赔偿也可以在申请行政复议时一并提出。如果复议机关在法定复议期间内不作出行政赔偿决定或者请求人对其所作出的赔偿决定不服的,请求人可在收到复议决定书之日起或自决定复议期间届满之日起 15 日内或者法律、法规规定的其他期限内向人民法院起诉。

三、行政赔偿诉讼

(一) 行政赔偿诉讼的概念和特征

1. 行政赔偿诉讼的概念。行政赔偿诉讼,是行政诉讼的一种特殊形式,是指行政相对方向人民法院对行政行为的合法性提出异议的同时,请求人民法院判决行政主体赔偿因行政行为违法或不当侵犯其合法权益对其造成的损失的诉讼。它也包括双方因赔偿方式、赔偿额等协议不成,行政相对方一方向人民法院提起诉讼,请求人民法院作出赔偿判决的诉讼。

2. 行政赔偿诉讼的特征。行政赔偿诉讼作为一种特殊的诉讼方式,不同于一般的行政诉讼,它们的区别是:

(1) 审理方式不同。行政赔偿诉讼案件适用调解原则。人民法院对行政赔偿案件作出裁决,既可以通过判决形式,也可以按调解方式来进行处理。而一般种类的行政诉讼案件却不适用司法调解。

(2) 举证责任的分配不同。行政赔偿诉讼的举证责任适用基本与民事诉讼相同的"谁主张、谁举证"原则,而一般种类的行政诉讼案件的举证责任主要由行政机关承担。

(二) 行政赔偿诉讼程序

1. 行政赔偿诉讼的提起方式。

(1) 当事人在对行政机关所作的行政行为提起行政诉讼的同时,向人民法院提起赔偿诉讼的请求。

（2）当事人单独就损害赔偿提出请求。单独提起行政赔偿一般适用于如下两种情况：①行政行为已被作出行政行为的机关或复议机关撤销、变更，但行政相对方不服行政机关关于赔偿问题的裁决或双方达不成赔偿协议；②行政行为被人民法院的生效判决撤销后，行政相对方提出了赔偿问题。

行政相对方单独就赔偿问题提出请求的，应先由行政机关解决，对行政机关的处理不服或行政机关逾期不作答复的，可以向人民法院起诉。未经行政机关处理的，人民法院应裁定不予受理，并告知原告向行政机关申请解决。赔偿请求权人在行政诉讼中一并提起行政赔偿诉讼的，不得再以同一事实和理由提起行政赔偿诉讼。

2. 行政赔偿诉讼的起诉时间。行政赔偿请求可以在提起行政诉讼的同时一并提起，也可以在审理行政诉讼案件过程中提起。因此，行政相对方提出赔偿请求的期限可以不受《行政诉讼法》规定的期限限制，但一般应在庭审结束前提出。

单独提起行政赔偿请求的期限，根据最高人民法院司法解释的规定，可以在接到行政机关所作的行政赔偿决定书之日起 30 日内，或行政机关必须予以答复的法定期限届满之日起的 30 日内，向人民法院提起诉讼。

3. 行政赔偿诉讼案件的审理。审理行政赔偿案件，原则上可以适用我国《行政诉讼法》的有关规定，但在某些方面，仍须根据行政赔偿诉讼的特点采用一些特殊的审理方式及程序。

（1）在行政赔偿诉讼中，可以进行调解。调解是指通过说服、教育和劝导、协商，使纠纷在当事人双方互相谅解的基础上获得解决的一种方法。《行政诉讼法》中有关侵权赔偿的诉讼适用调解的原则是我国行政诉讼的一个特点。这是因为行政赔偿诉讼不同于一般的行政诉讼，诉讼的原告有权处分自己的赔偿请求权，甚至放弃赔偿请求权，而被告行政机关也在一定范围内就赔偿问题享有自由裁量权。以调解方式解决赔偿争议，有利于行政侵权纠纷的迅速、彻底解决和协议的自动履行；有利于预防纠纷、减少讼累，从而有利于安定团结。《行政诉讼法解释》第 95 条规定，人民法院经审理认为被诉行政行为违法或者无效，可能给原告造成损失，经释明，原告请求一并解决行政赔偿争议的，人民法院可以就赔偿事项进行调解；调解不成的，应当一并判决。人民法院也可以告知其就赔偿事项另行提起诉讼。

但是，调解只是人民法院审理行政赔偿案件的一种方式，而不是唯一方式，也不是审理此类案件的必经程序。人民法院认为能够用调解方式解决的，应尽可能调解解决，不能调解解决或调解无效的，应及时判决。不能久调不决，更不能采取强迫、哄骗等手段促使当事人接受调解或送达调解协议。

人民法院在进行调解时必须首先查明事实，分清是非，不主观臆断与偏袒，既不能牺牲国家、集体利益，也不得损害个人利益。调解协议的内容必须符合法律规定，不能超出法定范围和幅度进行调解。调解必须组成合议庭，公开进行。

当事人的诉讼权利与其他形式审理活动中当事人的诉讼权利一样。行政赔偿调解成功的，应单独制作调解书，调解失败的，应作出行政赔偿判决书。

(2) 举证责任的分配。行政赔偿诉讼中举证责任的分配方式如下：

第一，在与行政诉讼一并提起的行政赔偿诉讼中，行政行为是否合法的举证责任应由被告行政机关承担；如果行政赔偿诉讼是单独提起的，原告则应提供确认该行政行为违法的法律文书及有关材料。

第二，对于损害事实的举证责任，不论是一并提起还是单独提起行政赔偿诉讼，均应由原告承担。包括提供证明其所受损害的人证、物证。原告应就行政机关及其工作人员行使职权时的违法行为造成损害的真实存在、范围、程度等方面提供证据材料以及见证人，如房屋拆毁时的现场证人、医药费单据等。但是，赔偿义务机关采取行政拘留或者限制人身自由的强制措施期间，被限制人身自由的人死亡或者丧失行为能力的，赔偿义务机关的行为与被限制人身自由的人的死亡或者丧失行为能力是否存在因果关系，赔偿义务机关应当提供证据。

第三，有关行政行为与损害事实之间因果关系的举证责任，原则上应由原告承担。原告应就损害结果是因为违法行政行为的实施所直接造成的后果提供证据，即原告应提供赔偿义务机关在何时、何地实施了何种违法行为以及这种违法行为造成受害人损害结果的证明材料。只有在有混合原因或共同原因的情况下，才由行政机关负举证责任，以证明其行政行为与损害事实没有内在的必然的联系。

(3) 人民法院裁判不受行政行为的限制。在行政赔偿诉讼案件中，人民法院对赔偿争议进行裁判的活动可以不受《行政诉讼法》所规定的裁判种类的约束。如果原告的赔偿请求成立，人民法院应当依法判决被告如数承担赔偿责任；如果原告赔偿请求不成立，人民法院应判决驳回起诉。经过行政机关先行处理的赔偿诉讼案件，人民法院的判决不受该处理的限制，人民法院可以径行解决，不必撤销或维持原行政赔偿决定及协议。

(4) 行政赔偿诉讼可以适用先予执行。行政赔偿诉讼中的先予执行主要包括支付医疗费和丧葬费等，此类费用的支出为解决原告的急需，往往刻不容缓，人民法院应当依据原告的书面申请，裁定行政机关先予支付。当事人对这种裁定不得上诉，如果不服，可申请复议一次，但复议期间不停止裁定的执行，待结案后，先予支付的金额可从行政机关的赔偿数额中折抵或扣除。如果预先支付的金额超过判决书或调解书中所确定的赔偿金额，原告应返还超过的部分。如果原告撤诉或败诉，则应全部返还行政机关先予支付的金额。

四、行政追偿程序

（一）行政追偿的概念

行政追偿，是指行政赔偿义务机关代表国家向行政赔偿请求人支付赔偿费用以后，依法责令有故意或重大过失的公务员、受委托的组织和个人承担部分或全部赔偿费用的法律制度。我国《国家赔偿法》第 16 条规定："赔偿义务机关赔偿损失后，应当责令有故意或者重大过失的工作人员或者受委托的组织或者个人承担部分或者全部赔偿费用。对有故意或者重大过失的责任人员，有关机关应当依法给予处分；构成犯罪的，应当依法追究刑事责任。"追偿实际上是一种制裁，其着眼点在于监督责任人员恪尽职守、依法行政，防止公务人员违法行政，而并不过于计较财力上的负担。

（二）行政追偿的要件

行政追偿必须具备两个条件：

1. 赔偿义务机关已对受害人给予了赔偿。追偿本身决定了只有具备国家承担赔偿责任这一前提条件，才能产生追偿问题，如果行政赔偿义务机关未曾支付赔偿费用，追偿无从谈起。

2. 公务人员有故意或重大过失。故意指责任人在行使职权时，明知自己的行为会造成行政相对方合法权益的损害，却故意加以损害；重大过失指责任人行使职权时未达到普通公民应当注意并能注意的标准而造成行政相对方合法权益损害的主观状态。公务人员是否符合追偿条件，由该人员所属的行政赔偿义务机关审查和决定，一旦确认其有故意或重大过失，行政赔偿义务机关应责令其承担全部或部分赔偿费用。

（三）行政追偿的范围和标准

按照我国《国家赔偿法》的规定，金额负担分为完全负担和部分负担两种。金额负担的确定应遵守以下原则：①金额负担大小与过错程度相适应。过错较重，负担应多一些；过错较小，负担应少一些。②考虑公务人员的薪金收入。金额负担要从公务人员的薪金收入中扣除。因此，应在其除维持日常家庭生活外能够负担的范围内确定。③行政追偿不能替代公务人员应负的其他法律责任。对有故意或重大过失的责任人员，有权机关应当依法给予其行政处分；构成犯罪的，应当依法追究其刑事责任。

第五节 行政赔偿的方式和计算标准

一、赔偿方式

行政赔偿的方式，指国家承担行政赔偿责任的各种形式。根据我国《国家赔偿法》的规定，行政赔偿的方式有三种：

1. 金钱赔偿。即以货币形式支付赔偿金额。以金钱支付的方式赔偿，省时、省力、简便易行、适应性强。无论是对人身自由还是对生命、健康权的损害，都可以通过计算或者估算进行适当的金钱赔偿。

2. 返还财产。指行政机关将违法占有或控制的受害人的财产返还给受害人的赔偿方式。返还之"财产"既可以是金钱，也可以是物品。包括返还罚没款，返还没收的财物，返还扣押、查封、冻结的财产等。

3. 恢复原状。指负有赔偿义务的机关按照赔偿请求人的愿望和要求，将其违法分割或毁损的财产负责修复以恢复原状的赔偿方式。

另外，我国《国家赔偿法》第 35 条规定："……致人精神损害的，应当在侵权行为影响的范围内，为受害人消除影响，恢复名誉，赔礼道歉；造成严重后果的，应当支付相应的精神损害抚慰金。"

二、赔偿计算标准

行政赔偿的计算标准是计算赔偿金额的尺度和准则。根据我国《国家赔偿法》的规定，对损害行政相对方的人身自由、生命健康、财产按不同的损害标准计算。

（一）人身自由损害的赔偿标准和生命、健康权的损害赔偿标准

侵犯公民人身自由的，每日的赔偿金按照国家上年度职工日平均工资计算。生命、健康权的损害赔偿标准：

1. 造成身体伤害的，应当支付医疗费、护理费，以及赔偿因误工减少的收入。减少的收入，每日的赔偿金按照国家上年度职工的日平均工资计算，最高额为国家上年度职工平均工资的 5 倍。

2. 造成部分或者全部丧失劳动能力的，应当支付医疗费、护理费、残疾生活辅助具费、康复费等因残疾而增加的必要支出和继续治疗所必需的费用，以及残疾赔偿金。残疾赔偿金根据丧失劳动能力的程度，按照国家规定的伤残等级确定，最高不超过国家上年度职工年平均工资的 20 倍。造成全部丧失劳动能力的，对其扶养的无劳动能力的人，还应当支付生活费。

3. 造成公民死亡的，应当支付死亡赔偿金、丧葬费，总额为国家上年度职工人均工资的 20 倍。对死者生前抚养（或扶养）的无劳动能力的人，应当支付生活费。生活费的发放标准参照当地民政部门有关生活救济的规定办理。被抚养人是未成年人的，生活费给付至 18 周岁为止；其他无劳动能力的被抚养（扶养）人的生活费给付至死亡为止。

（二）财产损害的赔偿标准

在我国，对行政违法行为造成行政相对方的财产损失的赔偿，是以赔偿直接损失为原则。所谓直接损失，是指由于违法行为直接造成的已经发生的实际损

失。侵害财产权的具体赔偿标准为：

1. 处罚款、罚金、追缴、没收财产或者违法征收、征用财产的，返还财产。

2. 查封、扣押、冻结财产的，解除对财产的查封、扣押、冻结，造成财产损坏或者灭失的，依照《国家赔偿法》第 36 条第 3、4 项的规定赔偿。

3. 应当返还的财产损坏的，能够恢复原状的恢复原状，不能恢复原状的，按照损害程度给付相应的赔偿金。

4. 应当返还的财产灭失的，给付相应的赔偿金。

5. 财产已经拍卖或者变卖的，给付拍卖或者变卖所得的价款；变卖的价款明显低于财产价值的，应当支付相应的赔偿金。

6. 吊销许可证和执照、责令停产停业的，赔偿停产停业期间必要的经常性费用开支。

7. 返还执行的罚款或者罚金、追缴或者没收的金钱，解除冻结的存款或者汇款的，应当支付银行同期存款利息。

8. 对财产权造成其他损害的，按照直接损失给予赔偿。

（三）赔偿费用

行政赔偿费用是国家用以支付给赔偿请求人的金钱。行政赔偿费用，列入各级财政预算，由各级财政按照财政管理体制分级负担。各级政府应根据本地区的实际情况，确定一定数额的行政赔偿费用，列入本级财政预算。当年实际支付的行政赔偿费用以及其他国家赔偿费用超过年度预算的部分，在本级预算预备费中解决。另外，根据《国家赔偿法》的规定，赔偿请求人要求国家赔偿的，赔偿义务机关、复议机关和人民法院不得向赔偿请求人收取任何费用。对赔偿请求人取得的赔偿金不予征税。

学术视野

对自由裁量行为造成的损害是否应予赔偿？

有的学者认为对自由裁量行为造成的损害应予赔偿。美国《联邦侵权赔偿法》规定，对自由裁量行为造成的损害国家不予赔偿，如因海关、财税评估错误稽征税额或扣押货物时所产生的损害等。而有的学者认为，自由裁量行为是指行政机关公务员为达到立法目的，自由决定如何、何时、何地、应实施何种行为而采取的依照其最佳判断实施的行为。既然是自由裁量，就应当给行为人一定自由度，在此范围内若造成他人损失，国家不必承担责任。但是，如果行政机关或公务员在应当行使裁量权时不行使，或超越裁量范围，滥用裁量权，侵犯他人权益的，其结果必然违背法律赋予其裁量权的目的，实际上构成违法，国家应当对此承担赔偿责任。

理论思考与实务应用

一、理论思考

（一）名词解释

行政赔偿　司法赔偿　行政赔偿请求人　公有公共设施致害赔偿

（二）简答题

1. 行政赔偿请求人有哪些情形？
2. 行政赔偿与司法赔偿的区别有哪些？

（三）论述题

1. 论行政赔偿的范围。
2. 论行政赔偿义务机关。

二、实务应用

（一）案例分析示范

案例一

2004年9月，周口市川汇区人民法院原工作人员吕某之姐与被害人李某因移动收费厅的转让问题发生纠纷，吕某找到李某某，要求其帮忙教训李某。李某某遂安排吕某购买一把刀，意图以非法携带管制刀具处罚李某。2004年9月20日上午9时许，根据周口市公安局沙南分局"110"指挥中心指令，沙南分局七一路派出所原副所长冷某带领民警孟某、张某等到周口市人民路移动收费厅，将李某带到七一路派出所留置在该所值班室。当日中午，吕某在周口市区憨牛拉面馆宴请冷某、李某某、孟某、张某等人。14时许，上述几人酒后回到七一路派出所，冷飞安排孟某、张某等将李某带至该所3楼一办公室内，由李某某、吕某、冷某、孟某、张某等人对李某实施殴打并将李某打昏。后为毁灭罪证，李某某、吕某、冷某、张某等人密谋后将李某从该所办公楼扔下，试图造成李某跳楼自杀的假象。李某于当日经抢救无效死亡。经法医鉴定，李某系高处坠落死亡。

问：试分析本案是否适用行政赔偿？如果适用，应该如何确定赔偿金数额？

【评析】所谓行政赔偿，指行政主体违法实施行政行为，侵犯相对人合法权益造成损害时，由国家承担的一种赔偿责任。根据《国家赔偿法》第3条第3项的规定，行政机关及其工作人员在行使职权时以殴打、虐待等暴力行为或者唆使他人以殴打、虐待等暴力行为造成公民身体伤害或者死亡的，受害者有取得国家赔偿的权利。由此条可知，行政赔偿责任的构成要件由行政主体、行政违法行为、损害后果和因果关系四个部分构成。本案中，李某某、冷某、孟某等人是七一路派出所原民警，具有行使行政行为的职权，符合行政赔偿构成的行政主体要件。所谓行政违法行为是指违法执行职务的行为。"执行职务"的范围既包括职务行为本身的行为，亦包括与职务有关联而不可分的行为。本案中，留置被害人李某的地点是公安机关（派出所），传唤理由是李某非法携带管制刀具，这一切足以说明冷某等人将李某传唤到派出所是行使行政职权的行为，损害后果的发生是行政赔偿责任产生的前提。本案中，被害人李某已经死亡，是事实上的直接损害，也是人身损害，符合行政赔偿责任的损害后果要件。并且，被害人李某的死亡和冷某等人的违法行政行为之间存在因果关系。所以，河南省周口市公安局沙南分局七一路派出所原民警李某某、冷某、孟某等人滥用职权，致使被害人李某死亡的行为，依法引发行政赔偿责任，符合行政赔偿责任追究的构成要件。

对于赔偿金的确定，根据《国家赔偿法》第34条第1款第3项的规定，侵犯公民生命健康权造成死亡的，应当支付死亡赔偿金、丧葬费，总额为国家上年度职工平均工资的20倍，对死者生前扶养的无劳动能力的人，还应当支付生活费。另外，根据第35条的规定，致人精神损害的，应当在侵权行为影响的范围内，为受害人消除影响，恢复名誉，赔礼道歉；造成严重后果的，应当支付相应的精神损害抚慰金。

案例二

某商品房建设项目是某市人民政府的招商引资项目，1997年经某市城市规划管理局同意选址在清水山，同年，经省计委、省外经贸委批准立项。就此项目某房地产开发有限公司与该市土地管理局签订了《国有土地使用权出让合同》。1999年2月省人民政府批准同意某市土地利用总体规划，并授权省建设厅批准将清水山列为省级风景名胜区。1999年4月某市人民政府批准出让清水山2公顷土地，作为该建设项目用地，并向申请人颁发了国有土地使用证。开发商于2000年开始动工建设，由于开挖山体，引起水土流失，给风景名胜区环境造成破坏。2003年2月某市人民政府召开专题会议研究，认为出让清水山2公顷土地使用权的决定，违反了国务院《风景名胜区条例》第8条和《土地管理法》第78条的规定，作出收回某房地产开发有限公司土地使用权的处理决定，申请人不服，向上级政府申请行政复议，请求依法撤销被申请人作出的处理决定，维持原出让土地的决定；同时一并提出如政府要收回土地，请求依法行政赔偿。

问：本案中，申请人是否有权提出行政赔偿的请求？

【评析】本案的焦点问题在于，申请人所损失的利益是否是合法利益。根据《国家赔偿法》的规定，行政机关侵犯了公民、法人和其他组织的合法利益造成损害的，才依法予以行政赔偿。一种观点认为，原具体行为被确认为违法，申请人依此获得的权益就不是合法利益,因此给申请人造成经济损失的,申请人可以要求民事赔偿。但事实上,行政行为生效后,即具有公定力,应当推定其为合法有效,非经法定主体和程序不得随意撤销或变更,这是国家管理的权威性和严肃性所要求的。在行政行为未被确认为违法之前,都应当认为是合法有效的,而依此取得的权益,即为合法权益,不能因为其后行政行为被确认为违法,来否定公民、法人和其他组织原取得的权益的合法性。这是行政行为与民事行为的不同之处。因此,申请人可以根据《国家赔偿法》的规定,提出行政赔偿请求。

案例三

1997年6月20日上午,湖南省慈利县公安局金岩派出所民警余某、胡某接到金岩乡南岳村小学教师宿舍被盗710元的报案后,即赶到案发现场,进行现场查看和分析了解后,怀疑是朱某(男,13岁)和其他3位儿童所为。余某、胡某二人便将朱某等带到金岩派出所进行审问。在审问过程中,余某、胡某二人强制朱某做下蹲动作,并用脚踢、打耳光、用烟头威胁等方法对朱某逼供,但未有结果。余某十分恼火,朝朱某的腹部打了一拳,朱某当即感到腹部疼痛难忍,趴倒在地上。朱某被送往医院治疗后经湖南省高级人民法院法医鉴定,结论是朱某为十二指肠球部前壁穿孔,急性弥漫性腹膜炎,属重伤。张家界市人民检察院法医鉴定为10级伤残。盗窃案侦破后,排除了朱某参与偷盗的情况。余某、胡某因刑讯逼供、殴打朱某致重伤,被追究刑事责任。1998年4月30日,朱某向慈利县公安局请求赔偿。

问:本案中的赔偿,属于行政赔偿还是刑事赔偿?

【评析】余某、胡某二人接到报案后并未将该盗窃案作刑事案件立案,且本案的盗窃标的额不大,余某、胡某二人所认为的嫌疑人均为不满13岁的儿童,不符合刑事案件立案侦查的条件。因此,余某、胡某二人行使的是治安行政职权,而不是刑事侦查权,本案应属行政赔偿案件。慈利县公安局应根据《国家赔偿法》有关行政赔偿的规定,给朱某以行政赔偿。

(二)案例分析实训

案例一

张某带三幅自己家传字画坐火车到北京,欲找专家鉴定其价值。在火车上铁路公安人员以倒卖文物为名,将该字画予以行政扣押。张某当天被放,但只被退还两幅字画。另一幅字画被有关公安人员违法出售,且无法追回。张某遂提起行政诉讼,请求判决公安机关处罚违法并请求归还另一幅字画或行政赔偿10万元。

问:本案中关于字画价值的举证责任应该由谁承担?

案例二

被告（某公安局）于 2000 年作出第 × 号交通事故处罚裁决书，认定 1996 年 3 月 12 日原告（张某）驾驶闽 F × 号汽车在 × 国道 123 公里处与相向行驶的闽 E × 号汽车发生碰撞，原告负事故的全部责任。据此，被告裁决吊销了原告 × 号驾驶证。原告不服诉至法院。龙岩市新罗区人民法院、龙岩市中级人民法院分别于 1997 年 10 月 12 日、12 月 11 日作出一审、二审判决，依法撤销了被告作出的第 × 号交通事故处罚裁决。原告认为，被告作出吊销其驾驶证的行政行为经一、二审法院依法撤销，被告应赔偿原告的损失。原告向被告提出赔偿请求未得到答复后，遂诉至龙岩市新罗区人民法院。原告诉称，1996 年 3 月 12 日原告驾驶闽 F × 号汽车与相向行驶的闽 E × 号汽车相撞。被告认定两车相撞造成经济损失 45 187 元，原告负全部责任。据此作出交通事故处罚裁决，吊销原告的驾驶证。原告不服向法院起诉，经龙岩市新罗区人民法院和龙岩市中级人民法院审理，被告的处罚裁决被法院判决撤销。原告驾驶证被吊销后没有工作，经济收入受到损失。为此，原告于 1998 年 3 月 3 日向被告提出行政赔偿申请，但被告未予答复。现原告向法院起诉要求判令被告赔偿原告减少收入 15 295 元；赔偿驾驶证逾期年审费 100 元；补驾驶证费 70 元；体检费 6 元，合计 15 471 元。被告辩称，《国家赔偿法》所确定的赔偿原则是赔偿直接损失，因吊销许可证和执照等需要赔偿的是必要的经常性开支，原告要求赔偿吊销驾驶证 23 个月的经济损失 15 295 元不属于直接损失和必要的经常性开支。因此被告对原告的这一请求依法不应予以赔偿。原告要求赔偿逾期年审费 100 元；补驾驶证费 70 元；体检费 6 元，合计 176 元被告同意予以赔偿。

问：法院能否支持原告的诉讼请求？

案例三

汤某所有的闽 F × 号农用车于 2007 年 5 月 31 日在某村发生交通事故后，由于汤某未按该市公安局交警支队直属大队的要求预付抢救费，该市公安局交警支队直属大队于当天扣押了闽 F × 号农用车，但未制作送达扣押决定书和扣押清单。2007 年 11 月 5 日交通事故赔偿调解终结后，该市公安局交警支队直属大队仍继续扣押闽 F × 号农用车至 2009 年 4 月 19 日才归还，并向汤某收取了扣押期间的停车费 500 元。汤某不服被告的扣车行为，向某区人民法院起诉，要求确认该市公安局交警支队直属大队的扣车行为违法。2009 年 10 月 22 日法院审理后判决：该市公安局交警支队直属大队于 2007 年 5 月 31 日作出的扣押汤某的闽 F × 号农用车的行为违法。之后，汤某向该市公安局交警支队直属大队提出赔偿损失请求，由于双方对赔偿数额分歧较大，无法达成协议。为此，汤某向某区人民法院提起行政赔偿诉讼。

问：（1）汤某能否获得行政赔偿？

（2）如果可以获得行政赔偿，赔偿金额如何确定？

（3）对于返还500元停车费的请求应当如何处理？

主要参考文献

1. 房绍坤、丁乐超、苗生明：《国家赔偿法原理与实务》，北京大学出版社1998年版。
2. 皮纯协、何寿生编著：《比较国家赔偿法》，中国法制出版社1996年版。
3. 郭卫华等：《中国精神损害赔偿制度研究》，武汉大学出版社2003年版。
4. 马怀德主编：《国家赔偿法学》，中国政法大学出版社2007年版。
5. 石均正主编：《国家赔偿法教程》，中国人民公安大学出版社2003年版。
6. 高家伟：《国家赔偿法学》，工商出版社2000年版。